International Tourism

Management & Culture

제2판

국제관광

경영과 문화

서용건 저

백산출판사

자기 문화에 자부심을 갖는 동시에 다른 문화를
존중하는 것이 진정한 국제화의 첫 걸음이다.

머리말

2011년 3월 졸저의 초판이 나온 이후 7년만에 제2판을 내놓게 되었습니다. 2010년대는 그야말로 인류역사상 가장 큰 변화의 시대가 아닐까 생각합니다. 인공지능, 사물인터넷, 빅데이터, 모바일 등 정보통신기술의 융합으로 이뤄지는 차세대 산업혁명, 소위 4차 산업혁명의 변화와 급속한 고령화 및 저출산 등 인구구조의 변화라는 큰 물결 속에 우리는 있습니다.

관광분야도 크게 변화하고 있습니다. 첫 번째 변화는 관광의 보편화, 일상화입니다. 소득 증가 및 가치관의 변화는 성수기, 비수기 구분을 희미하게 만들고 있습니다. 저비용항공사들은 과거에는 상상도 할 수 없는 가격으로 사람들의 여행 수요를 자극합니다. 미리 어떤 목적에 따라 여행계획을 세우고 항공권을 알아보는 정형화된 수순이 아니라 소위 충동구매, 즉 파격적인 할인가격 때문에 사람들이 여행을 떠납니다. 2012년 이후 국내소비가 살아나지 않아 한국이 저성장 시대에 진입했다고 하지만 내국인의 해외여행 소비액은 매년 신기록을 갱신하고 있습니다. 관광의 보편화, 일상화에 따라 시장은 더욱 세분화, 개성화되고 있으며 이에 불특정 다수를 향한 전통적인 마케팅은 공허한 메아리가 되고 있습니다.

두 번째 변화는 관광부문의 융복합화입니다. 졸저에서 제시된 서비스 투어리즘 전략과 같은 맥락의 의미라고 할 수 있습니다. 관광이 다른 산업분야와 연계되어 시너지가 극대화되는 것을 말합니다. 농어촌관광, 산업시찰, 교육관광, 의료관광, 웰니스 투어리즘, 복지관광, 문화관광, 휴양 · 레저관광, 쇼핑관광, 식도락여행, 생태관광, MICE, 제주 한달 살아보기(단기 · 중장기 체류) 등의 단어들이 생소하지 않듯이 이미 많이 이루어지고 있습니다. 4차 산업혁명의 미래시대에 고용 창출이 생기는 분야로 사람산업이라고 할 수 있는 관광산업의 중요성이 부각되고 있음에도 불구하고 인식의 부족과 규제 등으로 관광의 융복합화는 아직도 활성화되지 못한 부분이 많습니다. 앞으로 서비스 선진화와 함께 풀어

가야 할 과제가 많다고 생각합니다.

졸저가 학부 및 대학원에서 관광분야를 전공하는 학생, 관광 및 서비스 일선에서 땀 흘리는 모든 경영자 및 관리자 그리고 일반 독자들에게 국제관광에 대한 지식과 안목의 지평을 넓히는데 조금이나마 도움이 되기를 기원합니다. 이러한 까닭에 방대한 「국제관광」에 대한 내용을 「경영과 문화」라는 두 축에서 접근하였습니다. 거시적으로 어떤 사회현상을 제대로 탐구하기 위해서는 정치 · 법적, 경영 · 경제적, 사회 · 문화적, 기술적 그리고 자연 · 생태적 차원에서 다각적인 접근이 필요합니다. 아직도 부족한 부분이 너무 많은 이 책을 학습하면서 독자 여러분들의 따끔한 충고와 조언을 기대하며 이에 정기적으로 수정 및 보완해 나갈 것을 약속드립니다.

2018년 2월

제주대학교 연구실에서 저자

목차

세계지도

제 1 부 | 국제관광의 이해

제 1 장 국제관광개요 14

제1절 국제관광의 개념적 틀 ······ 15
제2절 국제관광 환경 ······ 22
제3절 국제관광의 효과 ······ 53
제4절 국제관광의 약사 ······ 60
■ 주요 토론주제, Internet Sites, 참고문헌 ······ 71~72

제 2 장 국제관광관련 주요이론 74

제1절 관광학 ······ 75
제2절 문화인류학 ······ 86
제3절 심리학 ······ 92
제4절 경제학 ······ 108
제5절 경영학 ······ 113
■ 주요 토론주제, Internet Sites, 참고문헌 ······ 120~121

제 2 부 | 국제관광경영의 이해

제 3 장 국제관광 경영전략 – 민간부문 124

제1절 국제관광 경영전략의 개념적 틀 ······ 125

제2절 국제관광 경영전략 사례 ········· 134
■ 주요 토론주제, Internet Sites, 참고문헌 ········· 145

제 4 장 서비스투어리즘전략 – 공공부문 146

제1절 서비스투어리즘전략의 개념적 틀 ········· 147
제2절 서비스투어리즘의 전략실행 ········· 162
■ 주요 토론주제, Internet Sites, 참고문헌 ········· 173

제 3 부 | 국제관광문화의 이해

제 5 장 국제관광문화 개요 176

제1절 문화의 기초개념 ········· 177
제2절 국제관광문화와 국제문화관광의 개념 ········· 181
제3절 문화의 구성요소 ········· 187
제4절 국제문화관광 ········· 195
■ 주요 토론주제, Internet Sites, 참고문헌 ········· 212~213

제 6 장 세계 지역별 국제관광 – 아시아지역 214

제1절 대한민국 ········· 215
제2절 일본 ········· 221
제3절 중국 ········· 227
제4절 베트남 ········· 232
제5절 필리핀 ········· 237
제6절 캄보디아 ········· 244
제7절 몽골 ········· 248
제8절 우즈베키스탄 ········· 252
제9절 카자흐스탄 ········· 256
제10절 인도 ········· 260
■ 주요 토론주제, Internet Sites, 참고문헌 ········· 267

제 7 장 세계 지역별 국제관광 – 태평양 섬 및 오세아니아지역 268

제1절 피지 ······ 269
제2절 호주 ······ 272
제3절 뉴질랜드 ······ 278
■ 주요 토론주제, Internet Sites, 참고문헌 ······ 283

제 8 장 세계 지역별 국제관광 – 유럽지역 284

제1절 영국 ······ 285
제2절 프랑스 ······ 290
제3절 독일 ······ 296
제4절 폴란드 ······ 301
제5절 오스트리아 ······ 304
제6절 그리스 ······ 308
제7절 스페인 ······ 313
제8절 노르웨이 ······ 318
제9절 스웨덴 ······ 322
■ 주요 토론주제, Internet Sites, 참고문헌 ······ 326

제 9 장 세계 지역별 국제관광 – 미주지역 327

제1절 캐나다 ······ 328
제2절 미국 ······ 334
제3절 멕시코 ······ 340
제4절 아르헨티나 ······ 344
제5절 브라질 ······ 348
■ 주요 토론주제, Internet Sites, 참고문헌 ······ 352

제 10 장 세계 지역별 국제관광 – 중동지역 353

제1절 사우디아라비아 ······ 354
제2절 이스라엘 ······ 358
제3절 이집트 ······ 364
■ 주요 토론주제, Internet Sites, 참고문헌 ······ 367

제 11 장 세계 지역별 국제관광 – 아프리카지역 368

제1절 남아프리카공화국 ········· 369
제2절 나이지리아 ········· 373
제3절 모로코 ········· 376
■ 주요 토론주제, Internet Sites, 참고문헌 ········· 380

제 4 부 | 국제관광의 미래

제 12 장 국제관광의 미래 382

제1절 국제관광 트렌드 ········· 383
제2절 국제관광분야 경력개발 ········· 388
■ 주요 토론주제, Internet Sites, 참고문헌 ········· 400

이 책의 구성

본서는 관광학을 전공하는 학부와 대학원에서 「국제관광론」 또는 「국제관광연구」의 교재로 사용될 수 있으며 현업에 종사하는 경영자에게는 국제관광분야에 대한 지식과 안목을 쌓을 수 있도록 기획되었다. 서론은 개요와 주요이론, 본론은 국제관광경영과 국제관광문화, 결론은 국제관광의 미래로 구성되었다.

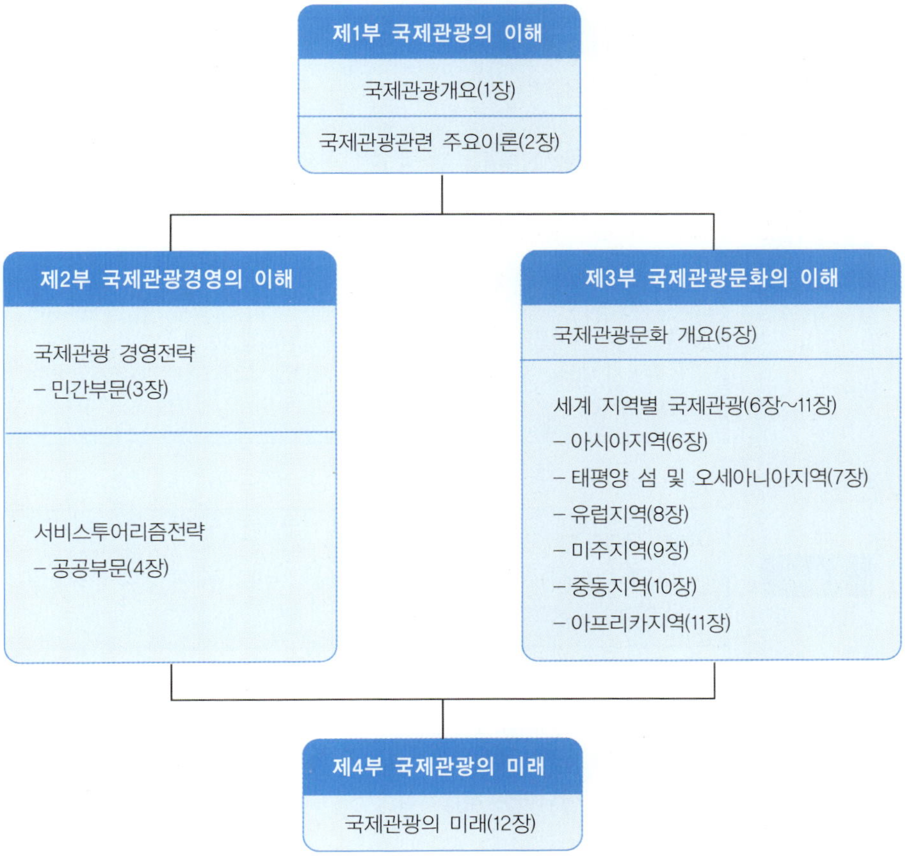

본서는 구성체계 그림과 같이 총 4부 12장으로 구성되었다.

서론부

제1부 국제관광의 이해

개요(1장)와 주요이론(2장)으로 구성되어 있다.

1장에서는 국제관광의 개념적 틀, 환경, 효과 및 역사를 다루었으며, 2장은 국제관광관련 주요이론으로서 관광학, 문화인류학, 심리학, 경제학 및 경영학 분야의 이론 중 국제관광과 밀접한 연관이 있는 것들을 정리하였다.

본론부

제2부 국제관광경영의 이해

제3부 국제관광문화의 이해

국제관광경영의 이해는 민간부문의 국제관광 경영전략(3장)과 공공부문의 서비스투어리즘 전략(4장)으로 구성되어 있다. 전자는 Corporate management로서 관광부문 서비스기업들의 전략을, 후자는 Destination management로서 국제관광목적지를 지향하는 지역의 전략을 다룬다.

국제관광문화의 이해는 개괄적으로 국제관광문화에 대해 설명한 개요(5장)와 세계 지역별 국제관광으로서 아시아지역(6장), 태평양 섬 및 오세아니아지역(7장), 유럽지역(8장), 미주지역(9장), 중동지역(10장), 그리고 아프리카지역(11장)을 다룬다.

결론부

제4부 국제관광의 미래

국제관광의 미래(12장)는 「국제관광 트렌드」와 「국제관광분야 경력개발」의 두 가지 주제를 중심으로 구성되었다.

참고로 16주 학사일정에 따른 학습진도 흐름표를 제시한다.

제2부 국제관광경영의 이해와 제3부 국제관광문화의 이해는 순서대로(2부 → 3부) 진행되거나 거꾸로(3부 → 2부) 진행되어도 무방하다.

학습진도 흐름

〈1안〉
① 제1부 국제관광의 이해 → ② 제2부 국제관광경영의 이해 → ③ 중간고사 → ④ 제3부 국제관광문화의 이해(국가 또는 지역별 국제문화관광 사례발표 및 토론) → ⑤ 기말고사

〈2안〉
① 제1부 국제관광의 이해 → ② 제3부 국제관광문화의 이해 → ③ 중간고사 → ④ 국제관광문화의 이해(국가 또는 지역별 국제문화관광 사례발표 및 토론) → ⑤ 제2부 국제관광경영의 이해 → ⑥ 기말고사

〈1안〉의 경우는 중간고사(8주차) 전까지 국제관광개요와 경영부분을 마치고 이후에 국제관광문화에 관한 내용을 다루면서 팀별로 국가 또는 지역별 국제문화관광 사례를 발표하고 토론하는 과정이다.

〈2안〉의 경우는 중간고사 전까지 국제관광개요와 문화의 이해 일정부분까지 마치고 이후에 나머지 부분에 대한 진도를 나가면서 팀별 사례발표 후 국제관광경영 부분을 다루는 과정이다. 1안과 비교해 볼 때 「문화」 부분을 좀 더 심도있게 다룰 수 있는 학습흐름이다.

두 가지 학습흐름을 참조하여 담당 교수님께서 수강생들의 다양한 측면을 고려하면서 양자택일 또는 혼합형 중에서 선택할 수 있을 것이다.

PART 1 국제관광의 이해

제 1 장 • 국제관광개요
제 2 장 • 국제관광관련 주요이론

제 1 장 국제관광개요

개 요

본 장의 구성은 크게 네 가지로 이루어져 있다.

제1절 국제관광의 개념적 틀에서는 국제관광 현상에 대한 이해관계자들 즉, 해외여행객, 관광지, 지역주민, 관광사업자별로 어떤 관점과 의미를 갖는지 고찰해 본다. 아울러 국제관광을 학술적 차원과 실용적 차원에서 각각 접근해 본다.

제2절에서는 경제적, 정치적, 사회・문화적, 기술적, 자연적 차원에서 국제관광을 둘러싸고 있는 환경을 조명해 보고 변화하는 트렌드 속에서 이해해야 할 이슈들을 학습해 본다.

제3절은 국제관광의 효과, 즉 국제관광을 통해 나타나는 사회적, 문화적, 경제적 영향들의 긍정적 측면과 부정적 측면을 이해하고 국제관광목적지의 성장 관리적 차원에서 무엇이 필요한지 고찰해 본다. 끝으로 제4절은 국제관광과 관련된 인류의 역사와 국내의 역사를 연대별로 요약하였다. 과거 인간 이동의 역사가 현재 그리고 앞으로 국제관광과 어떻게 연계되는지 논의해 본다.

무엇을 알 수 있는가?

- 국제관광의 개념은 무엇이며 효과에는 어떤 것들이 있는가?
- 국제관광을 둘러싸고 있는 환경에는 어떤 것들이 있으며 각 요소별로 어떤 의미와 영향을 갖는가?
- 국제관광의 파급효과는 무엇인가?
- 국제관광과 관련된 역사적 흐름에는 어떤 것들이 있는가?

제 1 절 국제관광의 개념적 틀

1. 개념

국제관광, 우리가 흔히 말하는 해외여행이란 제2차 세계대전이 끝난 후 1945년부터 현재까지 60여 년 동안 나타난 범세계적 사회문화적 현상이다. 세계관광기구(UNWTO: United Nations World Tourism Organization; www.unwto.org)의 통계자료를 보면 국제관광객수는 1950년부터 1970년까지 20년 동안 평균 159%, 1995년까지 두 자리수 성장 등 실로 엄청난 성장을 해왔다.

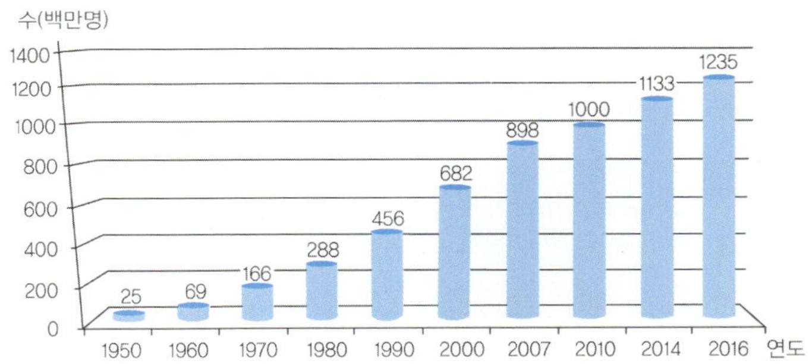

(자료: 세계관광기구(www.unwto.org))

[그림 1-1] **국제관광객 수**

고대 중국 주(周)나라(기원전 10세기경~기원전 256년까지 중국 역사에서 가장 오래 유지된 나라로 이 시기에 철기의 사용이 시작되었음) 때 쓰여진 고전인 주역(周易)에 있는 '관국지광 이용빈우왕'(觀國之光 利用賓于王)의 뜻은 '외국의 빛(문물)을 보고 자기 국가의 빛을 보여 준다'이다. 따라서 이 어원으로 볼 때 관광은 국제관광으로부터 시작했다고 볼 수 있다. 학문의 연구대상도 세상의 흐름에 따라 달라지듯이 국제관광분야도 예외는 아니다. 특히 하루가 다르게 변화하는 국제서비스시장의 특징을 감안할 때 보다 포괄적인 개념접근이 필요하다. 지금까지 국제관광을 학문적으로 접근하는데 있어서는 관광객에만 초점을 두었다고 할 수 있다. 즉 사람의 국경 간 이동활동으로서 다음 영역을 포함한다.

① 외래관광(Inbound tourism) : 외국인의 한국방문 및 관광
② 해외관광=국외관광(Outbound tourism) : 한국인의 해외방문 및 관광
③ 외국 간 인바운드 및 아웃바운드 관광

김사헌(2006)[1)]의 지적처럼 국내에서는 1980년대까지만 하더라도 국제관광의 범위도 외화획득이라는 목표 하에 인바운드 관광만으로 한정되어 인식되기도 하였다. 그러나 오늘날과 같이 해외여행이 보편화된 시점에서 국제관광은 관광객의 국경 간 이동뿐만 아니라 관광 관련 기업들의 해외활동, 지역의 국제화 이슈, 경제, 자연, 사회・문화적 영역 등을 고려하여 포괄적으로 정의할 필요가 있다. 사실, 우리가 주위에서 흔히 보는 외래 및 해외여행의 사회현상을 단순히 내・외국인관광객 수 증가(또는 감소)라는 통계수치로만 설명한다는 것은 피상적이며 몰이해를 가져오는 것이다. 따라서, 이러한 차원에서 국제관광의 정의를 정리하면 다음과 같다.

> 국제관광이란, 학문적 연구 및 실용적 접근대상으로서 국경선을 넘어 이루어지는 인간의 이동활동*을 다루는데 이에는 경제, 경영, 정치, 자연, 사회・문화 등 복합적 영역 모두가 포함된다
>
> * 사람의 국가 간 이동에는 국적과 국경기준이 적용된다.

2. 국제관광의 구성요소

앞서 국제관광의 개념을 국경선을 넘어 이루어지는 경제, 경영, 정치, 자연, 사회・문화 등 복합적 영역 모두가 포함된다고 정의하였다. 국제관광의 구성요소는 국제관광객, 관광사업체(항공사, 호텔, 여행사 등), 관광목적지(국가, 지역, 관광지 등) 및 지역주민(문화・생활양식 등)을 포함한다.

1) 김사헌(2006). 국제관광론－국제관광현상의 사회문화적 해석. 서울: 백산출판사.

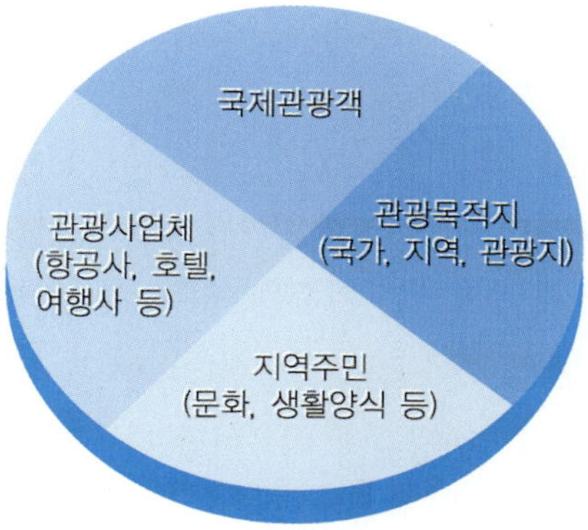

[그림 1-2] **국제관광의 구성요소**

1) 국제관광객: 해외로 여행을 가서 최소한 방문국에서 24시간 이상 체류한 방문객으로서 그 목적은 여가(레저, 휴가, 건강, 연구, 종교, 스포츠), 사업, 회의, 가족・친지・친구방문 등을 포함한다. 흔히 해외여행객이라 부른다.
2) 관광사업체: 관광객을 위하여 운송, 숙박, 음식, 휴양, 오락, 스포츠, 레저활동 등을 제공하거나 시설을 갖추어 이를 이용하게 하는 등 관광과 관련된 서비스를 제공하는 기업들의 총칭이라 할 수 있다.
3) 관광목적지: 국제관광에 있어서 관광목적지는 기본적으로 국가와 연계되어 있으며 구체적으로 특정 지역의 관광지로 정해진다. 따라서, 관광목적지를 홍보하는 국가관광기구(NTO: National Tourism Organization, 예: 한국관광공사)나 지방관광기구(RTO: Regional Tourism Organization, 예: 제주관광공사), 국・공립 공원, 사설 관광지, 관광 콘텐츠 및 시설 등 매력물(attraction)들이 이 요소에 해당된다.
4) 지역주민: 한 국가 또는 지역의 독특한 문화와 생활양식은 그 자체로서 해외여행객에게 큰 관광매력적 요소이다. 지역주민들 또한 관광을 문화적・경제적 차원에서 중요하게 인식하는 경우가 많으며 관광의 효과에는 긍정적(편익)・부정적(비용) 영향이 상존한다.

3. 국제관광객의 범위

국제관광객의 범위는 이를 정의하는 기관에 따라 약간씩 차이가 있다. 본서에서는 가장 보편적으로 사용되는 세계관광기구(UNWTO)의 기준에 따라 살펴보기로 한다. 세부적으로 관광객을 정의하기 위해 사용되는 기준은 체류기간, 이동거리, 여행목적 등이 있으며, 세계관광기구는 체류기간을 기준으로 관광객(tourist)과 당일방문객(excursionist)으로 분류하고 있는데 그 내용을 국제관광객에 적용하면 다음과 같다.

- 국제관광객(international traveler): 외국방문지에 최소한 24시간 이상 1년 이하의 기간 동안 일시 체류하는 자로서 여행목적이 여가(위락·휴가·건강·연구·신앙·스포츠 등), 사업, 회의, 업무, 학습, 친구·친지방문에 있는 자, 승무원은 기본적으로 포함되지 않으나 해당국에 1박 이상 체류 시 국제관광객에 포함된다.
- 당일방문객(excursionist): 24시간 미만 체류자로서 여행목적은 위의 국제관광객과 같은 자. 승무원으로서 1박 이상 체류하지 않는 자가 이에 해당한다.

[그림 1-3]과 같이 관광통계의 범주에 속하는 관광객은 국제관광객과 국내여행객으로 분류할 수 있으며 1박 이상 체류를 기준으로 국가 간 이동을 순수관광 또는 상용 등의 목적으로 하는 경우를 해외여행객(국제관광객)이라 정의할 수 있다. 아울러 우리가 외래관광객 입국자 수 통계에서 총 입국자수와 순수 입국자수를 보는 경우가 있는데 전자는 국내·외 항공사의 외국 국적승무원이 포함된 것이고 후자는 이들이 제외된 것이다.

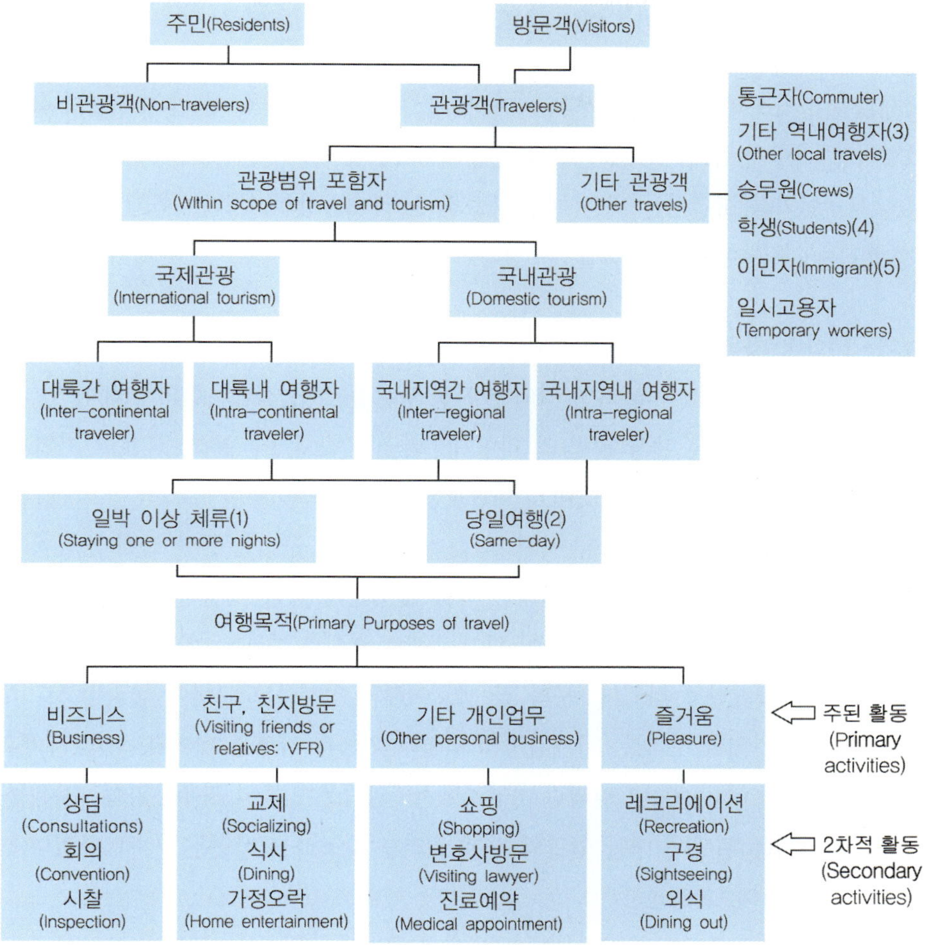

주: (1) 국제적으로 정의된 '관광객', (2) 국제적으로 정의된 당일방문객 'excursionists', (3) 관광의 범주에서 벗어나는 짧은 거리(예: 80km)를 여행하는 여행자, (4) 오직 집과 학교만을 오가는 학생들(학생들의 다른 여행은 관광범주에 포함된다), (5) 주거를 위해 새로운 장소로 편도 이동하는 모든 사람들(예: 이민자, 이주자, 피난자, 국내 이주자, 유목민)
(자료: Goeldner & Ritchie, 2009[2])

[그림 1-3] **관광객 분류**

- 총 입국자수: 국내외 항공사의 외국인승무원이 포함된 외래관광객수
- 순수 입국자수: 국내외 항공사의 외국인승무원이 제외된 외래관광객수

2) Goeldner, C. R. and Ritchie, J. R. B.(2009). Tourism-Principles, Practices, Philosophies(11th ed.), Hoboken: John Wiley & Sons.

4. 국제관광의 의의: 왜 국제관광이 중요한가?

국제관광이 사회적 현상으로 부각된 1950년대 이후 현재까지 60여 년의 세월이 흘렀다. 그렇다면 이렇게 증가하고 있는 사회현상이 어떤 의미를 갖는 것이며 이를 연구할 필요성은 무엇인가를 고찰하는 것은 매우 중요하다. 국제관광의 의의는 사회・문화적 그리고 경제・경영적 측면에서 살펴볼 수 있다.

사회・문화적 차원의 의의는 다음과 같다.

첫째, 국제관광의 가장 기본적인 의의는 직접 방문을 통한 외국문화의 이해에 있다. 주역(周易)에 나온 관광(觀光)의 의미가 「외국의 빛(문물 = 문화)을 보고 자기 국가의 빛을 보여준다」에 있듯이 국제관광은 직접 경험을 통한 문화의 상호교류에 그 의미가 있다. 어떤 대상을 이해 하는데 미디어나 구전을 통한 간접 경험이 아닌 현장 방문의 직접 경험이 이해의 폭을 넓히는데 더욱 확실하기 때문이다.

국제연합(UN: United Nations)이 과거 관광을 평화로 통하는 여권(Tourism: Passport to Peace)이라고 하였다. 문화 간 상호이해와 친선을 도모하여 궁극적으로 세계평화에 기여할 수 있는 국제관광의 역할과 기능을 강조한 것이다. 이후 세계관광기구(WTO)는 1980년 필리핀 마닐라에서 「관광은 인류의 자주・평화・자유를 보장한다」는 관광에 대한 인간의 기본 권리를 강조하는 선언문을 채택하였다(최승이・이미혜, 2004).

둘째, 자국 또는 지역의 자연・문화적 유산이 국제관광을 위하여 또는 통하여 보호・보전되는 긍정적 측면이 있다. 많은 국가들이 발전 초기 단계에는 외화획득이라는 목적으로 외래관광객을 유치하고 자국의 관광자원을 개발하는 단계를 겪는다. 그 후 발전단계를 거치면서 - 물론 경제적 효과는 여전히 중요한 이슈이지만 - 국제관광의 역할은 보다 다양해진다. 국가나 지역 이미지 향상, 지역주민의 자긍심 고취 등 국가나 지역의 무형자산의 축적을 통해 자연・문화자원의 중요성을 더욱 인식하게 된다. 유네스코(UNESCO: United Nations Education, Science, Culture of Organization)가 지정하는 세계 자연・문화유산, 기록유산, 무형유산들도 이러한 취지에서 이해될 수 있다.

셋째, 국제관광을 통해 개인이 얻는 다양한 편익(benefit)은 사회 전체적으로 긍정적 효과를 갖는다. 일반적으로 해외여행은 의사결정에 있어 시간과 노력이 투입되는 고관여 서비스상품이며 따라서 관광경험을 통해 본인이 달성하고자 하는 목적(예: 쇼핑, 학습, 가족 간의 친목도모, 휴가 등)을 세우게 되고 이를 성취하게 된다.

경제·경영적 차원에서 국제관광의 의의는 다음과 같다.

첫째, 국제관광의 경제적 파급효과로서 이에는 크게 외화획득과 고용창출이 포함된다. 해외여행객이 특정 국가에 도착하여 이동하고 체류하며 관광활동을 하는 과정에서 상품과 서비스가 소비되는데 즉, 교통업·숙박업·여행업·관광이용시설업 등은 물론 이들 업종에 원재료 등을 공급하는 수많은 기업들이 연계되어 있으므로 여타 산업에 미치는 파급효과가 크다. 아울러 관광산업은 상대적으로 관리·운영적 측면에서 노동집약적 산업이므로 고용창출효과가 크다고 할 수 있다.

둘째, 경영적 측면에서 국제관광은 시장의 확대와 글로벌화된 환경 안에서 보다 높은 수준의 경쟁력을 갖는 기회가 될 수 있다. 관광지의 발전단계는 지역관광지, 국내관광지, 국제관광지로 진화해가는 것이며 관광기업의 경우도 마찬가지이다. 21세기는 더욱더 교통과 인터넷 등 통신수단의 경이적인 발달로 인하여 세계가 단일생활권으로 묶이게 됨에 따라 관광지나 기업도 국경선이라는 장벽을 뛰어넘어 세계 전체를 무대로 한 경영활동을 본격적으로 전개하게 되었다.

제 2 절 국제관광 환경

본 절에서는 국제관광을 둘러싸고 있는 환경적 요인을 크게 다섯 가지인 1) 사회·문화적 환경, 2) 경제적 환경, 3) 정치·법적 환경, 4) 자연·생태적 환경 그리고 5) 기술적 환경으로 나누어 살펴보기로 한다.

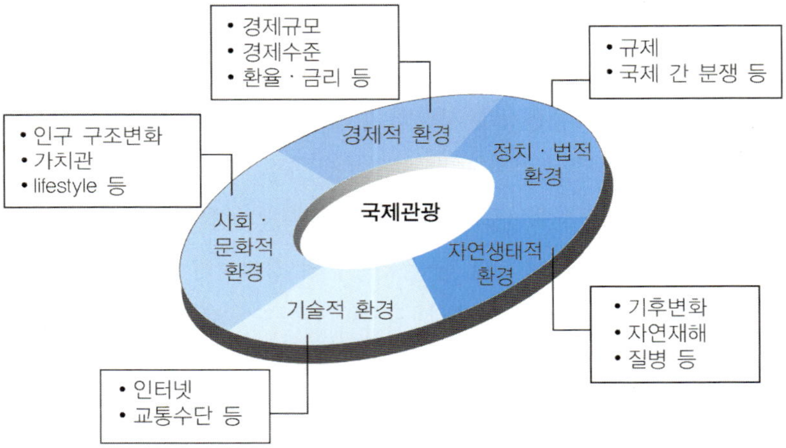

[그림 1-4] 국제관광 환경

1. 사회·문화적 환경

국제관광에 영향을 주는 사회·문화적 환경은 다양하나 가장 밀접하면서 큰 영향을 미치는 요인으로 인구구조의 변화, 가치관 및 생활양식(lifestyle)의 변화, 여성의 사회진출, 다문화 사회현상 등을 들 수 있으며 이를 중심으로 살펴본다.

1) 인구구조의 변화

한 국가 인구구성의 변화는 해당 국가의 정치, 경제, 사회 및 문화적 특성에 매우 큰 영향을 미친다. 예를 들어 한국여성의 출산율이 1.17명으로 전 세계에서 홍콩 다음으로 낮은 수치를 나타내고 있는 사실이나 이미 2000년에 전체인구에서 65세 이상 인구가 7%를 넘어서서 고령화사회(aging society)로 진입한 현실은 이미 한국사회에 많은 변화를 일으키고 있다. 미국 통계국에 의하면[3] 세계에서 한국 사회가 가장 빠른 속도로 초고령사회가 될 것이라 전망하였다. 2017년에는 65세 이상 노인이 14.0%를 초과하여 고령사회(aged society)가 되었고 현재와 같은 저출산이 지속되면 2050년에는 65세 이상 인구 비율이 35.1%에 이르게 되며 2060년에는 일본을 제치고 세계에서 가장 늙은 나라가 될 것으로 전망된다. 고령화사회에서 고령사회가 되는데 불과 18년에 지나지 않았다. 이는 일본의 24년, 영국의 47년, 캐나다의 65년, 미국 71년, 프랑스 115년과 비교해 볼 때 가장 짧다. 이는 2000년에는 근로 연령 인구 10명이 1명의 노인을 부양하던 것이 2060년 무렵에는 3명이 1명을 부양하는 것으로 변화된다는 의미이다. 고령화와 저출산은 동시에 일어나며 이러한 변화는 매우 장기적으로 발생하는 구조적 현상이기 때문에 국제관광에 미치는 영향도 근본적으로 매우 크다고 할 수 있다. 이렇게 단기간에 고령화가 진행되면 이의 부정적 영향도 짧은 기간 내에 증폭되어 나타날 수 있다. 인구고령화 예측 연구들에 따르면 한국의 경우 고령화가 사회·경제 전반에 걸쳐 큰 파장을 일으킬 것으로 전망하며 파급효과를 거시경제적 측면, 금융시장 측면, 기업경영 측면, 그리고 사회보장제도측면에서 제시하였는데 주요사항을 요약하면 다음과 같다.

첫째, 거시경제적 측면에서는 총인구가 2019년부터 감소하고 생산가능인구의 감소는 2017년부터 진행되며 동시에 이 인구층의 고령화가 가속화될 것이라는 것이다. 평균수명이 증가함에 따라 각 개인이 소비해야 하는 기간이 늘어나게 되어 소비증가율은 연평균 2% 감소할 것으로 추정하고 있다. 생산가능인구 비중의 하락으로 총 저축률도 감소하며 정부의 재정적자 확대로 국민실질 순저축률도 하락할 것으로 분석하고 있다. 그리고 연금부담 및 임금상승 등 기업의 부담 증가로 R&D나 신규투자가 축소될 가능성이 높고 자본증가율 감소를 포함한 총저축률

3) www.bts.gov, 미국 통계국.

감소로 투자가 위축될 것으로 전망하고 있다. 또한 인구고령화는 급속한 성장 둔화의 주요요인이 될 것이며 저출산 추세가 지속될 경우 현재 5% 수준인 국내총생산 잠재성장률이 2020년에는 3%, 2030년에는 2% 수준으로 낮아질 것으로 보고 있다. 생산가능인구의 감소는 직접적으로 노동투입요소의 감소로 직결되므로 성장을 둔화시킬 수 있고 피부양인구 비중의 상승은 저축률 하락을 초래하여 자본 축적을 저해함으로써 성장에 직간접적으로 영향을 미칠 수 있다.

둘째, 금융시장 측면에서는 일반적으로 고령화가 진전될수록 소득은 감소하지만 소비는 일정수준을 유지하면서 보유자산이 감소하지만 한국의 경우 주택가격이 상대적으로 비싸기 때문에 장년층 이상으로 가면서 주택으로 대표되는 실물자산의 비중이 금융자산에 비해 크게 높아지는 경향이 있어 주택을 구입한 고령층의 경우 금융자산의 보유가 점차 증가할 것으로 예상하고 있다. 아울러 안정적인 자산관리를 선호하기 때문에 은행의 PB(Private banking), 보험사의 변액보험 등 자산관리시장이 커질 것으로 예상된다. 지속적으로 규모가 증대되고 있는 국민연금과 2005년 12월 도입된 퇴직연금으로부터 유입되는 방대한 자금으로 인해 자산운용 수요가 증가하고 이에 따라 금융시장에 미치는 영향이 클 것으로 보인다.

셋째, 고령화가 기업경영에 미칠 영향은 크게 두 가지로 보고 있다. 하나는 인구구조가 시장수요를 변화시킴으로써 기업은 생산하는 제품과 서비스를 이러한 변화에 대응하여 나가야 한다는 것이며 다른 하나는 인구고령화가 가져올 인력부족에 대응해 보다 광범위하고 효율적인 인력활용을 도모해야 한다는 것이다. 조만간 고령화현상이 기업에게 가장 큰 변화와 도전 또한 기회요인이 될 것이며 이러한 추세 속에서 한국기업이 국제경쟁력을 확보하기 위해서는 연구개발과 마케팅 인력과 노년층에 대한 수요와 지식을 서로 유기적으로 결합하는 일이 필요하다.

현재 국내기업들 특히 대기업에서는 사회전반적인 고령화 문제보다 내부인력의 고령화에 대한 우려가 있다. 인건비 부담이나 조직 활력저하 등의 문제가 제기되고 있으며 보다 유연한 노동시장을 위해 정부정책 변화와 법제도 개선이 필요하다는 주장이 제기되고 있다. 상당수의 기업들은 자체적으로 인력의 효율적 활용을 위한 제도를 도입하였으며 앞으로 이는 증가될 것으로 예상된다. 따라서 대표적인 인력 고령화 문제해소 방안으로 인식되고 있는 임금 피크제, 성과주의 인

사제도, 조기퇴직과 자산관리 및 라이프 컨설팅 등이 확대될 것으로 전망된다.

넷째, 사회보장제도 측면에서는 고령화가 국민연금과 건강보험 재정에 미치는 영향을 볼 수 있다. 고령화가 국민연금 재정에 미치는 부담은 2020년 이후에 현실화될 전망이며 이 연금이 노인복지 기능을 하고 있는 현실적인 문제로 인해 해결이 어려울 것으로 예상되는데 이에 국민연금 개혁논쟁이 지속되고 있는 실정이다. 국민연금이 노인복지를 위해 쓰이고 있고 재정건전성 회복을 위해 개혁의 필요성은 모두가 인식하고 있으나 정치적 이유 등으로 2003년 이후 국민연금 개혁의 성과는 미미한 것이 현실이다. 고령화로 인한 건강보험 재정부담은 지금 현실화되고 있는 문제이며 정부는 노인들의 입원비와 약제비 절감을 위한 대책을 도입하는 과정에 있다. 정부는 노인수발 보험제도와 건강보험 의약품 선별 등재제도의 도입을 통해 이를 일부 해소하려고 시도하고 있으며 나아가 건강보험의 재정건전성을 회복하기 위해서는 노인들의 의료비 지출에 대한 대책이외에 전반적인 의료비 지출 억제를 위한 대책이 절대적으로 필요하다. 저출산 추세는 선진국뿐만 아니라 과거와 비교해 볼 때 현대사회의 현상이라고 볼 수 있다. 30년 전에는 세계 어느 곳을 막론하고 가임여성들은 평균 5명의 아이들을 낳았다. 지금은 2.7명 수준이며 선진국은 1.6명이다. 이 비중은 20－30년 후에는 1.3명의 수준까지 내려갈 것으로 전망된다. 이미 일본이 1.4명, 독일 1.3명, 이탈리아가 1.2명 수준이며 한국은 1.17명(2016년)으로 세계최저 수준을 기록했다.

지금까지 살펴 본 고령사회에 대한 미래 전망은 전체적으로 어두운 편이라 할 수 있는데 그렇다면 이러한 변화가 과연 부정적인 면만 있을까하는 의문이 당연히 제기된다. 이미 한국보다 고령사회로 먼저 진입한 일본과 같은 나라의 추세를 보면 반드시 부정적인 측면만 있다고 볼 수는 없다. 오히려 성장 하는 시니어시장(senior market)을 통해 주거, 의료, 보건, 여가, 금융, 제품 및 서비스 등 여러 분야에 실버산업(the industry for the elderly)활성화라는 새로운 시장창출의 기회가 발생한다는 점이다.

보건복지부[4]에 따르면 2016년 현재 65세 이상 인구는 690만 명이며, 2050년에는 1557만 명에 이를 것으로 추정된다. 또한 현재 전 세계적으로 65세 이상 인구는 약 3억 명으로 추정되는데 이는 과거의 1,2차 세계대전과 같은 대규모 전쟁 발생 가능성이 점점 희박

4) 보건복지백서, 2015.

해지고 있고 개도국에서도 경제상황이 점차 향상되는 점을 감안할 때 20년 후에는 그 수가 거의 두 배가 될 것으로 예측하고 있다. 특히 실버산업(고령친화산업)의 경우 노동집약적 취업 유발효과가 클 것으로 전망된다. 미국의 경우 55세 이상의 인구가 미국 자산의 약 55%를 소유하고 있으며 절반 이상이 가처분소득이고 한국의 경우도 현재 실버소비자 시장은 근대화 추진이후 부를 쌓아 온 첫 번째 세대이며 연금제도의 확대, 계속적인 소비절제를 통한 부의 축적, 주택소유 경향에 따른 부동산의 보유 등에 의해 전체인구 중 보유재산 또는 가처분소득의 크기가 가장 큰 시장이어서 65세 이상의 소비자 시장은 기업에게 가장 매력적인 시장이 될 것이다(김숙응 · 이의훈, 2007).[5)]

국제관광 측면에서 이러한 고령화 추세에 따른 시니어시장의 등장은 이들이 앞으로 주요고객으로서 매우 중요한 시장이 될 것이라는 시사점을 준다. 고령친화산업이 발달할수록 여가부문에 있어 노인들이 소비와 생산을 하는 주체로서 이들의 역할과 기능이 커질 것으로 전망 된다. 〈표 1-1〉은 HSBC 은행에서 중장년계층을 대상으로 은퇴 후 노후에 가장 하고 싶은 것을 설문조사한 결과이다.

| 표 1-1 | **은퇴 후 가장 하고 싶은 것**

구분	여행	여유시간 만끽	가족, 친구와 친목도모	새로운 취미활동	자원봉사	소비생활	새로운 일
은퇴 후 가장 하고 싶은 것	89	85	83	79	74	69	51

(출처: HSBC, 은퇴의 미래, 2006)

아울러 실버산업의 기본 유형은 1) 여가산업(Leisure, Recreation & Tourism Businesses); 2) 금융산업(Finance Businesses); 3) 의료, 보건 관리산업(Health care Businesses); 4) 주거관리산업(Housing Businesses); 5) 노인용품 판매 및 서비스산업(Goods & Services for the elderly)으로 구분할 수 있으며 여가 및 관광분야는 대표적인 실버산업이라고 할 수 있다 (삼성경제연구소, 2002)〈표 1-2〉. 나이가 들면서 대부분 직장인에서 은퇴자로 역할이 바뀐다. 일부 노인들의 경제능력이 빈곤수준에 있기는 하지만 앞서 언급 되었듯이 미

5) 실버산업의 이해, 형설출판사.

국의 경우 55세 이상의 실버층이 미국 자산의 55% 이상을 소유하고 있을 정도로 경제적 능력이 높다. 비휴가 시즌에 외국의 관광명소 방문객들의 대부분이 이들 은퇴나 반 은퇴 실버층이라는 것은 어떻게 보면 당연한 것이다. 단적인 예로 크루즈여행의 80% 이상이 실버층이다. 많은 비용과 2-3주의 시간을 내어서 크루즈를 이용할 수 있는 고객층은 실버계층 말고는 없다고 해도 과언이 아니다. 현재 세계적으로 크루즈시장이 매우 빠르게 성장하는 것은 당연한 현상이라 할 수 있다.

경제 패러다임이 산업사회에서 지식정보화 사회로 전환되면서 여가에 대한 인식도 소극적 개념에서 적극적 개념으로 변화하였다. 이미 한국사회보다 고령화가 진전된 일본, 유럽 등의 국가의 경우 노인들에게 과거 청년과 장년층 시절에 시작한 여가활동이 노년기에는 경제적, 사회적으로 주업이 되는 비율이 많은 것으로 보고되고 있으며 노인을 가장 잘 이해하는 계층이 곧 노인계층으로서 인식되어 시니어 비즈니스 시장의 수요와 공급에 있어 노인이 중요한 역할을 하고 있다.

한국의 경우도 2010년 전후 시니어 비즈니스 시장이 급팽창하면서 다양한 여가시장이 형성되었으며 이는 곧 노인계층이 수요자이자 공급자로서 기능을 할 것으로 예상된다. 저출산고령사회위원회[6]에 따르면 이 시장규모는 2000년 17조원에서 2010년 약 43조원, 2020년에는 약 148조원으로 3배 이상 증가할 것으로 전망된다. 이에 대한상공회의소[7]에 의하면 국내 실버산업은 2010년부터 10년간 연평균 12.9% 성장할 것으로 전망되며 2008년을 전후해 한국의 베이비붐 세대(50년대 중반-70년대 초반 출생) 소비층이 가세할 것으로 예상하고 있다. 사회・문화적 환경의 변화에 따라 과거 노인과 비교할 때 현재 노인들은 다양한 측면에서 확실히 새로운 관점과 해석이 필요하게 되었다. 숙명여대 실버마케팅연구소[8]자료에 의하면 현 노인층의 여가(leisure)에 대한 인식은 일(work)보다 우선하는 것이며 신체적, 경제적, 심리적 건강을 유지하는데 있어 여가활동은 매우 중요한 역할을 하는 것으로 인식 된다(김숙응・이의훈, 2007).

6) 고령화시대 노인정책 방향(2016).

7) 국내 실버산업의 성장과 전망(2006).

8) 숙명여자대학교 실버마케팅연구소(2001).

| 표 1-2 | 고령친화산업의 유형

분야	영역	부문	내 용
금융	서비스	상품	공적연금, 사적연금(기업연금, 개인연금), 부양보험, 노후대비 연금형 보험
		서비스	신탁, 부동산 관리
여가	서비스	여가활동부문	회고록출판, 논문발표회, 출판기념회기획, 우편물발송대행, 집필대행, 잡지출판, 스포츠, 취미생활, 오락, 관광
		사회활동 부문	취업, 교육, 직업 알선
의료·보건	시설	병원 부문	노인전문병원, 노인전문 치료병원
	용품	제약 부문	노인성 질환약품, 의료전문기기, 간호용품
	서비스	의료정보 부문	병원관리, 의학정보, 건강체크 프로그램
		인력파견 부문	의료요원의 알선, 파견
주거	시설	주거시설 부문	유료양로원, 3세대 주택, 주택 개량, 실버 타운
	서비스	재택 서비스	간호 서비스, 급식 서비스, 간호용품 렌탈서비스, 청소, 세탁대행
노인용품	제품	의류부문	일상복, 정장복, 환자복, 스포츠의류, 기타
		식품 부문	건강 식품, 기호 식품, 치료식, 예방식
		생활용품 부문	가전 제품, 일상용품, 가정의료용품, 의료보조용품
	서비스	서비스	실버시티, 노인전문음식점, 노인카페, 실버전용사이트 등

(출처: 삼성경제연구소 자료 재구성)

여가활동이 노인들에게 사회 심리적 차원에서 큰 도움이 된다는 것은 이미 많은 연구에서 규명되어져 왔다(Tinsley & Teaff 1983[9]; George 1990[10]; Kelly & Godbey 1992[11]; Driver, Tinsley, & Manfredo 1991[12]). 예를 들어 Driver, Tinsley 와 Manfredo는 여가활동이 사회 심리적 욕구를 얼마나 충족시킬 수 있는지를 Paragraphs About Leisure(PAL)로 불리는 척도를 만들어 측정하였다. 그 결과 자기표현(self-expression), 동료의식(companionship), 권한(power), 보상(compensation), 안정감(security), 봉사(service), 심미적, 지적 충족감(Intellectual aestheticism), 독립심(solitude)과 같은 사회 심리적 욕구를

9) The psychological benefits of leisure activities for the elderly: A manual & final report of an investigation, Carbondale, IL: Southern Illinois University.

10) Handbook of aging & the social sciences, San Diego: Academic Press.

11) The sociology of leisure, State College, PA: Venture Press.

12) Benefits of leisure, State College, PA: Venture Press.

충족하는데 여가활동은 매우 중요하다고 주장한다.

국내의 경우 앞으로 여타 부문과 비교할 때 신규 고용창출은 사회서비스(복지, 보건, 여가, 관광부문 등)분야에서 이루어질 것으로 보인다. 국가 정책적 측면에서 사회 서비스 분야에 대한 공공투자를 확충하고 교육서비스 등과 연계하여 시너지효과를 높여야 할 것으로 판단된다. 개인, 기업, 정부가 고령화 추세를 잘 이해하고 이에 잘 대처한다면 실버산업은 신 성장 동력산업으로 국가경쟁력을 키우는데 큰 기여를 할 것이고 반대로 잘 대처하지 못한다면 고령사회는 저출산 문제와 함께 국가경쟁력의 최대 걸림돌이 될 것이다.

2) 가치관 및 생활양식(lifestyle)의 변화

1990년대 중반 이후 세계는 고도의 서비스산업이 주도하는 지식·정보화 사회로 변모하였다. 특히 한국의 경우 과거 60여 년간 변화된 생활상은 가히 경이적이다. 현재 60대 이후 세대는 농경사회로부터 산업사회를 거쳐 지식·정보화 사회를 경험한 세계에서 거의 유일한 세대라 할 수 있다. 서구 선진국들이 최소 100년에서 200년에 걸쳐 이루어낸 산업화와 민주화가 국내에서는 불과 50년에 걸쳐 이루어졌다. 한국은 1945년 세계2차대전 이후 독립한 국가들 중에서 거의 유일하게 자체적으로 경제선진화와 민주화를 달성한 국가로 평가된다. 이러한 고도의 압축 성장[13)]에 따른 한국 사회의 빠른 변화는 긍정적 측면과 부정적 측면이 상존하면서 급속히 발전한 물질적 문화에 정신적 차원의 문화가 적응하지 못하는 사회적 부조화현상인 이른바 문화지체(social lag)[14)]적 사회현상을 나타내고 있다. 따라서 이제는 정신적, 문화적 측면에서 발달이 요구되고 있다.

2000년대 이후 나타난 가치관과 생활양식의 변화로는 관광을 포함한 광범위한 여가활동에 대한 인식의 변화인 일과 삶의 균형(work and life balance), 로하스(LOHAS: Lifestyle of health and sustainability), 슬로비(SLOBBIE: Slow but better working people), 최소주의(minimalism) 등이 있다. 과거 산업화시대에는 여가란 그야말로 일하다가 남는 시간 이외의 개념을 넘어서지 못했다. 그러나 1990년대 이후 산업구조의 변화, 인터넷의 등장, 과학·기술 혁신 등의 패러다임 변화와 2000년대 주5일 근무제가 정착되면서 여가

13) 한 예로 한국의 수출규모가 1000억불이 되기까지 50년(1945년-1995년), 1,000억-2,000억불까지는 10년(2005년), 2,000억-3,000억불 달성은 불과 2년(2005년-2006년)밖에 걸리지 않았다.

14) 미국의 사회학자인 오그번(W.F. Ogburne, 1886-1959)의 저서 사회변동론(Social change, 1922)에서 제시됨.

(leisure)는 일(work)과 더불어 지속적으로 자기계발을 할 수 있는 중요한 수단으로 인식하게 되었다. 이미 여가의 역할이 삶에서 매우 중요한 위치로 자리 잡은 선진국에서 일과 여가의 균형(work and leisure balance)이라는 말을 쓰지 않고 왜 일과 삶의 균형(work and life balance)이라고 하는지 그 의미를 생각해 볼 필요가 있다. 즉 일이란 생계를 위해 기본적으로 의무적(obligation)으로 하는 활동이며 삶이란 이러한 의무를 벗어나 순전히 본인이 선택할 수 있는 활동을 말한다. 여기서 삶(life)이란 의무가 아닌 본인의 선택에 의한 자발적 활동으로서 의미적으로 여가(leisure)[15]와 같은 개념이며 궁극적으로 이러한 삶의 시간을 통해서 자아발견 및 실현을 할 수 있다는 것이다. '일과 삶의 균형 더블라이프(Double lives)[16]의 저자 데이비드 히넌(David Heenan)이 주장하듯이 자신의 본업 외에 또 다른 삶을 사는 것은 이제 매우 자연스러운 현상이 되고 있다.

관광분야에 지속성(sustainability)의 개념이 도입된 지도 30여 년의 세월이 지났고 이제는 건강, 음식, 스포츠 등 모든 생활에 이 개념은 가장 필수적인 요소로 인식되고 있다. 2000년대 들어 이러한 지속성의 개념은 웰니스(wellness)나 참살이(well being)라는 단어의 유행을 낳기도 했으며 인간의 건강과 자연 환경의 보전을 동시에 추구하는 생활양식인 로하스(LOHAS: Lifestyle of health and sustainability)라는 용어를 탄생시키기도 했다. 지속성의 가치를 추구하는 개념은 위의 경우 외에도 여러 가지가 있는데 몇 가지 예를 더 들면 다음과 같다. 슬로비(SLOBBIE: Slow but better working people)는 천천히 그러나 더 효율적으로 일하며 사는 생활양식을 추구하는 사람들을 지칭한다. 물질보다는 정신적인 가치를 사회적 성공보다는 가정과 건강을 중시하며 문화생활과 가정생활을 즐기는데 가치를 두며 소중한 자기 자신과 행복한 가정을 돌보는 여유가 바로 진정한 행복이라고 생각하는 사람들을 말한다. 다운쉬프트(Down shift)족도 슬로비와 유사한 가치를 갖는 사람들을 말하는데 자동차의 기어가 4단과 같은 고속에서 1,2단과 같은 저속기어로 전환되었을 때 이를 다운쉬프트라고 하듯이 세칭 '빨리빨리' 문화에서 탈피하여 '천천히' 인생을 돌아보며 여유롭게 사는 것을 추구하는 사람들을 일컫는다.

---

15) 여가(leisure)의 의미는 산업화시대를 통해 우리에게 상당히 왜곡되어 알려져 있다. Leisure라는 단어의 기원은 희랍어의 schole(자기생활공간으로부터 자유를 얻는다는 의미로 사색하고 연구하는 시간과 장소의 뜻을 내포함)와 라틴어 scholar(또는 licere: 일의 중단)에서 유래하며 창조적인 활동을 위해 개인이 노동과 공적인 의무에서 벗어나 자유로운 시간을 갖는다는 뜻이다. 오늘날 학자(scholar)와 학교(school) 단어의 기원과 맥락을 같이하는 개념이다.

16) David Heenan(2004), 박현 옮김, 일과 삶의 균형 더블라이프, 서울: 영진닷컴.

삶의 속도를 늦춰라

한 미국인 관광객이 멕시코의 작은 어촌에 도착했다.

그는 마을의 어부가 잡은 크고 싱싱한 물고기를 보고 감탄했다.

"그거 잡는데 얼마나 걸렸나요?"

멕시코 어부 왈, "별로 오래 걸리진 않았어요."

그러자 미국인이 재차 물었다.

"왜 좀 더 시간을 들여 물고기를 잡지 않나요? 더 많이 잡을 수 있을 텐데 …."

멕시코 어부는 적은 물고기로도 자신과 가족들에게는 충분하다고 했다.

"그럼 남은 시간에는 뭐하세요?"

"늦잠 자고, 낚시질 잠깐 하고, 애들이랑 놀고, 밤에는 마을에 가서 친구들이랑 술 한잔 합니다. 기타 치고 노래하고 … 아주 바쁘지요 …."

미국인이 그의 말을 막았다.

"사실 제가 하버드 MBA입니다. 제 말을 들어보세요!

당신은 매일 좀 더 많은 시간을 들여 낚시질을 해야 합니다.

그러면 더 많은 물고기를 잡을 수 있을 거예요. 더 많은 수입이 생기고 더 큰 배도 살 수 있겠죠. 큰 배로 더 많은 돈을 벌 수 있습니다. 그러면 배를 몇 척 더 살 수 있고 나중에는 수산회사도 세울 수 있습니다. 당신은 이 조그만 마을을 떠나 멕시코시티나 LA, 아니면 뉴욕으로도 이사할 수 있다구요!"

이번엔 어부가 물었다.

"그렇게 되려면 얼마나 걸리죠?"

"20년 …, 아니 25년 정도요."

"그다음에는요?"

"당신 사업이 진짜로 번창했을 때는 주식을 팔아서 백만장자가 되는 거죠!"

"백만장자? 그다음에는요?"

"그 다음에는 은퇴해서 바닷가가 있는 작은 마을에 살면서 늦잠 자고 아이들이랑 놀고, 낚시질로 소일하고, 낮잠 자고… 그리고 남은 시간에 술 마시고 친구들이랑 노는 거죠!"

최소주의(minimalism)는 대량생산, 대량소비 되는 현대사회에서 발생되는 여러 가지 문제점을 인식하고 생활에 필요한 최소한의 자원만 활용하여 낭비를 줄이고 자연 및 인간 모두의 지속성을 높이는 가치관을 말한다. 예를 들면 과식보다는 소식이 건강에 좋은 것처럼 의식주 생활에 있어 최소한의 소비를 통해 건강한 삶을 추구하는 것이다.

3) 여성의 사회진출

지난 반세기 동안 우리 사회에서 큰 변화 중의 하나는 여성의 사회진출이 확대된 것이다.

그러나 한국의 여성 고용률[17)]은 55.7%(2016년)로서 여성고용률이 대체적으로 높은 북유럽 국가(평균 80%)들과 비교할 때 여전히 낮은 수준이다. 이러한 수치는 비경제활동인구의 많은 부분을 차지하는 한국의 주부들이 취업을 통해 사회적으로 많이 활용되지 못하고 있다는 것인데 특히 30-40대 주부들의 경우 여타 선진국과 비교하더라도 매우 높은 교육수준과 이에 우수한 노동력을 갖고 있는 것으로 보이며 따라서 이러한 이유 때문에 사회적 손실이 크다고 할 수 있다.

아울러 인구구조의 변화에서 언급되었듯이 한국 여성의 출산율은 세계 최저 수준이다. 일반 상식과 달리 출산율과 여성 취업률은 비례관계에 있는데 현재 한국은 출산율도 낮고 취업률도 낮은 상태에 있다. 이는 여성이 사회생활과 가정생활을 병행하기 어려운 여건에 있다는 의미로서 의식의 전환과 제도적 뒷받침이 필요한 사항이라 하겠다. 일반적으로 양성평등이 사회적으로 보편화되지 않은 국가일수록 저출산 현상이 심하다. 앞으로 고용창출이 많이 생길 수 있는 국제관광분야에서도 민간기업과 공공부문에서 여성 인적자원의 활용도를 높여 저출산 현상과 같은 사회적 문제를 해소해 나가야 한다.

4) 다문화사회

2015년 인구통계에 따르면 국내에 거주하는 외국인은 170만 명을 넘어서 전체 인구 중 3.4%를 차지하는 것으로 나타났다. 인구통계학적으로 전체인구에서 거주 외국인의 비율이 5%를 넘어가면 다문화사회라고 부른다. 2000년대 들어 국제교류와 국제결혼이 매우 활발히 증가하면서 이주근로자, 결혼을 통한 이민자와 자녀, 새터민, 유학생 등 다양한 이주민들을 통해 한국사회는 빠르게 다문화사회로 나아가고 있다. 이제는 단순히 외모만으로 한국인과 외국인을 구분하는 것은 큰 오류를 범하는 것이며 이에 인식의 대전환이 필요하다 하겠다. 아울러 국내의 심각한 고령화와 저출산이라는 구조적인 사회적 문제를 해소하기 위한 방안의 하나로도 한국은 앞으로 적극적인 이민정책을 고려해야 한다. 따라서 앞으로 순혈주의에 입각한 닫힌 사고로는 이렇게 변화하는 사회에 많은 갈등과 부적응을 초래할 것이다. 국수주의나 사대주의는 똑같이 전체를 이해하지 못하여 생기는 편협하고 왜곡된 무지(無知)한 사고방식이다. 자기문화에 자부심을 갖고 동시에 다른 문

---

17) 고용률 = 취업자 수 / 노동 가능인구 수(경제활동인구 수 + 비경제활동인구 수) x 100.
(cf)실업률 = 실업자 수 / 경제활동인구 수(취업자 수 + 실업자 수) x 100.
※ 따라서 고용률은 15세~64세 인구 중에서 몇 명이나 고용하고 있는가를 나타내는 지표이다. 노동가능 인구수는 15세~64세 인구를 뜻하며 경제활동 인구는 일정기간 중 노동공급에 기여한 모든 사람을 비경제 활동 인구는 조사대상 인구 중 취업 또는 실업자를 제외한 15세 이상의 인구로서 주부, 군인, 고시 및 공무원 준비생, 취업 포기자 등을 포함한다.

화를 존중할 때 진정한 세계인(cosmopolitan)의 소양을 갖추는 것이다.

로마인 이야기

이탈리아 로마에서 활동 중인 일본출신의 작가 시모노 나나미는 저서 '로마인 이야기'에서 로마제국의 특성을 다음과 같이 기술하고 있다. 지성에서는 그리스인보다 못하고 체력에서는 켈트족이나 게르만족보다 못하고 기술력에서는 에트루리아인보다 못하고 경제력에서는 카르타고인보다 못한 로마인이 어떻게 다른 민족은 이루지 못한 천년 제국을 건설하였는지에 대해 작가는 그 주된 이유를 로마인의 정신이 반영된 그들의 법과제도에서 찾았다. 즉 왕정시대에도 왕을 민회(현재의 국회)에서 아울러 공직도 선거제도를 통해 선출하였으며 점령지역에도 시민권을 부여하고 사회적 통합을 꾀하였다. 개방성・포용성・합리성이 반영된 법과 제도를 통해 로마제국은 융성하였다고 작가는 주장하였다.

2. 경제적 환경

국제관광은 국가 간 사람의 이동현상으로서 국제・국내적 경제환경으로부터 가장 직접적인 영향을 받는다. 환율, 경제규모, 경제수준, 유가 등 많은 경제적 변수에 의해 관광송출국과 수용국 사이에 수요와 공급이 이루어진다. 우선 국제관광이 국가 경제적으로 어떤 의미를 갖는지 국제수지에 대해 살펴보기로 한다.

1) 국제수지

국제수지란 일정기간 동안 발생한 한 국가의 모든 국제거래를 체계적으로 기록한 표이다.

국제수지는 다음 [그림 1-5]와 같이 구성된다. 국제수지는 크게 경상수지와 자본수지로 나뉜다. 경상수지는 상업적 거래, 즉 상품과 서비스의 거래결과 들어온 외화(달러)와 나간 외화의 차액을 말하며 이에는 상품수지, 서비스수지, 소득수지 및 이전 수지가 포함된다. 국제관광에 의해 발생하는 외화의 유입(외래 관광객의 지출액)과 외화의 유출(해외관광객의 지출액)은 서비스수지에 해당하며 이를 관광수지라 부른다.

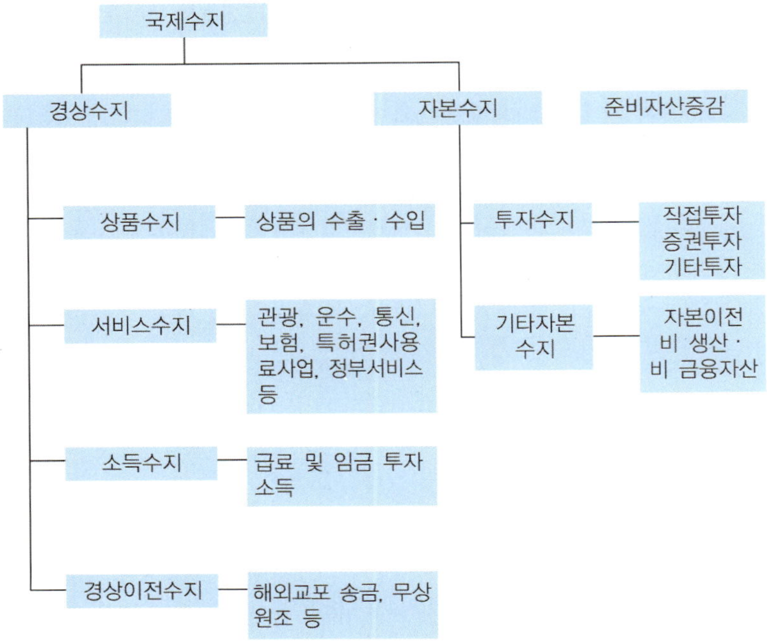

[그림 1-5] 국제수지표

관광수지의 구성

- 외래관광객의 지출액(국제관광수입, International tourism receipts) ⇒ 국제교통운임 및 방문국에서 발생하는 재화 및 서비스에 대한 소비액
- 해외관광객의 지출액(국제관광지출, International tourism expenditures) ⇒ 국제교통운임 및 방문국에서 발생하는 재화 및 서비스에 대한 소비액

세계관광기구(WTO)는 이러한 지출액의 종류로 숙박, 교통, 식음료, 문화 · 스포츠 · 레저활동, 쇼핑, 기타 등의 기준을 제시하고 있다. 관광수지 산출방법은 국가기관(중앙은행)의 국제수지통계표를 이용하는 방법, 국제관광객을 대상으로 표본조사하는 방법 등이 있다. 국내에서는 전자의 방법을 사용하고 있는데, 즉 한국은행이 매월 산출하는 국제수지통계 중 「순수 관광 · 유학 · 훈련」으로 구성된 여행수지통계에서 「유학 · 훈련」을 제외한 순수 관광부분을 한국관광공사가 관광수지통계로 활용하고 있다.

그러나 이렇게 관광수지통계에 제시된 지출액은 추정액이며 실제적으로 외래 및 해외관광객이 지출한 금액은 이보다 크다고 볼 수 있다. 위와 같이 관광수지통계에서는 유학 및 훈련경비가 제외되고 있는데 국제관광객의 범위에는 유학 · 훈련목적의 외래관광객 입국자와 내국인 출국자가 통계에 포함되기 때문이다(최승이 · 이미혜, 2004). 아울러 국가마다 어떤 방법으로 산출하고 추정하는지에 따라 지출액은 차이가 날 수 있고 따라서 국가별 단순비교를 하는데 오류가 있을 수 있다. 자본수지는 국제거래에서 자본거래에 따른 수입과 지급의 차액을 말하며 이에는 증권, 채권 등의 유가증권 매매와 직접투자 등이 이에 속한다. 준비자산증감은 통화당국이 보유하는 외환 및 금 등을 말한다.

2) 환율

국제관광에 가장 큰 영향을 미치는 요인 중의 하나는 바로 환율이다. 환율은 두 나라 돈의 교환 비율이며, 외국돈으로 나타낸 우리나라 돈의 가격인데 쉽게 이해하자면 '달러의 가격'으로 생각하면 된다.

- 환율하락(= 원화강세)
  $1 = ₩1,000 ⇒ $1 = ₩ 800
- 환율상승(=원화약세)
  $1 = ₩1,000 ⇒ $1 = ₩ 1,200

「환율하락」의 경우는 예전에는 1,000원으로 1달러를 바꿀 수 있었는데 이제는 800원으로 1달러를 교환할 수 있는 것처럼 원화의 가치가 커졌기 때문에 원화강세라고 한다. 따라서 환율이 하락하면 일반적으로 다음과 같은 현상이 발생한다.

① 원화강세에 따라 해외관광객(아웃바운드 관광객)이 증가한다.
② 원화강세에 따라 외래관광객(인바운드 관광객)이 감소한다.
③ 수출상품의 가격경쟁력이 떨어져 수출이 감소한다.
④ 수입상품의 가격이 떨어져 수입은 증가하며 아울러 국내 물가도 하락한다.

반대로 「환율상승」의 경우에는 1,000원으로 1달러를 교환할 수 있었던 것이 1,200원으로 바꾸는 것이기 때문에 그만큼 원화의 가치가 하락한 것이므로 원화약세라고 하며 일반적으로 다음과 같은 현상이 발생한다.

① 원화약세에 따라 해외관광객(아웃바운드 관광객)이 감소한다.
② 원화약세에 따라 외래관광객(인바운드 관광객)이 증가한다.
③ 수출상품의 가격경쟁력이 생겨 수출이 증가한다.
④ 수입상품의 가격이 비싸져 수입은 감소하며 아울러 국내 물가도 상승한다.

환율은 기본적으로 외화에 대한 수요와 공급에 의해 발생하며 수요요인으로는 해외여행 및 유학, 상품수입, 해외투자, 외채상환, 해외 이주비 등이 있으며, 달러수요가 증가하면 환율은 상승한다. 공급요인으로는 외래관광 및 외국인의 국내유학, 상품수출, 해외로부터의 차관도입, 국내 주식, 채권, 부동산 등에 대한 외국인의 투자 등이 있으며 달러공급이 증가하면 환율은 하락한다. 아울러 환율이 변동하는 요인은 여러 가지가 있는데 금리(금리 또한 '돈에 대한 수요'로 이해하면 쉽다)의 예를 들면, 미국이 금리를 내리면 대체적으로 달러대비 원화의 환율은 하락한다. 즉, 미국의 금리가 2%이고 한국의 금리가 5%라면, 달러를 원화로 바꾸어 예금하면 3%의 이익을 볼 수 있어서 원화의 수요가 늘어나 원화는 강세가 되고 환율은 하락한다(미국의 금리 하락 → 달러수요 감소 → 환율 하락(원화강세)).[18]

반대로 미국이 금리를 올리면 원/달러 환율은 상승한다. 즉, 미국의 금리가 5%이고 한국의 금리가 2%라면, 외국인 입장에서는 한국에 투자한 돈을 달러로 바꾸어 미국에서 예금에 드는 것이 수익률이 좋기 때문이다. 그러므로 달러수요가 늘어나 원화는 약세가 되고 환율은 상승한다(최진기, 2009)(미국의 금리 상승 → 달러수요 상승 → 환율 상승(원화약세)).[19]

다음 그림과 같이 2010년부터 2016년까지 월평균 환율 변동추이와 외래관광객(인바운드)과 해외관광객(아웃바운드)수의 변화는 밀접한 관련성을 갖는다.

---

18) 이러한 경우가 적용되지 않는 예외도 있는데 극심한 세계 경기 침체기였던 2008년 하반기 미국이 금리를 내렸음에도 원/달러 환율은 상승했는데 이는 금융위기로 기축통화인 달러에 대한 수요가 늘어났기 때문이다.

19) 최진기(2009). 지금 당장 경제공부 시작하라. 서울: 한빛비즈.

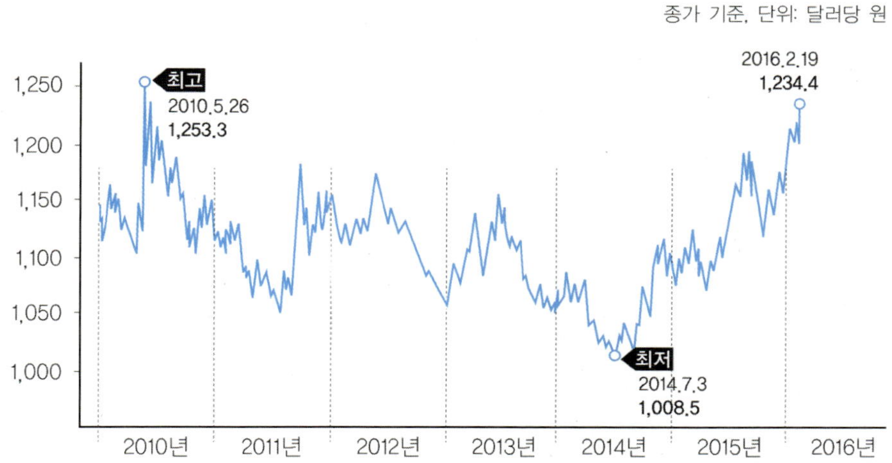

(출처: 서울 외환시장)

[그림 1-6] 원/달러 환율추이(2010.1~2016.2)

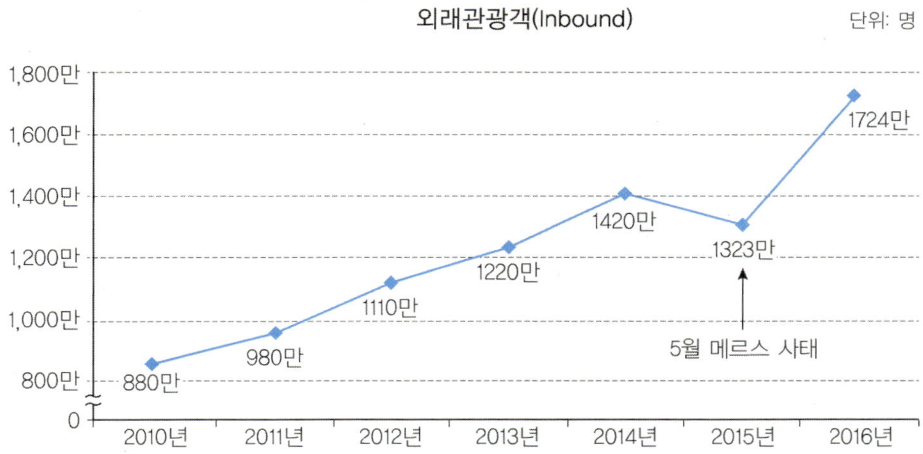

(출처: 관광지식정보시스템)

[그림 1-7] 외래관광객(인바운드) 수 변화추이(2010~2016)

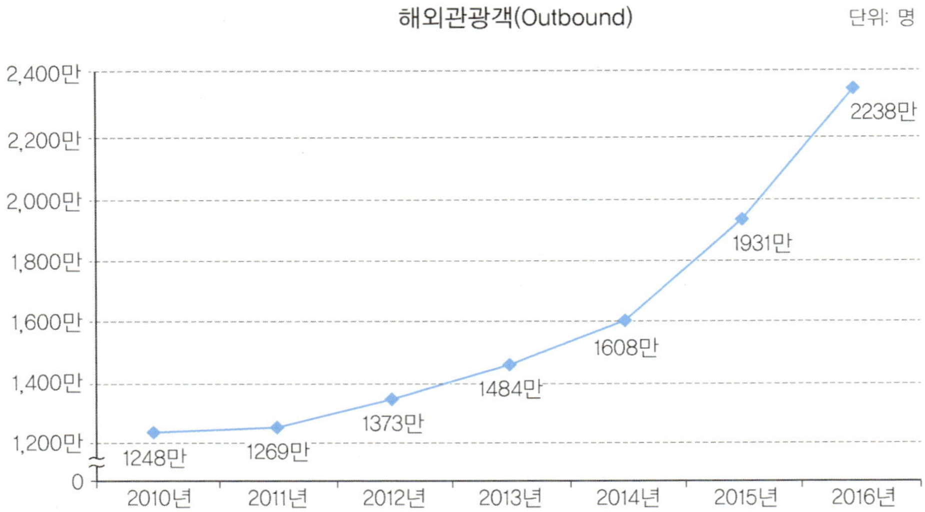

(출처: 관광지식정보시스템)

[그림 1-8] 해외관광객(아웃바운드) 수 변화추이(2010~2016)

3) 경제규모

국가의 경제규모를 나타내는 지표로는 국내총생산(GDP: Gross Domestic Product)이 있다. 이는 「한 나라 안에서 일정기간(보통 1년) 동안 생산한 재화와 서비스의 부가가치의 합계」로서 국민 경제 전체의 생산수준을 파악할 수 있다. 사실 생산단계의 부가가치의 총합으로 GDP를 구하는 것은 매우 복잡하기 때문에 일반적으로 최종 생산된 재화의 가격을 모두 합한 것으로 계산한다. 이렇게 특정한 해에 생산된 재화와 서비스를 그 해의 가격으로 계산한 GDP를 명목 GDP라고 한다. 보통 명목 GDP는 같은 연도의 각국 경제력을 비교하는데 유용하나 한 국가의 GDP가 각 연도에 실제로 얼마나 증가하였는지를 분명하게 알 수 없다. 실질 GDP는 특정 연도를 기준 연도로 정해놓고 그 해의 가격으로 계산한 각 연도의 GDP이다. 예를 들면 2010년과 2009년에 각각 생산된 재화와 서비스를 모두 기준 연도인 2000년의 가격으로 계산하면 1년 동안에 실질적으로 재화 및 서비스가 얼마나 더 생산되었는지를 알 수 있다. 아울러 환율과 물가상승률을 반영한 구매력 평가지수(PPP: Purchasing Power Parity)는 보다 실질적인 경제수준을 나타내는 지표이다.

한 국가 국민의 생활수준을 파악하는 데는 GDP를 인구수로 나눈 1인당 GDP가 가장 많이 사용되는 경제지표이다. 그러나 GDP와 1인당 GDP는 지하경제, 상대적 빈곤, 유·무형의 자산 및 물가수준 등을 고려하지 못하고 삶의 질(예: 근로시간 등)을 실질적으로 반영하지 못하는 한계가 있다. 아울러 이러한 양적인 지표뿐만 아니라 질적인 측면에서 빈부격차 정도를 보여주는 지표들(예: 로렌츠곡선, 지니계수, 소득 10분위 분배율 등)도 함께 고려해야 한다. 양적 지표들은 국민의 행복도와는 큰 상관관계가 없으며 행복지수는 소득분포, 고용률, 기대수명, 자살률 및 학업성취도 등의 지표들이 활용된다.

4) 유가

원유를 포함한 원자재 가격은 세계 경제를 전망할 수 있는 가장 기본적인 지표이다. 국제유가가 오르면 전반적으로 물가가 상승하며 아울러 항공가격도 오르기 때문에 관광수요를 감소시키는 요인으로 작용한다. 경기회복을 예측하여 기업들이 설비투자를 하면 원자재에 대한 수요가 증가하여 가격이 오른다. 반대로 불황기에는 원자재에 대한 수요가 감소하여 가격이 내린다. 특히, 한국의 세계 7위의 석유수입국으로서 5대산업인 반도체, 조선, 자동차, 철강, 석유화학 중 반도체를 제외한 모든 산업이 많은 석유와 에너지를 필요로 하기 때문에 유가상승이 국민경제에 미치는 영향은 매우 크다.

원유는 수요·공급상 가격이 매우 비탄력적이기 때문에 가격변동 폭에 비해 수요량과 공급량의 변화는 크지 않다. 원유시장은 석유수출국기구[20](OPEC: Organization of the Petroleum Exporting Countries)를 중심으로 과점시장의 성격을 갖고 있으며 국제정세와도 밀접한 관계를 갖고 있다. 유가는 국제관광에도 큰 영향을 미친다. 항공권가격은 '항공요금'과 '기타요금'으로 구성되는데 일반적으로 인터넷이나 광고에서 항공권가격으로 통용되는 것은 항공요금이다. 흔히 세금이라 하는 기타요금에는 유류할증료, 공항이용료, 관광진흥개발기금, 전쟁보험금 등이 포함된다. 유류할증료는 항공유시세변동에 따른 유류비용증감을 요금에 탄력적으로 반영하고자 항공사들이 도입한 제도다. 기타요금에서 유류할증료가 차지하는 부분이 가장 큰데 항공권가격에는 이미 유류비용이 반영되어 있다는 논란의 소지가 있다. 1970년대 전까지 국제유가는 배럴당 20달러(2007년 달러가치로 환산)를 넘어선 적이 없었다.

그러나 1973년과 1979년 오일쇼크이후 유가는 크고 작은 변동을 보이고 있으며 2008년

20) OPEC: Algeria, Angola, Ecuador, Iran, Iraq, Kuwait, Libya, Nigeria, Qatar, SaudiArabia, UAE, Venezuela.

7월에는 배럴당 145달러까지 올랐다가 같은 해 11월에는 45달러까지 떨어지는 등 매우 불안정한 변동폭을 나타내고 있다. 국제유가의 변동요인으로는 지정학적 불안, 석유수출국기구(OPEC)의 정책, 금리 및 환율변동, 수요 및 공급 등이 있으며 국제원유(서부텍사스유 기준)의 원가는 배럴당 35불로 알려져 있다.

3. 정치 · 법적 환경

1) 정치적 환경

정치 · 법적 환경은 관광정책, 법률적 구속력을 갖는 규제, 그리고 국제분쟁 등을 포함하며 국제관광에 큰 영향을 미치는데 예를 들면 국제관광에 있어 가장 기본적인 여권 및 사증(visa)제도도 국가 내 또는 국가 간 정치 · 법적 배경의 결과라고 할 수 있다. 폐쇄적인 일부 국가를 제외하고 대부분의 국가들은 국제교류를 통해 상호 이해와 이익을 증진하고자 국제관광객(외래관광객+해외관광객)의 이동에 대한 규제는 농 · 수산물 검역과 세관신고 등을 제외하고는 대부분 자유로운 것이 현실이다. 그러나 일부 폐쇄적인 국가(예: 북한, 미얀마 등)들도 특정지역에 한해서 외화획득을 목적으로 외래관광객을 유치하려는 활동을 하는데 이를 통한 경제적 혜택이 주민들에게 돌아가는 것이 아니라 권력집단에게 예속되기 때문에 이런 국제관광의 정치적 이용문제는 딜레마가 되고 있다. 사실 차원이 조금 다르지만 민주주의 국가에서는 선거제도 때문에 인기 영합주의(popularism)에 의한 선심성 사회간접자본시설 및 관광개발 사업들이 나중에는 큰 사회적 비용이 되는 경우가 종종 있다. 국내 · 외적으로 이러한 예는 매우 많은데 국내의 경우 2000년대 이후 현실적인 항공수요 예측 없이 정치적 논리에 의해 건설된 지방공항들이 그 예가 될 수 있다.

이렇게 왜곡된 정치논리에 의해 설립된 조직이나 시설, 제도 등은 이후 경로의존성(path dependency)[21] 때문에 획기적으로 폐기되거나 개선되지 못하고 현상유지 되면서 결국 사회적 비용으로 남게 된다. 나아가 이러한 조직이나 시설 등은 기득권을 유지하기

21) 경로의존성(path dependence): 미국 Stanford대학의 Paul David 및 Brian Arthur 교수가 주창한 개념으로써 한번 일정한 경로에 들어서 의존하기 시작하면 나중에 이 경로가 비효율적이라는 것을 알고도 이 경로를 벗어나지 못하는 사고의 관습. 유사한 개념으로 매너리즘(mannerism)과 관성(inertia)이 있음.

위해서 지속적으로 생존논리를 개발하고 사업을 벌이려는 경향이 있어 구조조정을 힘들게 하고 악순환을 낳는다. 물론 모든 정치적 논리나 개입이 잘못된 것은 아니다. 민주주의 사회에서 지역 숙원사업이나 갈등문제가 정치를 통해 해결되는 경우도 많고 이는 당연한 민주주의 절차이기도 하다. 결국 국가나 지역의 정치수준은 국민이나 지역주민의 의식수준을 반영하는 것이다. 따라서 이러한 사회적 오류를 최소화하기 위해서는 사회구성원 스스로가 공익성, 효율성, 객관성 등 보편타당한 가치에 대한 인식을 공유하고 참여의식을 가져야 할 것이다. 아울러 공정한 평가시스템 운영과 정기적인 모니터링을 통해 비효율적인 조직과 정책에 대해 진단하고 조정하는 일이 필요하다.

사례 - 일본항공(JAL)

1960~1980년대 세계 1등 항공사로서 세계의 많은 항공사들이 벤치마킹하는 부러움의 대상이었고 한때 전 세계 기업 중 매출액 규모로 세계 3위를 자랑하던 일본항공이 2010년 1월 파산하고 법정관리에 들어갔다. 일본의 자존심이라고까지 불렸던 JAL은 256억불이라는 천문학적인 부채를 감당 못하고 파산하였고 주식은 휴지조각이 되었다. 또한 전체직원의 3분의 1인 만 5천 명을 감축해야 하는 지경에 이르고 말았다. JAL은 1987년 민영화가 되었지만 최대주주지분이 3%에도 못 미쳐 사실상 주인이 없는 기업이었다. 이에 경영진은 관료들의 낙하산인사로 채워졌고 정경유착 풍토에 젖은 정치인들은 선거에 이용하기 위해 지방마다 공항건설공약을 남발하여 일본전역에 무려 99개의 공항이 생겼다. 정치인은 일본항공에 신설공항에 무조건 취항하라고 압력을 가했고 JAL의 적자노선은 갈수록 늘었다. 99개 공항 중 흑자를 기록하는 공항이 단 2개에 불과했고 JAL 전체적자의 80%가 국내선에서 나왔다.

일본소비자들은 비싼 JAL을 더 이상 이용하지 않고 저렴하고 서비스 좋은 외국항공사들을 이용하기 시작했다. 예를 들어 지방에 사는 일본 여행객이 유럽에 간다고 했을 때 JAL로 가는 비용은 평균 17만엔(약 210만원)이지만 일본 지방공항에서 인천공항을 경유하여 대한항공이나 아시아나항공을 이용하면 12만엔(약 150만원)이면 충분하다. 일본항공은 가격 경쟁력 면에서 한국의 항공사들에 뒤졌고 하네다 · 나리타공항은 효율성에서 인천공항에 밀렸다. 노조도 아울러 회사를 망가뜨리는데 큰 기여를 했다. JAL에는 총 8개의 노조가 있으며 JAL 노조 외에 승무원 노조, 조종사 노조 등이 서로 뒤엉켜 이권 싸움을 하다보니 임금과 복지비용은 갈수록 늘었다. 내부혁신과 강력한 리더십이 없는 민영화와 정치개입의 결과는 결국 회사의 몰락으로 끝이 나고 말았다.

(출처: 조선일보, 2010-2-4)

세계적으로는 두 국가 간 혹은 경제연합체 간 자유무역협정(FTA: Free Trade Agreement)을 통해 물적 · 인적 · 자본의 교역을 확대하여 상호 간에 시장지배력을 확보하려고 하고 있다. 1993년 마스트리흐트 조약[22]에 의해 유럽 12개국이 참여하면서 시작된 유럽연합

22) 마스트리흐트 조약(Treaty of Maastricht): 유럽공동체(European Community)가 시장통합을 넘어 정치 · 경제적 통합체로 진전하기 위해 1991년 12월 10일 네덜란드 마스트리흐트에서 EC정상 간 합의함. EC를 EU로 명칭을 바꾸고 1999년까지

(EU: European Union)은 2007년 현재 27개국이 가입하여 FTA보다 훨씬 고도의 경제적 통합에 성공한 사례라 할 수 있다. 이러한 경제적 통합은 규모의 경제실현, 외래관광객의 편의성도모 등 여러 차원에서 EU회원국들에게 경제적 혜택을 준 것으로 평가되고 있다. 앞으로 과연 유럽연합(EU)이 정치적 통합이라는 인류역사상 새로운 도전에 어떻게 다가갈지 두고 볼 일이다.

2) 법적 환경

국제관광을 둘러싼 법적 환경은 한 국가에만 적용되는 것이 아니라 국가 간 개인과 기업의 활동을 규율하는 규범이다. 특히 기업이 국제경영활동을 전개하면서 당면하게 되는 법률 환경은 복잡하다.

사례 - 미국 연방 독점 금지법

2007년 8월 미국 법무부로부터 대한항공이 미국 연방독점금지법(셔먼법) 위반으로 3억 달러의 과징금을 부과 받았다. 이는 대한항공의 1년 영업이익인 약 5천억원의 절반 이상 되는 큰 액수였고 대한항공은 미국 법무부에 벌금을 5년 동안 분납하기로 했고 순손실을 기록했다. 대한항공이 처벌을 받은 것은 영국 British Airways사와 가격을 담합(카르텔)하고 화물운임을 kg당 10센트에서 60센트로 부당하게 올렸고 여객운임도 담합을 통해 올린 증거가 드러나 처벌을 받게 된 것이다. 비단 대한항공뿐만 아니라 삼성, 하이닉스 등 대미 수출업체들이 연방독점금지법에 의해 처분을 기다리고 있고 그 외에도 2000년부터 5년간 100여 개 이상의 기업들이 동일한 이유로 미연방법원에 제소되었다.

(출처: 최진기, 2009)

이는 크게 ① 특정 국가에 고유한 제도 및 법률, ② 무역, 투자, 조세 등 현지국과 본국 등 국가 간 국제거래를 원활하게 하기 위해 체결된 국제 쌍무협정 및 협약 그리고 제도화된 다자간 국제협약, ③ 국제거래와 관련하여 개별거래의 신뢰성을 제고하기 위한 국제거래 및 분쟁에 관한 법률부문 등으로 나눌 수 있다. 기업경영에 중요한 영향을 미치는 규제나 제도는 현지국의 행정규제, 무역규제, 외환제도, 관세제도 및 투자제도 등이 있다(조동성, 2005)[23]

단일통화를 단계적으로 도입하기로 함.

23) 조동성(2005), 국제경영, 서울: 서울경제경영.

사례 - 자진신고자 감면제도(Leniency)

미국에 취항하는 에어프랑스-KLM, 캐세이퍼시픽, 스칸디나비아항공, 루프트한자 등 15개 항공사는 2001년부터 2007년까지 할증연료비, 안전관리비, 보험료 등을 화물 및 여객 운송료에 반영하기 위해 가격담합을 한 사실이 적발되어 미국 법무부로부터 에어프랑스-KLM은 3억 5000만달러(약 4000억원)의 엄청난 과징금을 부과 받았다. 이러한 과정에서 가장 먼저 담합사실을 자진 신고한 루프트한자는 벌금을 완전 면제 받았다. 국제 카르텔 통계자료에 따르면 이러한 부과액은 지난 30여 년 동안 미국에서 답합에 부과된 벌금 중 세 번째로 큰 액수로 보고되었다.

특히, 미국의 연방독점금지법은 그 내용이 매우 강력한 것으로 알려져 있다. 벌금은 담합으로 벌어들인 이익의 2배까지 물릴 수 있고, 임직원은 징역형으로 처벌하며 제품의 직·간접 소비자들은 피해액의 3배까지 배상을 청구할 수 있다. 국내에도 기업의 독과점으로 인한 경쟁감소와 이로 인한 가격인상 등으로 소비자의 피해가 발생하는 것을 막기 위한 경쟁법인 공정거래법이 있다. 하지만 일부에서는 이러한 공정거래법을 기업규제로 봐서 오히려 경제적 효율성을 저해하고 자율적인 경영을 방해한다는 의견도 있다. 그러나 자본주의 경제의 활력은 경쟁에서 나오기 때문에 기업의 경쟁을 촉진시키고 소비자의 권익을 보장할 수 있도록 법률뿐만이 아니라 소비자들 스스로 인식전환을 통해 똑똑한 소비자(smart consumer)가 되어야 한다. 나아가 허위광고, 부실, 해외 관광상품 등에 대해 적극적 대응을 함으로써 불량기업 퇴출, 기업 서비스 질의 제고와 건전한 시장육성에 참여할 수 있다(참조: 한국소비자원, www.kca.go.kr).

아울러 국제관광에 있어 사증(Visa)관련 이슈는 매우 중요하다. 특정 국가의 관광객들을 대상으로 무사증제도를 도입하면 외래 관광객이 상당히 증가하는 것이 사실이나 동시에 불법체류자의 문제도 증가하기 때문이다. 2008년 11월 미국이 한국에 대해 90일 이내 관광/단기 출장 목적의 경우 비자 면제 제도를 실시한 것이나 2006년부터 제주도를 방문하는 중국관광객들을 대상으로 시행되고 있는 무사증제도 등이 그 예이다. 제주의 경우 중국인 관광객이 2005년 3,821명에서 2008년 2만 2,913명으로 크게 증가했고 2008년 한국과 비자면제협정을 맺은 미국으로 여행을 가는 한국인의 20%가 이 제도를 이용한 것으로 나타났다.

두 국가 간 국제 관광객 교류 확대를 위해서는 정부 간 협의가 필요하며 이에 앞서 내부적으로 정부부처(문화체육관광부, 외교통상부, 법무부) 간 협의를 통해 합의안이 도출되어야 한다. 2017년 기준으로 한국과 비자면제협정을 체결한 국가는 유럽 선진국과 미국 등 147개국이며 이 중 외교, 관용, 일반 입국 모두 비자를 면제한 국가는 123개국이다.

사례 - 국제관광의 제도적 이슈

한중 무비자 입국안과 관련하여 문화체육관광부와 법무부 간 견해는 완전히 상반된다. 중국인 관광객을 늘리기 위한 정책으로 문화부의 주장은 다음과 같다. 한국을 방문하는 중국인 관광객은 2008년 기준으로 중국인 전체 해외 여행객의 2.6%에 불과한 약 117만 명인데 사증을 면제하면 한국을 찾는 중국인 관광객이 크게 증가할 것으로 전망된다.

그러나 법무부는 무비자 입국 허용 제한을 더 강화해야 한다는 의견이다. 2009년 10월 현재 중국인 불법체류자는 8만 4,180명에 이른다. 중국인 불법체류자는 한국 내 전체 불법 체류자(18만 1,300명) 중 가장 많은 약 46%에 달한다. 한편 또 다른 이해관계자 집단인 외교부도 한중 교류가 활성화되는 것은 바람직하지만 이런 불법 체류 문제 때문에 중국인의 입국을 완전히 개방하는 것은 어렵다는 입장이다.

이런 상황에 대한 보완대책으로 문화부는 우선 3회 이상 한국에 입국했던 중국인, 유럽 등 선진국 방문 경험이 있는 중국인에 대해 제한적으로 무비자를 허용하겠다는 방안을 내놓았지만 법무부는 중국인 관광객 증가로 얻는 경제적 이익과 불법체류자 양산으로 인한 부작용 중 어떤 쪽이 국가 발전에 더 큰 영향을 줄지 신중하게 고려해야 한다는 입장이다.

4. 자연 · 생태적 환경

국제관광에 영향을 주는 자연・생태적 환경요소로는 기후변화, 자연재해, 질병 등이 있다. 특히 기후변화와 관련한 환경문제는 한 국가나 지역에 해당하는 사안이 아니라 세계적인 이슈로써 국제적 합의와 규제가 필요하다.

1) 기후변화

기후변화가 자연현상의 결과라는 주장과 인간에 의한 것이라는 주장의 논란의 여전히 있고, 지금까지 이산화탄소배출을 많이 해온 미국・유럽의 선진국들이 중국, 인도 등 후발개발도상국들의 경제발전을 저해하려는 정치적 의도가 있는 것으로 보는 시각도 있다(〈표 1-3〉 세계 에너지소비량). 그러나 1950년 이후 세계 온실가스 농도가 급격히 증가한 것과 지구온난화가 인과관계가 있다는 것은 주지의 사실이고 따라서 인류가 공동으로 이 문제에 함께 대책을 세워야한다는 것에 합의할 필요가 있다.

| 표 1-3 | 국가(대륙)별 에너지 소비량

에너지 고소비 국가들	미국 30%	유럽 27%	러시아 13%	일본 3.7%	74%
에너지 저소비 국가들	남아메리카 3.8%	아프리카 2.5%	중동 2.6%	중국 12%	21%

지구온난화의 결과는 세계 곳곳에서 나타나고 있다. 북극의 빙하가 녹아 캐나다방면 북극점 서쪽 항로와 러시아방면의 북동항로가 각각 2007년, 2008년 열린 것을 비롯해 태평양의 섬나라들은 해수면이 상승하여 해저로 사라지게 될 위기에 처하게 되었다. 또한 북위 50도 이상 지역은 태양 빛의 90%를 반사하는 빙하가 녹아 따뜻한 해류가 순환되지 않으면 빙하기가 올 것으로 추정하기도 한다. 이와 같이 온난화의 결과는 지역마다 혜택을 주는 곳도 있고 피해를 주는 곳도 있으나 지구 전체적으로 3도 이상 온도가 오르면 지구온난화가 자가발전하면서 대재앙을 맞을 것으로 예상된다(Lynas, 2008).[24]

2008년 세계관광기구 보고서에 따르면 관광부문의 이산화탄소(CO_2)배출량(교통, 숙박, 활동포함, 관광시설 및 관광개발은 비포함)이 1,302백만 톤 정도이고, 이는 지구 전체 배출량의 약 4.95% 정도에 해당한다고 추산하였다. 이 중에서 관광교통이 75%(항공 40%, 자동차 32%, 기타 3%)를 차지하고, 숙박시설과 관광활동이 각각 21%, 4%를 차지하는 것으로 나타났다. 특히, 전체 여행 중 17%를 차지하는 항공여행이 관광부문 전체 CO_2 배출량의 40%를 배출하고, 2.2%를 점유하는 대륙 간 장거리 여행이 16%의 CO_2를 배출하는 반면, 전체 여행의 34%를 점유하는 철도여행은 전체 배출량의 13% 정도 배출하는 것으로 집계되었다. 관광분야에서 온실가스 배출 완화 프로그램이 실질적인 효과를 달성하려면 친환경적 항공기와 자동차의 개발 및 보급화, 숙박시설의 친환경 경영 및 관광소비자들의 인식제고, 제도적 뒷받침 등이 필요하다는 것을 뜻한다.

이러한 상황에서 항공사들의 경우 이산화탄소 배출량을 줄이기 위한 환경경영이 활발히 진행되고 있다〈표 1-4〉. 호텔업분야에서는 관광호텔 등급 평가에 에너지 절약으로 인한 온실가스 저감 실적이 반영되는 '관광시설물 녹색인증제'의 도입과 이에 대한 적극적인 지원이 필요하다. 관광지의 경우 렌트카와 관광버스들이 친환경 자동차와 버스로 교체될 수 있도록 제도적으로 인센티브, 세제혜택 등 적극적인 유도가 필요하다.

24) Lynas, Mark(2008), 6도의 악몽(이한중 옮김), 서울: 세종서적.

| 표 1-4 | 관광부문의 CO_2 배출량

구분			CO_2 배출량(Mt)	비율(%)
관광부문(A)	교통	항공	515	40
		자동차	420	32
		기타	45	3
	숙박시설		274	21
	활동		48	4
	합계		1,302	100
지구 전체(B)			26,400	-
관광부문 점유율(A/B)			-	4.95

(자료: UNWTO and UNEP(2008)[25].

특히 장기적으로 자전거 이용[26]을 늘려야 하는데 이에는 자전거도로 인프라구축, 연계 교통시스템 구축, 우선적으로 관광지의 경우 전기 자전거(electric bicycle[27]) 도입 등 하드웨어적 접근방식과 보행자 및 자전거 우선으로의 교통 문화 개선 등 소프트웨어적인 접근방식 등 체계적이고 적극적인 정책적 뒷받침이 필요하다. 아울러 방문객들의 관광행태 또한 친환경적으로 변화가 요구된다. 제주올레의 경우와 같이 도보여행은 대량생산, 대량소비 시대의 관광패러다임을 벗어난 좋은 예라 할 수 있다.

1997년 논의가 시작되었고 2005년 발효된 온실가스 감축에 관한 교토협약을 거쳐 2015년 파리기후협약에서는 195개 당사국 모두에게 구속력 있는 합의문인 파리협정을 채택하였다. 협정에 따라 감축 목표를 제출하는 것이 의무화되었고 한국은 2030년까지 온실가스배출전망치(BAU) 대비 37%를 감축 목표를 세우고 관련 정책을 추진하고 있다. 이제는 온실가스 감소를 위한 친환경 경영은 선택이 아니라 생존을 위한 필수요소가 되었다.

---

25) United Nations World Tourism Organization, United Nations Environment Program, and World Meteorological Organization(2008), Climate change and tourism: Responding to global challenges, prepared by Scott, D., Amelung, B., Becken, S., Ceron, J.P., Dubois, G., Gossling, S., Peeters, P. and Simpson, M.C., UNWTO, Madrid and UNEP, Paris.

26) 친환경적 교통 환경이 정착된 국가들의 경우 자전거 수송 분담률이 매우 높은 수준이다. 예를 들면 네덜란드 43%, 독일 26%, 일본 25%(2008년)를 나타내고 있다.

27) www.optibike.com 참조.

| 표 1-5 | 항공업계의 환경경영 현황

항공사	대책
에어프랑스	- 매년 10억 유로(약 1조 6,000억 원) 투입해 연료효율 높은 신형 항공기로 교체 - 승객 1인당 이산화탄소 배출량(100km 운항기준)을 2006년 3.95L - 허브(Hub・거점)공항 육성해 항공기 운항횟수 감축
대한항공	- 항공기 엔진세척, 기내 탑재품 중량 감소 등 정비 및 운항효율화로 작년 30만t의 이산화탄소 배출량 감축 - 2009~2011년 연료효율이 약 20% 높은 B787 차세대 항공기 10대 도입 - 노선・기종별로 온실가스 배출량을 감시하는 모니터링 시스템 구축
아시아나 항공	- 최적 운항경로와 속도, 고도를 파악해 연료효율 고도화 - 2011년까지 기내 카트 중량을 277kg(인천~LA노선 기준) 감소시켜 이산화탄소 배출량 감축 - 임직원의 항공 출장 시 발생한 온실가스를 없애는 기금을 모아 연구기관에 기부하는 탄소상쇄프로그램 운영
미국 유나이티드 항공	- 친환경 엔진 세정 시스템을 도입해 연간 1,140만L의 연료사용량 감축

(출처: 조선일보, 2008-6-15)

2) 자연재해 및 질병

자연재해 및 질병 또한 국제관광에 큰 영향을 미친다. 2004년 12월 26일 인도양에서 발생한 지진해일(쓰나미, Tsunami)은 인도네시아, 스리랑카, 인도, 태국 등지에 있던 해안 관광지를 덮쳐 그야말로 황폐화시키고 말았다. 전체적으로 17만 5천명 이상의 사망자와 200만명 이상의 이재민이 발생한 대형 참사였다. 국내에서도 2007년 9월 16일 제주도에 상륙한 태풍 나리는 불과 3시간 동안 제주시 지역에서 13명의 사망자와 1,300억 여원의 재산피해가 발생하는 등 큰 피해를 가져왔다. 관광지의 경우 장소자체가 상품이기 때문에 이러한 자연재해로부터 발생하는 피해는 심각 하다고 볼 수 있다. 따라서 자연재해로부터 피해를 최소화할 수 있도록 지역특성에 맞는 개발 및 보전이 이루어져야 하며 조기경보시스템 구축 등 재난관리에 대한 체계적 접근이 요구된다.

2000년대 들어 발생하는 전염병들은 증가하는 국제관광객 수만큼이나 특정 지역 또는 대륙에 그치는 것이 아니라 빠른 속도로 확산되는 경향이 있다. 2003년~2004년 발생한 중증급성호흡기증후군(SARS: Severe Acute Respiratory Syndrome)이나 2009년 전 세계적으로 유행한 신종플루 등이 그 예이다. 과거에는 특정지역에 발생하여 전염병이 대륙 간 이동을 하는 경우가 거의 없었으나 이제는 국제관광과 대륙 간 이동이 보편화된 만큼 빠른 속도로 전 세계로 파급된다는 것이 특징이다. 따라서 위생 및 보건에 대한 이슈는 한 국가의 문제가 아니라 국제적으로 다루어야 할 중요한 사안이며 무엇보다 예방이 최우선적으로 이루어져야 하기 때문에 지속적인 교육과 사후관리에 대한 국제적 협력이 필수적이라 하겠다.

5. 기술적 환경

국제관광은 과학 및 기술발전에 큰 혜택을 받은 산업이며 여기서는 교통(항공·육상·해상)과 미디어(인터넷) 환경에 대해 살펴보기로 한다.

1) 교통환경

① 항공교통

1903년 12월 17일 미국 노스 캐롤라이나 해안가에서 라이트(Wright)형제가 인류 최초로 동력비행에 성공한 이후 100년의 세월동안 항공산업은 눈부신 발전을 거듭해왔다. 2009년 시점으로 세계의 항공산업은 연간 22억 인구를 실어 나르는 거대한 산업으로 변모하였다. 그러나 2001년부터 2005년까지 민간부문의 항공산업은 미국에서 발생한 9·11 테러(2001년), 이라크전쟁(2003년 3월 20일~4월 14일), 사스(SARS) 등의 영향으로 5년간 350억불의 누적적자를 기록하며 많은 항공사들(특히, 미국항공사)이 파산, 인수·합병 및 구조조정의 큰 시련을 겪었다.

이후 2008년 10월 미국 발 금융위기가 전 세계 경기침체를 가져오면서 수요감소에 따른 위기가 있으나 경기순환에 따른 전략적 대응과 위기관리경영으로 환경변화에 적응할 것으로 본다. 앞으로 항공산업은 증가하는 국제관광수요에 따라 항공사 간 경쟁이 더욱 치열해질 것으로 예상된다. 주요 대형항공사 간 전략적 제휴와 인수·합병이 보다 활발해지고 서비스경쟁도 치열해지면서 차별화·고급화 전략이 우세할 것으로 본다. 항공시장은 크게 대형항공사와 저가항공사(LCC: Low Cost Carrier)시장[28]으로 분화될 것으로 보

28) 미국의 경우 항공사의 연간 매출액 규모를 기준으로 항공사를 4개의 분류로 나눈다.
① Major carries(연간 매출액 10억불 이상): American Airlines, Delta Airlines, Southwest Airlines 등 20개, ② National carriers(1억불~10억불): Hawaiian Airlines, Midwest Airlines 등 33개, ③ Regional Airlines(1억불 이하) 등 31개, ④ Certified commuter Airlines 등 55개.

인다. 틈새시장을 파고드는 저가항공사들은 가격우월성에 바탕을 두고 나름대로 차별화된 브랜드인지도를 높여가고 있다. 1971년 설립된 미국의 Southwest Airlines는 가장 성공한 저가항공사의 모델이 되고 있으며 2016년 시점으로 저가항공사의 시장점유율은 미국의 경우 32%가 상회하고 유럽에서는 25%가 되는 것을 볼 때 앞으로 아시아지역의 경우에도 저가항공시장은 큰 잠재력을 갖고 있는 것으로 평가된다.

국내에서는 2016년 제주항공, 진에어, 에어부산, 이스타항공, 티웨이항공 등 5개 저가항공사의 국내선 점유율이 55%를 넘은 것으로 보고되고 있다. 항공기 기종의 경우에도 혁신적인 기술을 바탕으로 대형화·고급화되면서 안전성과 연료효율은 훨씬 좋은 기종들이 Airbus사와 Boeing사에 의해 출시되었다. 최대 555명까지 탑승이 가능하고 2층으로 구성된 Airbus 380은 역사상 가장 큰 여객기로서 2007년부터 Singapore Airlines에서 처음으로 운항되고 있으며 Boeing 787 Dreamliner는 50% 합성소재로 제작된 항공기로서 200명~300명 탑승규모의 오늘날 다른 항공기보다 연료효율이 20% 절감되면서 항속거리(5,600km~13,600km)는 더 되는 최첨단 항공기로 알려져 있다. 아울러 국내에서는 2009년 9월부터 항공운송사업 면허체계가 국제, 국내, 소형항공운송사업체계로 개편되어 소형항공기(18인승)를 이용하여 운항하는 에어택시가 등장하게 되었다.

② 육상교통

기차는 과거에 자동차가 보편화되기 전까지 오랫동안 주요 대중교통수단이었다. 특히 초고속 열차의 등장으로 육상교통은 일대 혁신을 가져오게 되었다. 오늘날 철도회사의 사업영역을 정의하자면 운송업보다 여행업에 더 가깝다고 할 수 있다. 즉 승차권예매는 기본적 사항이고 기차여행에 대한 모든 서비스를 제공하는 것이 주요 사업영역이다(참조: 한국철도공사(www.korail.com), 미국철도공사(www.amtrak.com), 유럽철도(www.eurail.com)). 2004년 설립된 코레일 관광개발(www.korailtravel.com)의 경우 철도 여행뿐만 아니라 PCO (Professional Covention Organizer)사업, 테마파크사업, 승무서비스사업, 유통사업 등 전반적인 관광 서비스 사업을 운영 중에 있다. 초고속열차들이 보편화되면서 기존의 일부 완행열차와 함께 이들은 관광열차로 탈바꿈했으며 패키지여행, 렌터카, 숙박, 관광지 등을 통합적으로 연계한 관광서비스를 제공하고 있다.

전 세계적으로 육상에서 이루어지는 관광교통수단 중 오늘날 가장 많이 이용되는 것은 당연히 자동차이다. 미국의 경우 국내 개별여행의 79%가 자동차여행인 것으로 보고되고 있다(Goeldner & Ritchie, 2009).[29] 특히, 환경의 중요성이 강조됨에 따라 관광지에서 운행하는 자동차(렌터카)들은 앞으로 전기차와 하이브리드(hybrid)자동차 등 친환경 자동차들로 교체가 요구된다. 그리고 위치정보시스템(GPS: Global Positioning System), 인터넷, 휴대폰, 오락 등의 무선서비스 모두를 통합한 텔레매틱스(Telematics: telecommunication(통신) + informatics(정보과학)의 합성어) 같은 첨단 정보기술의 개발이 과연 앞으로 자동차여행에 어떻게 접목될 것인지 두고 볼 일이다.

③ 해상교통

선박은 가장 역사가 긴 수송수단의 하나로 인류에게 활용되어 왔으며 인류문명의 발상지가 큰 강을 끼고 진화해 온 것으로 볼 때 일찍이 이러한 강을 이용하여 운송 수단으로 배가 발달된 것으로 추정된다. 여객수송을 목적으로 하는 해상교통 수단으로서 선박은 1970년대 점보제트기가 등장하면서 수요가 크게 감소하였고 이에 관광을 목적으로 하는 크루즈선이 등장하게 되었다. 1990년대 이후 관광분야에서 가장 높은 성장률을 나타내는 산업분야가 크루즈이다. 국제관광이 1990년부터 10년간 4.3%의 누적 성장률을 보인 반면 크루즈 여행수요는 7.9%의 성장세를 나타낸 것으로 보고 있다(이경모, 2004).[30] 세계 크루즈시장의 3분의 2 가량을 차지하고 있는 곳은 북미지역이나 점차 다른 지역, 특히 아시아 지역의 성장 가능성이 높은 것으로 평가된다. 아울러 바다위의 고속열차라 할 수 있는 위그선(wig craft)의 상용화도 해상교통 환경에 큰 변화를 가져올 것으로 기대된다. 군사용으로 1970년대 러시아에서 최초 개발된 위그선은 Wing-in-Ground Craft의 약자로서 수면에서 1m 정도 부상해서 비행하는 선박으로서 속도는 보통 시속 200Km를 넘는다. 현재 국내 위그선 개발 수준은 세계최고 수준으로 알려져 있으며 곧 상용화될 것으로 전망된다.

29) Goeldner, C. R. and Ritchie, J. R.(2009), Tourism: Principles, Practices, Philosophies(11th ed.), Hoboken: John Wiley & Sons.

30) 이경모(2004), 크루즈산업의 이해, 대왕사.

2) 미디어환경

현대인은 정보와 지식을 크게 사람, 책, 미디어라는 세 가지 경로를 통해 얻는다. 정보 및 지식의 유통과 확산차원에서 인류역사상 가장 크게 기여한 것을 꼽으라면 언어, 인쇄술 그리고 미디어(인터넷과 TV)를 들 수 있다. 지식의 확산이 곧 문명의 개화를 가져온 것이기 때문에 인류역사에 있어 이는 매우 중요한 의미를 갖는다.

특히 20세기 들어 미디어의 보급은 전 세계 사람들의 삶의 양식에 큰 변화를 가져왔다. TV는 1936년 영국 BBC가 세계 최초로 정규방송을 시작한 것으로 알려져 있으며 1993년 인터넷 서비스가 본격적으로 시작되기 전까지 대표적인 미디어였다. 이제 21세기 들어 인류사회에 가장 큰 영향을 미치는 미디어는 인터넷이라 할 수 있다. 시장조사기관들에 따르면 2009년 시점으로 전 세계 인터넷 이용객 수가 10억을 넘고 5년 후 22억 명이 될 것으로 예상하고 있는데 실제적으로 이용객 수는 이보다 훨씬 더 많은 것으로 추측된다. 그러나 사실 이러한 숫자는 큰 의미가 없다. 왜냐하면, 인터넷은 이미 우리 생활에 가장 필수적인 요소가 되었기 때문이다. 세계관광기구(UNWTO)에 따르면 전 세계 온라인 거래의 최소 25% 이상이 관광에 관련된 것이며 장소(place)와 이미지를 파는 관광상품의 속성 상 인터넷의 중요성은 가치 절대적이라 할 수 있다. 인터넷 마케팅의 기본요소인 ① content, ② customization, ③ community, ④ commerce, ⑤ context, ⑥ communication 그리고 ⑦ connection은 소비자와 공급자 모두에게 효율성, 투명성, 개방성에 근거한 편익을 제공해 준다.

인터넷은 빠르게 진화하여 이동하면서 초고속인터넷을 이용할 수 있는 무선 휴대인터넷인 와이브로(WiBro: Wireless Broadband, 해외에서는 Mobile WiMax로 알려져 있으며 2006년 한국에서 세계 최초로 와이브로 상용서비스를 시작함), 블로그(blog: web log의 줄임말로 1997년 미국에서 처음 등장했으며 일반인들이 자신의 관심사에 따라 자유롭게 글을 올릴 수 있는 웹사이트로서 개인출판·개인방송·커뮤니티까지 다양한 형태를 취하는 일종의 1인 미디어), 트위터(twitter: 2006년 미국에서 시작된 무료 social networking 및 마이크로 블로그 서비스) 등 속도, 용량, 편의성, 참여도, 커뮤니티 측면에서 새로운 서비스가 빠른 순환으로 출현되고 있다.

그러나 이렇게 빠른 인터넷기술의 변화는 편의적인 면에서 긍정적 측면이 있지만 동시에 매우 많은 문제점을 양산하고 있다. 즉 「우리는 도구를 만들었지만 앞으로는 도구가 우리를 만들 것이다」는 경구가 현실이 되고 있다는 것이다. 여기서 우리는 전자시대에 대한 문명비평가 마샬 맥루한(Marshall McLuhan, 1911－1980)이 그의 저서 미디어의 이해(Understanding Media: The extension of Man, 1964)[31]에서 지적한 것처럼 앞으로는 일정한 주제로 순서를 찾아 구성되는 선형적인 책이 사라질 것이라는 경고를 되새겨 볼 필요가 있다. 맥루한은 40여 년 전 대표적인 미디어로서 TV를 중심으로 한 문화산업의 이데올로기적 속성을 고발했는데 오늘날 인터넷, 휴대폰, TV 등이 통합되고 있는 디지털 컨버전스(digital convergence)시대에 시사하는 점이 크다고 할 수 있다.

31) 맥루한은 「미디어의 이해」에서 'Media is message'라고 주장하였고 정보의 밀도(정세도)에 따라 Hot media(책, 신문, 사진 등)와 Cool media(TV, 만화 등)로 구분하였다. 전자는 정세도는 높은 반면 참여도는 낮은 공간적 매체로 후자는 정세도는 낮은 반면 참여도는 높은 시간적 매체로 규정하였다. 그러나 오늘날 인터넷과 같은 환경을 예측한 것은 아니다.

제 3 절 국제관광의 효과

지금까지 국제관광에 영향을 미치는 요소들을 살펴보았고 제3절에서는 국제관광의 효과를 경제적, 사회·문화적, 자연환경적 측면에서 살펴보기로 한다.

1. 경제적 효과

1) 긍정적 효과

① 관광수지흑자 효과: 외래관광객(inbound traveler)이 국내를 여행하면서 소비함으로써 경제 활성화에 도움이 된다. 이들의 소비액이 내국인 해외관광객(outbound traveler)의 소비액보다 많으면 관광수지 흑자에 기여하게 되며 이는 곧 경상수지 흑자로 연결된다.

② 고용창출 효과: 관광산업은 운영적 측면에서 노동집약적 산업이기 때문에 관광 직종에 고용창출효과가 크며 아울러 연관 산업에 고용을 창출시킨다.

③ 소득증대 효과: 외래관광객의 소비는 곧 관광지 지역주민의 소득으로 연결되며 이러한 소득은 승수효과를 통해 지역경제에 파급된다.

④ 재정수입증대 효과: 외래관광객에 의한 각종 지출은 아울러 조세수입을 증대시킨다.

⑤ 산업연관 효과: 관광산업은 다른 산업과 연계성이 매우 높기 때문에 관련 산업에 미치는 경제적 파급효과가 크다. 이에는 생산유발효과, 수입유발효과, 부가가치 유발효과 등이 포함된다.

2) 부정적 효과

① 사회적 비용 발생: 관광지에 외래관광객이 증가해서 발생하는 교통체증, 자연환경

훼손, 관광시설의 과다 이용에 따른 훼손 등이 포함된다. 이러한 비용은 경제학의 외부효과 중 외부불경제[32]효과로 인해 지역주민들의 삶의 질이 저하되는 결과를 초래하는 것을 말한다.

② 계절적 실업 발생: 관광산업은 성수기, 비수기와 같은 계절적 요인에 큰 영향을 받기 때문에 성수기에는 고용률이 높고, 비수기에는 실업이 발생하는 이른바 계절적 실업이 발생한다. 따라서 실업수당의 지급, 재취업 등으로 인한 관광지 전체적으로 경제적 비용이 발생하게 된다.

③ 경제적 누출 발생: 외래관광객이 지출한 금액 모두가 지역에서 빠져나가지 않고 순환되는 것은 아니다. 대부분의 관광시설 등은 초기에 많은 자본투자를 필요로 하기 때문에 외부투자나 운영에 있어 외부 노동력이 유입되는 경우가 많다. 이러한 경우 이윤회수, 임금송금 등에 따른 경제적 누출이 발생한다.

▸시사점: 따라서, 이러한 부정적 효과를 최소화하고 긍정적 효과를 증대시킬 수 있는 지속가능한 관광전략이 필요하다. 사회적 비용을 줄이기 위해서는 장기적인 차원의 체계적인 관광계획 수립과 친환경적인 개발 및 운영관리가 필수적이라 하겠다.
성수기와 비수기 순환이 뚜렷한 관광지의 경우 사계절 휴양관광지로서 리포지셔닝하고 시장세분화를 통해 각 시장별로 핵심가치가 무엇인지 파악하는 구체적인 마케팅 활동이 필요하다. 예를 들면 가족단위, 친구, 동호인그룹별로 어떤 혜택이 가장 큰 것인지를 우선 파악하고 이를 효과적으로 전달하는 것이다. 지역의 경제적 누출을 줄이는 방안으로는 개발과 운영차원에서 지역과의 연계를 최대화시키는 것이다.
즉, 지역생산품과 원자재의 사용, 지역주민의 참여를 높이는 것, 여타 지역 경제부문과 연계하는 것 등이 포함된다.

32) 「외부불경제」란 어떤 경제활동과 관련하여 다른 사람에게 의도하지 않은 손실을 발생시키는데 이에 대한 대가를 지불하지 않는 상태를 말한다(예: 외래관광객 유치를 위해 노력한 결과 관광전세버스들이 증가하고 이로 인해 교통체증과 대기오염도가 상승한 경우). 반대로 「외부경제」란 다른 이에게 의도하지 않은 이익(혜택)을 발생시키지만 이에 대한 대가를 받지 않는 상태를 말한다(예: 관광지 사장이 입구 조경을 위해 많은 관상수를 심은 경우).

2. 사회 · 문화적 효과

1) 긍정적 효과

① 사회 · 문화자원보전 효과: 국제관광은 지역의 사회적 · 문화적 자원을 외래방문자가 보고, 체험하는 과정이다. 예를 들어 중요무형문화재로 지정되어 있는 종묘제례(조선시대 역대의 왕과 왕비 및 추존된 왕과 왕비의 신위를 모시는 종묘의 제향예절)나 과거에 사라졌다가 중요한 관광자원으로 인식되어 다시 부활된 덕수궁 수문장 교대식(일요일을 제외한 매일 오후에 덕수궁 대한문 앞에서 진행) 등이 국제관광차원에서 더욱 중요한 가치를 인정받고 사회적으로 재현되고 보전되는 것이다.

② 상호이해, 교류 및 학습 효과: 국제관광은 책 또는 미디어를 통한 간접 경험이 아닌 방문을 통한 직접체험이다. 저개발사회 현지 주민들의 자연친화적이고 진솔한 생활방식은 개인주의 서구문화에 찌든 현대 산업사회 관광객의 의식구조와 생활방식에 긍정적 변화를 일으킬 수 있으며 반대로 저개발사회의 주민은 산업사회 방문객을 통해 위생 · 보건에 대한 의식향상, 새로운 사상 또는 제도의 전파, 새로운 기술의 모방, 근로의식 고취 등의 학습효과가 있을 수 있다(김사헌, 2006).

③ 지역 자치 및 권한 강화: 어느 지역이나 독특한 고유의 문화를 갖고 있다. 그리고 이러한 문화를 관광자원화하는데 있어서 해당 지역만큼 이를 보전하면서 동시에 개발을 잘 할 수 있는 주체는 없다. 따라서 문화 관광자원화 과정을 통해 지역주민과 지방자치단체의 의사결정과 권한이 강화될 수 있다. 아울러 과거에는 소외시 되던 문화 · 예술자원들이 국제관광을 통해 재평가되고 가치를 인정받아 새로운 권한을 부여받을 수 있다.

④ 사회서비스(치안 등) 강화: 외래관광객을 유치하는 것은 그들에게 방문국가의 현실적인 국가이미지를 각인시키는 것이다. 따라서 치안과 보건과 같은 영역은 기본적으로 지켜져야 할 중요한 요소이다. 태국에서 각종 범죄와 불법행위로부터 외래관광객을 보호하기 위해 관광경찰제도를 두는 것이나 관광지의 경우 일반 주민들이 생활하는 지역보다 도시계획적 측면에서 보다 친환경적으로 개발되는 것 등이 그 예라고 할 수 있다.

2) 부정적 효과

① 문화왜곡현상: 문화의 상품화는 동전의 앞뒷면과 같이 긍정적 측면도 있지만 지나친 상품화는 본질적 가치를 훼손하게 되고 지역문화의 정체성을 상실하는 결과를 초래할 수 있다. 예를 들면 어떤 지역 고유의 전통적인 예술품과 공예품이 대량관광 수요에 맞추어 값싼 모형품을 양산한다고 하자. 장인정신에 바탕을 둔 희소적인 가치를 가졌던 지역 특산품은 시간이 흐르면서 잊혀지고-악화가 양화를 구축[33] 하듯이-나중에는 사람들의 인식 속에는 싸구려 공예품만 남아있게 된다.
오늘날 현대인들에게 관광이라는 단어의 인식 속에 「소비향락적 의미」가 본래의 「학습적 의미」(주역에 나온 관광의 의미)보다 훨씬 많이 남아있는 것도 산업화시대를 거치면서 형성된 전형적인 문화왜곡현상이라고 할 수 있다.

② 모방현상: 외래관광객과 직·간접적 접촉을 통해 지역주민들이 소비행태나 사고방식, 행동 등에 있어 관광객을 모방하여 나타나는 현상을 말한다. 즉, 관광객의 고급스런 옷, 음식, 소비재 등을 보고 이를 흉내 내어 분수에 넘치는 과소비를 하거나 물질만능주의, 性에 대한 개방성 등의 가치관 의식구조, 언어, 행태 등을 모방하여 나타나는 현상을 말한다(김사헌, 2006).

③ 사회문제(범죄, 성매매 등) 유발: 사실 범죄율은 관광도시보다는 대도시일수록 상관관계가 높다. 관광도시일수록 치안이 강화되는 측면도 있지만 동시에 범죄 및 성매매 등 사회문제가 일반도시보다 많이 유발되는 측면도 있다. 특히, 성매매의 경우는 선진국이나 후진국을 막론하고 존재하는데 국내의 경우 2006년도 국내총생산(GDP)의 1.7%(전국 성매매실태조사(2007), 여성가족부)를 차지하는 것으로 보고되고 있으며, 한국의 지하경제규모를 감안할 때 이 수치는 더욱 클 것으로 추정된다. 산업화시대를 거치면서 소비향락산업으로 왜곡된 관광산업은 섹스관광(sex tourism)에 대한 사회적 담론과 합의를 필요케 하고 있다. 특히, 후진국 및 개발도상국가들의 경우 외화획득이라는 명분하에 실질적인 개선은 거의 이루어지고 있지 않다.

33) 「Bad money drives out good money」-16세기 영국의 재무장관인 Gresham이 지적한 화폐유통에 관한 법칙.

▸시사점: 사회・문화적 부작용을 최소화하기 위해서는 지속적인 교육과 삶의 질 향상, 합리적인 제도의 마련이 필요하다. 관광 본래의 의미를 되찾는 노력과 함께 평생교육차원에서 실천위주의 인성교육이 요구된다. 범세계적으로 관광의 부정적 효과를 최소화하려는 시민운동을 전개하고 있는 tourism concern[34]의 자료를 보면 특히, 후진국 및 개발도상국가들의 관광개발에 따른 사회적 병리현상은 어린이 성매매, 문화적 갈등, 여성착취 등을 포함하여 매우 광범위하다. 이는 관광의 사회・문화적 부작용이 개별국가의 문제가 아니라 환경문제와 같이 국제적인 공조가 필요한 것임을 뜻한다.

동양사상적으로 인간의 과도한 욕망은 동물적 본능이 아니라 문화적 경쟁의 산물이다.[35] 에드워드 윌슨(Edward Wilson)이 사회생물학(Sociobiology[36])에서 주장하듯 인간의 생물학적 진화는 사회적 진화에 의해 큰 영향을 받았다. 현대 자본주의 사회의 왜곡된 性실태는 근본적으로 치열한 경쟁사회에서 오는 스트레스의 발현이 수준 높은 여가 및 레저문화로 연계되지 못했기 때문에 나타난 것이다. 따라서 경쟁이 치열하고 여가・레저・관광문화가 제대로 정착이 되지 않은 사회일수록 성매매 같은 왜곡된 현상은 더욱 증가하고 어떤 규제를 하더라도 음성적으로 만연하게 된다. 아예 성매매를 합법화시킨 경우(네덜란드 암스테르담, 호주 시드니 등)도 있지만 이 문제는 근본적으로 사회구조적 스트레스의 완화, 여가문화의 정착이라는 삶의 질 향상과 연계되어 있으며 이에 근거한 합리적인 제도마련 등에 의해 최소화시킬 수 있다.

3. 자연환경적 효과

국제관광이 자연환경에 미치는 효과에는 긍정적・부정적 측면이 상존하며 긍정적 효과는 다음과 같다.

---

34) 1989년 창립된 비정부기구(NGO: Non-Governmental Organization)로써 영국 런던에 본부를 두고 있음(www.tourismconcern.org.uk).

35) 반면에 서양철학의 예를 들면 Thomas Hobbes(영국의 유물론 철학자: 1588-1679)는 인간의 자연상태를 만인의 만인에 대한 투쟁으로 규정하여 동물적 본능에 근거하며 사회계약론을 주장하였다.

36) 미국의 생물학자인 Edward Wilson의 저서(Sociobiology: The new synthesis, 1975)에서 주장한 이론. 고대 인류에 있었던 여성의 에스트루스(estrus) 성징의 퇴화는 남성의 공격본능을 약화시킴으로써 인간의 사회생활을 원활케 했다는 학설.

1) 긍정적 효과

① 자연환경보전 효과: 독특하거나 경관이 수려하여 보전가치가 있는 자연환경은 국제관광을 통하여 더욱 그 가치가 인정되고 관리가 체계화되면서 보전이 될 수 있다. UNESCO가 지정하는 세계자연유산의 경우 지자체나 국가가 관리하는 도립 또는 국립공원을 넘어 국제적으로 인류의 유산으로 보전할 필요성을 인정받은 것이다. 따라서 세계자연유산으로 지정되면 해당지역은 보전이 강화되면서 관리가 체계화되고 동시에 방문 외래관광객도 증가하게 된다. 이러한 경제적 수익은 다시 환경보전에 재투자되는 선순환과정을 통해 보전효과는 높아지게 된다.

② 환경인식제고: 생태관광은 국내외 방문객들에게 자연의 소중함과 환경보호에 관한 지식 등을 배울 수 있는 좋은 학습기회가 될 수 있다. 1980년대 초반 등장한 지속가능한 관광(sustainable tourism)은 이제 친환경 기술의 발달과 시민의식 수준의 향상으로 인해 보전(환경적 가치)과 개발(경제적 가치)의 균형점을 찾는 융통성 있는 개념으로 변화하고 있다.(예: 제주올레 www.jejuolle.org)

2) 부정적 효과

① 자연환경 훼손: 국제관광객 유치를 위해 관리가 체계화되는 측면도 있지만 잘못된 정치적 선택 때문에 무계획적으로 관리된다면 국제관광은 오히려 자연·생태환경을 훼손하게 된다. 결국 사람들이 환경과 관광을 어떻게 인식하고 관리하는가에 따라 긍정적 또는 부정적 효과를 초래하는 것이다. 즉, 국제관광은 가치 중립적이며 어떤 방식이나 100% 보전되고 개발되는 양면적 사고가 아닌 긍정적 효과를 최대화하고 부정적 측면을 최소화하는 정도의 문제(최적화: optimization)이지 존재유무의 문제가 아니다.

② 기후변화: 제2절의 자연·생태적 환경에서 설명된 것처럼 관광부문의 이산화탄소 배출량은 지구 전체 배출량의 약 4.95% 정도로 추정하고 있다(세계관광기구, 2008).[37] 여전히 기후변화가 환경논리인지 정치논리인지에 대한 논란은 여전하다. 그러나 이러한 논란을 떠나 2013년 시작될 포스트 교토 협약에 인류가 공동으로 지혜를 모아 기후변화에 대처해 나갈 필요가 있다.

37) United Nations World Tourism Organization, United Nations Environment Program, and World Meteorological Organization(2008), Climate change & tourism: Responding to global challenges, Madrid: UNWTO.

▸ 시사점: 오늘날 국제관광산업이 직면하고 있는 최대 과제 중의 하나는 환경적 가치와 경제적 가치의 합의점을 찾고 최적화(optimization)를 유지하는 것이다. 환경인식의 제고, 기술 · 과학의 발달 및 대량소비로 부터의 탈피 등 사회 · 문화 및 기술적 환경이 변화함에 따라 지속가능한 관광도 과거에 비해 훨씬 현실적인 적용이 용이하게 되었다. 따라서 이러한 추세에 맞추어 체계적인 계획의 수립과 지속적인 모니터링을 통한 관리, 이를 뒷받침할 수 있는 합리적인 제도의 마련 및 국제적 협력 등이 매우 중요한 요소라 할 수 있다.

제 4 절 국제관광의 약사(略史)

우리가 흔히 말하는 국제관광은 1945년 제2차 세계대전이 끝난 후 과학기술 문명의 발전과 함께 보편적으로 나타난 현상이다. 그러나 국경이라는 개념이 생기기 훨씬 이전부터 인류 이동의 역사는 존재하였다. 물론 이러한 이동이 지금과 같은 순수관광이나 사업 등의 목적이 아닌 생존의 목적이라 할지라도 방대한 지역에 걸친 이동의 거리를 보면 현대인의 그것과 큰 차이는 없다.

1925년 아프리카 남부지방에서 최초의 화석인류로 발견된 오스트랄로피테쿠스 아프리카누스(Australopithecus africanus: 300만년 전 출현)로부터 직립보행의 호모 에렉투스(Homo erectus: 140만년 전 출현), 현생 인류의 조상으로 인식되고 있는 호모 사피엔스(Homo sapiens: 40-25만년 전 출현)까지 수많은 세월 동안 진화와 함께 공간적 이동이 광범위하게 이루어졌다. 예를 들면 아메리카 원주민들이 어디에서 왔는가에 대한 고고학의 학설들을 보면 흥미로운 인류 이동의 역사를 볼 수 있다. 여기에는 베링해협 이주설, 태평양 연안 이주설, 대서양 이주설 등이 있는데 이동을 부인하는 것은 아니며 어디서 왔는가라는 근원에 대한 논쟁이다. 이 중에서 베링해협 이주설은 1930년대 미국의 뉴멕시코 주 클로비스(Clovis) 부근에서 약 11000년 전의 타제 석기가 발굴됨으로써 1950년대 이르러서 학계의 정설로 인식되고 있는데 빙하기에 아시아 대륙(시베리아)에서 건너온 원시인들 중 일부는 캐나다 북부에 거주함으로써 에스키모의 조상이 되었고, 일부는 계속 남진하여 아메리카 원주민의 조상이 되었다는 것이다. 발굴된 유물로 보아 이들은 맘모스 같은 대형 동물들을 사냥한 것으로 유추한다.

구석기시대(70만년 전)의 수렵생활로부터 신석기시대(BC 8000)에는 작물재배 등 초보적인 농사를 시작했고 청동기시대(BC 10-14세기)부터 본격적인 벼농사가 시작된 것으로 보는데 그렇다고 인류가 정착생활을 통해 이동의 역사가 끝난 것은 아니다. 구석기시대의 평등사회는 신석기, 청동기시대로 나아가면서 농업을 통한 본거지를 확보하고 기술을 갖게 되면서 계급이 발생하였고 기후 등 더 나은 지역을 차지하고 나아가 여러 가지 정치적인 목적으로 일으키는 전쟁 그리고 이로 인한 피난 등 이동의 역사가 지속되어오고 있다고 할 수 있다. 예를 들어 중앙아시아에 본거지를 두었던 유목기마민족이었던 훈족은 4세기경 현재 유럽지역까지 세력을 뻗쳐 이를 피해서 일어난 거대한 대이동이 바로 게르만 민족의 대이동이다. 이는 결국 로마제국이 서유럽, 비잔틴, 이슬람으로 분할되는 원인이 되었고 유럽사회의 커다란 변동과 로마제국의 점진적 몰락을 갖고 왔다(최승이 · 이미혜, 2004)[38]. 기원전 300년대 유럽의 알렉산더가 페르시아제국을 정복한 역사나 13세기 칭기즈칸이 유라시아대륙에 걸친 방대한 몽골제국(778만 제곱킬로미터; 참고로 호주의 면적이 768만 제곱킬로미터임)을 세운 것도 전쟁의 역사이자 인간의 공간적 이동의 역사라 할 수 있다.

농업사회와 산업사회를 거치면서 현대에서는 도시를 중심으로 생활하게 되면서 유목민적 생활양식은 사라지게 되었다. 그러나 혹자는 인류의 노마드(nomad)적 기질과 바탕은 우리의 유전자에 남아있고 이것이 원천적인 여행의 동기로 작용한다고 말한다. 아울러 시대적 가치가 정착을 넘어 다시 유목의 중요성이 강조된다는 관점이 있는데 즉 21세기 정보화 사회의 경쟁력은 과거 유목민족의 빠른 속도와 환경 적응력과 일맥상통한다는 것이다. 이주(migration)의 역사와 관련된 또 하나의 흥미로운 관점은 유대인들이 나라를 잃고 오랫동안 세계 각지 외국에 흩어져 살면서 유대인 민족의 우수성이 계발되었다는 주장이다(김용옥, 2000[39]). 즉 디아스포라(Diaspora: 해외에 뿔뿔이 흩어져 퍼져나가서 사는 것)환경 속에서 이들이 거주하는 나라의 언어와 문화 그리고 자기들의 언어와 문화 사이에서 어릴 때부터 갈등을 겪으면서 고뇌하고 이를 극복해가는 과정에서 무한한 인간의 잠재력이 계발된다는 것이다. 갈등구조 속에서 이를 극복하기 위해서 발전의 모티브와 자극이 강하게 작용하는 것이지 편안한 환경 안에서는 발전을 위한 동기부여와 자극이 없다는 것이다.

다음은 국제관광과 관련된 포괄적 역사를 1) 인류의 이주역사, 탐험가의 주요활동 및 사건, 문명사적 업적과 전쟁역사, 2) 관광 · 레저 · 여가분야 주요 활동 및 사건, 그리고 3) 국내의 국제관광과 관련된 역사적 흐름으로 나누어 제시하였다.

38) 최승이 · 이미혜(2004), 국제관광론, 서울: 대왕사.

39) 김용옥(2000), 도올의 논어이야기, 서울: KBS.

1. 인류의 이주 역사, 탐험가(여행자)의 주요 활동 및 사건, 문명사적 업적과 전쟁 역사

다음은 연대별로 인류의 이주 역사, 탐험가(여행자)의 주요 활동 및 사건, 문명사적 업적과 전쟁 역사까지 포괄적으로 요약 정리한 것이다(Goeldner and Ritchie, 2009[40])를 참조하여 저자 재구성).

140만년 전: 동부와 남부 아프리카 지역에서 호모 에렉투스(Homo erectus)가 출현하고 북쪽으로 이주, 유럽, 중동 및 아시아 지역으로 퍼져나감

35만년 전: 호모 에렉투스로부터 진화한 초기 호모 사피엔스(Homo sapiens)가 아프리카, 유럽, 아시아 지역에 광범위하게 퍼져나감

15,000년 전: 동북아시아 지역에서 구석기인들(몽골리안의 선조로 추정)이 현재의 베링해협을 건너 북아메리카지역으로 이동함

기원전 4000년: 수메리안(Sumerian: Mesopotamia 및 Babylonia 지역에 거주했던 고대 문명인)들은 도시국가를 형성하고 화폐, 쐐기문자 및 바퀴를 사용하였으며 관광가이드의 개념도 있었던 것으로 추정됨

기원전 3100년: 메소포타미아에서 문자를 만들고 지중해지역에서 청동기문명이 시작됨, 도시국가의 형성, 물물교환 형태의 상업의 발달

기원전 2000~332년: 해상민족인 페니키안(Phoenician)들은 지중해 전역에 걸쳐 무역과 탐험을 했으며 서부 아프리카 해안을 따라 현재의 영국과 포르투갈 서부 아조레스(Azores)군도 지역까지 항해를 했으며 1100년쯤 이들이 알파벳을 만든 것으로 추정함

기원전 1000년경: 실존하는 가장 오래된 문자로서 한자의 기원인 갑골문자 사용(중국 은나라)

기원전 770년경~221년: 중국에서 춘추 전국시대가 시작되었으며 공자(기원전 552년 - 479년)와 그의 제자들이 인(仁)의 정치 실현을 위해 유랑함. 현재 네팔과 인도 동북부 지방인 마가다(Magadha) 왕국의 부처(Buddha)에 의해 불교가 창시됨. 221년 진나

40) Goeldner, C.R. and Ritchie, J.R.B.(2009), Tourism-Principles, Practices, Philosophies(8th ed.), Hoboken: John Wiley & Sons.

라가 중국을 통일함. 그리스에서는 소크라테스(기원전 470년-399년)활동 등 아테네 민주주의가 발달되었으며 최초의 올림픽 경기가 개최됨(776년), 753년 초기 로마 도시국가 수립, 510년 로마 공화정 수립(이탈리아 반도 통일). 272년 민주 공화정 수립(지중해 통일)

기원전 336년: 마케도니아(현재의 그리스)인 알렉산더(Alexander)대왕의 페르시아제국 정복

기원전 206년~기원후 220년: 1세기경 중국 한나라는 로마 및 아랍 국가들과 실크로드(Silk road: 동서양의 육상과 해상을 통한 근대 이전의 교역로)를 통해 비단을 수출하는 등 교역 활동을 함

기원전 58년~기원후 675년: 한반도 삼국시대 고구려, 백제, 신라 삼국 간 그리고 중국, 일본 등과 승려, 귀족 등 상류지배계층 간 교류, 역참제(관리의 중앙과 지방 간 이동을 원활하게 하기 위해 설치된 숙박 장소, 역로, 역마, 역원 등으로서 국가 통치 체계 기능을 함) 시행

500년: 폴리네시안인들(Polynesians)이 하와이까지 3,200km 이상의 거리를 항해함

676년~917년: 통일신라시대에 귀족과 왕족들은 사절유택(四節游宅)이라는 별장을 두고 계절마다 서경과 탐라로 여행을 하였으며 723년 승려 혜초는 당을 거쳐 인도의 불교성지 순례 후 중앙아시아를 거쳐 중국으로 가서 왕오천축국전을 남김. 828년 장군 장보고는 청해진(현재 전라남도 완도군 장좌리)대사로 임명되어 남해와 서해의 해상을 장악하고 당·일본과의 중개무역 중심지로서 청해관을 설치하여 무역과 숙박시설의 기능을 하도록 하였고 군사 및 무역을 목적으로 현재 베트남까지 해상까지 장도의 여행을 함

800년~1100년: 스칸디나비아반도의 북부 게르만 민족인 바이킹(Vikings)족은 무역 활동을 하였고 Iceland, Greenland 및 북아메리카 지역까지 항해함

918년~1392년: 고려시대에는 송나라와 대외무역이 발달하여 비단, 약재, 서적 등이 수입되었고 고려는 금, 은, 인삼, 종이, 붓 등을 수출하였고 실크로드를 통해 아라비아 상인들과도 교역을 하면서 서방에 고려(Corea)라는 이름이 알려짐. 1372년: 금속활자로 된 불교서적 직지심체요절 편찬(세계 最古의 금속활자로서 2001년 유네스코 세계기록유산에 등재되었으며 현재 프랑스 국립도서관에 소장)

1096년~1270년: 유럽에서는 200년에 걸친 십자군전쟁이 일어남

1189년~1206년: 테무친이 칭기즈칸으로 추대되고 몽골제국이 세워짐. 동유럽이 몽골의 침입을 받음(1236년)

1271년~1295년: 베네치아의 상인인 마르코 폴로(Marco Polo)가 페르시아(Persia:현재의 이란), 티벳, 중국, 버마, 자바, 인도, 시베리아까지 여행을 함

1405년: 명나라의 정화가 아프리카 원정을 위해 5만 명의 대함대를 이끌고 항해함

1446년: 세종대왕이 훈민정음을 반포함

1453년: 오스만투르크제국이 동로마제국을 멸망시킴

1492년: 이탈리아 출신의 항해가 크리스토퍼 콜럼버스(Christopher Columbus)가 새로운 인도 항해길을 찾기 위해 산타마리아호에 143명을 태우고 항해 중 현재 중남미 대륙의 동쪽지역에 도착하였고 이를 인도로 착각함. 이후 이탈리아 항해가 아메리고 베스부치가 남아메리카 탐험 후 책 출간(1499년)을 통해 이 대륙이 인도가 아닌 신대륙이란 사실을 알린 후 아메리카로 명명 되었으며 신대륙의 발견은 유럽인들의 세계관을 전환시키는 계기가 되었음

1497년: 이탈리아 항해가 존 캐봇(John Cabot)은 영국을 출발하여 현재 캐나다의 노바 스코샤(Nova Scotia)에 도착해 북미대륙을 발견함

1505년~1521년: 포르투갈 출신의 항해가 마젤란(Magellan)은 인도로 가는 새로운 항해길을 찾기 위해 스페인을 출발하여 대서양, 태평양을 지나 필리핀에 도착하여 원주민과 교전 중 사망하였으나 이후 그의 부하들이 서쪽으로 항해를 계속하여 유럽으로 귀환함. 이들의 세계 일주 항해로서 그 당시 지구가 둥글다는 것이 사실적으로 증명됨. 루터의 종교개혁(1517년)

1592년~1598년: 조일전쟁(임진왜란), 1636년 병자호란 발발

1653년: 네덜란드 동인도회사 선원인 하멜(Hamel) 일행이 대만에서 일본 나가사키로 항해 중 풍랑을 맞아 제주 해안가에 표류, 이후 13년간 조선에 거주하다 본국으로 귀환함

1768년~1780년: 영국 해군 제독 제임스 쿡(James Cook)이 북미대륙의 동북해안지역과 태평양을 항해하여 뉴칼레도니아(New Caledonia), 뉴질랜드, 호주, 하와이를 발견함. 제임스 쿡 제독은 하와이에서 교전 중 사망함

1840년~1900년: 청과 영국 사이에 아편전쟁이 일어남(1840년). 일본이 미국의 압력으로 개항함(1854년). 조선에서 병인양요(1866년), 신미양요(1871년) 발생. 일본 메이지 유신 단행(1868년). 윤요호사건 발생(1875년). 조・일 간 불평등조약인 강화도조약

체결(1876년). 조선에 철도, 전차 개통(1899년). 국내 최초의 호텔인 인천의 대불호텔 개관(1888년). 청일전쟁(1894년－1895년). 그리스 아테네에서 제1회 근대 올림픽대회가 개최됨(1896년). 영국이 무굴제국을 멸망시키고 인도를 직접 지배함(1858년). 미국에서 남북전쟁 발발(1861년) 및 링컨의 노예 해방선언(1863년)

1911년: 노르웨이 탐험가 아문센(Amundsen)이 인류최초로 남극점에 도달함

1914년~1918년: 제1차 세계대전(인류역사상 세계적 차원에서 발발한 첫 대규모 전쟁)

1925년~1934년: 미국 해저 탐험가인 윌리엄 비베(William Beebe)가 본인이 개발한 수중 잠수기를 이용해 버뮤다 해저 1km까지 잠수에 성공함

1937년~1945년: 중일전쟁(20세기 아시아에서 발생한 최대 규모의 전쟁)

1939년~1945년: 제2차 세계대전(인류역사상 가장 많은 인명과 재산피해를 낳은 대규모 전쟁[41])

1953년: 뉴질랜드의 산악인 에드먼드 힐러리가 사상 처음으로 에베레스트산 등정

1969년: 미국 세 명의 우주인(Neil Armstrong, Edwin Aldrin, Jr. Michael Collins)이 인류 역사상 최초로 달에 착륙함

1977년: 한국인 최초로 산악인 고상돈이 에베레스트산 정상 등정

1980년: 수영인 조오련 대한해협(48km) 횡단(13시간 16분), 도버해협(34km) 횡단(9시간 35분, 1982년), 울릉도~독도(87.4km) 횡단 (18시간, 2005년)

2000년: 한국인 최초로 산악인 엄홍길은 세계의 고봉인 8000m 이상 히말라야 14좌를 1988년부터 12년에 걸쳐 모두 등정(세계에서 8번째)

2008년: 이소연은 국제우주정거장에 11일간 체류하면서 한국인 최초의 우주비행참가자가 됨

41) 20세기 들어 이러한 제국주의 시대의 전쟁을 통해 인류는 엄청난 피해를 보았지만 동시에 군사적 측면의 과학・기술은 매우 빠르게 발달하였다.

2. 관광 · 레저 · 여가분야의 주요 활동 및 사건

다음은 연대별로 관광, 레저, 여가분야에서 일어난 주요 활동과 사업적 측면에서 기록될만한 주요 사건 등 포괄적으로 요약 정리한 것이다(Goeldner and Ritchie, 2009, 최승이 · 이미혜, 2004 등을 참조하여 저자 재구성).

기원전 9000년: 가축을 사용하면서 운송수단으로 이용

기원전 4000년: 고대 이집트에서 범선 사용, 수메르인 수레바퀴 이용

기원전 2000년: 현재의 중동과 중앙아시아 지역을 중심으로 상인들을 위한 숙소(caravansary)와 당나귀, 낙타와 같은 운반 수단으로써 동물에 대한 거래 등의 서비스를 하는 고대인들의 존재 추정

기원전 1500년: 고대 그리스 · 이집트 시대 해로를 통한 도시국가 간 교역 발달

기원전 776년: 그리스 아테네에서 최초의 올림픽경기가 개최(이후 4년마다 개최)

기원전 600~300년경: 한반도에서는 삼한의 계절제, 부여의 영고, 동예의 무천 등의 제천행사를 통해 부족들의 결속을 다지는 놀이공동체적 축제 및 부락제가 있었음. 고대 그리스에서는 보석, 칼 등 종래의 교환수단이 주화로 대체됨(680년경)

500년~1450년: 유럽 중세 시대(일명 암흑시대: The dark age)에는 종교와 정치가 일원화되면서 정세가 불안정해지고 십자군 전쟁(11-13세기) 등이 발발하였으며 왕족들이 미개척지로 탐험대를 보내어 새로운 영토 확장을 꾀했음. 영국과 프랑스 백년전쟁(1337년-1453년)

1450년~1600년: 유럽의 문예부흥시대(르네상스시대).

1678년~1790년: 영국, 프랑스, 독일을 중심으로 계몽주의 사상이 널리 퍼짐. 유럽에서 상인, 관리, 학자, 귀족 등이 주로 프랑스 파리와 이탈리아의 로마와 플로렌스 등 문화도시로 여행을 하는 것이 유행이던 이른바 그랜드 투어(Grand tour)의 시대. 초기에는 학습과 교육이 주목적이었으나 점차 순수관광의 성격으로 변화하였음. 영국인 토마스 뉴커맨의 증기기관(1712년), 제임스 와트의 증기기관(1765년)의 발명

1815년: 영국인 John McAdam 과 Thomas Telford 가 포장도로를 개발함

1822년: 영국에서 아일랜드로 기선 항로를 개설하고 예약을 받음

1826년~1840년: 미국에서 철도서비스가 시작되었으며 초기에는 석탄 등 원자재 수송이었으나 이후 승객 서비스도 시작됨

1829년: 미국 Boston에 The Tremont House 라는 첫 현대식 호텔이 등장함

1830년: 최초의 철도 승객서비스가 영국에서 시작됨

1841년: 영국의 침례교 전도사였던 Thomas Cook은 금주캠페인을 위한 집회에 보다 많은 사람이 참가할 수 있도록 1,500여 명의 일반인을 모집하여 기차를 통해 Leicester에서 Loughborough까지 왕복 38km의 단체 유료여행을 주선함. 이후 숙박 및 운송에 할인이 적용되는 단체여행이 개발되었으며 여행업의 가장 기본적인 서비스를 처음 실시한 것으로 평가됨

1867년~1900년: 미국의 발명가 에디슨이 전구, 축음기 등 많은 제품을 개발하고 전화 등을 개량함

1902년: American Automobile Association(AAA)이 시카고에서 설립됨

1903년: 미국 North Carolina 해안가에서 라이트(Wright)형제가 4기통 13마력 가솔린엔진의 동력비행기로 첫 비행에 성공함

1908년: 헨리 포드가 자동차 대량생산에 성공함(Model T 자동차)

1918년: 독일의 Deutsche Lufthansa 가 Berlin에서 Leipzig와 Weimar까지 운행하는 첫 여객기 항공서비스를 시작함

1920년: 미국에서 도로 건설이 큰 활기를 띠기 시작함

1926년: Varney Airlines 와 Western Airlines 가 미국의 첫 항공사로 등록함

1927년: 미국인 Charles Lindbergh가 뉴욕-파리 간 33시간에 걸쳐 단독 대서양 비행에 성공함. Pan American Airways가 첫 민간 국제항공우편서비스를 시작함(미국 플로리다-쿠바), 1928년에는 같은 노선에 첫 승객서비스를 시작함

1936년: Air Transport Association(ATA)가 시카고에서 결성됨

1939년: 영국인 Frank Whittle이 항공기 제트 엔진(jet engine)을 처음으로 개발함

1944년: 미주여행사협회(ASTA: American Society of Travel Agents)가 American Society of Steamship Agents로부터 설립

1951년: Hawaii Honolulu에서 아시아태평양관광협회(PATA: Pacific Asia Travel Association) 설립

1954년: 영국에서 첫 제트 여객기인 Comet을 생산함

1958년: 미국의 Boeing사가 미국 내에서 처음으로 제트 여객기 기종인 B-707을 생산함

1959년: American Airlines가 B-707 기종으로 Los Angeles부터 New York까지 첫 대륙횡

단 여객 운송서비스 개시

1964년: American Airlines가 SABRE 컴퓨터 예약시스템(CRS: Computerized Reservation System)을 처음으로 개시

1970년: Pan American World Airways가 뉴욕-런던 간 점보 제트 Boeing 747기종(352명 탑승) 첫 서비스 개시

1978년: British Airways 와 Air France가 초음속 Concorde기 서비스 개시, 미국에서 항공규제 철폐-항공노선 자유화

1990년: 독일 베를린 장벽이 무너짐-냉전시대의 종식

1996년: Alaska Airlines가 온라인 예약과 결제를 도입한 첫 항공사가 됨

2001년: Dennis Tito가 첫 우주관광객이 됨

2003년: Concorde기 항공 서비스 전면 중지

2007년: Singapore Airlines가 500명 탑승의 대형 점보기종인 A380의 운항 개시

3. 국내의 국제관광과 관련된 역사적 흐름

다음은 1948년 대한민국 정부 수립이후 국내의 국제관광과 관련된 역사적 흐름을 연대별로 요약 정리한 것이다(문화체육관광국, 한국관광공사, 한국문화관광연구원 자료, 최승이 · 이미혜, 2004 등 참조로 저자 재구성).

1954년: 교통부 육운국 관광과 설치

1956년: UN군의 휴가 장병들을 위한 코리아 하우스 개관

1961년: 관광진흥법 제정을 통해 외래 관광객 유치를 위한 법적 기반 마련

1962년: 국제관광공사(현 한국관광공사 설립), 호텔(워커힐, 반도, 타워, 조선 등) 및 대한여행사 직영, 교통부의 관광과가 관광국으로 승격(1963년), 정부가 출자하여 대한항공공사 설립

1962년~1966년: 제1차 경제개발 5개년 계획기간 동안 외래 관광객 연평균 47%, 외화수입 증가율 89%의 급격한 발전 달성

1967년~1971년: 제2차 경제개발 5개년 계획기간: 외래관광객 연평균 28%, 외화 획득율 11% 달성

1968년: 외래관광객 10만명 유치(10만 3천명)

1969년: 대한항공공사 민영화, 주식회사 대한항공 설립

1971년: 전국 10대 관광권 설정, 경주 보문관광단지 개발 착수

1972년: 관광진흥개발기금법 제정, 관광사업체 금융지원 등 외래관광객 유치 지원 확대

1972년~1976년: 제3차 경제개발 5개년 계획기간: 외래관광객 연평균 35% 증가

1978년: 외래관광객 100만명 유치(108만명)

1979년: 아시아태평양관광협회(PATA) 총회 개최

1980년: 제주 중문관광단지 개발 계획 착수

1981년: 국민의 해외여행규제 완화(방문 및 관광여권을 제외하고 복수여권화), 대학생 단기국외연수 허용, 친지초청에 의한 해외여행 허용(1982년)

1983년: 미주여행사협회(ASTA) 총회 개최

1986년: 제10회 Asian Game 서울 개최

1988년: 제24회 올림픽(Olympic Games) 서울 개최, 외래관광객 200만명 유치(234만명), 아시아나 항공사 설립

1989년: 국외여행 연령제한 폐지 및 전면 자유화

1990년: 5대 관광권, 23개 소개발권 구분 개발 및 보전 정책 수립, 냉전 종식

1991년: 외래관광객 300만명 유치(320만명), 남북한 UN 동시가입

1994년: 한국방문의 해(서울 정도 600주년 기념), PATA 3대 행사(연차총회, 관광교역전, 세계지부회의) 개최

1998년: 외래 관광객 400만명 유치(425만명), 정부부처 문화관광부로 명칭 변경, 현대그룹의 대북 관광사업 개시(금강산관광-해상 크루즈선으로 이동)

2000년대: 한국의 현대 음악, 드라마, 배우 등이 아시아를 중심으로 인기를 끌며 아시아 외 다른 지역으로 파급되는 이른바 한류현상이 나타남, 여러 저가항공사들이 설립됨(제주항공, 진에어, 에어부산, 이스타항공, 영남에어, 코스타항공, 한성항공), 지역관광공사들이 설립됨(경기관광공사, 인천관광공사, 제주관광공사 등)

2001년: 한국방문의 해

2002년: FIFA Worldcup 한국・일본 공동 개최, 제14회 Asian Game 부산 개최

2003년: 금강산 육로관광 개시(해상 통행 폐지, 2004년)

2005년: 외래관광객 600만명, 총 내국인 출국자 수 1,000만 명 돌파, 개성관광 시범 실시,

제주항공 설립

2006년: 한국관광공사 한국관광브랜드 'Korea, Sparkling' 개발

2008년: 개성관광 전면 실시, 금강산 관광객 총격사망사건(2008.7) 발생으로 북한관광 일시적 전면 중단

2009년: 항공법 개정을 통해 에어택시(Air taxi)서비스 개시, 금강산관광 재개합의, G20 정상회의 2010년 한국개최 확정

2010년: 북한의 천안함 및 연평도 포격으로 인해 북한관광 전면 중단 장기화

2011년: 방한 외래관광객 1천만명 돌파, 평창 동계올림픽 유치

2012년: 이명박 대통령 독도 방문으로 한일관계 경색

2013년: 중국 여유법 제정

2015년: 중동호흡기중후군(MERS) 사태로 방한 외래관광객 급감

2017년: 고고도미사일방어체계(THAAD) 배치 문제로 중국의 금한령 조치, 중국관광객 급감

■ 주요 토론주제

1. 국내관광과 구분될 수 있는 국제관광의 특징으로는 어떤 것들이 있을까?
2. 국제관광은 어떤 요인들에 의해 영향을 받을까?
3. 한라산 국립공원은 국내외 방문객이 매년 큰 폭으로 증가하여 등산로의 훼손이 심각한 상황에 이르고 있다. 일부 등산로에 자연 휴식년제를 도입하여 상당기간 폐쇄하고 있지만 증가하는 등반객 때문에 다른 등산로가 더욱 훼손되는 추세에 있다. 특히 2007년 6월 UNESCO 세계자연유산으로 지정되면서 향후 외래방문객들도 증가할 것으로 예상되는데 이들을 수용하면서 동시에 환경보전을 할 수 있는 방안으로는 어떤 것들이 있을까?
4. 국제관광과 관련된 역사 중 본인에게 가장 인상 깊은 사건을 골라보고 그 이유는 무엇인지 토론해보자.

■ Internet Sites

ecos.bok.or.kr(한국은행 경제통계시스템)
www.kostat.go.kr(통계청)
www.tour.go.kr(관광지식정보시스템)
www.kcti.re.kr(한국문화관광연구원)
www.mct.go.kr(문화체육관광부)
www.visitkorea.or.kr(한국관광공사)
www.koreatravel.or.kr(한국관광협회중앙회)
www.cha.go.kr(한국문화재청)
www.nationaltrust.or.kr(한국내셔널트러스트)
www.jejuolle.org(제주올레)
www.unwto.org(World Tourism Organization)
www.wttc.org(World Travel and Tourism Council)
www.nrpa.org(National Recreation and Park Association)
www.ttra.com(Travel and Tourism Research Association)
www.napha.org(National Amusement Park Historical Association)
www.nationaltrust.org(National Trust for Historic Preservation)
www.tourismconcern.org.uk(Tourism Concern)
www.optibike.com(Electric bike)

■ 참고문헌

공병호, 공병호의 독서노트 – 미래편, 21세기 북스, 2006.

국내 실버산업의 성장과 전망, 2006.

국민연금관리공단 · 공무원연금관리공단 · 사학연금관리공단 · 국방부 연금과, 공적연금 수급자 현황, 2004.

김사헌, 국제관광론: 국제관광현상의 사회문화론적 해석, 서울: 백산출판사, 2006.

김숙응 · 이의훈, 실버산업의 이해, 형설출판사, 2007.

김용옥, 도올의 논어이야기, 서울: KBS, 2006.

'노인들의 사회 그 불안한 미래, 2002'(원제 : Gray Dawn)의 저자이자 Chairman & CEO of Blackstone Group.

대한상공회의소, 국내실버산업의 성장과 전망, 2006.

보건 복지부, 보건복지백서, 2004.

보건 복지부, 고령친화산업 활성화 전략, 2005.

삼성경제연구소, 한일고령화의 영향과 파급효과, 2007.8.

삼성경제연구소, 고령화 사회의 도래에 따른 기회와 위협, 2002.

서울신문, 권역별 유료노인복지시설 수용능력, 2005.8.23.

숙명여대 실버마케팅 연구소, 2001.

시니어 파트너스, 한 · 일 시니어의 인식 및 행동비교, 2006.

실버산업의 이해, 형설출판사.

제1차 저출산 고령사회 기본계획 시안, 2006~2010, 관계부처 합동 보고서, 2006.

LG경제연구소, 시니어 가계 소비 규모 전망, 2007.

이경모, 크루즈산업의 이해, 대왕사, 2004.

이인수, 노인주거 복지와 실버산업, 일진사, 2005.

조동성, 국제경영, 서울: 서울경제경영, 2005.

조선일보, 연령별 취업자 추이, 2006.

중앙일보, 55세~64세 경제활동 참가율.

최승이 · 이미혜, 국제관광론, 서울: 대왕사, 2004.

최진기, 지금 당장 경제공부 시작하라. 서울: 한빛비즈, 2009.

통계청, 연령별 인구추계, 2002.

통계청, 2005 고령자 통계, 2005.

피터 피터슨, 노인들의 사회 그 불안한 미래, 2002.

한국경제신문, 시니어 소비혁명, 2007.

한국보건사회연구원, 한국인의 건강관련 삶의 질과 기대여명, 2007.

한국보건사회연구원, 계층별 보호시책, 2002.

한국보건사회연구원, 전국노인생활실태조사, 2005.

한국방송광공공사, 실버세대 조사, 2006.

HSBC, 은퇴의 미래, 2006.

홍춘욱, 인구 변화가 지도를 바꾼다. 원앤원 북스, 2006.

Benefits of leisure, State College, PA: Venture Press.

David Heenan, 박현 옮김, 일과 삶의 균형 더블라이프, 서울: 영진닷컴, 2004.

George, L. K., 1990, Handbook of aging & the social sciences, San Diego; Academic Press.

Goeldner, C. R. and Ritchie, J. R. B., 2009. Tourism－Principles, Practices, Philosophies(11th ed.), Hoboken: John Wiley & Sons.

Goeldner, C. R. and Ritchie, J. R., 2009, Tourism: Principles, Practices, Philosophies(11th ed.), Hoboken: John Wiley & Sons.

Goeldner, C.R. and Ritchie, J.R.B., 2009, Tourism－Principles, Practices, Philosophies (8th ed.), Hoboken: John Wiley & Sons.

Handbook of aging & the social sciences, San Diego: Academic Press.

Kelly, J & Godbey, G., 1992, The sociology of leisure, state College, PA; Venture Press.

Lynas, Mark, 2008, 6도의 악몽(이한중 옮김), 서울: 세종서적.

McGuire, A., Boyd, R., and Tedrick, R., 1996, Leisure & Aging; Ulyssean living in later life, Sagamore publishing.

OPEC: Algeria, Angola, Ecuador, Iran, Iraq, Kuwait, Libya, Nigeria, Qatar, SaudiArabia, UAE, Venezuela.

Palmore, E., 1990, Ageism : Negative & Positive, New York: Springer.

The sociology of leisure, State College, PA: Venture Press.

Tinsley, H. and Teaft, J., 1983, The psychology benefits of leisure activities for the elderly; A manual & final report of an investigation, Carbondale, IL: Southern Illinois University.

Tinsley, H. and & Teaft, J., 1991, Benefits of leisure, State College, PA: Venture Press.

United Nations World Tourism Organization, United Nations Environment Program, and World Meteorological Organization, 2008, Climate change & tourism: Responding to global challenges, Madrid: UNWTO.

The psychological benefits of leisure activities for the elderly; A manual & final report of an investigation, Carbondale, IL: Southern Illinois University.

United Nations World Tourism Organization, United Nations Environment Program, and World Meteorological Organization, 2008, Climate change and tourism: Responding to global challenges, prepared by Scott, D., Amelung, B., Becken, S., Ceron, J.P., Dubois, G., Gossling, S., Peeters, P. and Simpson, M.C., UNWTO, Madrid and UNEP, Paris.

제 2 장

국제관광관련 주요이론

개 요

이론은 특정한 현상에 대한 체계적 설명이다. 어떤 분야든지 이론적 토대가 없이는 발전할 수 없다. 이론은 우리가 특정 현상에 대해 왜 알아야 하는지, 무엇에 관한 것인지에 대한 설명이다. 국제관광은 20세기 중반 제2차 세계대전 이후 나타난 사회현상으로서 이를 연구대상으로 성립되고 있는 학문분야가 국제관광론이다. 사회과학의 응용분야로서 국제관광은 여러 가지 학문분야와 접목되어 있으며 따라서 포괄적이며 다양한 견해와 접근방법을 갖는다. 과학철학자 토마스 쿤(Thomas Kuhn)의 과학혁명의 구조(1962년)는 자연과학에만 국한된 것이 아니다. 사회는 변화하고 이를 설명하는 이론도 변화한다.

본 장에서는 국제관광 분야에서 응용되고 있는 이론들을 학문분야별로 제시한다. 우선 관광분야에 적용된 이론들을 제시하고 문화인류학의 이론을 정리하였다. 그리고 모든 사회과학분야에 적용되듯이 기초분야로서 심리학과 경제학의 이론들과 응용분야로서 경영학 이론들을 정리하였다.

무엇을 알 수 있는가?

- 국제관광론은 학문분야로서 어떤 배경과 특성을 갖고 있는가?
- 국제관광을 이해하고 학습하는 이유는 무엇인가?
- 국제관광을 이해할 수 있는 이론에는 어떤 것들이 있는가?
- 국제관광 관련 이론들을 근거로 한 사례에는 어떤 것들이 있는가?

제 1 절 관광학(Tourism Study)

관광학은 응용 분야로서 다학제적(interdisciplinary) 성격을 갖는다. 인문학적 특성부터 공학 분야까지 그야말로 광범위하게 적용이 되는 스펙트럼이다. 예를 들어 인문학적 접근으로서 여행을 관광객과 지역주민의 만남을 통한 상호 교류적 문화의 이해(Valene Smith, 1989, Host and guests: the anthropology of tourism)[1]로 해석할 수 있다. 심리학에 근거하여 관광객의 행태를 분석할 수도 있고 경영 전략적 측면에서 호텔 및 리조트의 경영환경을 분석하여 개선안을 제시할 수도 있다. 도시 및 지역개발학 측면에서 관광을 통한 발전모델을 제시할 수도 있고 교통공학에 근거하여 도시 관광객의 효율적 이동과 수용능력에 대해 논의할 수도 있다.

Goeldner and Ritchie (2009)[2]는 보편적으로 연구자들이 많이 사용하는 접근방식을 몇 가지로 요약하여 제시하였는데 이는 Institutional, Product, Historical, Managerial, Economic, Sociological, Geographical, Interdisciplinary, Systems 방식을 포함한다.

1) Institutional approach – 여행사, 항공사, 호텔 등 관광객에게 서비스를 제공하는 회사 또는 기관의 경영에 관한 연구
2) Product approach – 관광 상품 및 서비스에 초점을 둔 조사 및 연구
3) Historical approach – 인류의 관광, 레저 및 여가 활동에 관한 역사, 관광목적지 및 서비스 상품의 역사 등에 관한 연구
4) Managerial approach – 관광학에서 가장 보편적으로 사용되는 접근 방식으로서 관광 목적지, 시설, 관광활동에 관한 서비스 등의 경영에 관한 연구
5) Economic approach – 지역, 국가, 세계 차원에서 관광의 효과 및 경제현상에 관한 연구

1) Smith, Valene(1989). Hosts and Guests: The anthropology of tourism(2nd ed.). Philadelphia: University of Pennsylvania Press.

2) Goeldner C. R. and Ritchie, J. R. B.(2009). Tourism: Principles, Practices, Philosophies (11th ed.). New Jersey: John Wiley & Sons, Inc.

6) Sociological approach－관광, 레저 및 여가에 대한 사회문화적 관점에 초점을 둔 연구
7) Geographical approach－관광, 레저 및 여가 활동 등과 관련한 관광지의 위치, 환경, 기후, 건축, 조경 등 지리학적 분석 등에 관한 연구
8) Interdisciplinary approach－인문, 사회과학, 자연과학, 공학, 의학 등 모든 분야가 서로 상호 연계되는 연구
9) Systems approach－어떤 연구목적에 맞추어 다학제적(interdisciplinary)접근방식이 체계화되어 융합되는 연구

그러나 다른 기존 학문분야의 이론이나 연구모형(모델)을 적용해 온 신생분야로서 관광학은 아직 독자적인 학문 체계가 정립되었다고 볼 수 없다. 즉 학문체계가 정립되기 위해서 갖추어야 할 여러 가지 요건들 중 핵심적인 보편타당한 고유의 이론 정립과 전공 세분화 등이 아직 체계적으로 이루어지지 않았기 때문이다. 과거 40년 동안 대학교의 학과신설, 학술지 발간 수 등 양적 성장은 많이 해 왔지만 앞으로는 학문적 체계를 갖추기 위한 질적인 성장이 필요하다. 사회적 변화와 수요에 맞추어 형성된 학술 분야가 모두 그렇듯이 독자적인 학문으로 발전해 가는 데는 상당한 시간과 해당분야 연구자들의 많은 노력이 필요할 것으로 본다. 앞으로는 학문 분야 간 벽이 사라지고 통섭을 통한 지혜의 시대가 올 것이라 예견하고 있다. 이러한 차원에서 앞으로 관광분야는 응용학문과 종합 학문적 특성을 갖고 다른 학문분야와 교류하면서 더욱 세분화되고 전문성을 확보하면서 독자적인 학문체계를 정립해 나갈 것으로 기대한다. 이에 여기서는 관광 분야에서 응용되고 있거나 제시되고 있는 연구 모형들 중 국제관광과 관련 있는 것들을 중심으로 살펴보기로 한다.

첫 번째 관광동기 모형과 두 번째 동기유발과 관광지매력 요인은 관광객(Traveler)에 대한 모형이며 세 번째 관광지 이미지 모형, 네 번째 관광지 수명주기 모형 및 다섯 번째 서비스투어리즘전략 모형은 관광목적지(Destination)에 대한 연구모형들이다. 아울러 여기서 제시하는 모델들 중 일부는 실증적 연구가 이루어진 것들도 있고 일부는 앞으로 후속 연구가 이루어져야 하는 모형임을 밝혀둔다.

1. 관광동기 모형(Travel needs model)
2. '동기유발'과 '관광지매력' 요인(Push and pull factors)
3. 관광지 이미지 모형(Destination image model)
4. 관광지 수명주기 모형(Destination lifecycle model)
5. 서비스투어리즘전략 모형(Service tourism strategy model)

1. 관광동기모형(Travel needs model)

미국의 심리학자인 매슬로(Maslow, 1916－1972)는 사람들은 좀 더 근원적인 욕구가 만족되고 나서야 다른 욕구를 충족시키려는 경향이 있다는 이른바 욕구 5단계 이론을 제시하였다. Pearce(1988, 1992)[3)]는 이를 관광분야에 적용시켜 관광동기 모형(Travel needs model)을 제시하였다[그림 2－1].

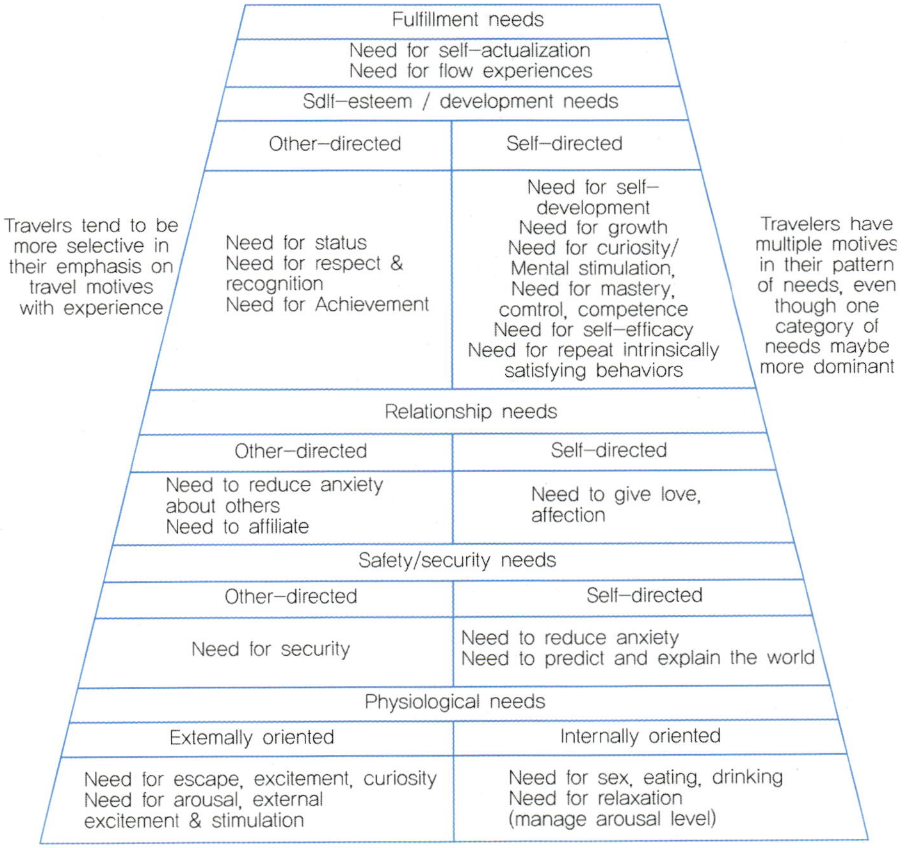

A 'spine' or 'core' of needs for nearly all travelers seems to include relationships curiosity and relaxation.
(출처: Pearce(1992). Fundamentals of tourist motivation)

[그림 2－1] **관광동기모형(Travel needs model)**

---

3) Pearce, P. L.(1988). The Ulyseese Factor: Evaluating visitors in tourist settings, New York: Springer. Verlag Pearce, P. L.(1992). Fundamentals of tourist motivation. In D. Pearce & R. Buttler(eds.). Fundamentals of tourist motivation. pp. 113－134. London: Routledge.

이 모형은 사람들이 갖고 있는 다양한 관광욕구를 계층적, 단계적으로 설명하고 있다. 생리적, 안전, 사회적, 자존 및 자아실현에 대한 욕구별로 내적 지향성(Internally oriented)과 외적 지향성(Externally oriented)별로 구분하였다.

아울러 대부분의 관광객들에게 해당하는 주요 욕구를 사회적 욕구와 생리적 욕구(호기심, 긴장 해소)로 간주하고 있다. 이 모형은 매슬로의 욕구 5단계 이론을 구체적으로 관광분야에 적용하여 관광객의 인지행동적 특성을 이해하는데 도움을 준다.

2. 동기 유발과 관광지 매력 요인(Push and Pull Factors)

국제관광이든 국내관광이든 동기적인 요인(Push factors)에 의해서만 사람들은 여행을 가는 것이 아니라 관광지의 매력적인 요인(Pull factors)도 함께 영향을 미쳐 여행을 결정하게 된다. 따라서 사람들이 여행을 결정하게끔 내부적으로 심리적 차원에서 동기를 유발하는 요인들을 Push factor라 하고, 외부적으로 관광지의 다양한 매력적 요인들을 Pull factor라 한다(Epperson, 1983; Hudman, 1980; McIntosh and Goeldner, 1984; Siegel, 1986).[4] 관광소비자들의 트렌드는 하루가 다르게 변화하고 잇으며 일회성의 둘러보는 관광에서 재방문과 중·장기 체류의 휴양 관광의 추세가 점차 일반적인 경향이 될 것으로 예상되기 때문에 후에 언급되는 서비스투어리즘(Service tourism) 차원에서 교육, 의료, 휴양, 문화, 생태 등 다양한 측면의 관광지 매력 요인을 높이는 것이 중요하다. 특히, 국제관광의 경우 국내 관광보다 동기 유발 요인과 관광지 매력요인이 보다 복합적으로 강하게 사람들에게 어필하는 경향이 있으며, 두 요인의 분석을 통해 관광객의 행태와 선호도, 관광 목적지 마케팅 전략 수립 등에 활용될 수 있는 중요한 자료를 얻을 수 있다. 아울러 Goeldner와 Ritchie(2009)[5]는 국제관광객의 경우 상반된 심리적 경험에 대한 선호도가 있다고 주장하며 다음과 같이 네 가지 심리적 스펙트럼을 제시하였다.

---

4) Epperson, A.(1983). Why people travel. Leisure today(April). pp 31 – 32.
Hudman, L.(1980). Tourism, a shrinking world. Columbus: Grid Publishing, Inc.
McIntosh, R. and Goeldner, C.(1984). Tourism : Principle, practices, philosophy(4th ed.) New York: John Wiley & Sons.
Siegel, B.(1986). The US pleasure travel market. In World Travel Overview. p. 187. New York: American Express Publishing Corporation.

5) Goeldner, C. and Ritchie, J.(2009). Tourism: Principles, Practices, Philosophies(11th ed.). Hoboken: Wiley.

① 휴양과 활동(Relaxation Versus Activity)
② 친숙함과 신기성(Familiarity Versus Novelty)
③ 단체여행과 개별여행(Dependence Versus Autonomy)
④ 질서와 무질서(Order Versus Disorder)

| 표 2-1 | Push and Pull Factors

관광동기 유발요인(Push factor)
• 일상 탈출(Escape) • 휴양 및 휴식(Rest & relaxation) • 건강(Health), 참살이(Well being) • 호기심(Curiosity), 변화(Change), 신기성(Novelty) • 스포츠 레저 활동(Sports leisure) • 사업(Business), 컨벤션 참가(Convention) • 도전(Challenge), 모험(Adventure) • 학습(Learning), 교육(Education), 자기계발(Professional development) • 친지 방문(Visiting friends & relatives) • 모국 방문(Search for roots/family heritage) • 사회교류(Social interaction), 문화적 관심(Cultural interest), 여행 동반자 간 유대감 증진(relationship) • 자존(Prestige/ego), 정신적 탐구(Spiritual pursuit) • 종교(Religion) • 즐거움 추구(Pleasure seeking : 오락, 쇼핑, 먹거리, 즐길거리, 볼거리, 신혼여행, 카지노 등)
관광지 매력요인(Pull factor)
• 자연 경관(Natural scenic areas), 온화한 기후(Comfortable Climates) • 잘 보전된 환경(Wildlife and environment) • 역사적 자원(Historic resources), 문화 자원 및 이벤트, 축제(Cultural resources, event, festivals) • 레저, 스포츠(Leisure & Sports participation & facilities) • 컨벤션 시설(Convention facilities) • 쇼핑(Shopping), 다양한 즐길거리 및 볼거리(Entertainment) • 먹거리(Eating) • 저렴한 가격(Low price), 편의성(Convenience) • 휴양·휴식 환경(Environment for rest & relaxation) • 학습 및 교육 환경(Environment for learning & education) • 보건 및 의료 환경(Environment for health & medicine)

3. 관광지 이미지 모형(Destination image model)

소비자들이 어떤 지역에 여행을 갈 것인가를 결정하는 데 있어 앞서 「동기유발」과 「관광지매력」 요인이 큰 영향을 미치며 이들의 관광 행태 등을 이해하는데 도움을 준다고 하였다. 이러한 두 요인에 큰 영향을 미치는 것이 바로 지역(관광지)의 이미지이다. 관광지 이미지 효과는 국내보다 해외 관광지에 더 큰 것으로 판단되며 여기서는 이와 관련된 두 가지 모델을 살펴보기로 한다.

1) 유기적 – 유도적 이미지(Organic – Induced images)

Gartner(1993)[6]는 사람들이 어떤 채널을 통해 특정 관광지에 대한 정보를 얻는가에 따라 이미지가 형성된다고 하였으며 이를 유기적인 이미지(Organic image)부터 유도적인 이미지(Induced image)의 연속선상으로 설명될 수 있다고 주장하였다[그림 2-2].

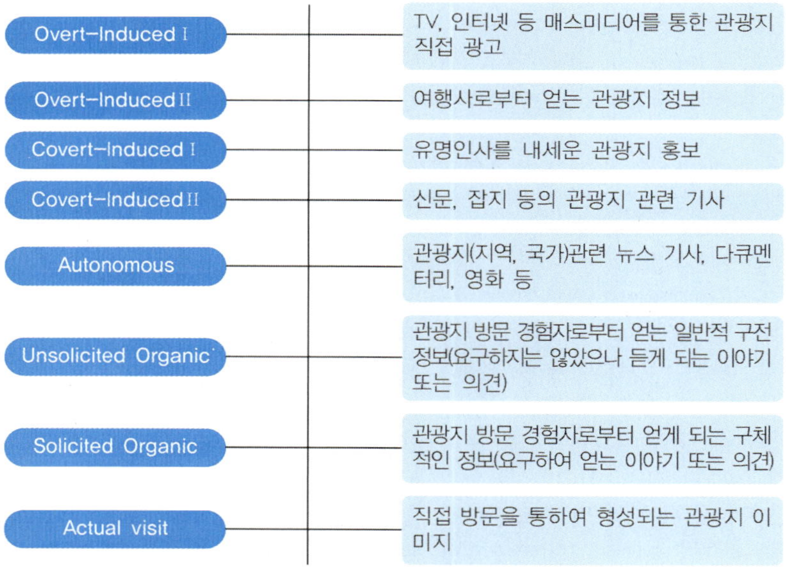

[그림 2-2] 유기적 – 유도적 이미지(Organic – Induced image)

6) Gartner, W.(1993). Image formation process, Journal of Travel and Tourism Marketing, 2(3): 191 – 215.

위와 같이 특정 장소에 대한 이미지가 자연적인 것(유기적인 정보 원천)부터 인공적인 것(유도된 정보 원천)까지 다양한 자료와 정보를 통해 형성되는 것과 아울러 Gartner(1993)는 이미지 구성요소로서 인지적(Cognitive), 감성적(Affective), 능동적(Conative) 이미지 요소를 제시하였다.

어떤 지역이나 관광지 나아가 국가에 대한 이미지는 고정되어 불변하는 것이 아니라 시간의 흐름 속에서 사람들의 인식은 경험에 의해 빠르게 또는 점진적으로 변화한다. Gunn(1972)은 사람들이 여행을 경험하는 단계에 따라 즉 여행 전 이미지(Pre-image), 여행 중 형성되는 이미지(Input), 그리고 여행 후 이미지(Post-trip)에 따라 지역에 대한 인식이 변화한다고 주장하였다.

2) 유형적 - 무형적 이미지(Tangible - Intangible images)

앞서 설명된 유기적-유도적 이미지 모형이 정보원천(Information Sources)에 따라 소비자들이 지역에 어떤 인식을 하게 되는 현상을 설명하는 것이라면 유형적-무형적 이미지 모형은 관광지 매력요인(Pull factor)과 관광 활동 유형에 따라 지역에 어떤 인식을 갖게 되는 현상을 설명한다[그림 2-3].

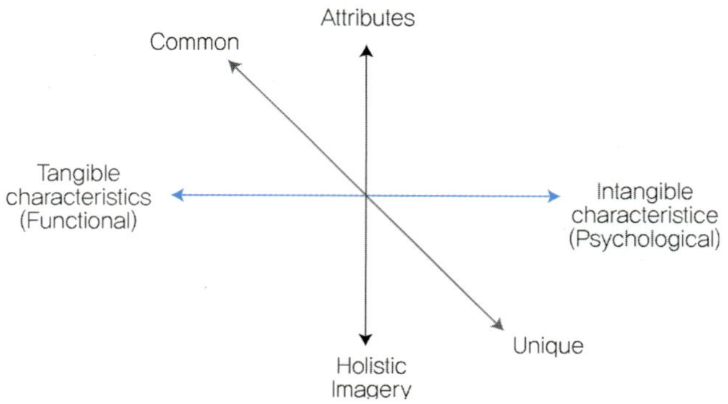

(출처: Echtner & Ritchie(1991)[7]에 근거하여 저자 재구성)

[그림 2-3] 유형적-무형적 이미지 모형(Tangible-Intangible image model)

7) Echtner, C. and Ritchie, J.(1991). The meaning & measurement of destination image, Journal of Tourism Studies, 2(2): 2-12.

이 모형의 전제는 지역 이미지가 하나의 차원이 아니라 복합적인 차원으로 구성되어 있다는 것이다. 기본적인 요소는 어떤 지역 하면 떠오르는 특징적인 것(Attribute:속성)과 전반적인 느낌 또는 인상(Holistic imagery)이며 이러한 '속성'과 '인상'은 유형적인 특성(오락, 쇼핑, 숙박, 교통 등)부터 무형적인 특성(친절, 분위기, 명성, 서비스의 질 등)의 연속선상에 놓여 있다. 아울러 이런 유・무형적인 특성은 전반적으로 지역의 보편성(common)과 차별성(Unique) 차원에서 동시에 인식된다는 것이다.

4. 관광지 수명주기 모형(Destination lifecycle model)

제품, 서비스 및 산업 등에 적용되어온 수명주기 모형(Lifecycle model)은 관광지 및 지역에도 적용될 수 있다. Butler(1980)는 관광지도 일정한 진화적 과정을 경험하게 된다는 관광지 수명주기 모형을 제시하였다[8]. 관광지 수명주기는 개발 단계에 따라 초기(Inception) → 개발(Development) → 성장(Growth) → 성숙(Maturity) → 정체(Stagnation) → 재성장(Rejuvenation), 유지(Retention), 또는 쇠퇴(Decline)로 구분할 수 있으며 단계별 시장의 특성에 따라 적합한 대응전략적 시사점을 찾을 수 있다.

[그림 2-4]는 2010년부터 2014년까지 만 4년 동안 한국을 방문한 일본, 중국, 유럽, 북미 관광객들의 점유율(Market share)과 연평균 성장률(Average annual growth rate)을 기준으로 세 지역별로 수명주기 단계상 상대적 위치를 정하여 그룹별로 트렌드 분석 및 차별화된 서비스 등 이론적 차원과 실용적 측면에서 시사점을 모색할 수 있다.

지역시장	평균 점유율(%)	연평균 성장률(%)
일본	27.7	-5.8
중국	29.6	35.1
유럽	6.6	7.1
북미	8	4.6

8) Butler(1980). The concept of a tourist area cycle of evolution: Implications for management of resources, Canadian Geographer, 24(1): 5-12.

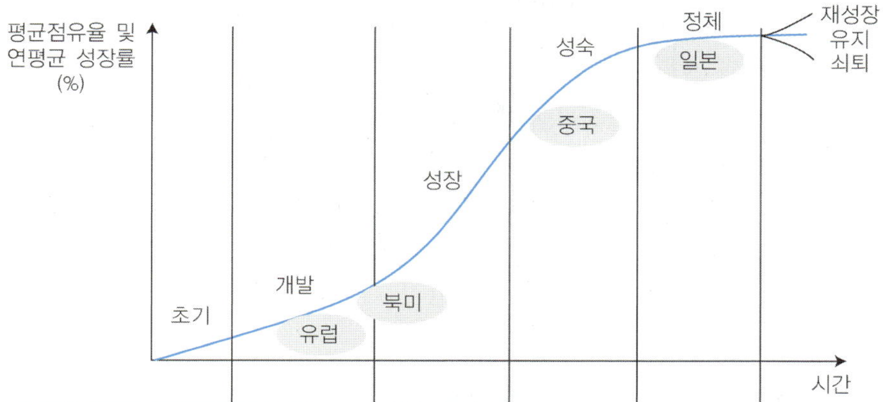

시장특성	• 틈새시장 • 고소득계층 • 상용관광객	세분화 틈새시장	대중화 확산 다양화	대중화 개별관광	수요다변화 틈새시장	수요다변화
전략과제	• 시장개발 • 주요관광 • 상품개발	시장침투 대중홍보	다양한 관광 상품개발	서비스표준화 테마관광	고객관계관리 포지셔닝 블루오션개발	고객관계관리 블루오션창출

[그림 2-4] **한국 인바운드 수명주기 분석(일본, 중국, 북미, 유럽 관광객: 2010년~2014년)**

5. 서비스투어리즘전략 모형(Service tourism strategy model)

서비스투어리즘전략이란 「관광이 다른 서비스 부문과 아울러 1·2차 산업과도 연계 및 융복합화되어 시너지 효과가 극대화될 수 있도록 하는 활동」을 말한다. 본서의 제4장 「서비스투어리즘전략」에 자세한 내용이 기술되어 있기 때문에 여기서는 주요 개념만 요약하기로 한다.

서비스투어리즘전략의 기본적인 전제는 1·2·3차 산업 모든 부문에 제품요인뿐만 아니라 서비스 요인에 의해 고객만족도가 크게 좌우된다는 것이다. 이에 호스피탈리티(Hospitality)로 대표되는 관광서비스가 가장 앞서 있고 세련된 서비스로서 다른 산업부문과 연계되고 적용될 필요가 있다. 즉, 관광부문의 서비스적 특성이 선도적인 역할과 기능을 담당하면서 다른 산업과 연계되기 때문에 「관광의 융복합화」라는 용어보다 「서비스투어리즘」이라는 용어가 합당하다고 볼 수 있다.

관광목적지의 발전은 단계적으로 지역 → 국내 → 국제단위로 확대되는 것이며 관광트렌드의 변화는 볼거리 위주의 유람관광(Sightseeing)에서 체험 및 테마관광(Experiential and Thematic tourism)을 거쳐 오늘날은 서비스투어리즘(Service tourism)으로 전환되고 있다. 여기서 주의할 점은 발전이 단계적으로 이루어지고 트렌드 패러다임이 변한다는 것은 하위 단계의 관광 활동이 없어지는 게 아니라 존속은 하지만 상위단계의 관광 활동이 대세를 이루며 정책적, 전략적 중심이 상위 단계의 관광활동으로 이동한다는 것을 의미한다[그림 2-5].

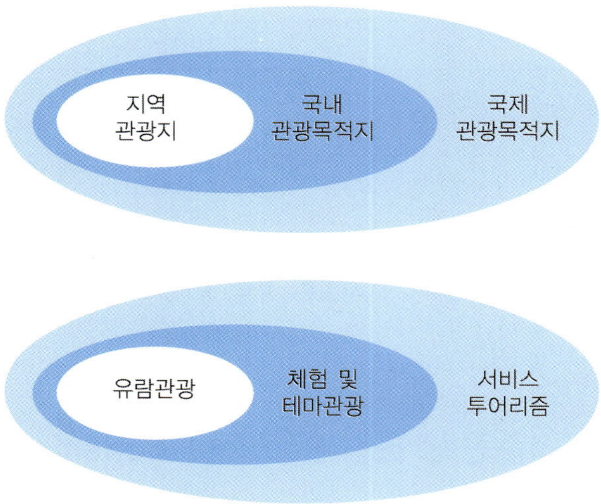

[그림 2-5] 관광목적지 발전의 단계적 변화와 소비자 트렌드 패러다임의 변화

저자가 제시하는 서비스투어리즘전략 모형은 두 가지로 구성되는데 기본방향(Strategy direction)과 구성요소(Element)이다. 관광부문은 교육 · 의료 · 문화 · 복지 · 1, 2차 산업과 같이 일차적으로 「지역 연계성이 높은 부문들」과 휴양 · 여가 · 레저 · 컨벤션 · 쇼핑 · 식음료 · 생태와 같이 「관광과 관련성이 높은 부문들」로 크게 나누어 지역이 처한 상황에 맞게 선택적으로 연계성을 강화시켜 나갈 수 있다. 이러한 전략을 구체적으로 수행하는 방법은 ① 지역개발/보전, ② 도시 디자인/기획, ③ 연구 및 개발, 그리고 ④ 지역 마케팅이 있다[그림 2-6].

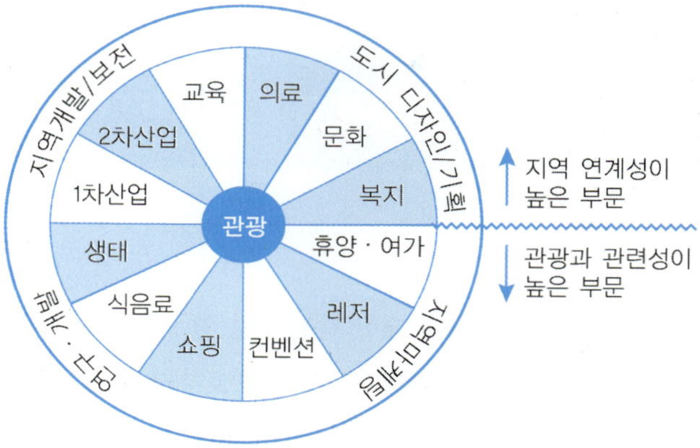

[그림 2-6] **서비스투어리즘전략의 기본방향**

서비스투어리즘전략의 구성요소는 크게 전략을 수행하는 주체로서 「기획집단」, 구체적으로 전략을 실행하는 「마케팅요소」, 그리고 전략의 대상인 「표적시장」으로 이루어진다 [그림 2-7].

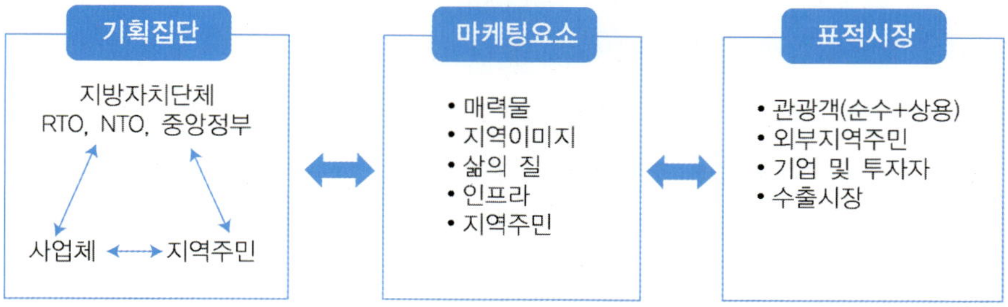

Note: RTO (Regional Tourism Organization: 지방관광공사)
NTO (National Tourism Organization: 국가관광공사)
(출처: Kotler et al., 1993 근거로 저자 재구성)

[그림 2-7] **서비스투어리즘전략의 구성요소**

서비스투어리즘을 통해 지역들은 일회성의 관광패턴을 벗어나 다양한 형태의 휴양 관광지로 변화될 수 있다. 앞으로 학술적 차원에서 서비스투어리즘전략 모형은 더욱 면밀한 사례분석과 실증분석을 통해 이론적으로 체계화될 필요가 있다.

제 2 절 문화인류학(Cultural Anthropology)

문화인류학은 인류의 사회와 문화에 대한 종합적인 연구를 하는 학문분야로서 역사적으로는 최초의 인류가 등장한 선사시대의 생활양식으로부터 세계화 시대인 현재를 포함하여 미래의 인류까지 사회문화적 현상을 연구하는 매우 포괄적인 학문이다. 따라서 국가와 학파에 따라 문화인류학, 사회인류학, 민족학 등으로 불리기도 한다. 국제 관광분야를 사실 제대로 이해하기 위해서는 문화인류학, 사회학, 역사학, 지리학, 정치학적 지식 배경이 필요하다. 그러나 아쉽게도 이러한 학문분야의 이론을 관련된 영역별로 체계화하고 논의하는 것은 본서의 내용 구성을 벗어나는 것이라 여기서는 문화 이론과 관련된 두 가지 모형만 간략히 제시하기로 한다. 아울러 문화에 대한 정의는 학자마다 다르지만, 여기서는 '사회 환경을 구성하는 요소로서 자신의 형태를 다른 것과 구별시켜 주는 학습된 인간행위의 사회적 규범과 생활방식이며 국제관광을 둘러싸고 있는 환경을 결정짓는 가장 중요한 기초적 요인 중의 하나'라고 정한다. 여기서 중요한 것은 문화는 선천적인 것이 아니라 후천적으로 학습된 행위라는 것인데 따라서 이국의 다른 문화도 학습을 통해 배울 수 있고 문화적 차이를 극복하고 적응하거나 동화될 수 있다는 전제를 가진다.

1. 홀(Edward T. Hall)의 모형

일반적으로 중요하다고 받아들여지는 문화의 구성요소는 언어, 종교, 사회제도, 가치체계, 미적 감각, 물질문명 등을 포함한다. 우리가 보통 다른 문화라고 말할 때는 이러한 구성요소들에서 차이가 있다는 것이며 이러한 문화적인 차이를 이해하는데 비교문화적인 분석방법으로 홀(Hall)의 모형을 들 수 있다.

미국의 문화인류학자인 에드워드 홀(Edward Hall: 1914~2009)[9]은 각국의 문화를 고맥락(High-context culture)문화와 저맥락(Low-context culture)문화 개념을 통해 이분

9) Hall, E. T.(1977). Beyond Culture. New York: Anchor Books.

화하였다. 여기서 맥락(Context)이란 사물과 현상을 받아들이고 느끼는 방식으로서 각 국의 문화를 평가하는 데 중요한 기능을 한다.

고맥락 문화는 개인과 개인의 관계 속에 의사소통과 관련된 정보가 내재화되어 구체적이고 분명한 의사표현이나 서식보다 정황과 배경이 더 중요한 역할을 하는 문화이다. 크게 동양과 서양을 비교할 때 동양이 고맥락 문화에 해당한다.

반면, 저맥락 문화는 정황과 배경보다 구체적으로 표현하는 언어, 서식, 문서 등 이 자체가 중요한 역할을 하는 문화로서 서양이 저맥락 문화에 해당하며 두 문화 간 비교를 정리하면 다음과 같다〈표 2-2〉.

| 표 2-2 | 고맥락과 저맥락 문화

구분	고맥락 문화(동양)	저맥락 문화(서양)
법률	덜 중요함	매우 중요함
개인의 말	매우 중요시하며 개인의 비공식적인 의사표시가 보증서 역할을 함	서면으로 보증함
공간개념	서로 어울리는 공간을 중요시함	개인적 공간을 중요시하며 침해받는 것을 싫어함
실책에 대한 책임	최고위층이 책임짐	최하위층에게로 돌림
시간관념	시간관념이 분명하지 않음	'시간은 돈이다'라는 관념이 강함
협상	오래 끄는 것이 보통이며 협상목적을 모든 당사자가 서로 충분히 이해하며 저절로 해결하도록 함	매우 신속히 진행됨

(출처: Keegan, 1984[10])

물론 동·서양의 문화차이를 이분법적으로 너무 단순화하여 비교함으로써 오늘날 문화현상을 이 논리에 맞추어 해석하는 데는 무리가 있을 수 있고 특히 홀(Hall)이 이러한 연구결과를 제시한 것은 지금으로부터 30여 년 전이기 때문에 그동안 사회변화를 고려하면 더욱 그렇다. 그러나 근본적으로 동·서양의 문화적 배경이 다르고 이러한 차이를 전체적으로 설명할 수 있는 연구로서 가치는 여전히 존재한다고 하겠다.

10) Keegan, W.(1984). Multinational marketing management(2nd ed.). Englewood Cliff: Prentice Han Inc.

동양과 서양에서 「개인」을 규정하는 것은 근본적으로 다르다. 동양에서 개인은 가족, 친지, 지역 및 국가 공동체의 한 구성원으로 인식되는 반면에 서양에서 개인은 인간관계 속의 존재에 앞서 독립적인 주체로서 인식되는 경향이 크다[그림 2-8].

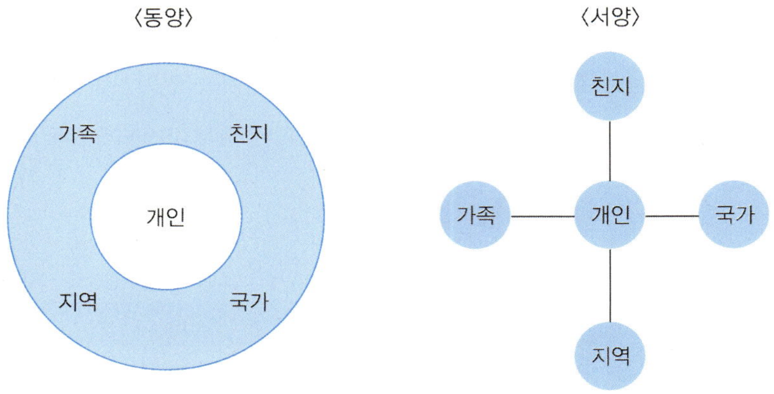

[그림 2-8] **동양과 서양의 개인 인식**

나아가 결과적으로 나타난 동양과 서양의 차이를 이해하는 데는 두 문화권 간 역사적, 철학적 배경에 대한 심도 있는 이해가 필요하다. 예를 들어 사람들의 일상생활에서 법(法)에 대한 인식이 고맥락 문화(동양)에서는 왜 덜 중요하고 저맥락 문화(서양)에서는 중요하다고 여기게 되었는가 하는 것이다. 즉 이러한 현상은 역사적 그리고 문화적 배경의 결과로서 복합적인 면이 있지만 예로부터 동양(중국)에서는 덕치(德治)의 상반된 개념으로 法治(법치)의 개념이 있었고 여기서 法이라는 것은 형법(刑法: 범죄와 형벌을 규정한 법)적인 성격을 갖는 것이었다. 따라서 法은 사람들에게 잘못했을 때 처벌을 받는 것, 딱딱하고 일상생활에서 접하지 않을수록 좋다는 인식이 형성되었다. 반면에 서양에서는 프랑스의 계몽주의 철학자인 루소(1712~1778)의 사회계약론(1762년)에서와 같이 法의 개념이 개인 간 규범과 질서를 확립하기 위한 민법(民法: 개인 간 법률관계를 규정하는 법)으로부터 출발한 것이어서 일상생활에서 개인의 권리를 지키고, 질서를 유지하기 위해 필요하며 가깝게 접할 수 있는 영역으로 인식하는 배경이 형성되었다(김용옥, 2000)[11].

11) 김용옥(2000). 도올의 논어이야기. KBS.

2. 홉스테드(Geert Hofstede)의 모형

네덜란드 심리학자인 홉스테드[12](1928~)는 한 국가의 문화를 제대로 표현하기 위해서 그 국가에 포함된 공통적인 문화요소에 관심을 두고 국가 간의 문화적 차이를 비교분석한 네 가지 차원을 제시하였으며 그 내용은 다음과 같다.

1) 개인주의(Individualism) 대 집단주의(Collectivism)

가족, 공동체 그리고 국가집단에 대한 의무의 수용 정도와 이에 대한 개인적인 자유의 요구 정도를 의미한다. 개인주의는 개인이 중심인 사회를 의미하고 집단주의는 개인보다는 집단(가족, 공동체, 국가)이 중심인 사회 조직 구조를 뜻한다. 개인주의와 집단주의는 한 국가의 문화를 이해하는데 큰 시사점을 제공한다. 개인주의 성향을 보이는 국가에서는 개인의 의사 표현을 명확히 해야 하며 아울러 타인의 의사를 존중해야 하며 분권화된 사회 조직 구조를 갖지만 집단주의 성향을 띠는 국가에서는 개인의 조직 또는 공동체 참여와 집단 이익을 위하여 결정된 사항에 따라야 하는 중앙집권적인 사회 구조를 갖는다. 개인주의 성향의 국가로는 미국, 영국, 프랑스 등 서구 국가들이 포함되며, 집단주의 성향의 국가로는 한국, 대만, 싱가포르, 태국 등이 해당한다. 그리고 중간적인 성격을 갖는 국가로는 일본, 인도, 브라질, 스페인 등이 있다고 주장하였다.

2) 권력 간격(Power distance)

권력 간격이란 사회의 부와 권력이 편중되어 있거나 혹은 불평등하게 배분되어 있을 때 이를 사회가 어느 정도로 수용하는가를 의미한다. 구체적으로 이것은 권력의 중앙집권화(또는 독재정치) 정도와 관련이 되며 사회 구성원들이 어느 정도 독재나 전제를 수용하는가를 뜻한다. 즉 권력 간격이 크면 권위주의적, 작으면 평등주의적인 것으로 이해할 수 있다. 국가마다 권력 간격을 확실히 구분하기는 어렵지만, 권력 간격이 큰 국가에서는 중앙집권 및 통제가 강하고 조직의 구조는 피라미드형을 이룬다. 권력 간격이 작을수록 평등주의 성향이 크고 분권화된 사회구조를 갖는다. 권력 간격이 큰 국가(=권력 간격을 수용하는 국가, 권위주의적인 국가)로는 필리핀, 베네수엘라, 인도 등 집단주의적 특성이

12) Hofstede, G.(1984). Culture's consequences. London: Sage.

강한 국가를, 권력 간격이 작은 국가(=권력 간격을 수용하지 않는 국가, 평등주의적 국가)로는 덴마크, 이스라엘 등 개인주의적 성향이 많은 국가를 예로 들었다.

3) 불확실성에 대한 회피 정도(Uncertainty avoidance)

홉스테드는 인간이 불확실한 미래에 대한 걱정에서 벗어나기 위해 종교, 법률, 또는 규칙, 기술 등에 의존하게 된다고 주장하였다. 이러한 「불확실성을 어떻게 인지하며 이로부터 야기되는 위험을 어떤 방법으로 해결하려고 하는가 하는 정도」가 불확실성의 회피 정도의 개념이다.

불확실성에 대한 회피 성향이 큰 국가에서는 미래에 대한 불안을 제거하고자 여러 가지 상황에 대비하여 법률을 제정하거나 지진 등 천재지변에 견딜 수 있는 내진 설계를 한 건축물 등에 의존하게 된다. 반면에 불확실성에 대한 회피 성향이 낮은 국가에서는 분쟁 발생시 가능한 한 규범이나 관습을 적용하려 하며 또한 지진이나 폭풍 등 천재지변에 견딜 수 있는 건축물을 짓기보다는 오히려 새로 짓기 편한 건축물을 선호한다는 것이다. 불확실성에 대한 회피 성향이 큰 국가로는 한국, 일본, 프랑스, 브라질 등을 포함하며 회피 성향이 작은 국가로는 싱가포르, 홍콩, 스웨덴, 덴마크와 같은 국가가 포함된다.

4) 남성성(Masculinity) 대 여성성(Feminity)

남성적 문화와 여성적 문화의 차원은 한 사회가 남성적 특성(예: 성취, 영웅주의, 도전 등)과 여성적 특성(예: 삶의 질, 배려, 겸양 등) 중 어느 쪽을 더 선호하는가를 기준으로 한다. 남성적 문화에 속한 구성원은 금전, 권력, 지위 등의 목표 달성에 더 큰 가치를 부여하는 반면 여성적 문화는 상대적으로 협동과 덜 도전적이고 경쟁적인 행동에 더 큰 가치를 둔다는 것이다. 남성적 문화 성향이 큰 국가로는 일본, 오스트리아, 영국 등이 포함되며 여성적 문화 성향이 큰 국가로는 덴마크, 스웨덴, 네덜란드 등이 포함된다.

홉스테드는 50개국을 대상으로 방법론적인 측면에서 계량적인 분석방법을 사용하였기 때문에 객관성을 높였다고 할 수 있으나 한 국가의 문화다양성적인 측면을 고려할 때 네 가지 차원으로 너무 단순화시켜 구체적인 설명력이 부족하다는 비판이 있다. 그러나 동시에 홉스테드 모형은 복잡한 국가의 문화 비교에서 비교적 과학적이고 보편성 있는 연구결과로도 인정받고 있다. 끝으로 네 가지 차원의 주요 국가별 비교지수는 다음과 같다

〈표 2-3〉.

| 표 2-3 | 주요 국가별 비교지수

차원 / 국가명	개인주의 정도	권력 간격	불확실성 회피 정도	남성중심 정도
한국	18	60	85	39
그리스	35	60	42	57
대만	17	58	69	45
싱가포르	20	74	8	48
파키스탄	14	55	70	50
미국	91	40	46	62
일본	46	54	92	95
영국	89	35	35	66
독일	67	35	65	66
프랑스	71	68	86	43
인도	48	77	40	56
덴마크	74	18	23	16
이스라엘	54	13	61	47
오스트리아	55	11	70	79

제 3 절 심리학(Psychology)

사람들은 왜 해외여행을 할까? 이 지구상의 무수히 많은 지역 중에 왜 그곳을 갔는가? 해외여행은 우리 주위에서 보편적으로 이루어지고 있다. 그러나 이러한 현상을 명료하게 설명하기란 쉬운 일이 아니다. 그 이유는 인간의 행동이 단순하게 한두 가지로 요약설명할 수 있는 게 아니기 때문이다. 따라서 관광현상을 이해하기 위해서 기본적으로 필요한 것이 심리학에 대한 이해이다. 심리학은 인간과 동물의 행동 및 그 행동에 관련된 생리적, 심리적, 사회적 과정을 연구하는 학문분야로서 현대 심리학은 크게 1) 생물학적, 2) 인지적, 3) 행동적, 4) 정신분석적, 5) 인본주의적 접근방식을 취하고 있다(현성용 등, 2009)[13].

1. 생물학적 접근방식

생물학적 접근방식(biological approach)은 사람의 육체적 활동, 꿈, 정신상태 등이 뇌의 통제하에 이루어진다고 가정하고 정서, 사고, 기억 등 심리현상을 생물학적 근거로 설명한다. 사실 심리적 현상이 바로 생물학적인 것이며 우리의 생각이나 감정, 충동 등이 모두 신체에서 일어나는 생물학적 변화의 결과라 할 수 있다. 예를 들어 대자연이 살아있는 웅장한 경치를 보고 감명을 받는 것은 시각적 정보가 신경세포인 뉴런(neuron)을 통해 처리되기 때문이다.

아울러 우리가 유전적 요인(genetic factor)이라든지 진화(evolution)를 말할 때도 이는 곧 신경계의 구조와 기능에 대한 것이라 할 수 있다. 어떤 성격 특성, 인지적 능력, 특정 질환 등이 부분적으로 유전적 요인에 의해 영향을 받는다고 증명되었다. 1990년 미국을 중심으로 진행되고 있는 인간 유전자 프로젝트(Human Genome Project)는 인간이 가진 모든 유전자의 위치와 염기서열을 이해하고 유전자 지도를 완성하는 것으로서 이를 통해

13) 현성용 등(2009). 현대 심리학 이해(2판). 서울: 학지사.

많은 유전적 요인에 의한 질병을 극복할 수 있을 것으로 보고 있다. 의학 분야의 신경학과 정신과 분야가 심리학과 접목하여 생물학적 접근방식을 취하는 경우가 많다.

2. 인지적 접근방식

인지적 접근방식(cognitive approach)은 인간의 두뇌가 어떻게 정보를 받아들이고 이를 처리하며 특정한 행동유형을 만들어 내는가에 연구의 초점이 있다고 할 수 있다. 인지심리학자들은 인간이 수행하는 정보처리가 컴퓨터가 정보를 처리하는 과정에 비유해서 이해하고자 시도한다. 잠재적 소비자가 최종적으로 외국의 관광목적지(또는 해외 관광상품)를 선택하는 과정(예: Awareness → Information search → Attitude development → Evaluations → Purchase → Post-purchase behavior)이 인지적 관점의 한 예이다.

아울러 마케팅 분야에서 '소비자의 지각 과정에 맞게 마케팅 하라'는 메시지도 심리학의 인지적 접근방식에 근거한 것이다. 소비자의 정보처리 과정은 노출(exposition) → 자극(stimulation) → 감지(sensation) → 주의(attention) → 지각(perception) → 보존(retention) → 회상(recollection) → 적용(application)이라는 8단계로 구성된다[14].

예를 들어 해외 관광목적지로서 제주도를 일본 동경시에 마케팅 하는 경우를 보자.

1) 노출이란 동경시민이 TV를 보거나 운전하면서 전광판에 나오는 제주도 홍보영상을 보는 경우이다. 이는 확률적 문제이고 따라서 가능한 한 가장 많은 대중이 볼 수 있도록 효과적인 미디어나 유통 채널을 선택해야 한다. 아울러 이러한 광고효과가 얼마나 되는지는 접촉효과(어느 정도 광고에 소비자가 노출되었는가), 심리효과(소비자의 마음에 어느 정도 인상을 심어주었는가), 구매행동효과(구매행동을 실제로 일으켰는가)의 세 가지로 구성된다.

두 번째 과정은 잠재 소비자의 오감에 전달될 수 있는 2) 자극이며 소비자 정보 처리 전체 과정에서 유일하게 마케터가 통제할 수 있는 부분이다. 마케터가 통제할 수 있는 것은 제주를 독특하고 이국적인 곳으로 디자인 한 홍보물을 전달할 미디어와 자극의 특성

14) 대홍기획 마케팅컨설팅그룹 역(2003). 소비의 심리학. 서울: 세종서적(원저: Settle, R. B. and Alreck, P. L. A Why they buy, 1989).

정도가 전부다. 특히 자극은 다양한 방식으로 대중에게 영향을 미칠 수 있도록 수정 및 조정이 가능하다(Settle & Alreck, 1989).

세 번째 단계는 3) 감지로서 이는 앞서 나온 생물학적 반응을 말한다. 신경계가 뇌로 신호를 보낼 수 있도록 감각기관들은 신호를 전기 화학적 자극으로 변환시켜 아주 짧은 시간 동안 저장되는데 이를 감각 메모리라고 부른다. 이후 뇌가 이 정보를 받아들이면 4) 주의 신호를 보내는데 이를 심리학자들은 지향반응(orientation response)이라 말하며 이 단계는 매우 중요하다. 왜냐하면 주의를 끌지 못하면 다음 단계로 더는 진척이 안 되기 때문이다.

다음 단계는 5) 지각으로서 뇌에 유입된 정보들이 분류되고 패턴을 만들고 이름 또는 이미지를 부여하는 작업이 포함된 대단히 세밀한 과정이다. 예를 들어 어떤 결정적인 장면, 제주도 겨울 한라산의 절경과 푸른 녹색의 골프장이 오버랩 되어 – 사계절 골프 휴양지임을 강조하는 – 시청자가 이 장면에 집중하는 잠깐 동안 다른 수많은 자극은 무시되어 버린다. 영상과 소리를 말이나 이미지로 전환하면 불완전해지고 따라서 시청자에게 각인된 이미지는 대단히 주관적이고 개인마다 때에 따라 달라진다. 다음은 나중에 사용하기 위해 각인된 이미지들을 보관하는 시점인 6) 보존이다. 제주도 영상에 감동을 받아서 제시된 전화번호나 웹사이트를 기억하는 것이 그 예이다. 따라서 홍보물은 연락번호 등을 반복하거나 자극의 종류를 많이 하기 위해 시각, 청각, 후각(향기나는 홍보물) 등을 이용하며 단기 기억에 유리하도록 끊어 읽기(예: 0805851950 VS 080 – 585 – 1950)를 활용한다.

일곱 번째 단계는 7) 회상으로서 컴퓨터에 저장된 정보를 불러오는 것과 같이 어떤 시점에 제주도 홍보영상을 본 일본 소비자가 이미지를 회상하여 여행계획을 구체화하는데 동인을 제공하는 것을 말한다. 회상은 정보가 체계적인 방식으로 저장되어 있으면 쉬워진다. 따라서 홍보물은 짧은 시간 안에 메시지를 확실하게 전달할 수 있도록 간결하면서도 명확하게 구성되어야 한다. 마지막으로 8) 적용 단계는 실제로 방문이 이루어지는 것을 말하는데 제주 홍보영상이 보는 이로 하여금 방문하고 싶은 욕구를 일으키는데 성공했다 하더라도 – 회상단계까지 이루어졌다 할지라도 – 당연히 모두 제주도 관광 상품을 구매하는 것은 아니다. 그러나 장기적으로 잠재소비자의 마음속에 심어놓은 이미지는 언젠가 방문 동기로 전환될 수 있다.

3. 행동적 접근방식

행동적 접근은 미국 행동주의(Behaviorism) 심리학의 창시자인 왓슨(John B. Watson, 1878~1958)으로부터 태동하여 하버드대학교의 스키너(Skinner, 1904~1990)에 이르러 발전한 이론으로서 어떤 사람이 무엇을 하는가를 이해하려면 그 사람이 학습을 통해 무엇을 알게 되었는가를 보는 것이 아니라 어떤 외적인 요인이 그를 조건화시켰는가를 보고자 하는 것이다. 즉 사람의 행동은 개인의 의식 및 자발적 선택에 의한 것이 아니라 개인의 상황적 영향, 학습의 역사 그리고 그 과정에 포함된 보상에 의한 것으로 보았다. Skinner는 행동주의에 강화(reinforcement)라는 개념을 도입했고 모든 생물은 강화를 받음으로써 특정 행동을 하도록 학습된다고 주장하였다.

이러한 행동적 접근방식을 국제관광 마케팅 분야에 응용해 보면 소비자를 어떤 해외관광 목적지의 열광적인 팬으로 만들 것인가 또는 그저 무관심한 대중으로 만들 것인가는 마케터가 소비자를 어떻게 학습시키느냐에 달렸다고 할 수 있다. 시장에서 소비자가 학생이라면 마케터는 선생이다. 하지만 학생이 어떻게 배우는지 모르는 사람은 좋은 선생이 될 수 없는 이치다.

소비자의 학습과정은 개인마다 상황, 특징, 학습대상 등에 따라 다양하게 나타나며 학습의 종류에는 연합, 조건화, 모델링, 추론 등이 있다(대홍기획 마케팅컨설팅그룹, 2003).

1) 연합이란 가장 일반적인 학습방식 중의 하나로서 니즈와 관광목적지(상품)를 연계시키는 것이다. “제주, 동북아시아 최고의 휴양관광지!”라는 슬로건으로 일본 동경시민을 대상으로 제주도를 마케팅 하는 경우를 보자. 이것은 바쁜 대도시 사람들에게 기본적인 니즈인 휴식(휴양)을 제주도라는 브랜드와 연계한 것이다. 한 번 둘러보는 식의 일회성 관광지가 아니라 사계절 휴양 관광지로서 쉬고 싶을 때 언제든지 떠나고 싶은 – 지속적인 수요를 창출하는 – 관광지로서 어필함으로써 소비자들을 학습시키는 것이다.
2) 조건화(conditioning)란 개념은 19세기 러시아 생리학자 파블로프(Pavlov)가 종을 칠 때마다 개에게 먹이를 주면 개는 종이 울릴 때 침을 흘리도록 학습한다는 것을 발견한 것으로부터 유래하였다. 이를 응용한 자발적 조건화(operant conditioning)는 오늘 날 많은 마케터들이 사용하는 방법이다. 즉 제주도라는 브랜드와 휴양, 일상탈출, 즐거움, 보상 등 긍정적인 감정반응을 불러내는 자극을 계속 반복적으로 연계시킴

으로써 소비자를 학습시키고 따라서 동경 시민들이 제주도라는 브랜드를 생각하면 그곳으로 떠나고 싶은 느낌이 들게 한다.

3) 모델링은 대중들이 좋아할 만한(또는 인지도가 있는) 인물을 활용하여 '이번 휴가로 한국의 제주도를 갔다 왔는데 너무 좋았다' 식의 칭찬만 하면 사람들은 제주도에 대한 좋은 이미지를 갖게 되고 여행 동기로 작용한다는 것이다. 위의 연합과 조건화와는 달리 모델링의 경우 소비자들은 왜 제주도를 선택하는지 그 이유를 모른다. 모델이 대신해서 생각하고 선택하기 때문이다. 소위 '남들 따라하기'라는 심리적 현상을 마케터들은 사람들을 학습시키는 가장 유용한 방법으로 사용하고 있다.

4) 추론이란 소비자가 본인이 선택하는 관광목적지가 자신의 니즈를 충족시켜줄 수 있는지에 대해 스스로 의식적으로 배우는 것을 말한다. 많은 사람들이 자기가 여행할 해외 관광지에 대해 책, 사람, 인터넷 등을 통해 정보를 취득하는 과정에서 당연히 학습을 하게 된다. 관광의 특성상 미리 경험할 수 없기 때문에 이러한 정보에서 가장 중요한 요소는 신뢰성이다.

나아가 이러한 접근방식의 다른 예로서 각인(imprinting)이 있다. 오스트리아 출신의 동물학자인 콘라드 로렌츠(Konrad Lorenz: 1973년 동물비교행동 분야 연구로 노벨 생리의학상 수상)는 갓 알을 깨고 나온 새끼 거위가 처음 본 사물 가운데 움직이는 것에 애착을 갖는다는 것을 발견하였고 이러한 현상을 각인이라고 했다. 당연히 보통은 자신의 어미가 그 대상일 것이다. 그렇다면 인간 뇌의 작용도 거위 뇌의 작용과 다를 것인가? 각인은 우리 삶에서 어떠한 역할을 할까? 예를 들어 새로운 관광지나 상품을 대했을 때는 어떨까? 처음 제시된 제품의 가격을 그대로 받아들일까? 그 가격이 이후 그 상품 또는 유사한 상품을 구입하려고 하는 우리에게 오래도록 영향을 미칠까? 대답은 그렇다는 것이다. 거위에게 통용되는 이 원리는 인간에게도 통용되며 행동경제학에서는 이를 앵커(anchor)라고 하며 인간의 모든 구매에 영향을 미치는 것으로 조사되고 있다(Airely, 2008). 예를 들면 다른 도시로 이사 간 사람들이 예전 살던 곳의 부동산가격에 앵커를 두고 있는 것이나 비수기 때 어떤 여행 상품을 구매했던 사람이 성수기 때 같은 상품을 그렇지 않은 사람보다 매우 비싸게 느끼는 것들이 될 수 있다.

아울러 어떤 관광 상품을 선택하는 데 있어 소비자들이 비교를 통해 쉽게 선택할 수 있는 것도 한 예가 될 수 있다. 예를 들면 로마와 파리 방문 두 패키지 상품을 놓고 어떤 소비자가 고민을 한다고 가정하자. 두 상품 모두 같은 가격에 같은 수준의 호텔, 아침식사, 시내관광, 항공료 등이 포함되어 있다. 로마와 파리는 모두 매력적인 문화 관광도시로서 선뜻 한 곳을 택하기는 쉽지 않다. 그런데 여기에 세 번째 항목이 추가된다고 해 보자. 아침식사가 제공되지 않는 로마여행 패키지다. 이를 －로마(또는 미끼상품: decoy)라고 표기한다면 파리, 로마, －로마 패키지 중의 하나를 고르는 것은 이전보다 수월해진다. 즉 뭔가 부족한 여행상품(－로마)은 아침식사가 제공되는 로마상품을 더 돋보이게 한다. 아침식사가 제공되는 파리상품과 비교하여 같은 조건의 로마상품이 얼마나 더 나은지 알기는 어려웠으나 미끼 덕분에 그 가치가 돋보이게 된 것이다(Ariely, 2008).[15]

4. 정신분석적 접근방식

정신분석 (Psychoanalysis)적 접근방식은 인간행동을 결정하는 요소로서 의식보다는 무의식(unconsciousness)에서의 동기와 갈등에 초점을 두고 있다. 정신분석의 창시자인 오스트리아의 의사이자 심리학자인 프로이트 (Sigmund Freud, 1856－1939)는 인간의 성격은 원초아(Id), 자아(Ego), 초자아(Super－Ego)로 구성되어 있으며 이들 간의 역동적인 관계에 의해 개인의 성격이 결정된다고 보았다. 원초아(Id)란 성격 중에서 생물학적이고 본능적인 요소를 말하며 이를 움직이는 중심적인 원리는 쾌락원칙(pleasure principle)이고 일차적인 욕구를 충족시키는 것을 목적으로 한다. 자아(Ego)는 초자아의 틀 안에서 원초아의 욕구를 표현하고 만족시키는 정신기제를 뜻하며 이를 움직이는 것은 현실원칙(reality principle)이다. 초자아(Super－Ego)는 사회규범과 기준이 내면화된 것으로서 성격구조에서 마지막으로 발달하는 체계이다. 초자아는 양심(conscience)과 자아 이상(Ego ideal)이라는 두 가지 과정에 의해 형성된다. 프로이트는 성격의 발달단계별로 중요하게 부상하는 원초아의 욕구나 충동을 자아와 초자아가 얼마나 효과적으로 통제하고 조절하였는가에 따라 개인의 성격이 형성된다고 보았으며 무의식 속에 잠재된 성격의 요소를 알 수 있는 가장 효과적인 방법으로 자유연상과 꿈의 분석을 들었다(현성용 등, 2009).

15) 상식 밖의 경제학, 장석훈 옮김, 청림출판(원제: Predictably irrational, Dan Ariely, 2008).

성격은 소비자들이 가진 습관, 태도, 성질 등과 같은 일관적이고 영속적인 가치들의 총합으로 이루어졌다고 할 수 있다. 해외 여행지를 선택하는 과정은 단순히 일상적인 제품을 구입하는 것과는 매우 다른 것 – 흔히 마케팅에서 말하는 고관여와 저관여의 차이 – 으로서 내재적으로는 소비자가 가진 가치관과 성격에 따라 결정된다고 볼 수 있다. 가치관에 따라 소비자의 성격은 달라진다. 따라서 소비자의 성격에 따라 마케팅 방법도 달라져야 한다.

마케터들이 활용할 수 있는 것으로서 가치에 따라 소비자를 다음과 같이 6가지 성격 유형으로 나눌 수 있다. 이러한 핵심적인 가치에 기반을 둔 성격 타입의 관점에서 가장 흔한 소비자의 유형은 경제적, 정치적, 그리고 사회적 타입이다. 미적, 지적 타입은 그 보다 드문 편이고 영적 타입은 가장 희소한 편이다. 따라서 많은 소비자 유형일수록 이에 맞춘 마케팅 활동이 많이 사용된다(Settle and Alreck, 1989).

1) 경제적인 소비자 그룹(소유 중심) – 경제적 가치를 중시하면서 실용적이며 물질주의적인 소비자들을 말한다. 이들은 논리적이고 실용적인 마케팅 접근방식에 긍정적으로 반응하며 충동적이지 않기 때문에 이것저것 섞어놓은 것에서 고르기보다는 잘 정리된 프로그램을 선호한다. 예를 들면 해외시장에서 경제적인 소비자 그룹에게는 국제 휴양관광지로서 제주도 여행상품을 저가격부터 고가격대별로 어떤 일정이 다른지, 각각 차이점, 특징과 혜택이 무엇인지 일목요연하게 정리하여 3~4가지 상품별로 소개하면서 일관성 있게 '이번 휴가에서 제주를 선택하는 것이 비용대비 최고의 효과(value for money)가 있다' 는 암시를 주거나 에어텔 상품(항공과 숙박만 예약을 해 주는 관광 상품) 등이 효과적인 마케팅 전략이 될 수 있다.

2) 정치적인 소비자 그룹(파워 중심) – 정치적인 가치를 중요하게 여기는 소비자는 주로 파워 중심적이다. 여기서 정치적인 가치는 단지 정치인들만이 아니라 일반 사람들이 행사하는 영향력도 포함한다. 타인에게 강압적이거나 타인의 사고와 믿음을 지배하려는 수준까지는 아니지만 다른 사람들이 자신의 철학에 동조하고 지시하며 영향력을 행사하는 능력 자체에 가치를 두고 있으며 자신의 의지로 상황을 통제하는 것을 즐기는 경향이 있다. 경쟁을 지향하는 여러 각 분야의 리더들이 이러한 가치를 강조한다. 이는 어떤 지역이나 국가를 더 많이 여행해 본 유경험자들이 그렇지 못한 사람보다 어떤 차원에서 더 영향력이 있는 것으로 인식된다는 것이다. 예를 들어 '최

근에 제주도를 여행해 보셨나요?'라는 문구는 과거와 비교하여 최근에 무언가 변화한 것이 있다는 메시지가 담겨 있다. 이것은 어떤가? '최근에 아직도 제주도를 안 가보셨나요?' 약간은 도발적인 이 문구는 경쟁에서 뒤처지는 것을 두려워하는 많은 사람들, – 사람은 기본적으로 정치적이다 – 경쟁에서 이기려는 강한 니즈를 가지고 있는 파워 중심적인 소비자들에게 특히 효과적이다.

3) 사회적인 소비자 그룹(서비스 중심) – 정치적인 성향의 그룹과 반대되는 성향인 이들에게 중요한 가치는 공감, 친절, 타인에 대한 동정 등을 들 수 있다. 타인에 대한 사랑에 의해 동기가 유발되며 경쟁하기를 좋아하지 않으며 사람들 간의 직접적인 충돌을 싫어한다. 사람들 간 협력을 중요하게 여기며 다른 사람들을 어떤 행동이나 지위, 소유물 등에 의해 판단하지 않고 사람 자체로서 근본적으로 선하고 가치 있다고 본다. 반드시 이러한 성향을 다분히 가진 소비자층이 아니더라도 일반적으로 보통 사람들에게 인간적 접근방식은 매우 어필되는 측면이 많다. 예를 들어 대한항공의 Skyteam 항공사 제휴 'Caring more about you' 로고는 보는 이로 하여금 따듯한 감정을 불러일으킨다. 사회공헌 활동과 이미지 제고를 위한 마케팅 활동은 기업에만 있는 것이 아니다. 필자가 2008년 3월 두바이를 방문했을 때 공항 입국장에 크게 내걸린 상투적인 'Welcome to Dubai'가 아닌 'Welcome Home' 광고는 중동지역을 처음 방문하는 이에게 긴장을 완화해주는 따듯한 메시지로 다가왔다. 관광객을 위한 웰컴 센터(welcome center) 등에 '환영합니다! 우리는 항상 당신 곁에 있습니다. 곤란에 처하거나 불편하거나 궁금한 사항이 있으시면 언제든지 24시간 ○○○○로 연락주세요!라든지 수익금 기부 사업 등도 사회적 서비스를 강조하는 활동이다.

4) 미적인 소비자 그룹(아름다움 중심) – 미적인 가치에 관심이 많은 사람들은 자신의 인식과 경험이 조화를 이루는데 초점을 둔다. 미를 강조하는 사람들은 자신의 환경에 속한 사물들의 형태와 균형에 관심을 갖는다. 이들에게 어필할 수 있는 마케팅 키워드는 '아름다움'이다. 예를 들어 이들에게 국제 휴양관광지로서 제주를 소개하는데 있어 구구절절한 설명은 필요 없을지 모른다. 단지 색상, 이미지, 느낌, 형태에 대해서만 메시지를 전달한다면 이들에게 성공적인 마케팅 전략이 될 수 있다. 태평양의 많은 섬 관광지들은 미적 메시지를 시각적으로 전달함으로써 광고효과를 극대화하는 경우가 많다. 진한 코발트 색 바다에 아이보리 색상의 모래, 강렬한 태양에

반사되는 하얀 파라솔, 푸른 야자수, 그리고 그 밑에 작은 글씨로 한 마디 쓰여 있다. '피지로 오세요.'

5) 지적인 소비자 그룹(지식 중심) – 지적인 경향의 소비자들은 정보를 그 자체로 가치 있게 여기며 지식과 진실에 큰 관심을 갖는다. 이 그룹에 속하는 소비자들은 관찰, 경험, 추상적 개념 등에 주의를 기울이고 대체로 합리적이며 비판적인 사고를 하는 경향이 있다. 사람이나 사물들 간의 비교와 대조를 좋아하며 판단을 내릴 때에는 분석과 통합이라는 방법을 사용한다. 따라서 이들은 많은 양의 정보를 흡수한 후 스스로 판단내리기를 선호한다. 이들에게는 문화, 자연 어떤 주제든지 여행 프로그램의 콘텐츠가 충실해 지적인 욕구를 만족시키는 것이 중요하다. 2000년대 이후 국제 관광분야에서 트렌드로 등장한 테마 여행(생태관광, 문화관광, 도시관광, Rural tourism, Winery tourism, Dark tourism 등)이 이러한 소비자층에게 좋은 반응을 얻고 있다.

6) 영적인 소비자 그룹(종교 중심) – 영적인 가치를 강조하는 소비자는 종교적 또는 철학적 측면에 관심을 갖는다. 인생의 초자연적이고 영적인 차원에 삶의 중심이 있다고 여기며 자신이 세상과 심오하고 본질적인 관계를 맺고 있다고 생각한다. 앞서 나온 소비자 그룹에 비해[16]서는 비율적으로는 소수라고 할 수 있으나 사실 종교와 관련된 여행, 즉 성지순례여행(pilgrim)의 역사는 매우 오래되었다. 예를 들면, 신라 723년 혜초는 해로로 인도의 불교성지를 순례하고 중앙아시아를 거쳐 육로로 중국으로 간 후 왕오천축국전을 남겼다. 또한 13~14세기 중세 유럽의 지배계층에서는 예루살렘, 로마 등의 성지로 가족단위의 순례여행이 성행하였다(최승이 · 이미혜, 2004). 2000년대 이후 외국관광객에게 한국의 문화관광 중 사찰 체험(temple stay)이 큰 호응을 얻고 있는데 이는 바쁜 도시 생활을 떠나 명상과 참선을 통해 정신적인 회복을 하려는 구도에 대한 현대인들의 욕구를 반영하는 것이다.

아울러 소비자 심리학에서는 구매를 결정할 때 다른 사람들의 선택이나 의견에 많이 의존하는 경우와 자신의 판단에만 거의 전적으로 의존하는 경우들이 있는데 이러한 경향을 '사회적 성격'(social character)이라 하며 전자를 타인지향적인(other – directed) 소비자라 하며 후자를 자기지향적인(inner – directed) 소비자라 한다. 예를 들어 미국 하와이 해

16) 최승이 • 이미혜(2004), 국제관광론 – 국제관광의 이해와 전략, 서울: 대왕사.

외여행상품을 마케팅하는 경우 타인지향적인 소비자에게는 여행상품의 사실적 구성내용을 자세히 열거하기보다 '스페셜 가족 또는 동료 1인 50% 할인 특가 상품-가족 또는 좋은 이들과 함께 떠나는 최고의 이국적 추억 만들기 기회'라는 상품의 키워드가 훨씬 어필할 것이다. 이들은 판매되는 여행상품의 사회적 수용도와 의미, 동료나 가족들의 태도와 행동에 더 민감하게 반응한다. 광고의 메시지도 이러한 여행상품을 사회적 상황에서 보여준다거나 유명인의 추천을 이용하면 좋은 반응을 얻어낼 수 있다.

반면에 자기지향적인 소비자는 '4박 5일 하와이 호놀룰루 최고급 호텔, 주변 관광지 투어 제공, 특가 한정 판매'와 같이 상품 자체의 특성과 장점, 자세한 상품 구성 내용 및 정보 등에 더 반응한다. 광고 메시지 전달도 해당 분야 전문가의 추천에 호응을 더 하는 편이다.

소비자의 성격 유형은 그야말로 다양하다. 앞서 설명되었듯이 가치관에 따라 6가지 타입별로 분류할 수도 있고 사회적 성격에 따라 나눌 수도 있다. 또한 사회적 성격은 대인관계 스타일에 따라 감정 중시 타입, 행동 중시 타입 및 소유 중시 타입으로도 나눌 수 있고 소비자의 통제력 수준(control level)에 따라 고통제와 저통제 타입으로도 분류할 수 있다. 따라서 다양한 소비자 성격 유형별로 이들에게 어필할 수 있도록 해외여행 상품 또한 기본 상품 구성에 다양한 옵션을 포함시킬 수 있고 마케팅 기법도 체계적으로 활용해야 한다.

5. 인본주의적 접근방식

심리학의 인본주의적 접근방식(humanistic approach)은 인간의 의식과 자기인식(self-awareness)을 강조하는 관점으로서 '개인의 경험'을 가장 중요한 연구대상으로 삼는다. 욕구 5단계 이론으로 유명한 미국의 심리학자 매슬로(Abraham Maslow, 1916~1972)는 사람이 자신의 개인적 정체성을 발견하고 인생의 의미를 부여하기 위해서는 자부심과 책임감을 가지고 우리에게 주어진 자유를 활용해야 한다고 주장하였다. 따라서 인본주의적 접근방식을 갖는 심리학자들은 사람들이 자신의 느낌에 접하고 자신의 잠재력을 실현하도록 도와주는 방법을 연구하였다. 이 관점에 따르면 모든 행동은 어떻게 생각하고 행동할 것인지를 선택하는 개인의 능력에 달려 있다고 본다. 즉 세상을 긍정적으로 보는 사람은 행복감을 느낄 것이고 세상을 위험하고 부정적으로 본다면 불안해지고 방어적 태도를 갖게 될 것이다(현성용 등 2009). 매슬로는 사람들은 좀 더 근원적인 욕구(needs = 필요)가 만족되고 나서야 다른 욕구를 충족시키려는 경향이 있다는 이른바 욕구 5단계 이론을 제시하였다. 하위 욕구에 불만족이 생기면 상위 욕구를 충족시키려는 시도를 그만두고 보다 근본적인 욕구를 충족시키기 위해 다시 내려오게 된다고 주장하였다.

1) 생리적 욕구

경제적으로 부유한 나라의 소비자들은 가장 기본적인 의식주에 관한 필요를 충족하는 데 어려움을 느끼지 않는다. 사실 오늘날 먹고, 자고, 생활하는 데 필요한 기본적인 욕구를 채워주기 위한 제품과 서비스는 넘쳐난다. 이러한 공급과잉 시대에 소비자들은 좀 더 근본적인 욕구뿐만 아니라 보다 상위에 있는 다른 욕구들의 충족까지 약속해 주는 특정한 상품을 고르곤 한다.

현대사회는 '과잉'이 문제가 되는 사회다. 칼로리 과잉, 가공식품의 과잉, 과도한 음식물 첨가제, 과식, 과음, 과도한 편의성 등으로 야기된 운동부족, 비만, 성인병 기타 여러 가지 문제들을 일으킨다. 따라서 과잉으로부터 발생하는 부정적인 환경이 새로운 소비자 욕구를 창출시키고 있다. 마케터는 어떤 것이 지나치고 어떤 것이 부족한지 세심하게 살펴봐야 한다(대홍기획 마케팅컨설팅그룹, 2003). 이것은 소위 '금강산도 식후경'식의 잘 먹고 많이 둘러보는 여행이 아니라 논어(論語)의 선진편(先進篇)에 나오는 과유불급(過猶不及)의 메시지를 줄 수 있는 여행 상품이 어떤 면에서 상당히 어필한다는 의미이다. 사찰체험(temple stay), 제주 올레체험, 스파(spa), 농촌체험관광 등 포괄적으로 우리가 자연, 웰빙(well being = wellness), 건강, 자기절제를 주제로 하는 여행 프로그램들이 과잉으로부터 벗어나고 싶은 현대인의 생리적 욕구를 충족시켜 주는 좋은 예이다.

2) 안전에 대한 욕구

생리적 필요가 충족된 이후에 소비자들은 자신들이 위험으로부터 안전한지, 그리고 그 안전이 지속적으로 유지될 수 있는지에 주의를 기울인다. 국제 관광에 있어서 안전은 가장 최우선적인 고려사항이기 때문에 사람들이 떠나기 전에 여행자 보험에 드는 일은 어쩌면 당연하다. 개인적으로 안전을 위협하는 것들은 자연재해, 전염병, 사고, 사건, 정정 불안, 테러 등 다양하다. 관광객 개인에게 이러한 일들이 발생하는 것은 확률적인 일이지만 개인, 지역 또는 국가적 차원에서 예방하고 노력하면 상당히 위험도를 낮추고 따라서 안전도를 높일 수 있다. 현실적으로 국제 관광객에게 안전에 대한 욕구는 여행하는 도시, 지역 나아가 그 나라에 대한 '신뢰감'과 직결되며 작은 것이라 할지라도 관광객이 느끼기에 얼마나 방문객을 배려하는 흔적이 있는지 따라서 생소한 지역에 대한 불안감을 얼마나 불식시킬 수 있는가와 연관된다.

> 필자가 2007년 9월 출장차 네덜란드 암스테르담 스키폴 국제공항(schiphol international airport)에 도착하여 입국심사를 위해 줄을 서서 기다리고 있었다. 장거리 항공여행에 피곤도 하거니와 암스테르담시내 어떤 장소까지 일행 1명과 이동을 해야 하는 상황이었다. 가장 효과적인 이동수단으로서 택시를 타기로 결정하고 혹시 외국 관광객에게 흔히 일어나는 택시의 바가지(우회라든지, 팁 강요 등등)가 은근히 걱정되었다. 그때 입국심사장에 있는 안내판이 보였는데 거기에는 공항에서 시내까지 평균 거리, 소요 시간, 택시요금, 불편신고 전화번호 등이 상세하게 나와 있었다. 그 순간 안도와 함께 암스테르담시에 대한 신뢰와 즐거운 출장여행이 될 것이라는 믿음이 자연스럽게 생겼다.

국제관광에 있어 방문객의 안전에 대한 욕구를 충족시키는 것은 가장 기본적이며 중요한 것이나 실제에서는 많은 지역에서 가장 간과되고 개선되지 않고 있는 부분이기도 하다. 안전에 대한 욕구는 서비스 접점마다 세밀하게 관광객의 관점에서 검토되고 개선되어야 한다. '1%의 실수가 100%의 실패를 부른다'는 작지만 강력한 디테일의 힘(왕중추, 2005)[17)]이 적용되어야 할 부분이다.

3) 사회적 욕구

사랑, 연대감, 소속감에 대한 욕구는 인간의 본성이다. 아무도 로빈슨 크루소(영국 작가 다니엘 디포의 소설 주인공)처럼 살 수도 없고 원하지도 않을 것이다. 과거의 농경사회처럼 한 마을에서 태어나 살다가 죽는 것이 아니라 교육이다 직장이다 하는 이유로 세계 각지에 뿔뿔이 흩어져 서로 낯선 사람들로 이루어진 도시에서 산다. 그래서 현대인은 소외에 대해 더 민감하다. 우리 사회에서 이러한 사회적 욕구에 호소하여 팔리는 소비재의 수는 아마 다른 모든 카테고리의 욕구를 바탕으로 한 제품들의 수를 모두 합한 것보다 많을 것이다(대홍기획 마케팅컨설팅그룹, 2003).

17) 왕중추(2005), 디테일의 힘, 서울: 올림출판사.

해외여행의 큰 내부적 동기 요인 중 하나는 같이 떠나는 가족, 친지, 친구, 동료들과 공유하는 시간을 통해 유대감을 높이고 좋은 추억을 만들고자 하는 것이다. 해외여행 상품들이 특히 비수기에 가족 또는 동반자 할인 상품 등을 내 놓는 것도 이런 맥락이다. 최근에는 같은 레저활동이나 취미생활을 하는 동호인들을 중심으로 관심 있는 해외 스포츠 대회나 축제 및 전시회 참가, 외국 동호인 그룹과의 교류 등의 목적으로 단체 여행을 하는 경우가 많아 마케터들이 눈여겨볼 주요 시장이다.

4) 자존, 위신, 명성에 대한 욕구

명성, 존경, 자존, 지위, 위신 등은 타인들로부터 인정받는 사람과 관련된 욕구이지 어떤 제품 또는 서비스와 관련된 욕구는 아니다. 그러나 현실적으로 해외여행을 포함한 많은 서비스 상품들은 소비자의 자존과 지위에 어필하는 메시지를 통해 성공을 거두고 있다. '당신만을 위한 고품격 해외여행', '당신을 위한 최고 프리미엄 리조트' 같은 문구는 물릴 정도지만 실제적으로 고급 관광 상품에 관심이 있는 소비자들의 관심을 끄는데 성공할 가능성이 크다.

호화로운 리조트나 고급 골프 회원권 등에 가입하는 행위는 내부적인 자존 및 자기만족의 욕구와 동시에 외부적인 인정, 위신, 존경에 대한 욕구에 기인한다. 눈치 빠른 럭셔리(luxury) 또는 프리미엄(premium) 상품 마케터들은 가격만으로도 신분을 상징할 수 있다는 사실을 알아냈고 이들은 가격이 비쌀수록 판매량이 증가하는 수요곡선을 갖는 고가의 상품들을 팔고 있다(대홍기획 마케팅컨설팅그룹, 2003).

5) 자아실현에 대한 욕구

많은 사람들이 바쁜 일상생활 속에서 적자생존식 사고방식으로 살아간다고 하지만 생존 욕구는 기본적인 욕구일 뿐 인생에서 궁극적인 욕구는 아니다. 인간으로서 모든 역량의 완전한 충족인 자아실현 욕구야말로 가장 궁극적이자 도달하기 어려운 고차원적인 욕구이다. 자아실현이란 자신의 잠재력을 확장하고 향상시키는 것으로서 자기가 성취하고자 하는 것을 스스로 깨닫고 달성하는 것을 말한다. 자아실현의 과정은 자아를 탐색하고 발견하여 발전시켜 나가는 것이다. 인간의 잠재력을 실현하려는 충동은 자연스럽고 필요한 것이지만 실제로 인생에서 자아실현을 했다고 말할 수 있는 사람들은 극소수에 불과하다. 이러한 이유로는 이러한 것 자체를 모를 수도 있고 오히려 자신의 능력을 의심하고 도전을 하지 않음으로써 기회를 놓칠 수도 있으며 또한 사회적인 환경, 고정관념, 관습 등에 의해 억눌려 버릴 수도 있다(박지영, 2008)[18]. 많은 사람에게 자아실현이란 어려운 주제는 어떤 측면에서 세계 일주나 대륙일주를 꿈꾸고 실행해 보는 것으로 나타난다. 잠재적으로 이러한 욕구를 가진 사람들이 용기 있게 자신의 꿈을 실천할 수 있도록 어필하는 것은 항공사 간 전략적 제휴 서비스, 숙소의 글로벌 체인망, 크루즈 서비스, 여행사의 세계일주 관광 상품 등이 있다.

예를 들어 항공사 제휴 서비스인 스카이팀(www.skyteam.com)이나 스타 얼라이언스(www.staralliance.com)는 160여 개국 900여 개 도시를 취항하는 글로벌 네트워크를 이용하여 세계일주 또는 대륙일주 티켓을 판매하고 있다. 세계 일주는 반드시 많은 비용이 든다고 고소득자만을 위한 것은 아니다. 1909년 독일의 시르만이 유겐트헤르베르게(Jugendherberge: 도보여행자들에게 저렴한 비용으로 잠자리를 제공하는 숙소)의 건설운동으로 전 세계적으로 전파, 보급된 유스호스텔(youth hostel)은 글로벌 네트워크를 갖춘 저가형 숙소로 인식되고 있다. 아울러 워킹홀리데이 프로그램도 체류하면서 대륙여행을 할 수 있는 기회를 제공한다. 요즘은 전통적인 여행사 패키지뿐만 아니라 개별 해외여행 수요가 증가하면서 전문 배낭여행이나 전문지식 가이드 서비스 등 프로그램이 세분화되어 가는 추세다. 2차 세계대전 이후 유럽과 북미에서 발달한 크루즈는 아마도 최초로 사람들에게 세계일주의 꿈을 심어준 여행 상품일 것이다. 현재도 역내와 역외 대륙별 주요 항구도시를 순회하며 소비자들에게 매혹적인 여행 상품을 소개하고 있다.

18) 박지영(2008), 유쾌한 심리학, 서울: 파피에.

6. 플로우(Flow) 이론

미하이 칙센트미하이(Mihaly Csikszentmihalyi) 교수가 제시한 플로우(Flow)는 어떤 행위에 깊게 몰입하여 시간의 흐름이나 공간, 더 나아가서는 자신에 대한 생각까지도 잊어버리게 될 때를 일컫는 심리적 상태(The psychology of optimal experience)로서 완벽한 심리적 몰입을 뜻한다.

플로우 이론을 이해하기 위하여 레저 활동으로서 골프를 예로 들면 다음과 같다. 이론적으로 경험(Experience)의 중요한 두 차원을 기술(능력, Skill)과 도전(난이도, Challenge)으로 나눌 수 있다[그림 2-9].

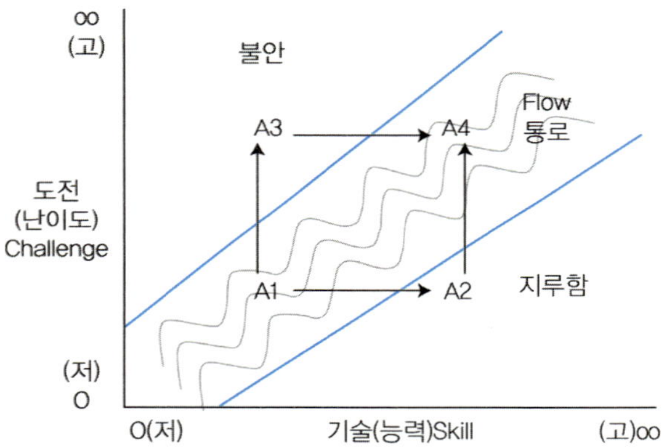

[그림 2-9] **플로우 이론 모형**

처음 골프를 배우기 시작할 때(A1)는 실제로 아무런 기술(Skill)이 없고, 이때 당면한 도전은 제대로 공을 앞으로 쳐내는 것뿐이다. 이것은 크게 어려운 과업은 아니지만 초보자인 자신의 수준에 맞는 일이기 때문에 골프에 흥미를 느낄 수 있고 이 시점에서 플로우를 경험할 수 있다. 하지만 이 수준에 오랫동안 머물러 있을 수는 없다. 머지않아 연습을 계속하여 기술이 향상되고 단순히 공을 앞으로 쳐서 보내는 일이 재미없어진다(A2). 혹은 골프를 잘 치는 사람을 만난다면 공을 단순히 앞으로 쳐서 보내는 것 이상의 큰 도전이 있을 것이라는 느낌을 가질 수 있다. 이때는 자신의 부족한 실력에 대해 불안감을 느낄 수도 있다(A3). 지루함이나 불안감 모두 긍정적인 경험은 아니다. 따라서 심리적으로 다시 플로우 상태로 돌아가고 싶다. 어떻게 하면 플로우 상태로 돌아갈 수 있을까? 지루함을 느끼는 A2 단계나 불안감을 느끼는 A3 단계에서 플로우를 경험할 수 있는 유일한 선택은 도전의 수위를 높여서 A4 단계에 이르는 것이다. 자신의 능력을 감안할 때 더 어렵기는 하지만 새로운 목표를 설정하면 다시 플로우 단계(A4)로 진행될 수 있는 것이다. 여기서 만약 A4로 진행이 어려울 때 많은 경우 골프를 포기하는 사례도 발생하게 된다.

플로우 이론에서 기술(Skill)은 주어진 과제를 해결할 수 있는 정신적 · 신체적 기술이나 능력을 의미하며 기술, 실력, 능력 등으로 표현될 수 있다. 나아가 플로우 이론에서는 심리적인 솜씨까지 포함하는 개념으로서 에리히 프롬의 사랑의 기술(The art of loving)과 유사한 뜻으로 이해할 수 있다(칙센트 미하이, 2004).[19] 도전(Challenge)은 '한 번 도전해볼까'라는 마음이 드는 행위 또는 과제의 난이도이거나, 이를 수행하기 위해서 필요한 요구 조건 등으로 이해할 수 있다.

19) 칙센트 미하이(2004), 몰입(Flow : The psychology of optimal experience), 최인수 옮김, 서울: 한울림.

제 4 절 경제학(Economics)

경제학은 사회과학의 한 분야로서 사회 전체의 관점에서 경제현상을 분석하는데 초점을 둔 학문이다. 한정된 자원으로 무한한 인간의 물질적 욕구를 충족시키기 위해 어떻게 의사결정(선택)을 하며 이러한 결과로 나타나는 경제현상은 어떤 체계를 갖고 있는지 연구하는 학문이다. 국민경제는 네 가지 경제 주체 즉 가계, 기업, 정부, 해외부문으로 구성되며 각 경제주체는 서로 필요에 따라 거래를 한다.

경제이론은 분석대상에 따라 미시경제학, 거시경제학, 국제경제학으로 분류할 수 있고 가치판단의 유무에 따라 실증경제학과 규범경제학으로 나눌 수 있다. 미시경제학(microeconomics)은 가계, 기업, 정부 등 각 경제주체가 어떻게 의사결정을 하며 상품이 거래되는 생산물 시장과 생산에 필요한 자원이 거래되는 생산요소시장 등 개별시장이 어떻게 조화를 이루며 거래가 이루어지는지 등 국민경제를 구성하는 각 경제주체와 시장을 분석대상으로 하는 분야를 말한다. 거시경제학(macroeconomics)은 각 경제주체 간의 거래가 이루어져 국민경제 전체적으로 나타나는 경제현상, 즉 국민소득, 인플레이션, 이자율, 실업률 등이 어떻게 결정되며 어떤 요인들에 의해 영향을 받는지 등 국민경제 전체를 분석대상으로 하는 분야를 말한다. 국제경제학(international economics)은 해외부문과 상품과 자본의 거래가 어떻게 발생하며 이로 인한 효과와 영향은 무엇인지 등 외국과의 거래를 분석대상으로 하는 분야이다.

가치판단의 유무에 따른 실증경제학(positive economics)은 현실에서 관찰되고 자료를 수집하여 분석할 수 있는 경제현상에 초점을 둔 분야인 반면 규범경제학(normative economics)은 어떤 경제현상이 바람직한 것인지 아닌지 등 가치판단에 초점을 둔 분야이다(박진석, 2009)[20]. 이러한 표준경제학은 경제문제를 해결하기 위해 사람들이 합리적 선택을 한다고 전제한다. 합리적 선택이란 어떤 의사결정을 할 때 그 의사결정의 결과로 얻어지는 편익(benefit)이 소요되는 비용(cost)보다 크다고 판단되는 경우 선택하는 것을 말

20) 박진석(2009), 경제학 맛보기, 서울: 비엔엠북스.

한다. 반면에 이성적, 합리적 선택에 대한 가정을 하지 않는 행동경제학은 현실적으로 우리 주위에서 많이 발생하는 비이성적 선택(예: 충동구매 등)을 설명하는데 초점을 둔다. 행동경제학은 심리학과 경제학을 결부시킨 것으로 학계의 새로운 연구영역이다(Ariely, 2008)[21].

1. 수요-공급 이론

경제학에서 수요(Demand)는 '경제주체가 재화나 서비스를 구입하고자 하는 욕구'를 말하며 공급(Supply)이란 '교환하거나 판매하기 위하여 시장에서 재화나 서비스를 제공하는 것'을 말한다. 국제관광에 큰 영향을 미치는 환율은 외환시장에서 결정되며 수요자는 달러가 필요한 기업 또는 개인이며, 공급자는 수출기업이나 정부, 상품은 달러, 거래량은 외환거래량 등으로 시장구조를 이해할 수 있다.

환율은 원화와 외국돈(주로 달러)인 외환의 교환 비율이기 때문에 수출이 잘 되고 외국인의 국내 주식 및 채권투자가 증가할 경우 달러의 공급이 증가Ⓐ하고 거래량이 증가Ⓑ하며 환율이 하락Ⓒ(원화 강세)한다. 이러한 경우 인바운드 관광은 위축되고 아웃바운드 관광은 활성화된다[그림 2-10].

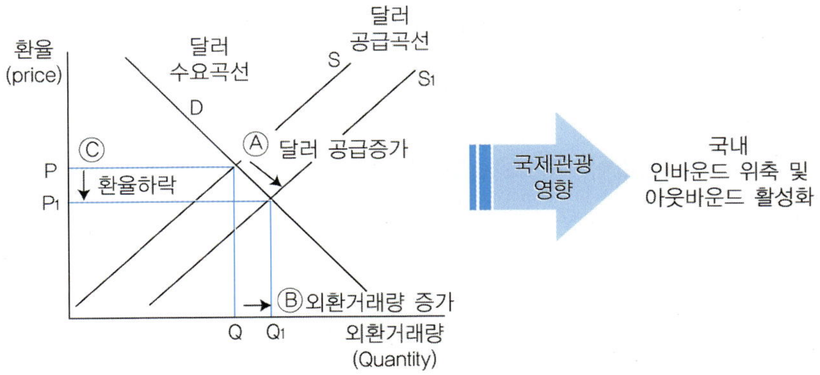

[그림 2-10] **환율하락(원화강세)과 아웃바운드 관광활성화**

21) Ariely, D(2008), 상식밖의 경제학(원제: Predictably irrational), 장석훈 옮김, 서울: 청림출판.

반대로 외국인들이 주식과 채권을 팔아 달러로 바꾸어 나가려고 하면 달러의 수요는 크게 증가Ⓐ하여 환율이 상승한다. 나아가 외국인의 투자가 감소하고 수출이 둔화되면 달러 공급이 감소Ⓑ한다. 이러한 경우 환율은 상승(원화약세)하게 되며 따라서 인바운드 관광은 활성화되고 아웃바운드 관광은 위축된다[그림 2-11].

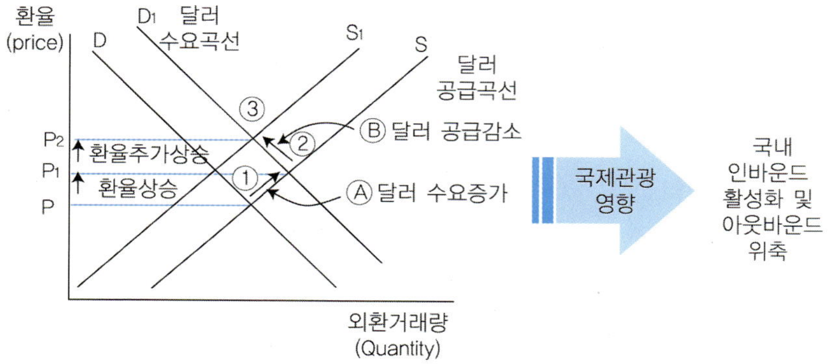

[그림 2-11] **환율상승(원화약세)과 인바운드 관광활성화**

수요와 공급 이론에서 좀 더 이해를 해야 할 사항을 정리하면 다음과 같다.

■ 수요곡선

- 수요량의 변동: 가격의 변화는 수요곡선 상에서 수요량의 변화를 가져온다.
- 수요의 변화: 어떤 기대에 따른 수요의 변화는 수요곡선 자체의 변화이다.
- 수요의 변화를 가져오는 요인은 매우 다양한데 예를 들면, 이에는 인구구조의 변화, 경기에 대한 기대, 소비자의 소득 및 기호 변화, 대체재(서로 효용성이 비슷한 재화나 서비스)[22], 보완재(서로 보완 관계에 있어 동반 상승 또는 하락하는 재화나 서비스)[23] 등 여러 가지가 있다.
- 성수기, 비수기, 주중, 주말 등에 따른 가격 차별화 정책에 대한 이론적 설명을 제공한다.

---

22) (예) 2009년 신종플루의 확산으로 해외여행이 감소하고 대신 국내 제주도 방문객이 큰 폭으로 증가했다. 제주도가 해외여행의 대체재기능을 한 것이다.

23) (예) 유가가 오르면 항공요금이 오른다. 따라서 유가가 오르면 유류수요가 감소하고 항공수요도 감소한다.

■ 공급곡선

- 공급량의 변동: 가격의 변화는 공급곡선상에서 공급량의 변화를 가져오며 기업에 있어 공급량은 곧 이윤과 연계된다.
- 공급의 변화: 공급의 변화를 가져오는 요인에는 생산요소의 가격 변화, 기술의 변화, 조세와 정부의 보조금, 공급자의 수 및 진입장벽, 대체재와 보완재의 가격 변화 등 여러 가지가 있다.

2. 게임이론

게임이론(Game theory)은 경제학 이외에도 경영전략, 정치학, 군사학 등에서 널리 사용되며 경쟁행위를 분석하고 합리적인 대안을 도출하기 위한 분석틀을 제공한다. 게임이론의 특성을 요약하면 다음과 같다.

- 게임이론은 합리적인 의사결정을 한다는 전제 하에 기업들의 상호작용 유형을 분석하고 경쟁기업의 행동에 대해 어떻게 반응하는 것이 가장 합리적인가를 제시함으로써 전략적 판단에 도움을 준다.
- 기업 간의 경쟁과 협조의 동시적 관계를 분석함으로써 혁신적인 전략적 대안을 도출할 수 있다.
- 게임이론에서 묘사하는 기업들의 행동은 동시적 게임(Simultaneous game)과 순차적 게임(Sequential game)으로 나눌 수 있으며 이들 각각에 대해 손익행렬(Pay-off matrix)을 작성하여 각 전략대안의 기대성과를 분석할 수 있다(이승주, 2006).[24] 나아가 게임이론은 현실적으로 기업 담합을 적발하는 자진 신고자 감면제도(Leniency)[25]에도 적용되고 있다.

24) 이승주(2006). 경영전략 실천 매뉴얼. 시그마 인사이트그룹.

25) 게임이론 중 '죄수의 딜레마'는 공범 A와 B에게 먼저 상대방의 혐의를 고백하면 감형을, 반대의 경우 가중처벌을 받는다는 선택지를 준다. 둘 다 혐의를 부인하면 풀려난다. 죄수 입장에서 최선의 선택은 둘 다 혐의를 부인하는 것인데 현실은 그렇지 않다. 결국 상대방을 믿지 못해 대부분 고백을 선택한다. 이것은 실증적으로 입증된 것이다(매경 Economy, 2009.12).

제1장 국제관광개요 / 제2절 국제관광환경 / 3. 정치 · 법적 환경 / 2)법적 환경의 사례에도 제시되어 있는 것처럼 미국의 경우 담합 자진 신고자 감면제도를 1978년 제일 먼저 도입하여 1순위 신고자에게 징역 및 벌금 100% 면제를 시행하고 있으며 적발된 담합의 90%가 자진 신고를 통해 밝혀진 것으로 알려져 있다. 국내에도 이 제도가 1997년부터 도입되어 시행되고 있으며 1순위 신고 면제 혜택을 강화한 2007년 이후 현재는 거의 50%가 자진신고로 보고되고 있다.

시장의 형태는 공급자의 수, 개별기업이 가격에 동향을 줄 수 있는지의 여부, 상품 및 서비스의 동질성 여부, 진입장벽의 존재 여부 등에 따라 경쟁이 치열한 순서로부터 '완전경쟁시장', '독점적 경쟁시장', '과점시장', '독점시장'으로 분류할 수 있다. 현실적으로 우리가 접하는 시장에서 공급자의 수가 무수히 존재하며 공급자가 시장에 아무런 영향력을 행사하지 못하는 '완전경쟁시장'이란 존재하기 어렵고 대부분의 시장이 불완전경쟁시장[26] (독점적 경쟁시장, 과점시장, 독점시장)임을 감안할 때 '사람은 최선책보다는 경쟁사를 이기는 현실적 선택에 만족한다'는 견해인 게임이론은 경쟁행위를 분석하는데 매우 유용한 이론이다.

26) 독점적 경쟁시장에는 다수의 공급자와 다수의 수요자가 존재하며 성격상 완전경쟁에 근접한 형태이나 완전경쟁시장과 결정적으로 다른 점은 기업들이 조금씩 다른 제품과 서비스를 제공하는 '상품 차별화'현상이 있다는 것이다. 과점시장은 소수의 공급자에 의하여 시장전체의 공급량이 결정되는 시장형태이며 독점시장은 하나의 기업이 산업전체 공급을 담당하는 시장형태이다(박진석, 2009).

제 5 절 경영학(Business Management)

경영학은 산업혁명을 거치면서 나타난 기업의 경영활동에 대한 연구의 필요성에 기인하여 생성된 학문이다. 20세기 들어 산업사회로 발전해감에 따라 사회적, 학문적 수요에 따라 기존 학문 영역은 더욱 세분화, 전문화되었고 이에 경제학으로부터 독립하여 생성된 학문 분야가 경영학이다. 전통적으로 경영학의 세부분야는 마케팅(Marketing), 재무관리(Financial management), 인적자원관리(Human resource management), 회계(Accounting), 생산관리(Production management), 경영정보(Management information system), 국제경영(International management), 경영전략(Strategic management) 등으로 구분된다.

경영학의 많은 이론들이 관광학에 적용되어 오고 있는데 여기서는 국제관광과 관련하여 기업의 해외시장 진입유형과 전략이론으로서 블루오션 전략에 대해 살펴보기로 한다.

1. 해외시장 진입 유형

민간 관광분야의 호텔, 리조트, 여행사, 관광지 등이 해외에 진출하거나 해외 관광객 유치를 도모하는 것, 지역 차원에서 특산품 또는 상품을 수출하는 것 등이 해외시장 진입에 해당되며 그 유형에는 일반적으로 단독투자, 계약, 수출이 있다. 여기서는 서비스 기업뿐만 아니라 제조업을 포함한 기업까지 포함해서 요약 설명하기로 한다.

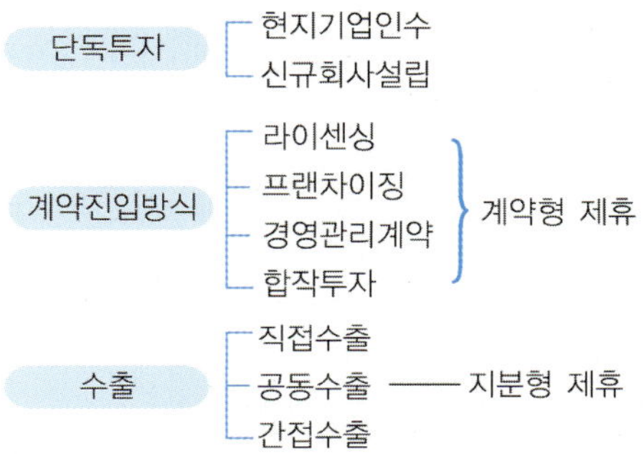

[그림 2-12] 해외시장 진입 유형

1) 단독 투자

단독투자에 의한 해외시장 진출에는 기존의 현지회사를 인수(Acquisition)하거나 신규 회사를 설립하는 두 가지 대안이 있다. 단독 투자 방식은 현지 인력의 고용 및 마케팅 활동에 대한 통제가 가능하고 계약에 의한 방식(라이센싱 또는 합작투자 등)에서 발생할 수 있는 이해관계의 충돌과 관리상의 문제점들을 제거하고 해외자회사의 경영활동을 통해 창출된 이익을 모기업에 귀속시킬 수 있다. 두 가지 방식의 장단점을 정리하면 다음과 같다.

① 기업인수

- 장점: 신속한 시장진입, 유통망 확보용이, 기존의 사업경험 적용, 기존 브랜드 이미지 및 명성 확보 용이, 경쟁감소
- 단점: 기존 경영 활동과 통합의 문제, 의사소통 및 조정의 문제, 기존 사업과의 적합성

② 신규 회사 설립

- 장점: 운영의 효율성, 통제용이, 최신 마케팅 기법 이용 가능
- 단점: 투자비용, 사업기반 구축 필요, 시간 지연

2) 계약 진입 방식

계약에 의한 진입 방식은 해외 현지에 단독 투자할 여건이 안 될 경우 적절한 시장 진출 형태가 될 수 있으며 이에는 계약형 제휴(Contractual alliance) 형태로서 라이센싱(Licensing), 프랜차이징(Franchising), 경영관리계약(Management contract) 등이 있으며 지분형 제휴(Equity-based alliance) 형태로서 합작투자(Joint ventures) 등이 있다.

① 라이센싱

- 장점: 투자가 필요 없으므로 위험을 최소화할 수 있음, 소규모 시장에 적절, 신속한 진입
- 단점: 잠재적 경쟁자 창출, 제한된 수익, 향후 시장개척 가능성 제한, 재무 및 품질 관리 필요

② 프랜차이징

- 장점: 재무적 투자가 적음, 현지 사업자의 동기부여 활용 가능성
- 단점: 현지 사업가에 대한 지속적 교육 및 재무·품질 관리 필요

③ 경영관리계약

- 장점: 재무적 투자가 필요 없음, 신속한 해외시장 진입, 유연성
- 단점: 브랜드 및 서비스 품질 관리 필요, 공급 상의 제약

④ 합작투자

- 장점: 단독투자에 비해 위험을 줄일 수 있음, 브랜드 및 서비스 품질 통제, 효과적인 시장 진입
- 단점: 재무적 투자에 따른 리스크관리 필요, 합작투자 파트너십 관리 필요

3) 수출

관광지의 특산품이나 제품들이 수출되면 효과적인 지역 마케팅 수단이 되며 지역 브랜드 인지도가 올라가는 시너지 효과를 기대할 수 있다. 수출은 기업이 해외시장으로 처음 진출함에 있어 가장 보편적으로 사용되는 방법으로서 수출경로를 정할 때 어떤 기능을 직접 수행하고 어떤 기능을 아웃소싱(Outsourcing ; 중개업자에게 대행)시킬 것인가를 결정해야 한다. 이에 따라 수출은 직접수출, 공동수출, 간접수출로 나눌 수 있다.

직접수출은 수출하는 회사의 국내 또는 해외 현지시장에 있는 기업 내부의 판매조직을 통해 자체적으로 수출활동을 하는 것을 말한다. 공동수출은 수출기능을 수행하는 회사와 상호협력계약을 체결함으로써 이루어지는데 제품판매에 대해 일정수준의 통제력은 행사하지만 독자적인 수출전담조직을 마련하기에는 자원이 부족하거나 매출규모가 적을 때 하나의 대안이 될 수 있다.

쌀이나 목재·말린 과일·오렌지 같은 상품들이 공동수출에 적합하며 협회나 조합과 같은 단체들은 시장 기회를 파악하기 위한 조사를 수행하고, 화물의 선적, 수송과 해외시장에서의 광고와 판촉활동을 담당한다. 아울러 한 회사의 제품이나 서비스가 다른 회사의 유통조직을 통해 판매되는 이른바 피기백(Piggyback)[27]방식도 흔한 공동수출의 형태이다.

27) 해외에 수출되는 제주 삼다수의 경우도 공동수출형태인 피기백(Piggyback)방식이다.

간접수출은 수출 대행업체(Export agents) 또는 무역회사(Trading Company)를 이용하거나 국내에 진출해 있는 외국기업에게 물건을 파는 형태이다. 간접수출은 해외 시장에 대한 관여 정도가 낮은 기업에 적합하며 수출의 주요 동기가 국내의 과잉 생산물을 처리하거나 국내 사업의 부수적인 활동으로 추진되는 경우, 또는 해외시장확대에 전념할 여력이 없거나, 수출조직을 신설하고 집중적인 자원투입을 하기 전에 시장을 테스트하면서 점진적인 진출을 추구하는 기업도 이러한 방식을 선택할 것으로 본다(조동성, 2005).

다음은 직접 및 간접 수출에 대한 각각의 장단점을 요약한 것이며 공동수출은 여러 형태로 나타날 수 있는데 다른 기업과 체결하는 계약의 종류와 형태에 따라 직접수출과 간접수출이 갖는 장점과 단점을 모두 가질 수 있다. 즉 공동수출은 비교적 적은 수준의 자원 투입이 요구되면서도 간접수출에 비해 보다 효과적인 판매가 가능하지만 제품 판매에 대한 기업의 통제 수준은 공동수출의 형태에 따라 다양하다.

① 직접수출

- 장점: 강력한 통제 및 효과적인 판매, 해외 마케팅 능력 확보
- 단점: 판매조직에 투자 필요, 해외시장에 대한 관여 및 개입의 증가, 시간 및 비용 소요

② 간접수출

- 장점: 적은 자원 투입에 따른 위험 최소화, 유연성
- 단점: 통제 상실, 현지 시장 접촉 부재에 따른 잠재적 기회 손실

2. 블루오션 전략

현재까지 제시된 전략이론들 중 블루오션 전략을 여기서 채택한 이유는 가장 최근(2005년)에 널리 알려진 전략이론이라는 것과 전략 분석의 기본 단위를 기업과 산업이 아니라 전략에 맞추었기 때문에 불확실성이 높은 현대 경영 환경에 타당성이 높다고 판단했기 때문이다. 김위찬과 마보안(2005)[28]은 기존 시장(레드오션)에서 살아남기 위한 경쟁전략이 아니라 가치혁신을 통해 새로운 시장을 창출하는 전략을 블루오션 전략이라 정의

28) 김위찬 · 르네 마보안(2005). 블루오션전략. 강혜구 옮김. 교보문고.

하며 이러한 개념을 증명하기 위해 1880년부터 2000년까지 30개 이상 산업 분야의 150여 개 기업의 전략적 이동에 초점을 두고 분석을 하였다. 전략적 이동(Strategic move)이란 비약적인 수요 증가로 새로운 시장 공간을 열고 이 시장을 강화하는 제품과 서비스를 만들어 내는 것을 말한다. 즉, 이들의 주장은 전략에 대한 기업들의 접근 방식이 블루오션 창출의 승자와 패자를 구분하는 일관성있는 기준이라는 것이다. 그리고 블루오션 전략의 초석으로 차별화와 저비용을 가치혁신을 통해 동시에 추구할 수 있다고 하였다[29]. 다음 표는 레드오션 전략과 블루오션 전략을 정의하는 주요 특징을 제시한 것이다〈표 2-4〉.

| 표 2-4 | **레드오션 전략 Vs 블루오션 전략**

레드오션 전략	블루오션 전략
기존 시장 내에서 경쟁	경쟁자 없는 시장 공간 창출
경쟁에서 이겨야 함	경쟁을 무의미하게 만듦
기존 수요시장 공략	새 수요창출 및 장악
가치-비용 가운데 택일	가치-비용 동시 추구
차별화와 저비용 가운데 하나를 택해 회사 전체의 활동체계를 정렬	차별화와 저비용을 동시에 추구하도록 회사 전체 활동체계를 정렬

(출처: 김위찬, 르네 마보안, 2005)

아울러 블루오션 전략의 네 가지 체계화 원칙과 두 가지 실행원칙을 제시하였다〈표 2-5〉.

29) 하버드 경영대학원의 마이클포터(Porter) 교수가 제시한 본원적 전략(본서 제3장 국제관광전략-민간부문/제4절 전략선택과 실행/ 2) 본원적 전략에 있는 내용)에서 기업이 원가우위전략과 차별화전략 중 선택해야 한다는 논리에 실증자료를 제시하며 반박하였다.

| 표 2-5 | 블루오션 전략의 6가지 원칙

체계화 원칙		각 원칙이 약화시키는 리스크 요소
시장 경계선을 재구축하라	↓	탐색 리스크
수치가 아닌 큰 그림에 포커스하라	↓	기획 리스크
비고객을 찾아라	↓	규모 리스크
정확한 전략적 시퀀스를 만들어라	↓	비즈니스 모델 리스크
조직의 주요 장애를 극복하라	↓	조직 리스크
전략실행을 전략화하라	↓	관리 리스크

(출처: 김위찬, 르네 마보안, 2005)

블루오션 전략을 구축하기 위한 상황 분석의 진단도구이자 실행틀(framework)로써 전략 캔버스를 제시하고 있으며 가치혁신을 위한 4가지 액션으로 다음을 제안하고 있다.

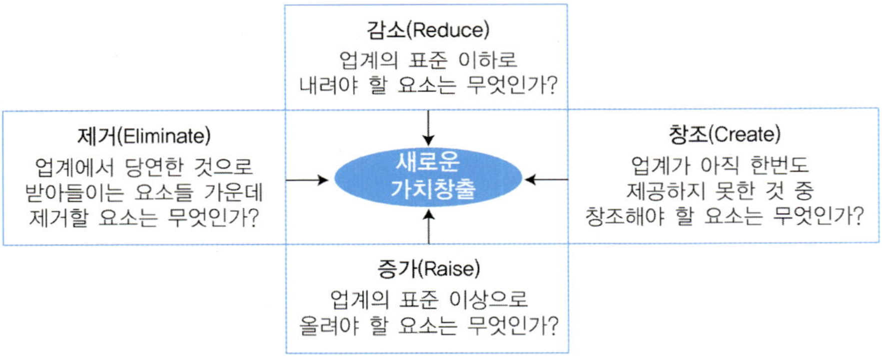

[그림 2-13] 4가지 액션 프레임워크

좋은 전략의 3가지 특성으로 집중(Focus), 차별화(Divergence), 멋진 슬로건(Tagline)을 제시하고 있는데 미국 사우스웨스트 항공사의 예를 들면 다음과 같다[그림 2-14].

- 집중(focus): 세 가지 요소(친절한 서비스, 속도, 소도시 간 빈번한 운항)에 집중
- 차별화(Divergence): 기존 항공업계의 대도시 집중 방식(Hub-and-spoke)과 달리 중소 도시 간 직항(Point-to-point)방식 채택
- 멋진 슬로건(tagline): "언제라도 당신이 원할 때 자동차 여행비용으로 비행기 속도

여행을 즐겨라" – 전달 메시지가 뚜렷하고 강렬함

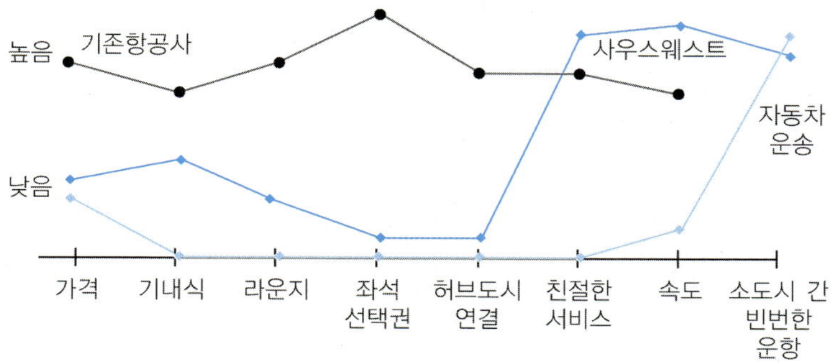

(출처: 김위찬, 르네 마보안, 2005)

[그림 2-14] **사우스웨스트항공사의 전략 캔버스**

■ 주요 토론주제

1. 관광객과 관련된 이론(관광동기모형 등)과 관광목적지와 관련된 이론(관광지 이미지 모형, 수명주기모형, 서비스투어리즘전략 모형) 중 각각 하나를 골라 실제 관광객과 관광목적지 사례를 적용하여 토론해 보자.
2. 본인이 한국관광공사 해외마케팅 팀장이라고 전제하고 어떤 국가의 지역을 대상으로 마케팅 활동을 전개하고자 한다. 해당 지역의 소비자 트렌드 조사 자료를 갖고서 본인이 정한 소비 심리학 접근방식에 따라 어떤 외래 관광객 유치 전략을 수립 할 것인지 논의해 보자.
3. 국내 항공시장은 크게 대한항공과 아시아나항공이 68.9%, 저가항공사들(제주항공, 이스타항공, 진에어, 에어부산)이 31.1%의 점유율(2009년 3분기 기준)을 나타내고 있다. 이러한 시장의 형태를 정의하고 이론에 근거하여 향후 경쟁구도에 대해 토론해보자.
4. 아시아, 중동, 오세아니아, 미주, 유럽, 아프리카 지역 중 역내 두 국가를 골라 언어, 종교, 가치체계, 사회제도, 물질문명(경제와 기술), 미적 감각과 같은 문화의 구성요소별로 비교해 보고 홀(Hall)과 홉스테드(Hofstede)모형에 비추어 어떤 유사점과 차이점이 있는지 토론해 보자.

■ Internet Sites

www.riss.kr(학술연구정보서비스)
www.nanet.go.kr(국회도서관)
www.tosok.or.kr(한국관광학회)
www.kastle.kr(한국관광레저학회)
www.kasct.co.kr(한국문화관광학회)
www.koreanpsychology.or.kr(한국심리학회)
www.kea.ne.kr(한국경제학회)
www.kasba.or.kr(한국경영학회)
www.elsevier.com(Tourism Management, Annals of Tourism Research)
www.cqx.sagepub.com(Cornell Hospitality Quarterly)

■ 참고문헌

김용옥, 도올의 논어이야기, KBS, 2000.

김위찬 · 르네 마보안, 블루오션전략, 강혜구 옮김, 교보문고, 2005.

대홍기획 마케팅컨설팅그룹 역, 소비의 심리학. 서울: 세종서적, 2003; 원저: Settle. R. B. and Alreck. P. L. A. Why they buy, 1989.

박지영, 유쾌한 심리학, 파피에, 2008.

박진석, 경제학 맛보기, 비엔엠북스, 2009.

왕중추, 디테일의 힘, 올림출판사, 2005.

이승주, 경영전략 실천 매뉴얼, 시그마 인사이트그룹, 2006.

조동성, 21세기를 위한 국제경영(제2판), 서울경제경영, 2005.

최승이 · 이미혜, 국제관광론 – 국제관광의 이해와 전략, 대왕사, 2004.

칙센트 미하이, 몰입(Flow : The psychology of optimal experience), 최인수 옮김, 한울림, 2004.

현성용 등, 현대 심리학 이해(2판), 학지사, 2009.

Ariely, D.(2008), 상식밖의 경제학(원제: Predictably irrational), 장석훈 옮김, 서울: 청림출판.

Butler(1980), The concept of a tourist area cycle of evolution: Implications for management of resources, Canadian Geographer, 24(1): 5 – 12.

Echtner, C and Ritchie, J.(1991). The meaning & measurement of destination image, Journal of Tourism Studies, 2(2): 2 – 12.

Epperson, A.(1983). Why people travel. Leisure today(April): 31 – 32.

Gartner, W.(1993). Image formation process, Journal of Travel and Tourism Marketing, 2(3): 191 – 215.

Goeldner C. R. and Ritchie, J. R. B.(2009). Tourism: Principles, Practices, Philosophies(11th ed.). New Jersey: John Wiley & Sons, Inc.

Hall, E. T.(1977). Beyond Culture. New York : Anchor Books.

Hofstede, G.(1984). Culture's consequences. London : Sage.

Hudman, L.(1980). Tourism, a shrinking world. Columbus : Grid Publishing, Inc.

Keegan, W.(1984). Multinational marketing management(2nd ed.). Englewood Cliff: Prentice Han Inc.

Kotler et al.(1993), Marketing Places, New York: Free Press.

McIntosh, R. and Goeldner, C.(1984). Tourism : Principle, practices, philosophy(4th ed.). New York: John Wiley & Sons.

Pearce, P. L.(1988). The Ulyseese Factor : Evaluating visitors in tourist settings, New York: Springer. Verlag(1992). Fundamentals of tourist motivation. In D. Pearce & R., Buttler(eds.). Fundamentals of tourist motivation. pp. 113 – 134. London: Routledge.

Siegel, B.(1986). The US pleasure travel market. In World Travel Overview. p. 187. New York: American Express Publishing Corporation.

Smith, V.(1989). Hosts and Guests: The anthropology of tourism(2nd ed.). Philadelphia: University of Pennsylvania Press.

PART 2

국제관광경영의 이해

제 3 장 • 국제관광 경영전략 – 민간부문
제 4 장 • 서비스투어리즘전략 – 공공부문

제 3 장

국제관광 경영전략

민간부문

개 요

본 장에서는 항공사, 호텔, 리조트, 여행사 등과 같은 관광사업체의 국제활동과 관련된 전략경영에 대해 살펴본다. 제1절은 국제관광 경영전략의 개념적 틀로서 국제관광경영과 전략의 개념 및 환경분석으로 여러 환경요인 중 해외 경영활동에 큰 영향을 미치는 정치적, 법적, 문화적 환경을 다룬다. 제2절은 사례로서 구성은 크게 서비스 경쟁전략 사례와 해외시장 진출 사례로 이루어져 있다. 해외시장 진출의 사례를 전략적 제휴, 인수합병, 직접투자, 아웃소싱, 마케팅 활동 유형별로 제시하였다. 아울러 해외여행과 관련된 다양한 모바일 앱 서비스도 정리하였다.

무엇을 알 수 있는가?

- 국제관광경영 및 국제관광 경영전략이란 무엇인가?
- 국제관광경영에 큰 영향을 미치는 정치적, 법적, 문화적 환경은 무엇인가?
- 국제관광경영과 관련된 사례로서 어떤 것들이 있는가?

제 1 절 국제관광 경영전략의 개념적 틀

1. 정의

국제관광 경영전략은 관광사업체들의 경영활동영역이 내국인 시장에서 벗어나 외국인 시장으로 확대되고 이에 따라 적합한 전략을 수립하고 실행하는 과정을 포함한다. 이에 국제관광 경영전략의 개념을 이해하기에 앞서 국제관광경영의 개념을 살펴보기로 한다.

1) 국제관광경영의 개념

지난 50년 동안 관광기업을 둘러싼 트렌드 변화는 세계시장이 하나로 통합되는 글로벌화와 미래 예측이 과거에 비해 훨씬 복잡해짐에 따라 불확실성이 높아진 것으로 요약할 수 있다. 따라서 국제관광경영의 개념은 다음과 같이 정리할 수 있다.

① 국경을 넘어 이루어지는 관광부문의 비즈니스 활동
② 관광부문 자본, 인력, 서비스, 기술의 국제적 이동

이러한 개념은 관광기업이 해외에 진출하는 것뿐만 아니라 국내에 있는 회사라 하더라도 외국인 관광객을 상대한다면 광범위하게 국제관광경영의 영역에 포함된다고 할 수 있다. 국제관광경영의 의미는 협소한 국내시장을 벗어나 시장을 확대하는데 있는데 특히 IT(정보기술: Information Technology)의 발달과 함께 해외관광객 증가와 더불어 더욱 중요해지고 있다. 국제관광경영은 외국인을 대상으로 비즈니스를 하는 활동이기 때문에 근본적으로 다른 문화, 법률, 경제, 정치적 환경에 대한 이해와 통찰이 필요하다. 따라서 국제관광경영 활동에는 환율변동에 따른 환위험과 정치적 위험이 있으며 이에 대한 위험관리(Risk management)가 필수적이다.

2) 국제관광 경영전략의 개념

전략의 기원은 전쟁에서 승리하기 위한 방법을 강구한 인류의 역사로부터 유래한다. 기원전 6세기경 중국의 춘추시대 오나라 재상이었던 손자(孫子)가 전략의 다섯 가지 필수 요소로서 道, 天, 地, 將, 法을 제시하였는데 이 원칙들은 다음과 같이 현대의 경영전략의 기본원칙과 대응된다〈표 3-1〉.

| 표 3-1 | 전략의 5대 원칙

손자병법		현대의 경영전략
道	⇒	기업의 목표(Mission & Objective)
天	⇒	외부환경의 변화(Changes in the external environment)
地	⇒	산업의 구조적 특성(Industry structure)
將	⇒	최고경영자의 리더십(Leadership of CEO)
法	⇒	조직구조 및 운영원칙(Organization principles & management process)

국제관광 경영전략은 다음과 같은 경영전략의 개념이 국제관광산업에 적용되는 것을 말한다.

경영전략

① 전략이란 기업의 기본적인 장기 목표를 정하고 이를 달성하기 위한 모든 활동 및 이에 필요한 자원을 배분하는 것이다(Chandler, 1962).
② 경영전략은 기업의 한정된 경영자원을 효과적으로 배분하는 의사결정의 패턴이다(Barney, 1997).
③ 경영전략은 기업의 경쟁우위를 구축하고 구체적인 경쟁방식을 선택하는 의사결정이다(Porter, 1996).
④ 경영전략의 핵심은 고객을 위한 가치창조에 있다(Ohmae, 1982).

경영전략분야의 최고 권위자로 인정받는 하버드경영대학원의 마이클 포터(Michael Porter) 교수는 애덤 스미스(Adam Smith)의 절대우위(Absolute advantage), 데이비드 리카도(David Ricardo)의 비교우위(Comparative advantage)를 넘어 기업과 국가의 경쟁력을 설명하는 경쟁우위(Competitative advantage)를 제시하였다.

| 표 3-2 | 절대우위, 비교우위, 경쟁우위

	절대우위 (Absolute advantage)	비교우위 (Comparative advantage)	경쟁우위 (Competitive advantage)
주창자	애덤 스미스(1723~1790)	데이비드 리카도(1772~1823)	마이클 포터(1947~)
개념	한 제품을 절대적으로 싸게 생산할 수 있는 우위	한 제품을 상대적으로 싸게 생산할 수 있는 우위	경쟁자(국)와 비교하여 우월한 성과를 갖는 것
핵심 키워드	소요비용	기회비용	다양한 요인에 의한 경쟁력
기본적인 내용	예를 들어 A국가는 제품 1개를 생산하는데 10만원의 비용이 들며 B국가는 20만원의 비용이 든다면 A국가가 절대적 우위가 있음	예를 들어 A국가는 제품 1개를 생산하는데 자국내 기회비용이 10만원 발생하고 B국가는 자국내 기회비용이 20만원 발생한다면 기회비용이 적은 A국가가 이 제품을 생산하는데 비교우위가 있음	특정산업의 국가경쟁력은 요소조건, 수요조건, 관련 및 지원산업, 전략 및 구조와 같은 직접적 요인과 정부의 역할, 운과 같은 외생적 요인에 의해 결정됨

마이클 포터 교수는 이러한 경쟁우위의 개념을 적용한 본원적 경쟁전략(Generic competitive strategy)을 제시하였다. 경쟁전략의 유형은 크게 두 가지, 즉 원가우위(Cost leadership)전략과 차별화(Differentiation)전략으로 구성되며 서비스분야의 경우 차별화 전략은 서비스품질(Service quality)과 개별화(Customization)전략으로 이루어진다.

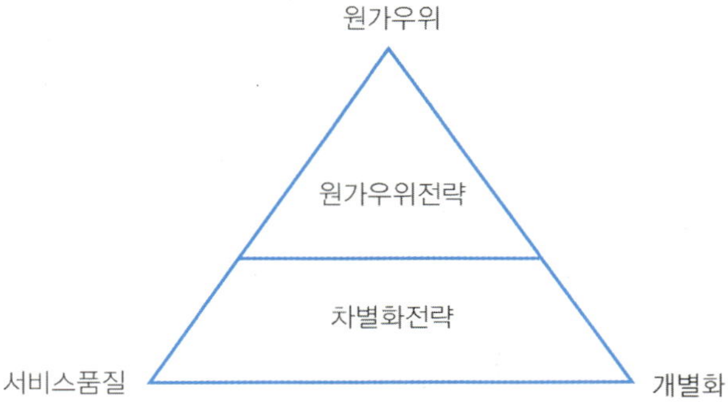

[그림 3-1] 서비스 경쟁전략

① 원가우위전략: 경쟁사보다 낮은 가격을 통해 서비스를 제공하는 전략으로 서비스의 질이 떨어지지 않으면서 단순화시키고 원가를 낮추는 것이 핵심이다. 저비용 항공사, 중저가 숙박시설 등을 예로 들 수 있다.

② 차별화전략: 가격측면보다 경쟁자보다 더 높은 서비스품질을 확보하거나 고객맞춤형 개별화를 강화하는 전략이다. 대형항공사, 고급숙박시설, 의료관광서비스 등이 차별화전략의 유용한 예가 될 수 있다.

2. 국제관광경영 환경분석

1) 정치적 환경분석

앞서 국제관광경영활동에는 크게 두 가지 차원의 위험요인으로 환율변동에 따른「환위험」과「정치적 측면의 위험」이 있으며 이에 대한 위험관리가 필요하다고 하였다. 정치적 위험의 유형은 매우 다양하나 크게 운영상의 규제, 경영관리의 내국화, 자본의 내국화 및 자산손실위험과 같이 네 가지 유형으로 구분할 수 있다(Leontiades, 1985).

| 표 3-3 | 정치적 위험의 유형

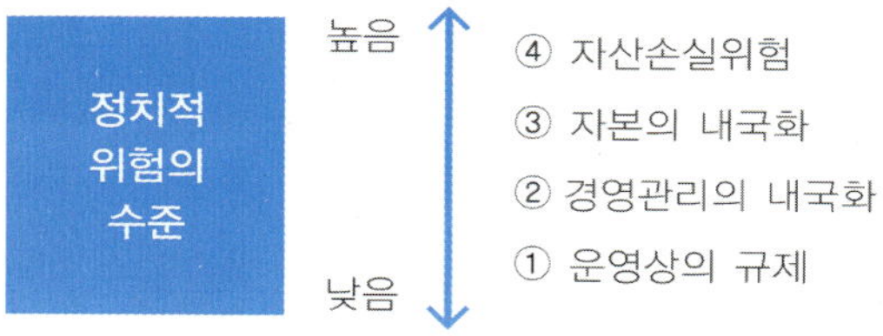

① 운영상의 규제

외국기업의 관리 및 운영상에 미치는 위험으로서 경영활동의 자율권을 침해하는 것을 말한다.

예 외국기업의 자산 및 이익 등에 조세상의 차별, 외국기업의 서비스에 대한 가격 통제, 외국기업의 전반적인 경영활동에 대한 행정적 규제, 외국기업의 자금 이전, 과실송금 금지 또는 제한 조치 등

② 경영관리의 내국화

외국기업의 경영권을 내국인에게 이전하도록 유도하는 정부의 정책을 의미한다.

예 외국기업 임직원 중 일정비율 이상 내국인 강제 배정 등

③ 자본의 내국화

외국기업의 소유지분을 제한하거나 국내 투자자들에게 이양하도록 하는 정부정책을 포함한다.

예 합작투자 요구, 단계적인 외국인 지분 축소 등

④ 자산손실위험

외국기업 소유권에 제한을 두는 것으로 정치적 위험 유형 중 가장 강도가 높다.

예 외국기업의 국유화, 재산 몰수, 수용, 강제 매각, 강제적 재협상, 일방적 계약 파기 등

사례 - 금강산관광(1998~2008)

한국의 기업인 현대그룹과 정부의 햇볕정책이 맞물려 1998년 11월 18일 시작된 북한 방문 금강산관광은 남북 분단 역사상 새로운 획을 그은 사건이라고 할 수 있다. 금강산 관광지역 내 숙박시설이 없던 초기에는 크루즈를 타고 가서 선내에서 숙박하는 4박5일 일정으로 진행되었고 2004년부터는 크루즈 대신 육로로 가는 관광 일정으로 진행되었다. 2005년 6월 금강산 관광객이 100만 명을 넘어서고 2007년 5월 내금강관광으로 확대되었으며 2008년 3월 승용차 관광도 허용되었다. 계속 확대하고 발전할 것으로 기대되던 금강산관광은 2008년 7월 11일 한국인 관광객 박왕자씨가 북한군의 피격으로 사망하는 사건이 발생하면서 중단되었다. 근본적으로 개혁, 개방에 전혀 관심이 없는 북한정권 때문에 일어난 이러한 중단사태는 현재까지 이어져오고 있다.

2017년 7월 기준 지난 10년간 관광중단으로 인한 손실규모는 투자기업 49개 업체의 매출손실 6,500억, 투자금 손실 3,000억 이상이며 강원도 고성지역의 경우 관광객 감소에 따른 피해는 직간접적으로 3,000억에 이르는 것으로 추정된다. 북한 정권은 일방적으로 재산을 몰수한다고 발표한 이후 해당 시설을 중국인 및 외래 관광객 이용시설로 무단 사용하는 것으로 알려져 있다.

사례 - 고고도 미사일 방어 배치에 따른 중국정부의 경제보복

2011년 12월 17일 북한의 김정일 사망 이후 정권을 세습 받은 김정은은 정권유지를 위해 핵과 미사일 개발에 박차를 가해 2017년 미국 본토까지 도달할 수 있는 대륙간 탄도미사일과 6차 핵실험을 통해 핵 보유국 지위를 얻고자 하고 있다. 이에 2017년 한국에 북한의 미사일을 높은 고도에서 요격할 수 있는 미사일(THAAD: Terminal High altitude Area Defense)이 배치되었고 이에 반발한 중국은 2017년 3월부터 대한국 단체관광을 금지하는 등의 경제적 보복조치를 단행하였다. 이에 2017년 1월부터 8월까지 제주 방문 중국관광객은 62만 여명으로 2016년 같은 기간 대비 71% 감소하였다.

중국 정부가 정치적인 문제로 경제보복을 단행한 경우는 여러 가지 사례가 있으며 그 대상국은 일본, 대만, 필리핀, 노르웨이 등이 있었다. 일본은 2012년 센카쿠 열도(중국명: 다오위다오)에 대한 영토분쟁이 일어난 이후 일본 방문 중국관광객이 34% 이상 감소하였고 대만의 경우는 2016년 1월 대만 독립성향인 민진당의 차이잉원이 총통에 당선되자 대만관광 제한조치를 내려 2016년 대만 방문 중국관광객 수가 2015년 대비 55% 감소한 것으로 나타났다.

그러나 시간이 지남에 따라 일본과 대만은 중국을 제외한 외국인 관광객 수는 오히려 증가하였다. 2016년 대만을 찾은 외국인 관광객은 1,069만 명으로 대만 관광역사상 최고를 기록했으며 중국 단체관광객이 급감한 2016년 9월 중국관광객이 대만에서 사용한 모바일 결제총액은 오히려 상승했는데 이는 개별관광객이 증가한 데 따른 것으로 나타났다. 일본과 대만 모두 정치적인 문제가 해결되지는 않았으나 중국 개별관광객 유치와 시장 다변화로 중국의 경제보복조치를 극복한 것으로 나타났다.
결론적으로 사드배치에 따른 정치적 이슈는 지역과 국가 차원에서 중국 단체관광객 유치와 같은 양적 관광에서 벗어나 질적 차원에서 성장할 수 있는 기회가 될 수 있다. 중국 리스크를 최소화시키기 위해 꾸준한 시장 다변화를 추진하고 중국의 경우 개별관광객 시장에 마케팅 역량을 집중할 필요가 있다.
이를 위해 필요한 것은 외국인 개별관광객들이 지역을 방문하여 자유여행을 편하게 할 수 있도록 교통, 숙박, 관광안내, 정보 및 콘텐츠를 개선하고 업그레이드하는 일이다. 위기일수록 기본에 충실하면 다시 기회가 오게 마련이다.

이러한 정치적 위험은 언제 어디서나 존재하며 단기, 중장기적으로 발생할 미래 시나리오를 만들고 위험관리를 해야 한다. 국제관광기업이 사용할 수 있는 위험관리정책은 다음 표와 같이 정리할 수 있다.

| 표 3-4 | 정치적 위험관리

유형	주요 내용
회피	정치적으로 폐쇄적이거나 불안정한 나라에 진출하지 않는 것으로 정치적 위험에 대한 객관적이고도 최악의 시나리오를 설정하고 이에 대한 대응방안을 고려할 필요가 있음
보험	정치적 위험을 분산하기 위해 민간 보험회사 또는 국제보험기관에 보험을 드는 것
협상	해외시장에 진출하기 전에 현지국 정부 및 기업과 명확한 협정을 체결하는 것. 외국기업, 현지 파트너, 현지국 정부의 권리와 책임 관계를 명확하게 규정함
투자구조의 조정	국제관광기업의 운영과 재무정책을 현지국 사정에 적합하게 조정하여 잠재적 위협을 최소화하는 것, 현지인을 주주로 참여시키는 것, 구체적인 철수계획 수립, 단기적 이익극대화 등이 포함됨

2) 법적 환경분석

관광기업이 해외에 진출했을 때 가장 근본적으로 영향을 받는 분야는 법률적 환경이다. 글로벌 관광경영관리자는 해당국의 법률체계 그리고 국제적으로 존재하는 법률적 체계를 잘 이해하고 비즈니스 활동을 수행해야 한다(이철, 2015). 관광기업의 국제활동에 영향을 주는 법률체계를 지역적, 역사적, 이념적 기준들로 구분하면 법률유형은 크게 대륙법, 영미법, 이슬람법, 공산주의 사회주의법, 아프리카법(사하라 사막 이남) 및 아시아법으로 구분할 수 있다(임성훈, 2015).

① 대륙법: 법률의 내용이 법전으로 존재하는 이른바 성문법 체제로 이론적, 논리적이며 한국, 일본, 프랑스, 독일 등 대부분의 유럽국가가 채택하고 있다.

② 영미법: 법률체계의 조직화, 일반화보다 구체적인 사실을 존중하고 사건의 판결사례에 의한 법의 형성 및 발전이 중심된 법체계로서 영국, 영연방국가 및 미국 등 30개국에서 채택하고 있다.

③ 이슬람법: 이슬람 종교를 믿는 국가는 이슬람 성전인 코란(Quran)에 나오는 종교상의 규정에 따른 법으로 샤리아(Sharia: 인간의 올바른 삶을 구체적으로 규정한 것)가 있다. 이슬람법 체계는 예언자인 마호메트에 의해 신의 법이 전달된 것으로 믿는다.

④ 공산주의 · 사회주의법: 이데올로기에 기반을 두며 관료주의, 집단주의, 전체주의적 특성을 지닌다.

⑤ 아프리카법(사하라사막 이남): 사회공동체 지향적 법률로서 풍습에 기반을 두고 생활원리를 반영한다.

⑥ 아시아법: 사회체제의 조화를 강조하며 법률의 공식적 적용보다는 비공식적 문제해결을 선호하고 개인보다는 집단적, 관료적 측면을 반영한다.

| 표 3-5 | **국제관광경영 활동에 영향을 주는 법률 체계**

유형	법적 특성
대륙법	• 성문법 중심, 이론성, 논리성에 기반 • 완성된 법전으로 존재하며 재판 추정 가능
영미법	• 판례에 기반을 둔 불문법(관습법) 형태로 존재 • 소송절차의 중요성(재판과정에서 기소인, 변론인의 역할비중이 상대적으로 큼) • 법리가 사회변화를 융통적으로 반영
이슬람법	• 종교적이며 신념에 기반 • 일상생활에 적용되는 부분이 많으며 대륙법과 같이 성문화되고 예측가능
공산주의 · 사회주의법	• 정치적 사상에 기반을 두고 관료주의, 집단주의, 전체주의적 특성 • 최소한의 사유권 인정
아프리카법 (사하라사막 이남)	• 풍습에 기반을 두고 생활원리를 반영 • 원인, 과정보다 결과에 중점 • 사회공동체 지향형 법률
아시아법	• 개인보다는 집단적, 관료적 측면 강조 • 사회체제에 대한 조화 중점 • 법률의 공식적 적용보다 비공식적 문제해결 선호

3) 문화적 환경분석

관광기업이 해외에 진출했을 때 경영활동에 가장 광범위하게 영향을 끼치는 요인은 문화적 환경이다. 여기서는 국가별 문화를 비교하는 한 예로 한 조사기관에서 정기적으로 제시하는 문화지도라는 것을 소개하기로 한다. 오스트리아 비엔나에 본부를 두고 있는 세계가치관조사(www.worldvaluessurvey.org)기관은 국가별로 가치관을 조사하여 문화지도(Cultural map)라는 것을 제시하고 있다〈그림 3-2〉.

X축은 생존중심(Survival values)과 자기표현중심(Self-expression values) 가치관 축으로 「생존중심」은 경제적, 물질적 가치관이 우선시되는 가치관이다. 이러한 가치관은 자민족중심주의적 성향이 강하고 사회전반적으로 신뢰와 관용 수준이 낮은 특징을 지닌다. 「자기표현중심」 가치관은 개인의 자유가 가장 우선시되는 것으로 정치, 경제, 사회, 문화적 측면에서 개인의 의사표현과 참여가 큰 의미를 갖는다. 즉 이 X축은 경제력, 물질문명과 같은 하드웨어적 요소에 더 비중을 두는 가치관과 표현 및 사상의 자유, 개인주의와 같은 소프트웨어적 요소에 더 비중을 두는 가치관이다.

Y축은 전통적 가치관(Traditional values)과 세속적 · 합리적 가치관(Secular-rational values)의 상대적 비중에 따른 축이다. 전통적 가치관은 말 그대로 전통적으로 내려오는 문화를 받아들이는 성향이 높은 것으로 종교 및 권위를 따르고 가족중심적, 국가중심적 특징을 지닌다. 반면에 세속적 · 합리적 가치관은 전통적 가치관과 반대되는 문화적 요소들을 더 선호하는 것을 말한다. 종교에 대한 관심이 낮으며 탈권위적인 분위기를 선호한다. 전통적인 가족중심적 가치관보다 당연히 개인주의적 가치관이 우선시된다.

이러한 문화지도는 한 국가 내에서 점점 다양해지고 있는 사회현상을 국가별 비교라는 틀 속에 네 가지 요인만으로 논의하기 때문에 단순화에 따른 오류와 한계가 분명히 있다. 그러나 이러한 문제점이 있음에도 불구하고 이 문화지도의 의미는 정기적인 조사를 통해 각 국가의 문화 변화가 어떻게 이루어지고 있는지 보여준다는 데 있다고 할 수 있다.

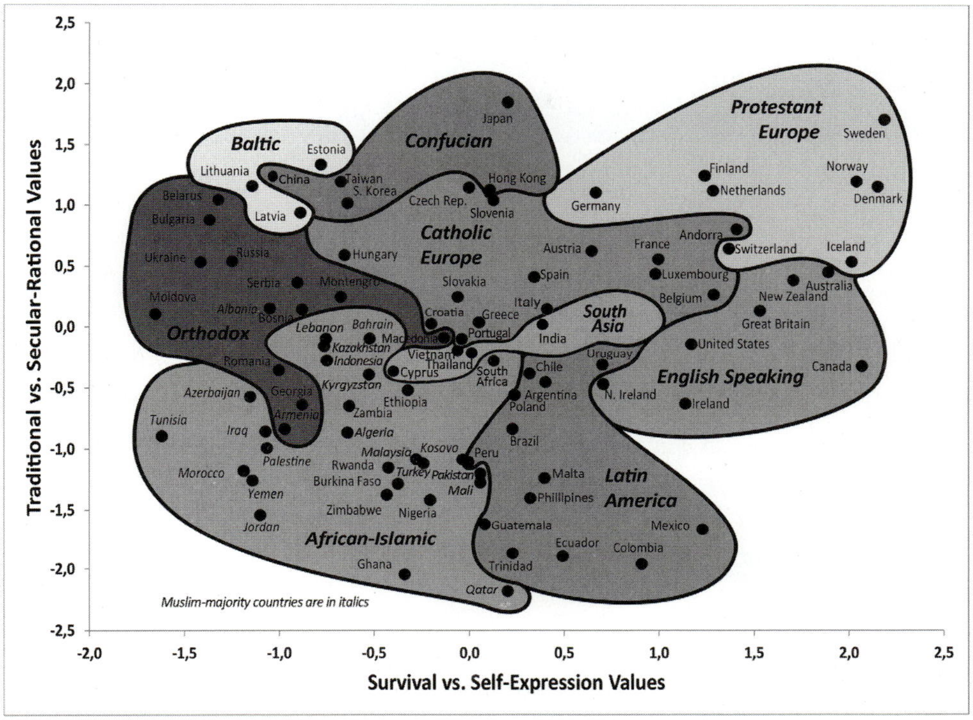

[그림 3-2] 문화지도

(출처: 2010-2014 세계가치관조사(www.worldvaluessurvey.org))

제 2 절 국제관광 경영전략 사례

본 절에서 국제관광 경영전략 사례는 1. 서비스 경쟁전략, 2. 전략적 제휴를 통한 해외시장 진출, 3. 인수합병을 통한 해외시장 진출, 4. 직접투자를 통한 해외시장 진출, 5. 아웃소싱 형태의 해외시장 진출, 6. 마케팅활동을 통한 해외시장 진출로 나누어 정리하였다. 그리고 끝으로 7. 국제관광 관련 모바일 앱 서비스를 정리하였다.

1. 서비스 경쟁전략

마이클 포터 교수가 제시한 본원적 전략은 원가우위전략과 차별화전략으로 구성되며 차별화전략은 서비스품질과 개별화전략으로 세분화된다.

1) 원가우위전략

■ 항공사(제주항공)

제주항공은 2005년에 설립된 국내 최초의 저비용항공사로서 2017년 기준 김포-제주를 비롯한 6개 노선의 국내선과 아시아-태평양 지역 34개 도시 43개 노선의 국제선을 운항하고 있으며 2016년 7,476억원의 매출액(영업이익 587억원)은 취항 첫해인 2006년의 매출액 118억원 대비 60배 이상 성장한 것으로 나타났다. 이렇게 제주항공을 포함한 저비용항공사들의 급성장은 소득 증가에 따른 항공수요의 증대와 저비용 사업 모델(항공기 기종 단일화, 서비스 단순화, point-to-point 노선 및 짧은 회항시간 등)이 적절한 시기에 대응된 결과로 평가된다.

■ 호텔(헨나호텔)

헨나호텔(144개 객실)은 일본 큐슈 나가사키에 있는 테마파크 하우스텐보스에 있는 호텔로 2015년 세계 최초로 모든 서비스를 로봇이 제공하는 로봇호텔로 국제적인 관심을 받고 있다. 호텔이 영업을 시작한 2015년 로봇 수는 6개종 82대에서 2년 후 2017년 25종 214대로 증가한 반면 종업원 수는 2015년 30명에서 2017년 6명으로 감소함으로써 전통적으로 노동집약적인 호텔경영에서 벗어나 자본집약적인 호텔경영의 패러다임을 선보인 것으로 볼 수 있다. 로봇이 해결하지 못하는 부분(고객 중 환자 발생 시 대응 등)에 대해서만 현재 종업원이 담당하고 있는데 4차 산업혁명시대에 이러한 현상은 호텔 및 여타 서비스업계의 고용 창출 측면에서 큰 과제가 되고 있다.

2) 차별화전략

■ 고객맞춤 전문여행사(my real trip)

my real trip은 한국의 스타트업 기업으로 2012년에 서비스를 시작하였고 2017년 기준 전 세계 410개 도시에서 10,980개의 투어 수와 109,180개의 투어 리뷰 수를 나타냈다. 자유 여행자들을 대상으로 방문하려는 현지에서 활동하는 가이드들을 서로 연결시켜주는 서비스를 제공한다. 즉 이 회사가 제공하는 여행 상품은 철저히 개인 맞춤형 상품이며 현지 가이드와 직접 일정 조율 및 소통할 수 있는 1:1 메시지 전송 서비스를 제공함으로써 언제 어디서든 본인이 원하는 일정으로 조절이 가능하다는 특징이 있다.

■ 창업탐구 전문여행사(트래블코드)

트래블코드(Travel code)는 테마여행, 콘텐츠 기획, 지역명물 수입 및 판매를 사업영역으로 하는 테마여행사이다. 일본 동경에서 차별화된 제품과 서비스를 판매하는 가게들을 소개한 퇴사준비생의 도쿄라는 책 발간을 통해 회사를 그만두고 창업을 원하는 사람들을 대상으로 동경을 여행하는 상품을 판매한다.

■ 탐험 전문여행사(신발끈여행사)

1991년 설립된 신발끈여행사는 1997년 국내 처음으로 미국 워킹홀리데이 프로그램을 도입하였고 2008년부터 어드벤처 여행중심의 상품을 기획하고 판매하는 테마여행사이다. 2013년부터 국내 일반인들을 대상으로 한 남극, 북극여행을 진행하고 있는데 예를 들면 2017년 기준 2주짜리 남극점 탐험상품의 경우 1인이어도 신청이 가능하며 전 일정 가이드 동행으로 가격은 9,990만원부터 시작하는 것으로 공지하고 있다.

■ 호텔(리츠칼튼호텔)

리츠칼튼호텔은 1898년 미국에서 설립된 호텔로서 2017년 기준으로 전 세계 30개국에서 90개의 호텔을 운영하고 있으며 종업원 수는 약 35,000명이다. 이 호텔의 차별화전략은 미스틱 시스템이라는 고객관리시스템을 이용하여 맞춤형 서비스를 제공하고 있는 것인데 예로서 고객이 선호하는 방의 특징이나 음식, 특이사항 등을 모두 데이터로 관리하여 전 세계 리츠칼튼 체인과 공유한다. 따라서 고객이 다른 국가, 지역의 리츠칼튼 어떤 호텔을 가더라도 고객의 선호도에 맞춘 서비스를 제공하는 것이다. 최근에는 페이스북과 블로그 등에 고객이 남긴 정보와 보유하고 있던 데이터를 함께 분석하여 고객의 취향과 특성을 보다 세밀하게 파악하고 있다.

2. 전략적 제휴를 통한 해외시장 진출

전략적 제휴란 특정사업 또는 기능분야에서 두 개 이상의 회사가 경영자원과 조직역량을 공유함으로써 상호이익을 추구하는 것을 말한다. 전략적 제휴의 유형에는 계약형 제휴와 지분형 제휴가 있는데 지분과 관련이 있기 때문에 지분형 제휴가 높은 수준의 제휴 형태라고 할 수 있다.

■ 호텔(Accor Hotel Group)

아코르호텔그룹은 1967년 프랑스에서 노보텔 오픈을 시작으로 현재는 95개국에 4200개 호텔을 운영하는 국제적인 기업으로 성장하였다. ibis, Motel6, Novotel, Mercure, Fairmont, Pullman, Sofitel 등 저가부터 최고급 호텔까지 다양한 브랜드를 갖고 있다. 1987년부터 국내 앰배서더호텔그룹과 합작형태의 제휴(아코르앰배서더코리아)를 맺어 운영하고 있다. 2017년 기준 국내에 23개의 앰배서더그룹의 호텔이 있고 2021년까지 프리미엄급인 페어몬트호텔을 서울 여의도 등지에 9개 더 지을 계획이다. 30년 제휴가 가능한 주요 요인으로 두 회사 간 비전 및 가치 공유의 적합성과 상호 보완성을 들 수 있다. 아울러 객실 내 인공지능 서비스를 통해 현지의 여행, 맛집 및 교통정보를 알 수 있도록 하고 고객에게 경험을 파는 호텔을 지향하고 있다.

■ 면세점(신라면세점)

THE SHILLA

신라면세점은 호텔신라의 사업부로서 2015년 미주 중심의 중견 면세기업인 디패스의 지분 44%를 인수하여 지분참여를 통한 전략적 제휴를 체결하였다. 또한 2017년에는 인터넷전문은행인 카카오뱅크와 결제 서비스관련 제휴를 체결하여 다양한 서비스를 제공하기 시작했다.

■ 온라인 여행사(Booking.com)

Booking.com

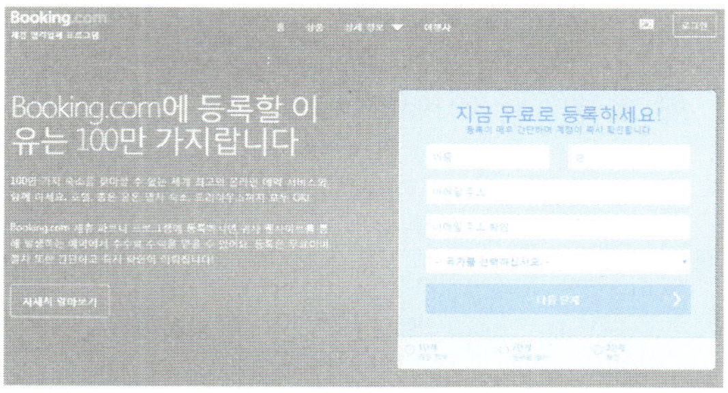

Booking.com은 네덜란드의 스타트업 기업으로 1996년 서비스를 시작했으며 현재는 Priceline Group의 자회사로서 2017년 기준 70개국 204개 사무소에 15,000여 명의 직원을 두고 있다. 전 세계 40개 이상의 언어로 150만 개의 숙소와 12만 개 이상의 관광지를 소개하고 있다. 사업모델은 플랫폼 비즈니스로

서 회사 홈페이지를 통해 손쉽게 서비스 제휴를 맺을 수 있도록 제휴 협력업체 프로그램을 운영하고 있고 2017년 기준 12,500개 이상의 제휴 파트너로 구성된 대규모 네트워크를 보유하고 있다. 제휴중인 국내 기업은 신한카드, LG유플러스, 진에어, 티켓몬스터 등이 있다.

3. 인수합병을 통한 해외시장 진출

인수합병의 인수란 한 기업이 다른 기업의 주식이나 자산을 취득하면서 경영권을 획득하는 것이며 합병이란 두 개 이상의 기업들이 법률적으로나 사실적으로 하나의 기업으로 합쳐지는 것을 말한다. 인수합병은 기업의 외적 성장을 위한 대표적인 방법 중의 하나이다.

■ 온라인 여행사(Expedia.com)

Expedia.com은 1996년 마이크로소프트사의 사업부로 시작된 미국의 대표적인 온라인 여행사로서 2016년 기준 매출액은 87억7,356만 달러, 순이익은 2억8,184만 달러를 나타내고 있다. 기업의 주요 성장 전략으로 인수합병을 통한 사업 규모 확대 및 다각화를 취하고 있는데 인수한 기업은 15개에 이르며 예를 들면 Travelocity.com, Trivago.com, Hotels.com, CarRentals.com 등을 포함한다. 33개국 언어별 사이트를 운영하며 전체 매출의 43%는 미국 외 해외에서 이루어지고 있다.

■ 온라인 여행사(Ctrip.com)

Ctrip.com은 중국의 온라인 여행사로 1999년 설립되었으며 2003년 뉴욕거래소에 상장되어 2017년 6월 기준 시가 약 282억 달러 규모에 달하는 중국 최대의 여행사로 성장하였다. 2억5,000만 명의 온라인 회원을 확보하고 있으며 모바일 앱의 누적 다운로드 수는 23억건에 달하고 전 세계 200여 개 국가 100만여 개의 호텔, 5,000여 개의 도시 항공노선을 취급하고 있다. 공격적인 인수합병을 통해 기업 규모를 확대하고 있으며 2015년 중국 2위 온라인 여행플랫폼 취나와 이룽을 인수하였고 2016년 동방항공에 지분 투자를 통해 항공 사업에도 참여하고 있다. 해외에서는 유럽 최대 여행 검색엔진 Skyscanner를 인수하고 미국 여행사의 인수, 인도의 최대 여행사인 Make My Trip의 지분 15%를 매입하는 등 활발한 인수를 통해 해외진출을 꾀하고 있다.

4. 직접투자를 통한 해외시장 진출

기업의 해외진출방식은 수출, 계약, 직접투자의 세 가지 유형이 있다. 항공사가 해외 신규노선에 취항하는 경우 서비스 수출에 해당한다. 계약은 라이선스, 프랜차이즈, 서비스계약, 경영관리계약, 기술계약 등과 같이 계약에 의해 해외사업을 운영하는 것으로서 계약형 제휴가 이에 해당한다. 직접투자는 합작투자, 단독투자, 외국기업 인수 등을 포함하며 외국기업과의 지분형 제휴 및 인수합병이 해당된다.

■ 호텔(롯데호텔)

LOTTE HOTELS & RESORTS

호텔롯데는 1973년 설립된 호텔기업으로 1979년 서울에 롯데호텔 개관을 시작으로 2017년 4월 국내 최고층 123층 롯데월드타워 내 시그니엘 호텔 오픈 및 해외에도 지속적인 투자를 통해 호텔을 개관하고 있다. 2017년 기준 해외에 8개의 롯데호텔을 개관하고 운영하고 있으며 이는 러시아(상트페테르부르크, 모스크바), 미얀마(양곤), 베트남(하노이 · 호치민), 미국(뉴욕 · 괌), 우즈베키스탄(타슈켄트)를 포함하며 일본(니가타현), 중국(옌타이, 선양, 청두)에도 호텔 개관을 추진하고 있다.

■ 항공사(Air Asia)

Air Asia는 말레이시아 국적의 항공사로 1993년 말레이시아의 국영 기업으로 설립되었다가 2001년 토니 페르난데스 회장이 경영권을 인수하면서 저비용 항공 시장에 진출하였고 말레이시아 쿠알라룸푸르를 포함하여 6개국에 그룹 항공사를 설립하여 운영하고 있다. 해외 진출국은 2003년 타이에어아시아를 설립한 것을 시작으로 2014년에 에어아시아재팬을 설립하는 등 태국, 인도네시아, 필리핀, 인도, 일본 등이다. 그 외 중국, 캄보디아, 베트남에 경영제휴 및 자회사 설립 등을 통해 해외시장을 개척하고 있다.

5. 아웃소싱 형태의 해외시장 진출

아웃소싱이란 기업의 경영자원을 외부화하는 것을 말하며 일반적으로 외주, 하청, 업무대행, 분사경영, 컨설팅, 인력파견 등이 모두 넓은 의미의 아웃소싱 범위에 해당한다. 운영 측면에서 노동집약적인 특성을 지닌 관광기업의 경우 많은 아웃소싱이 이루어지고 있으며 이에 따른 경영성과도 있지만 동시에 문제점도 있는 것이 현실이다.

■ 숙박업(airbnb)

airbnb는 2008년 미국 캘리포니아주 샌프란시스코에서 시작된 숙박 공유 서비스로 현재 전 세계 거의 대부분의 국가에서 서비스가 이루어지고 있다. 공간을 빌리는 사람(guest)과 공간을 빌려주는 사람(host)을 연결시켜주는 서비스로 호텔, 모텔과 같은 전통적인 숙박시

설의 형태를 벗어나 관광지의 지역주민과 직접 접촉을 할 수 있고 특별한 경험을 할 수 있는 민박의 형태를 진화시킨 것이다. airbnb는 숙박시설을 직접 보유하거나 운영하지 않으면서 호스트에게 숙박시설과 서비스를 아웃소싱시켜 운영케 하는 커뮤니티 플랫폼이라 할 수 있으며 현재는 숙소뿐만 아니라 여행과 레스토랑 예약 서비스도 제공하고 있다.

6. 마케팅활동을 통한 해외시장 진출

관광분야의 글로벌 마케팅은 정치, 법, 경제, 사회, 문화 등 모든 환경이 다른 국가에서 이루어진다는 점에서 국내마케팅과는 다르다. 글로벌 마케팅 측면에서 중요하게 고려해야 할 이슈는 현지화(Localization)와 표준화(Standardization)이다.

■ 의료관광서비스(대구광역시)

Medical Capital of Korea
MEDI·CITY DAEGU
메디시티대구

대구광역시는 한국의 6개 광역시(인구 247만 명, 2015년) 중 하나로 전통산업인 섬유산업의 쇠퇴 이후 지역의 핵심산업으로 의료관광산업을 육성하고 있다. 외국인환자 유치를 위해 대구의료관광진흥원을 설립하여 의료관광 상품개발 및 온오프라인 홍보마케팅 활동을 하고 있다. Medical Capital City of Korea를 표방하여 브랜드를 Medicity Deagu(메디시티 대구)로 정하고 있으며 6개 의료교육기관, 3200여 개 의료기관, 2만7천여 명의 의료인력을 갖추고 있다. 2017년 카자흐스탄에 메디시티 대구센터를 개소하고 의료봉사 활동과 현지의 주요은행인 알파뱅크와 업무협약을 통해 제휴카드를 발급하는 등 적극적인 마케팅 활동을 펼치고 있다.

7. 국제관광 관련 모바일 앱 서비스

2010년대부터 모바일(Mobile: 이동 중 사용이 가능한 인터넷 및 컴퓨터 환경)은 소비자 시장에서 가장 중요한 키워드가 되었다. 다음은 국제관광과 관련된 모바일 앱 서비스 사례를 여행 단계별로 정리하였다.

여행 전

1) 플레이윙즈(playwings.co.kr)

항공권 특가 알림 앱으로 사용자들이 여행지역의 특가정보를 모아볼 수 있으며 새로운 특가를 푸시 메시지로 받아볼 수 있는 특징이 있다.

2) 스카이스캐너(skyscanner.co.kr)

수많은 항공권 가격을 국내외 항공사와 여행사로부터 비교하여 가장 저렴한 항공권을 찾아주며 호텔 및 렌트카에 대한 서비스도 제공한다.

여행 전·후

3) 위시빈(wishbeen.co.kr)

여행목적지별 여행일정과 정보를 공유하는 서비스로 누구나 여행기를 온라인으로 업로드할 수 있고 일정한 분량에 따른 원고료, 조회 수, 인기순위에 따른 보상을 한다.

4) 스투비플래너(stubbyplanner.com)

유럽 도시별 항공, 일정, 경비 등에 대한 정보를 공유하는 서비스로서 유럽 국가별, 도시별로 자세한 여행 내용을 제공한다.

5) 투어플랜비(tourplanb.com)

여행할 도시를 검색하여 지도 위에서 장소 정보를 확인하고 여행 일정을 만들 수 있으며 또한 사용자의 여행 성향에 따라 일정을 자동으로 추천 생성해 주는 서비스이다.

6) 트립어드바이저(tripadvisor.co.kr)

여행지 정보 및 후기 공유 서비스로서 세계 최대 규모의 여행커뮤니티 사이트라고 할 수 있다. 전 세계 730만 개 이상의 항공사, 숙박시설, 음식점, 관광명소에 대해 경험자들의 후기를 공유하고 200개 이상의 호텔예약사이트에서 제공하는 가격을 비교할 수 있다.

여행 중

7) 무빗(moovitapp.com)

78개국 1500개 이상의 도시에 대한 대중교통 안내 서비스를 제공한다.

8) 트라비포켓(trabee pocket)

여행가계부 앱으로 여행 예산을 정하면 쓴 돈과 남은 돈을 알려준다.

9) 볼로(withvolo.com)

여행 기록 서비스로서 여행자가 방문한 위치와 경로별로 글과 사진 등을 기록할 수 있다.

10) 구글 번역기(translate.google.com)

다중 언어 번역 서비스로서 100여 개 이상의 언어에 대한 번역 서비스를 제공한다.

■ 주요 토론주제

1. 마이클 포터 교수의 본원적 전략을 서비스 분야에 적용하면 원가우위전략과 서비스품질 또는 개별화전략으로 이루어진 차별화전략으로서 이를 서비스 경쟁전략이라고 한다. 각각 세 가지 전략별로 본 교재에 있는 사례 외 다른 사례를 찾아보자.
2. 팀별로 관광분야 회사의 임원진(Chief Executive Officer, Chief Marketing Officer, Chief Human Resources Officer, Chief Technology Officer, Chief Finance Officer 등)을 가정하고 해외 국가 한 개를 선정하여 이 국가에 진출하는 경우를 상정하여 정치적, 법적, 문화적 환경분석을 해 보자.
3. 팀별로 관광분야 회사의 임원진이 되었다고 가정하고 해외 특정국가에 진출하는 경우를 상정해 보자. 전략적 제휴, 인수합병, 직접투자, 아웃소싱, 마케팅 활동 등 유형별로 시나리오를 작성해 보자.

■ Internet Sites

www.huistenbosch.co.kr(일본 헨나호텔)

www.koreamedicaltour.org(한국의료관광협회)

www.medicitydaegu.com(메디컬시티 대구)

www.bsmeditour.go.kr(부산 의료관광)

■ 참고문헌

이철(2015), 글로벌 경영, 학현사.

임성훈(2015), 국제경영, 학현사.

Evans, N., Campbell, D. and Stonehouse, G.(2003). Strategic management for travel and tourism, Oxford: BH.

Hudson, S.(2008). Tourism and Hospitality Marketing, LA: SAGE.

Johnson, G. and Scholes, K.(2002). Exploring corporate strategy(6th ed.), Hernel Hempstead: Prentice Hall.

Porter, M.(1985). Competitive Advantage. New York: Free Press.

Zeithaml, V. and Bitner, M.(2000). Services marketing: Integrating customer across the firm. New York: McGraw-Hill.

PART 2

제 4 장

서비스투어리즘전략

공공부문(Destination Management)

개 요

본 장에서는 국제관광의 구성요소 중 지역, 즉 관광목적지에 대한 전략적 활동에 대해 살펴보기로 한다. 관광부문은 이제 어느 지역이나 제일 중요한 산업으로 인식되고 있고 관광목적지로 포지셔닝 하려고 노력하고 있기 때문에 본 장에서 관광목적지라는 용어는 지역과 같은 의미라고 할 수 있다. 제1절 서비스투어리즘전략의 개념적 틀(Framework for Service Tourism)에서는 정의, 요소, 서비스투어리즘전략 수행과정 등에 대해 살펴본다. 특히 이 장에서 강조하는 사항은 관광목적지의 궁극적인 목표가 단순히 관광객이 많이 오는 지역을 만드는 것뿐만 아니라 지역주민, 사업체, 외부주민들이 모두 살고 싶고 따라서 해당 지역으로 이주하고 싶은 삶의 질이 높은 지역을 만드는 것, 즉 관광이 교육, 의료 등 여타 서비스산업과 나아가 1, 2차 산업과도 융복합화되는 서비스투어리즘전략에 있다는 것이다.

제1절 서비스투어리즘전략 실행(Strategic implementation for Service Tourism)에서는 관광객(tourists), 외부 주민(residents), 비즈니스(business)적 측면에서 각각 이들을 유치하고, 확대 발전시킬 수 있는 전략적 활동들에 대해 살펴보기로 한다.

무엇을 알 수 있는가?

- 서비스투어리즘전략이란 무엇이며 왜 필요한가?
- 서비스투어리즘전략 분석에는 어떤 것들이 있는가?
- 각 표적 그룹별로 서비스투어리즘전략을 어떻게 실행하는가?

제 1 절

서비스투어리즘전략의 개념적 틀

1. 정의

1) 지역의 선순환과 악순환

규모나 위치를 막론하고 이제 어느 지역이나 관광부문이 중요하지 않은 산업으로 인식되는 곳은 없다. 현재까지 국내에는 지방자치단체가 재정적자로 인해 파산을 선고하는 경우는 발생이 되지 않았으나 미국, 일본을 포함한 외국에는 종종 재정이 파탄나는 사례가 발생한다. 그러나 이러한 극단적인 사례가 아니다하더라도 재정적자로 허덕이는 지역은 국내·외에 무수히 많고 이를 극복할 수 있는 좋은 경제 활성화의 수단으로 관광부문에 많은 관심을 갖고 있는 것이 현실이다. 그러나 지역 및 도시들이 이러한 사실을 잘 알고 있지만 현실적으로 관광을 통해 지속적인 지역발전을 도모하는 것은 매우 도전적이고 치밀한 전략과 끊임없는 혁신을 요구하는 어려운 작업이다. 지역들의 상황은 크게 ① 만성적인 재정적자와 경기침체; ② 초·중기 재정적자 및 불경기; ③ 활성화와 침체의 반복적 상황; ④ 재정흑자와 초·중기 경기활성화단계; 그리고 ⑤ 지속적인 경기활성화와 같은 다섯 단계로 나누어 볼 수 있다. 대부분의 지역들은 내부·외부적 요인들에 의해 활성화와 침체의 반복적 상황을 겪는 단계에서 ④와 ⑤단계로 발전할 수도 있고, ①과 ②단계로 퇴보할 수도 있다.

그렇다면 지역이 곤경에 빠지는 이유는 무엇일까? 이유는 복합적이지만 몇 가지로 분류하면 다음과 같다. 첫째는 내부적 요인으로서 지역사회의 구조적인 병폐, 지역발전전략의 부재 또는 오류, 리더십의 부재, 인구감소, 협상과 타협을 통한 상생문화부재, 교육·의료·사업·복지·관광 및 레저측면에서 매력적 요소의 부재 등이 있을 수 있다. 둘째는 외부적 요인으로서 지역 간 경쟁의 글로벌화, 기술의 빠른 변화, 소비자들의 트렌드변화 등 외부환경변화에 지역이 신속히 대응과 적응을 하지 못할 때 곤경에 처하게 된다.

이러한 요인에 따라 지역이 적합한 전략선택과 실행을 통해 선순환을 할 수도 있고 대응과 적응에 실패함으로써 악순환을 할 수도 있다[그림 4-1].

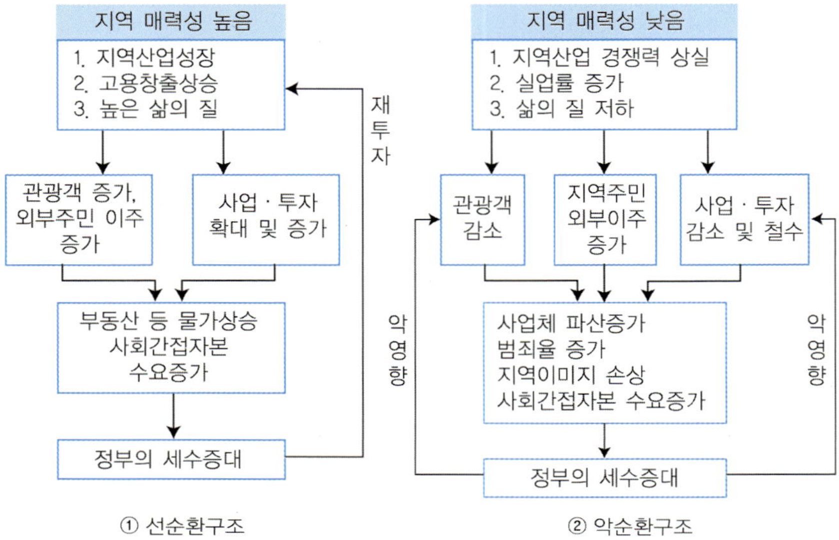

(출처: Kotler, et al., 1993.[1])

[그림 4-1] 지역의 선순환과 악순환 구조

2) 관광목적지 발전단계

관광목적지의 발전단계는 지역, 국내, 국제 단계별로 구성된다[그림 4-2]. 여기서 중요한 사항은 국제관광지로 발전해 간다는 것은 하위단계의 지역 및 국내관광지특성이 사라지는게 아니라 이런 단계까지 포괄적으로 포함하면서 국제적 경쟁력을 갖춘 관광목적지가 된다는 것이다. 각 단계별 구분기준은 방문객 수, 방문객 거주지역, 외래관광객 수, 외래관광객 국적 다양성 및 전반적인 인지도 등이 될 수 있다.

① 지역관광지는 말 그대로 지역주민들을 주요 시장으로 하는 관광지나 매력물을 말한다. 초기부터 국제적 규모로 투자가 되지 않는 한 대부분의 관광지들은 지역관광지 단계로부터 시작한다. 대도시에 위치한 관광지들은 방대한 지역시장에 기반하여 국

1) Kotler, P., Haider, D., and Rein, I.(1993). Marketing Places. New York: Free Press.

내 및 국제단위로 비교적 빠른 시간 안에 발전할 수 있지만 중소도시에 위치한 관광지들은 투자규모에 따라 오랜 세월에 걸쳐 단계별로 발전할 수도 있고 초기부터 큰 투자유치를 통해 국내 및 국제관광목적지를 지향할 수도 있다. 그러나 일부사례를 제외하고 많은 지역관광지들은 관광매력도와 경쟁력 측면에서 국내와 국제관광지로 발전하지 않으면 도태될 수 밖에 없는 한계를 갖는다.

[그림 4-2] **관광목적지 발전단계**

② 국내관광지는 지역과 국제관광목적지의 중간단계로서 국민들을 주요 시장으로 하는 관광목적지를 말한다. 전반적인 인지도, 방문객 수, 방문객 거주지역, 외래관광객 수 차원에서 지역관광지와는 큰 차이를 갖는다. 그러나 아울러 단계별 구분기준 차원에서 국제관광지와도 많은 차이를 갖는다. 현재까지 일반적인 기준은 없으나 외래관광객의 비중이 10% 미만이면서 이들의 국적 다양성이 거의 없거나 인지도측면에서 크게 국내에 머물고 있는 경우 국내관광지단계로 보는 것이 합당하다.

③ 국제관광지는 높은 국제적 인지도를 바탕으로 해외관광객을 주요 시장으로 하는 관광목적지를 말한다. 전체 방문객 중 외래관광객의 비중이 최소 30% 이상으로서 이들의 국적 다양성과 국제적인 인지도를 갖고 있는 경우가 해당한다. 국제관광지는 크게 지리적 특성상 역내와 역외 관광목적지로 구분할 수 있다. 역내는 보통 비행시간 7시간 이내로서 대륙권내(예: 아시아대륙 내, 아메리카대륙 내 등) 국제관광목적지를 말하며 역외는 7시간 이상의 비행시간이 소요되는 대륙 간(예: 아시아-유럽 간) 이동을 필요로 하는 국제관광목적지를 말한다.

3) 서비스투어리즘의 개념

지역과 국내관광지단계를 지나 명실상부한 국제적 수준의 관광목적지가 되기 위해서는 고도의 서비스경쟁력과 차별화된 서비스상품, 독특한 자연환경과 인문환경, 잘 갖추어진 사회간접자본시설, 양호한 접근성, 편의성, 매력성 등이 갖추어져야 한다. 어떤 지역은 천혜의 자연환경 또는 화려한 역사적 자원을 기반으로 쉽게 국제관광지로 도약하기도 한다. 그러나 사실 특별하지 않은 지역이 없는 것처럼 대다수의 많은 지역은 고유성과 잠재성을 갖고 있으나 비전 및 전략 부재, 투자부족 등 여러 요인에 의해 현재 단계에 머물고 있다.

관광목적지의 성패는 근본적으로 관광객의 소비트렌드변화에 얼마나 대응하고 적응하는가에 달려 있다. 지난 수십 년간 관광트렌드의 변화는 크게 유람관광(sightseeing)에서 체험 및 테마관광(experiential and thematic tourism)으로 패러다임이 전환되어 왔으며 오늘날은 서비스투어리즘(service tourism)으로 전환되고 있다[그림 4-3]. 여기서 패러다임의 전환이란 의미는 앞서 설명된 관광목적지 발전단계처럼 하위단계의 관광활동 자체가 사라진다는 것이 아니라 존속은 하지만 고부가가치의 관광은 상위단계로 갈수록 커지며 관광객들의 소비욕구 및 패턴이 상위단계로 무게중심이 이동한다는 뜻이다.

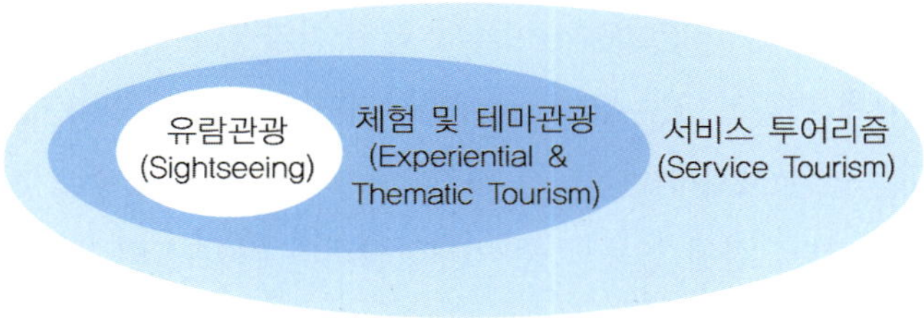

[그림 4-3] 관광패러다임의 변화

▌서비스투어리즘이란?

서비스투어리즘이란 일차적으로 관광이 교육, 의료, 휴양, 레저 등의 서비스부문과 나아가 1, 2차산업과도 융복합화되어 시너지효과가 극대화되는 관광활동 또는 전략을 말한다.

서비스투어리즘의 특성을 요약하면 다음과 같다.

① 관광이 매우 포괄적으로 여타 서비스부문과 융복합화 하는 것이다. 이에는 교육, 의료, 문화, 복지, 휴양, 레저, 여가, 컨벤션, 쇼핑, 식음료 등이 포함된다.

② 융복합화가 확대되어 1, 2차 산업과도 연계되는 것으로서 기존의 농촌관광, 생태관광, 산업시찰과 같은 체험 및 테마관광보다 범위(scale) 및 내용(content) 등 모든 측면에서 포괄성, 구체성, 다양성, 개별성 등의 서비스적 특성이 한층 강화되는 것이다.

③ 1, 2, 3차 산업과 관광부문의 융복합화가 이루어지면서 모든 산업부문에 호스피탈리티(Hospitality)적 특성이 강조되며 점진적으로 서비스투어리즘으로 수렴되는 현상을 보인다.

④ 지역차원에서는 보는 관광 → 체험 및 테마관광 → 서비스투어리즘으로 관광패턴이 전환될수록 고부가가치 관광패러다임이 형성되는 것이다. 아울러 지금까지 여타 산업부문과 연계성이 낮게 상당부분 독자적으로 개발 또는 관리되어온 관광부문이 융복합화를 통해 새롭게 구성되는 신 포트폴리오전략이다.

⑤ 관광소비자들의 트렌드는 전반적으로 고급화, 다양화되고 있으며 각 세분화된 시장별로 서비스투어리즘에 대한 수요가 증가하고 있다.

다음은 관광패러다임별 특성을 정리한 것이다〈표 4-1〉.

| 표 4-1 | 관광패러다임별 특성

특성	유람관광	체험 및 테마관광	서비스투어리즘
1. 산업연계성	낮음	중간	매우 높음
2. 서비스적 특성	낮음	중간	매우 높음
3. 범위	지역적	지역+국내적	지역+국내+국제적
4. 주요자원	자연자원	자연+인문자원	자연+인문+지식자원
5. 민-관 파트너십 수준	낮음	중간	매우 높음
6. 관광유형	대중관광	중소규모관광	고객맞춤형 관광
7. 체류기간	단기	단기+중기	단기+중기+장기
8. 재방문	낮음	중간	높음
9. 경쟁력 요소	가격	가격+차별화	가격+차별화+서비스

특성	유람관광	체험 및 테마관광	서비스투어리즘
10. 목표	방문객 수	방문객수+만족도	만족도+삶의 질 향상
11. 주요 과제	마케팅	마케팅+R&D	마케팅+R&D+혁신
12. IT활용도	낮음	중간	높음
13. 인적자원수준	낮음	중간	높음

서비스투어리즘전략의 필요성은 다음과 같이 요약할 수 있다.

① 관광부문이 다른 산업과 기본적으로 연계되어 있는 특성을 극대화시킬 필요가 있다.

② 지역이 단기 체류 중심의 일상적인 관광행태로부터 벗어나 단·중·장기체류의 복합적인 고부가가치 관광행태로 전환시킬 필요가 있다.

③ 지역이 비효율적인 관광부문에 의존함으로써 발생될 수 있는 위험성으로부터 벗어날 필요가 있다.

④ 시장의 변화는 지역이 대응하고 적응하는 것보다 훨씬 빨리 변화하고 있으며 이에 지역 간 경쟁도 심화되고 있다. 고도의 경쟁력을 갖추기 위해서 상위단계의 관광패러다임인 서비스투어리즘으로의 전환이 필요하다.

2. 서비스투어리즘전략의 구성요소

서비스투어리즘전략의 구성요소는 크게 ① 기획집단(Planning group), ② 마케팅요소(Marketing factors), 그리고 ③ 표적시장(Target markets)으로 나눌 수 있다[그림 4-4].

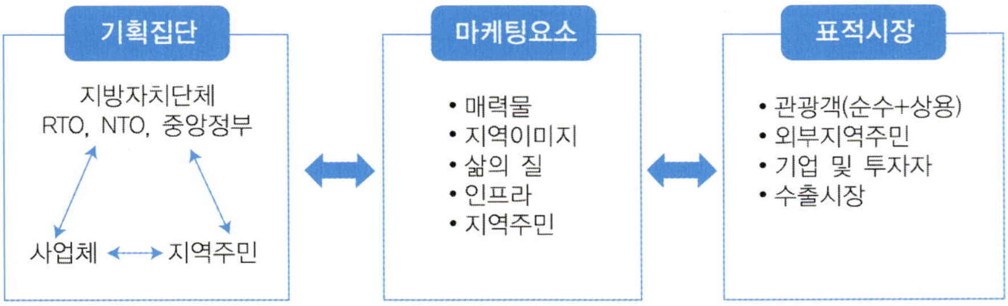

Note: RTO(Regional Tourism Organization: 지방관광공사)/NTO(National Tourism Organization: 국가관광공사)
(출처: Kotler, et al., 1993 근거로 저자 재구성)

[그림 4-4] 서비스투어리즘전략의 구성요소

1) 기획집단(Planning group)

누가 서비스투어리즘전략을 수행하는가? 기획집단은 크게 공공부문으로서 지방자치단체와 지방관광공사(RTO), 그리고 이들을 지원하는 국가관광기구(NTO)와 중앙정부로 구성된다.

서비스투어리즘 마케팅 대상이 국가단위이면 후자들이 주체가 된다. 기획집단을 구성하는 민간부문은 다양한 사업체와 지역주민들로서 이들과 공공부문과의 민 - 관 파트너십(Public - Private Partnership)은 서비스투어리즘 마케팅활동에 있어 가장 기본적이면서도 중요한 요소이다. 파트너십 구축을 통해 ① 문제진단 → ② 비전 및 목표설정 → ③ 계획수립(Plan) → ④ 실행(Do), 모니터링(See) 및 평가과정을 통해 지역 마케팅활동을 수행한다. 기획집단 내 세 구성요소의 각 역할도 매우 중요하다. 중앙정부와 지방자치단체는 예산확보와 집행, 정책수립 및 집행, 각종 사업의 관리 및 감독 등을 수행하는데 원칙적으로 이들의 활동은 세금을 기반으로 한 것이기 때문에 지역주민의 대리인(Proxy) 역할을 하는 것이다. 지방 및 국가관광공사는 실질적인 지역 및 국가마케팅활동을 수행하며 민간부문으로서 사업체와 지역주민들도 각각 서비스투어리즘 마케팅활동에서 중요한 역할을 수행한다. 여기서 주목할 점은 사업체는 관광사업체를 포함한 지역의 부동산, 은행, 상공인 단체 등 매우 포괄적인 범주의 사업체를 의미한다는 것이다. 아울러 각종 관광관련 개발사업과 관련하여 지역주민의 동의와 지지는 매우 중요한 요소이며 또한 주민의 친절도도 이에 포함된다.

2) 마케팅요소(Marketing factors)

어떻게 서비스투어리즘전략을 실행하는가? 서비스투어리즘전략의 실행은 마케팅활동을 중심으로 이루어지며 이를 구성하는 요소에는 ① 매력물, ② 지역이미지, ③ 삶의 질, ④ 인프라 그리고 ⑤ 지역주민이 포함된다. 이 다섯 가지 요소는 개별적으로 존재하는 것이 아니라 상호 연계되어 있다는 점을 명심해야 한다.

① 매력물(Attractions)

서비스투어리즘은 관광이 지역의 여타 산업과 연계되는 융복합화 전략이다. 따라서 지역의 관광지, 관광시설은 물론이고 학교, 연수원, 병원, 문화시설 및 공연, 복지시설 및 프

PART 2

로그램, 휴양시설, 레저스포츠 시설(골프장 등), 컨벤션 시설, 식음료, 쇼핑시설(면세점, 아울렛, 쇼핑몰 등), 농・어촌, 산업시설 등 모두가 직접적이고 잠재적인 지역의 매력물에 포함된다.

② 지역 이미지(Place image)

관광이라는 서비스 속성 상 지역의 이미지마케팅은 중요한 역할을 수행한다. 사람들이 어떤 지역 이름을 떠올릴 때 생각나는 그 지역이미지는 무엇인가? 결국 지역은 이미지를 소비자에게 각인시키고 상품화시킨다. 소비자들은 그들이 갖고 있는 긍정적인 지역이미지에 근거하여 관광목적지를 선택하게 된다. 지역이미지는 크게 다음과 같이 6개로 구분할 수 있으며 이는 현재 해당지역이 어떤 이미지를 창출하도록 노력해야 하는지에 대한 기본 방향을 제시해 준다[그림 4-5]. 대부분의 관광목적지들은 혼합된 이미지를 갖고 있다.

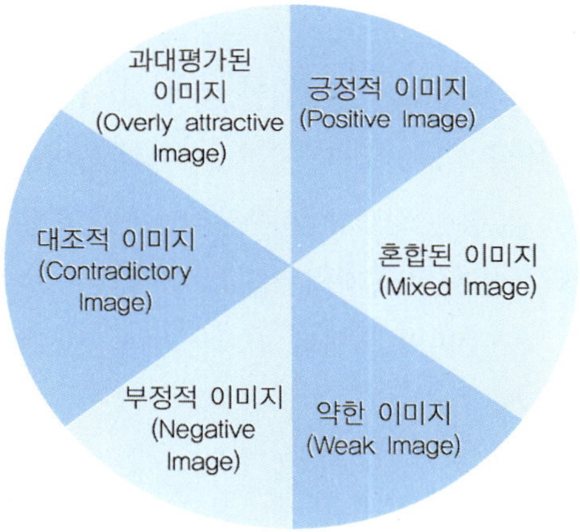

(출처: Kotler, et al., 1993)

[그림 4-5] 지역이미지 카테고리

③ 삶의 질(Quality of life)

서비스투어리즘 마케팅 요소 중 가장 근본적이면서 중요한 것이 바로 삶의 질이다. 삶의 질은 깨끗한 자연환경, 풍부하고 우수한 인문환경, 잘 갖추어진 인프라 및 다양한 매력물, 적정수준의 물가 등 경제환경에 의해 결정된다. 이 중에서 특히 우수한 교육기관(초・중・고・대학교)과 의료기관(병・의원)은 가장 생활 밀착도가 높은 것들로서 지역의 매력도를 한층 높이는 중요한 마케팅요소이다.

④ 인프라(Infrastructure)

지역의 인프라도 가장 기본적인 요소로서 공항, 항만, 도로, 수도, 전기, 상·하수도, 호텔, 리조트, 컨벤션시설 등을 포함하며 삶의 질과 매우 높은 연계성을 갖는다. 예를 들어 어떤 관광목적지가 공항수용능력이 부족하여 접근성이 떨어진다면 어떤 마케팅활동을 하더라도 의미가 없을 것이며, 컨벤션시설이 없다면 대규모 국제회의를 유치하지 못할 것이다.

⑤ 지역주민(People)

서비스투어리즘의 마지막 마케팅요소는 바로 지역주민이다. 어떤 지역의 이미지는 일정부분 지역주민과 연계되어 있다. 친절하고 우호적인 지역주민에 대한 이미지는 곧 해당 지역 이미지를 긍정적으로 만든다. 이러한 점에서 관광객들과 지역주민이 대면하는 시간과 장소가 곧 서비스접점이며 현실적으로 택시, 숙소, 쇼핑 및 관광지에서 대부분의 서비스접점이 발생하기 때문에 지역차원에서는 이에 대한 관심과 차별적인 서비스접점 관리가 필요하다.

3) 표적시장(Target markets)

서비스투어리즘전략의 대상은 누구인가?

서비스투어리즘전략의 대상인 표적시장은 크게 ① 관광객, ② 외부지역주민, ③ 기업 및 투자자 그리고 ④ 수출시장으로 구분할 수 있다.

① 관광객

우리가 흔히 말하는 관광객은 그야말로 다양하고 광범위한 계층을 모두 포함하고 있다. 관광객은 크게 여행목적에 따라 순수관광객과 상용관광객으로 구분할 수 있으며 각 관광객 그룹별로 인구통계학적(성별, 나이, 소득, 교육수준 등), 사회심리학적(가치관, 라이프스타일 등), 그리고 인지행동적(여행행태, 방문횟수 등) 기준에 따라 관광객을 세분화(Segmentation)하는 것이 매우 중요하다. 관광목적지가 모든 관광객을 대상으로 마케팅활동을 하는 것은 매우 비효율적이며 관광트렌드와 내부역량에 맞추어 선별적으로 특화된 지역마케팅을 하는 것이 효과적인 방법이다.

② 외부지역주민

서비스투어리즘전략의 대상인 외부지역주민들은 전문직 종사자, 숙련 기술자, 자산가, 사업가, 이주자 등이 포함된다. 외부지역주민의 유치에 가장 효과적인 것은 경쟁력 있는 교육기관(초·중·고·대학교)의 존재이다. 어떤 경우에는 저출산·고령화 등의 이유로 외국으로부터 숙련 또는 비숙련 근로자들의 이주가 필요할 수도 있다. 아울러 경쟁력 있는 의료기관의 존재도 지역을 매력적으로 만들 수 있는 매우 중요한 요소이다.

③ 기업 및 투자자

기업유치 및 투자유치는 고용창출을 유발하고 지역의 경제성장을 주도할 수 있는 매우 중요한 요소이다. 우수한 교육기관과 의료기관이 있다고 하더라도 지역 내에서 학교를 졸업한 많은 젊은이들이 취업을 위해 역외로 유출된다면 지역발전에 큰 장애요인이 된다. 21세기는 산업도시가 아니라 친환경적인 지식기반의 도시 패러다임 시대이다. 기존의 산업도시들도 친환경적 기술을 접목하여 쾌적한 환경도시로 재탄생하고 있다. 기업 및 투자유치를 위해서 지역차원에서는 우수한 인력자원, 친 비즈니스 환경, 잘 정비된 인프라, 양질의 교육 및 의료기관 그리고 수준 높은 삶의 질을 유지할 수 있도록 노력을 해야 한다.

④ 수출시장

수출시장 또한 중요한 표적시장 중의 하나이다. 내수시장이나 자원이 부족한 지역일수록 수출주도의 성장전략이 유효하다. 관광목적지도 관광객만 유치하는 것이 아니라 지역특산품과 제품들을 친환경적인 지역이미지와 연계하여 다양한 수출시장을 확보하는 것이 관광과 1·2차 산업과의 시너지를 극대화하는 것이다. 제주의 삼다수나 피지(Fiji)섬의 생수 피지가 친환경적인 휴양관광지 이미지를 기반으로 수출되는 것이 예라고 할 수 있다.

3. 서비스투어리즘전략 수행과정

관광목적지의 서비스투어리즘전략 수행과정은 표적시장의 지역선택과정에 대한 이해를 기반으로 하여 이루어져야 한다. 표적시장별로 선택을 하는데 있어 중요도(levels of commitment)에 따라 크게 세 분류로 구분할 수 있다. 첫째는 중요도가 매우 높은 선택으로서 기업의 본사 이전, 투자 최적지 선정, 주거지 이전, 장기 휴양관광체류지 선정 등과 같이 선택과정에 있어 많은 정보와 시간 및 평가를 필요로 하는 선택을 말한다[그림 4-6].

둘째는 이미 특정한 지역에 대해 일정 수준의 지식 또는 네트워크가 형성된 단계에서 이루어지는 선택이다. 예를 들면 선호하는 관광지에 소재한 콘도미니엄 구입, 골프회원권 구입, 별장(second house) 구입 등이 포함된다. 셋째는 과거 방문경험에 따른 만족, 관광목적지의 명성 등에 의해 단기 방문 목적으로 이루어지는 선택이다. 주말, 공휴일, 휴가 등을 이용하여 익숙한 관광지를 재방문하는 것이 이에 해당한다. 서비스투어리즘의 특성은 소비자들의 선택적 중요도가 높은 단계로 올라갈수록 많아진다.

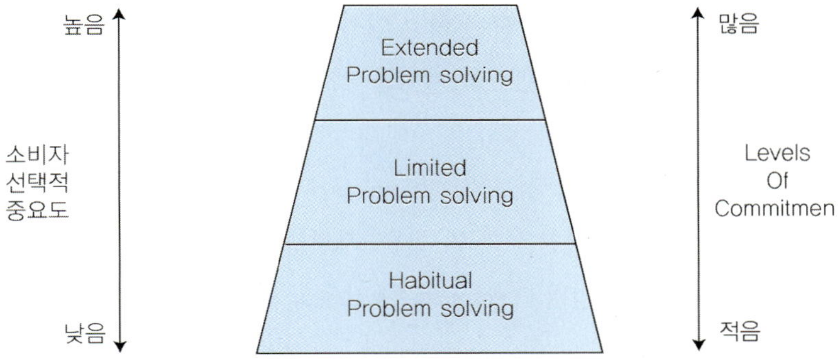

(출처: Howard & Sheth, 1969[2]에 근거하여 저자 재구성)

[그림 4-6] **소비자의 선택적 중요도**

1) 표적시장의 지역선택과정

표적시장의 지역선택과정은 기본적으로 소비자들의 서비스(또는 제품) 구매과정과 유

2) Howard, J. and Sheth, J.(1969). The theory of buying behavior. New York: Wiley.

사하다고 할 수 있다[그림 4-7]. 지역(관광목적지) 선택과정은 ① 필요인식단계(Awareness) → ② 정보탐색단계(Information search) → ③ 평가단계(Evalution) → ④ 결정 및 방문단계(Purchase decision & visit) → ⑤ 방문 후 행동단계(Post-visit behavior)로 구성된다.

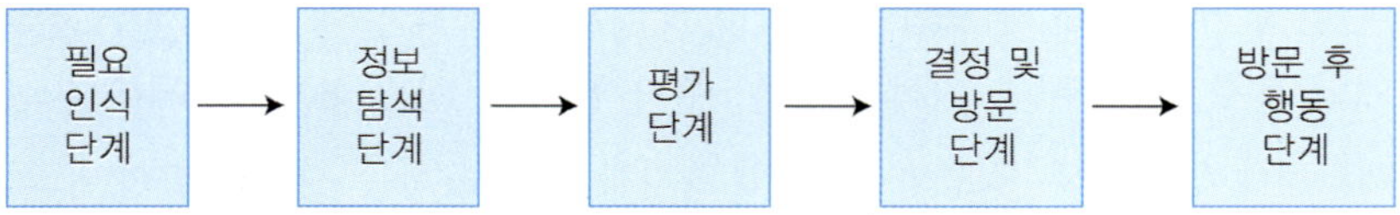

[그림 4-7] **표적시장의 지역선택과정**

예를 들어 정기적으로 대규모 컨퍼런스를 주최하는 H학회에서 내년도 학회를 어디에서 개최할 것인가를 결정한다고 가정하자.

① 필요인식단계에서는 다양한 참여자들이 있을 수 있다. 학회 임원 회의에서 A, B, C 세 도시의 컨벤션센터 중 하나를 선택하는 방안을 건의하면(Influencer의 역할) 학회장은 가격, 편의성, 지자체 지원수준 등을 고려하여 한 곳을 선택(Decision maker의 역할)할 수 있다. 다시 최종안은 학회 임원회의를 통해 승인(Approver의 역할)되고 컨벤션센터 측과 개최와 관련한 계약을 맺고(Buyer의 역할) 학회회원들은 User의 역할을 수행하게 된다.

② 정보탐색단계에서는 다양한 정보 원천(Sources)으로부터 A, B, C 세 도시에 대한 정보를 구하게 된다. 정보 원천은 가족, 친구, 지인들로 구성된 Personal sources, 광고 및 홍보 자료 등으로 구성된 Commercial sources, 인터넷, TV, 언론, 전문가로 구성된 Public sources, 직접 방문인 Experiential sources 등을 포함한다.

③ 평가단계에서는 A, B, C 각 도시와 개최 장소에 대한 매력도를 총체적으로 비교하게 된다. 다음은 각기 다른 소비자계층별로 어떤 속성에 대해 평가하는지를 예를 든 것이다.

- 컨벤션: 컨벤션 시설, 수용능력, 접근성, 서비스, 비용, 지자체 지원 수준 등
- 휴가여행: 관광지 매력도, 이미지, 기후, 관광활동 다양성, 비용 등
- 이주: 고용기회, 우수한 교육기관, 교통접근성, 물가수준, 삶의 질 등

컨벤션 개최장소 평가의 경우 〈표 4-2〉와 같이 세 도시를 각 속성별로 점수를 부여한

후 속성 중요도(가중치)를 곱해 총점을 산출할 수 있으며 이를 기대치 모형(Expectancy value model)이라고 한다.

| 표 4-2 | 예시: 컨벤션 개최지 속성별 평가(기대치 모형)

속성 / 지역	컨벤션시설 (30%)	수용능력 (20%)	접근성 (10%)	서비스 (10%)	비용 (10%)	지자체지원 수준(20%)
A	10	8	7	4	7	5
B	8	9	9	5	6	4
C	6	7	9	6	5	6

Note: 0점: 최저~10점: 최고

A 도시 = 0.3(10) + 0.2(8) + 0.1(7) + 0.1(4) + 0.1(7) + 0.2(5) = 7.4

B 도시 = 0.3(8) + 0.2(9) + 0.1(9) + 0.1(5) + 0.1(6) + 0.2(4) = 7.0

C 도시 = 0.3(6) + 0.2(7) + 0.1(9) + 0.1(6) + 0.1(5) + 0.2(6) = 6.4

기대치 모형에 의하면 학회 개최 장소는 A로 결정된다. B와 C도시입장에서는 ⓐ A와 비교하여 부족한 속성을 개선하는 방안, ⓑ 속성별 가중치(중요도)를 변경하는 방안, ⓒ 차별화된 새로운 속성을 제시하는 방안, ⓓ 중요도가 낮다고 인식하는 속성에 대한 재인식을 유도하는 방안, ⓔ 경쟁도시 이미지를 재인식하도록 유도하는 방안(competitive depositioning) 등을 고려할 수 있다.

④ 결정 및 방문단계에서는 최종적으로 특정 지역을 결정하게 되는데 현실적으로 평가단계에서 최적 후보지로 선정된 곳이 결정될 수도 있고 그렇지 않을 수도 있는데 그 이유는 소비자의 선택과정은 시간이 경과되면서 여러 가지 변수가 충분히 발생할 수 있기 때문이다.

⑤ 방문 후 행동단계는 컨벤션 참가자들의 만족도, 재방문의사, 타인에게 추천할 의사가 있는지, 어떤 사항에 대해 중요하게 고려하는지(중요도-만족도 조사) 등을 파악하여 지속적인 고객관계관리(CRM: Customer Relationship Management)를 전개하는 것으로서 서비스부문에서는 특히 이러한 사후관리가 매우 중요하다.

PART 2

2) 서비스투어리즘전략 과정

서비스투어리즘의 전략과정은 ① 지역분석(Place audit) → ② 비전 및 목표설정(Vision and goals) → ③ 전략수립(Strategy formulation) → ④ 실행계획(Action plan) → ⑤ 실행 및 관리(Implementation, monitoring & control)로 구성된다.

서비스투어리즘전략 과정

① 지역분석(현재 우리의 상황은 무엇인가?) - 지역이 보유하고 있는 유·무형의 자원과 상황을 객관적으로 분석한다.

② 비전 및 목표(우리 지역의 발전상은 무엇인가?) - 비전은 지역주민과 공유하는 발전상이며 목표는 이를 구체화시킨 것으로서 단계적으로 제시하는 것이 좋다.

③ 전략수립(어떻게 목표를 달성할 것인가?) - 목표를 달성하기 위한 방법을 큰 틀(framework) 안에서 제시하는 것이다.

④ 실행계획(구체적으로 전략을 어떻게 실천할 것인가?) - 전략의 틀 안에서 목표를 달성하기 위해 구체적으로 무엇을 해야 하는지를 제시하는 것이다.

⑤ 실행 및 관리(실천하며 계획대로 수행되고 있는가?) - 전략계획을 실천하면서 모니터링하고 관리하는 것을 말한다.

4. 서비스투어리즘전략의 기본방향

서비스투어리즘전략의 기본방향(Strategy direction)은 [그림 4-8]과 같이 구성될 수 있다. 관광부문은 교육·의료·문화·복지·1·2차 산업과 같이 일차적으로 「지역 연계성이 높은 부문들」과 휴양·여가·레저·컨벤션·쇼핑·식음료·생태와 같이 「관광 관련성이 많은 부문들」로 나누고 지역상황에 맞추어 선택적으로 연계성을 강화할 수 있다. 전략을 수행하는 방법으로는 ① 지역개발/보전(Community development/conservation), ② 도시 디자인/기획(Place design/planning), ③ 연구 및 개발(Research and development), 그리고 ④ 지역마케팅(Place marketing)이 있다.

① 지역개발/보전 - 지역개발의 기본적인 목표는 지역주민의 삶의 질을 향상시키는 데 있다. 교육, 의료, 문화, 복지부문과 1, 2차 산업부문, 치안, 인프라차원에서 우수한 시스템을 구축하고 친환경적 개발과 보전의 균형을 이루어 지속가능한 관광을 추구한다.

② 도시 디자인/기획 - 21세기 도시 경쟁력은 도시 디자인에서 나온다는 것처럼 디자인은 무형자산으로서 매우 중요한 요소이다. 독특한 건축물 하나가 그 도시의 랜드마크(landmark)로서 관광매력물이 되듯이 도시 전체적인 디자인은 중요한 역할을 한다. 건축, 조경, 간판, 교통 체계, 청결성, 환경적 측면에서 디자인 경쟁력을 갖추는 것이 필요하다. 도시기획의 목표도 지역주민이 높은 삶의 질을 향유할 수 있도록 하는데 있다. 기본 전제는 살기 좋고 일하기 좋고 즐길 수 있는 도시를 만들면 방문객도 증가한다는 것이다.

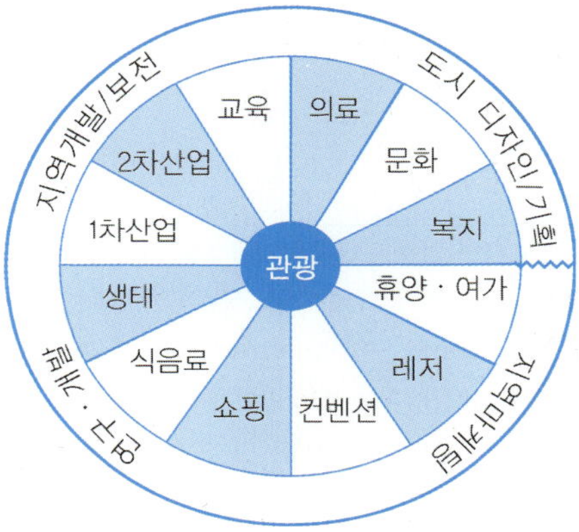

[그림 4-8] 서비스투어리즘전략의 기본방향

③ 연구·개발 - 연구 및 개발은 지식기반형 서비스투어리즘전략에 있어 필수요소이다. 관광지들의 다양한 콘텐츠(Contents)나 스토리텔링(Story-telling)형 관광서비스 개발, 친환경적 관광코스개발, 정보기술(IT)과 접목된 관광 등 모든 분야에 연구·개발은 적용된다.

④ 지역마케팅 - 「21세기 조직은 연구·개발(R&D)과 마케팅을 제외하고는 모든 것을 아웃소싱할 수 있다」는 피터 드러커(Peter Drucker)교수의 말처럼 마케팅은 연구·개발과 더불어 지역의 핵심역량으로 인식되고 있다. 관광목적지의 발전단계가 지역, 국가, 국제단위로 확대되는 것처럼 마케팅도 지역, 국가, 국제적 범위로 전략적 활동 영역이 확장된다. 지역마케팅은 시장을 개발하는 것이 상품을 개발하는 것보다 우선시된다는 전제하에 표적시장(Target market)에 대한 연구가 반드시 선행되어야 한다.

제 2 절 서비스투어리즘의 전략실행

1. 외래관광객 유치전략 활동

외래관광객 유치전략은 크게 세분화, 표적화, 포지셔닝의 세 단계로 구성된다.

1) 세분화(Segmentation)

목적 (Purpose)	우리가 흔히 말하는 관광객이란 그야말로 광범위하고 다양한 불특정 다수를 의미한다. 서비스투어리즘전략의 기본적인 전제는 세분화된 관광객 그룹별로 이들의 동기(motivation), 선호도(preference), 여행유형(pattern) 그리고 방문 만족도(satisfaction)가 다르다는 것이다. 따라서 관광객 유치전략의 시작은 관광객 세분화(segmentation)부터 시작해야 한다.

관광객세분화의 기준은 수요자측면에서 인구통계학적 기준(연령, 소득, 가족 수, 직업, 교육수준 등), 사회심리적 기준(가치관, 라이프스타일, 동기 등), 인지행동적 기준(편익, 관광행태, 충성도, 선호도 등) 등으로 나눌 수도 있고 공급자측면에서 가격 및 서비스 품질별로 프리미엄 및 중저가 관광상품 또는 에어텔(airtel: 항공과 숙박+렌트카 예약)상품 등 관광지의 특성을 반영하여 여행사가 자체적으로 구성하는 관광상품들이 포함된다. 이러한 기준들은 현실적인 마케팅활동에서는 독자적으로 사용되는 것이 아니라 다른 기준과 함께 사용된다. 다음의 예를 참조하라.

[예] A지역의 어떤 소득계층(인구통계학적 기준)은 쇼핑관광에 관심이 많으며(사회심리적 기준) 평균적으로 해외여행시 면세점에서 특정 품목을 선호하고 얼마 정도를 소비한다(인지행동적 기준)

아울러 관광은 장소이동의 개념으로서 물리적 거리에 따라 지역시장(Local market), 국내시장(National market), 해외시장(International market)으로 크게 구분하고 여행목적에 따라 순수관광과 상용관광으로 나누어 위에서 언급한 시장세분화 기준을 적용하는 것이 일반적이다[그림 4-12].

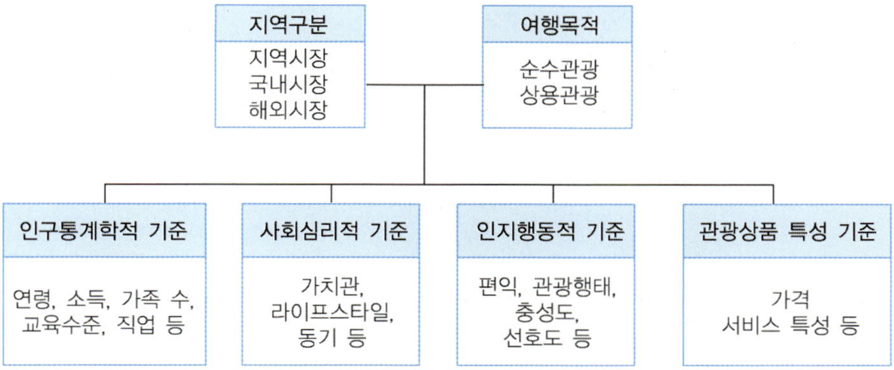

[그림 4-12] 관광객 시장세분화 기준

국제관광은 지역구분 중 당연히 해외시장에 대한 영역을 말하며 그 외 여행목적, 인구통계학적 기준, 사회심리적 기준, 인지행동적 기준 및 관광상품 특성 기준이 적용되는 것은 동일하다. 특히 지역(Destination)이 외래관광객 유치에 주목해야 하는 이유는 국제관광의 필요성에서 언급되었듯이 관광목적지의 발전단계가 지역 → 국내 → 국제 단위로 영역이 확대되어 가는 것뿐만 아니라 경제적 · 사회 문화적 측면에서 파급효과가 큰 고부가가치 관광시장이기 때문이다.

2) 표적화(Targeting)

서비스투어리즘전략의 다음 단계는 세분화된 외래관광객 그룹별로 우선순위를 정하고 선택과 집중 차원에서 마케팅 활동을 전개하는 것이다. 여기서 중요한 사항은 이러한 마케팅 활동의 대상에 현존 시장뿐만 아니라 잠재적 시장도 포함된다는 것이며 홍보(PR: Public Relations)와의 차이점은 연구 및 서비스 상품/시장개발(R&D)활동이 필수적이라는 것이다. 주요시장에 대한 표적화(Targeting)단계에서 필요한 활동은 현존 또는 잠재 해외관광객들의 특성(Consumer needs)을 파악하는 것이다[그림 4-13].

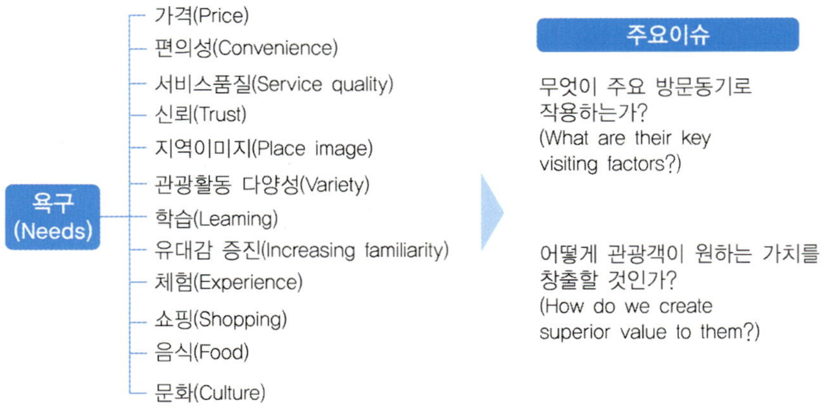

[그림 4-13] **외국관광객 욕구분석**

3) 포지셔닝(Positioning)

포지셔닝이란 관광객들의 마음속에 어떤 특정한 이미지로 각인되는 것을 말한다. 표적화된 관광객 그룹별로 지역(destination)이 제공할 수 있는 가치를 제공하고 지속적인 소통(communicating)을 통해 긍정적인 인식을 심는 것이다.

① 가치명제 설정

가치명제(Value proposition)란 특정한 관광객 계층에 대해 지역이 제공할 수 있는 가치의 내용을 구체적으로 명시화하는 것을 말한다. 가치명제가 명확히 설정되기 위해서는 다음과 같은 조건이 충족되어야 한다.

- 목표고객층이 명확하고
- 제공되는 편익이 구체적으로 설정되고
- 경쟁지역의 가치명제에 비해 우월하고
- 지역의 자원과 능력을 통해 실현가능하고
- 충분한 수요가 있고 수익가능성이 있어야 한다.

② 가치전달시스템 구축

해외관광객의 활동은 ⓐ 준비단계 → ⓑ 방문 → ⓒ 방문 후 단계로 이루어지는데 지역의 가치전달은 방문단계에만 수행되는 것이 아니라 모든 단계에 걸쳐 이루어지게 된다.

준비단계에 있어 입국 요건(사증제도) 및 절차 간소화, 지역에 대한 구체적이고 신뢰성 있는 정보, 방문단계에 있어 기대(expectation) 대비 실제적으로 체감하는 만족도, 방문 후 회상단계에서 형성되는 지역이미지와 추천의사 등에 있어 핵심가치를 온라인과 오프라인을 통해 효과적으로 전달할 수 있어야 한다.

③ 장기적인 관계 구축

한번 방문했던 관광객을 우군으로 만들고 장기적으로 팬(Fan)으로 발전시켜 나가는 것이 고객관계관리(CRM: Customer Relationship Management)철학이다. 장기적인 관계구축에 있어 가장 핵심적인 가치는 관광객이 해당 지역에 갖는 신뢰(trust)라고 할 수 있다. 즉 구전효과(Word-of-Mouth)든 지속적인 방문이든 여행경험이 기대와 필요를 충족시켜준다는 믿음이 없이는 장기적인 관계가 형성될 수 없기 때문이다.

2. 비즈니스 활성화 전략활동

지역의 경제 활성화를 위한 비즈니스 유치 및 확대전략은 크게 다음과 같은 유형들을 포함하며 작게는 ②~⑤번까지의 활동을 포함한다.

① 관광객 유치(Attracting tourist and business visitors)

② 사업체 및 투자유치(Attracting businesses and investments from elsewhere)

③ 지역 내 경기활성화(Retaining and expanding existing business)

④ 지역 내 중소기업 및 창업활성화(Promoting small business and fostering new business start-ups)

⑤ 수출증대(Expanding exports)

⑥ 인구증대 및 고급인력 유치(Expanding the population and changing the mix of residents)

관광목적지를 포함하여 어떤 지역에 본사나 지역사무소 등의 이전, 쇼핑몰 등을 포함한 투자가 이루어지기 위해서는 다음과 같은 요소들이 지역차원에서 얼마나 매력적인가에 달려있다.

① 지역에서 전문화된 노동력 확보(Local labor market)

② 고객과 공급시장 접근 용이성(Access to customer & supplier markets)

③ 토지, 시설 및 인프라 개발 용이성(Availability of development sites, facilities & infrastructure)

④ 교통접근성(Accessibility of transportation)

⑤ 교육 및 의료(Education & medical services)

⑥ 삶의 질(Quality of life)

⑦ 사업 환경 및 연구개발 접근성(Business climate & Access to R&D facilities)

⑧ 자본 조달 용이성(Capital availability)

⑨ 세제혜택 및 각종 규제(Taxes & regulations)

관광객들의 소비트렌드가 있듯이 기업이나 투자자들도 지역에 대한 기대 트렌드가 있고 이것은 시대적 변화에 따라 함께 변화한다. 다음은 과거와 현재 기업 또는 투자자들의 기대 트렌드를 요약한 것이다〈표 4-4〉.

| 표 4-4 | 기업이나 투자자의 기대 트렌드

항목	과거	현재
노동력	저렴한 임금	우수하고 숙련된 노동력
세제환경	저렴한 세제	합리적인 세제에 양질의 서비스
인센티브	저렴한 토지, 노동력, 최소 생산비용	고부가가치적 양질의 생산요소 및 높은 삶의 질
생활환경	주택 및 교통중심	문화, 레저, 쇼핑, 교육, 의료, 삶의 질 중심
교육	다른 항목과 비교하여 상대적인 우선순위가 높지 않았음	다른 항목과 비교할 때 매우 높은 우선순위임
규제	최소화	합리적이고 융통성있는 규제
지방자치단체 역할인식	통제 및 감독	파트너십 관계

(출처: Kotler, et al., 1993에 근거하여 저자 재구성)

이러한 사항들을 고려하며 비즈니스 활성화 차원에서 지역의 전략 활동은 크게 다음과 같은 두 영역에서 이루어지는데 첫째는 외부로부터 투자나 사업체를 유치해오는 것과 둘째는 지역 내 경제를 활성화시키는 것이다. 이 두 가지는 주지하듯이 별개의 사항이 아니라 동전의 앞면과 뒷면과 같은 불가분의 관계에 있다. 지역마다 처해있는 상황과 보유자원이 다르기 때문에 다양한 발전전략이 있을 수 있으나 몇 가지 공통적인 원칙이 있으며 그 내용은 다음과 같다.

- 21세기의 중요한 이슈는 「환경」이다. 따라서 지역의 잘 보전되고 관리되는 자연환경은 삶의 질과 바로 연계되기 때문에 비즈니스 활성화전략에서 중요한 요소로 반드시 고려되어야 한다.
- 비즈니스 활성화전략은 여러 가지 전략적 대안을 발굴하고 이에 우선순위를 정하여 단계적으로 실행해 나가는 과정이다. 단계적으로 「선택과 집중」차원의 전략을 통해 파급효과를 기대하는 것이 효율적이다.
- 국내외 투자와 사업체 유치를 위한 지역의 매력요소는 앞서 기술되었듯이 다양하고 복합적이며 연계적인 성격을 갖고 있기 때문에 「산・관・학 협력체계 구축」이 필수적이며 인센티브 강화만으로는 분명한 한계가 있다.
- 기업 또는 투자자의 기대 트렌드에서도 제시되었듯이 교육, 의료, 문화, 레저 등 삶의 질과 더불어 적정한 물가와 부동산(주택)가격은 가장 「기본적인 삶의 질」을 결정하는 요소이다.
- 외부로부터 사업체나 투자를 유치하는 것과 지역 내 경기를 활성화시키는 것은 동일한 중요성을 갖는다. 외부유치사업체와 지역 내 기존 사업체가 「시장 확대」를 통해 상호 경쟁 및 협력(copetition: cooperation + competition)관계가 될 수 있도록 노력해야 한다.
- 21세기에 들어 지역 간 경쟁구도는 국내와 국제차원에서 심화되고 있다. 따라서 비즈니스 및 투자 수요 트렌드를 끊임없이 추적하고 적극적으로 「시장 창출」을 할 수 있는 역량을 개발해야 한다.
- 지역발전전략에 있어 항상 염두에 두어야 할 것은 「지속가능성(sustainability)」이다. 이것은 균형(balance), 안정성(stability), 단계적 발전(Incremental development), 그리고 합리적인 자원배분(Efficient resource allocation)과 같은 개념을 포함한다.
- 정부와 지방자치단체 간 권한위임과 각각의 역할에 대한 분명한 합의가 필요하다. 특히 한국은 중앙집권적인 특성이 전통적으로 강한 국가이다. 그러나 21세기 글로

벌 경쟁환경은 국가 간, 지역 간 양상으로 나타나고 있으며 따라서 국가 및 지역이 모두 「규모의 경제」를 키우고 「전략적 제휴」를 하는 방안을 적극적으로 모색할 필요가 있다.

사례 - 인천경제자유구역(www.ifez.go.kr)

2003년 8월 인천 광역시의 일부 지역이 국내의 여타 지역과는 차별화되는 자유로운 경영활동을 지원하는 경제자유구역으로 국내에서 처음으로 지정되었다. 이에 세 지구(송도, 영종, 청라)별로 비즈니스, IT·BT, 물류 및 관광레저허브전략을 수립하였다. 전국 6개 경제자유구역의 첫 사례로 인천경제자유구역의 발전모델은 중요성을 갖는다. 7년이 지난 2010년 시점에서 소기의 성과도 있지만 전반적으로 투자유치 및 실현은 매우 미흡한 것으로 평가된다.

성과 중 하나는 아시아교육허브로서 성장하기 위한 계획이 순조롭게 진행되고 있고 인천국제공항을 중심으로 한 물류서비스 등이 국제적인 경쟁력을 갖추게 되었다는 것이다. 인천 송도지구의 '글로벌 대학교'는 2009년 5월 20일 학교 건물기공식을 가졌는데 현재 뉴욕주립대학교, 노스캐롤라이나주립대학교, 남가주대학교 등 6개의 미국 명문대학교가 양해각서(MOU)단계를 넘어 본 계약을 체결하여 확장캠퍼스(Extended campus)를 설립하기로 하였다. 각 대학의 학생규모는 2,000~3,000명이며 앞으로 계획은 약 10개의 대학 이외에 기업연구소를 미국과 유럽에서 약 100개, 한국 및 아시아지역에서 약 100개를 유치하고 국내의 대학(연대, 고대, 서강대, 외대, 인천대, 인하대)들도 송도에 입주할 계획을 갖고 있다.

그러나 오늘날과 같은 속도의 경쟁에서 중국 싱가포르 등과 비교할 때 뒤처지고 있다는 평가가 있다. 인천광역시는 지자체가 인프라 구축에 힘을 쏟고 있으니 정부는 각종 규제 및 제도개선(예: 입주기업에 대한 세제 인센티브, 외국 교육기관·병원 유치제도 개선, 서비스업 분야 외국인 고용, 구역 내 개발 부담금 감면 등)에 주력해 달라는 반면 정부는 경제구역청장에게 강력한 권한을 부여하겠다는 입장이다. 즉 현재 광역단체장의 권한인 개발관련 인·허가, 외국인 투자유치업무에 관한 조례, 경제자유구역청 조직 및 예산 등에 관한 기본 운영규정제정 권한을 경제구역청장에게 넘기고 재정력 강화를 위해 독립적인 예산회계 신설, 구역청장명의의 지방채 발행 허용 등도 거론되고 있다. 이러한 정부의 구상안을 인천광역시는 경제자유구역을 특별지자체화 하려는 의도로 보고 있으며 개발지역 주변의 인프라구축 등에 있어 광역시와의 협력관계가 더욱 어려워지는 상황이라고 주장하고 있다.

지난 6년 동안 전국 세 곳의 경제자유구역 투자유치실적은 83조 2천억원 수준이며 이 가운데 70조원 정도가 인천이었고 나머지 두 곳은 6~7조원 수준에 그쳤다. 특히 그동안 맺은 투자유치 양해각서 48건 중 9건은 취소되었고 양해각서보다 낮은 단계인 투자의향서(LOI)는 52건 중 19건이 취소되었다. 송도 국제업무단지의 경우 지난 2002년 미국 투자그룹과 127억불의 외자유치계약을 맺었다고 발표한 것과는 달리 실제로는 2010년 2월까지 고작 3,350만 달러로서 목표액의 1% 수준인 것으로 나타났다.

(출처: 조선일보, 2010-1-21, 경민일보, 2010-2-4, KBS뉴스, 2010-2-7)

사례 - 제주국제자유도시(freecity.jeju.go.kr)

제주도는 지난 2001년 제정된 「제주국제자유도시 기본계획」 및 2006년 「제주특별자치도 설치 및 국제자유도시 조성을 위한 특별법」에 따라 전국에서 최초로 국제자유도시와 특별자치도로 지정되었다. 앞서 사례와 마찬가지로 제주국제자유도시라는 목표를 달성하는데 있어 관건은 민간자본의 투자유치에 달려있다. 제주특별자치도는 2007년부터 3년 연속 투자유치 20억 달러, 투자실현 20억 달러를 달성하고 20개 기업 유치에 총력을 쏟고 있는데 이를 이른바 트리플 투엔티(Triple twenty)목표로 정하고 교육, 의료, 첨단산업, 관광 등 미래 성장동력을 배가시켜 나가고 있다. 그러나 현재까지 투자가 이루어진 부분이 대부분 골프장 및 호텔 등에 한정되어 국제자유도시 추지와는 거리가 멀었고, 지역경기활성화와 크게 연계되지 않았다는 점이 앞으로 풀어나가야 할 중요한 과제 중의 하나이다.

제주도는 아시아지역 화교권 자본을 집중공략하기 위해 투자 여력이 있는 국가의 우량기업을 대상으로 팸투어(Familiar tour)를 실시하고 교육분야로서 제주영어교육도시에 영국의 North London Collegiate School과 미국의 ST. Albans School 등이 2011년 개교를 할 수 있도록 적극적인 지원을 할 계획이다. 아울러 수도권의 기업유치를 위해 총력을 기울여 나갈 계획이다. 2008년 투자실적의 경우 2조 761억 원 규모에 14개 사업이 착공되었으나 2010년 2월 현재 마무리된 사업은 없다. 2009년에는 2조 1,929억 원 규모에 38개 사업이 착공된 것으로 보고되었으나 2008년 10월 이후 세계금융위기에 따른 실물경기악화로 투자심리가 위축되고 과다한 물류비용 및 접근성의 한계, 취약한 내수시장, 국내와 경제특구에 비해 지리적 투자여건의 열세 등이 극복해야 할 과제이다. 따라서 지속적인 제도개선을 통해 투자환경과 공항·항만 등 인프라를 획기적으로 개선시켜야 하며 서비스투어리즘 차원에서 교육, 생태, 의료, 식품 및 쇼핑 등 삶의 질 향상에 초점을 둔 발전전략이 필요하다.

(출처: 한라일보, 2010-1-10 재구성)

사례 - 인삼 한 뿌리도 나지 않는 나라가 인삼의 최대 수출국

관광산업이 발달한 스위스 남부의 유명한 고급 휴양지인 호수의 도시 루가노(Lugano)는 이탈리아 밀라노와 1시간 거리에 있으며 주민들의 90%가 이탈리아계 사람들로 구성된 작은 도시이다. 관광수입으로도 많은 돈을 벌고 있지만 정작 이곳의 알짜 수입원은 바로 인삼이다. 루가노에 있는 기능성 식품업체인 '긴사나'는 인삼의 주요 성분인 사포닌을 세계 최초로 표준화해 'G115'라는 독자적인 건강 기능 성분을 이미 70년대부터 시판하였다. 한국과 중국 같은 인삼의 종주국들이 인삼 생 뿌리 자체에 집착하고 있을 때 긴사나는 효능성분만을 알약으로 먹는 것을 인삼섭취의 표준방식으로 만들어 버렸다. 세계 인삼시장에서 긴사나의 점유율은 40%로 단연 세계 1위이며 연간 수출액은 무려 30억 달러로 한국의 1억 달러에 비해 30배 규모이다. 한국과 중국이 인삼을 재배하지만 재미는 스위스가 보고 있는 셈인데 한 식품회사 덕분에 인삼 한 뿌리도 나지 않는 스위스는 세계 최대의 인삼가공식품 수출국이 된 것이다.

사례 - 자일리톨

핀란드의 자작나무에서 추출하는 자일리톨은 핀란드회사가 상품화한 기능성 식품이지만 돈을 버는 것은 자일리톨 껌의 원료를 공급하는 덴마크의 다니스코사이다. 다니스코사는 지난 1999년도에 자일리톨 생산업체인 핀란드의 쿨터사를 매입한 것이다. 원래 당뇨환자들을 위한 설탕 대체품으로나 팔리던 자일리톨은 다니스코사를 통해 식품에 들어가는 건강기능성 첨가물로 탈바꿈했고 매출은 폭발적으로 증가하였다. 지난 10년간 한국에서만 관련 제품이 1조 1,000억원 어치가 팔렸고 전 세계적으로는 이것의 10배가 소비되었다. 어떻게 제품을 인식하고 사용하며 가공하느냐에 따라 그 부가가치가 크게 달라질 수 있다는 걸 극명하게 보여주는 사례라 할 수 있다. 참고로 식품산업은 세계 시장규모가 연간 4조 달러로 반도체 산업의 15배이며 미국과 프랑스 등 선진국들은 전체 수출액에서 식품산업비중이 10% 안팎에 이르지만 한국은 1%대에 머물러 있다. 특히 식품산업은 불황기에도 견조한 성장을 하는 경기 방어적 특성도 있으며 산업균형적 측면에서도 그 가치가 재조명되어야 할 고부가가치산업이라고 할 수 있다.

(출처: KBS, 2010-1-11)

위의 사례들과 같이 비즈니스 활성화전략은 휴양관광지의 이미지를 확대시키고 지역산업성장, 고용창출상승, 높은 삶의 질을 유발시킴으로써 지역 매력성을 상승시키는 주요한 활동이다.

3. 외부주민 유치 전략활동

관광객 유치와 비즈니스 활성화뿐만 아니라 저출산과 고령화시대에 지역의 인구증대는 내수 진작 측면에서 매우 중요한 요소이다. 주지하듯이 인구증가(유입)는 경제성장의 기본적인 모티브역할을 한다. 대외수출 의존형 경제구조는 외부환경 변화에 취약한 만큼 내수주도형의 경제구조로 전환될 필요가 있으나 이는 경제·역사적으로 매우 드문 것으로 보고되고 있다.[3] 지금까지 한국은 인구의 자연증가가 이루어져 왔기 때문에 외부인구 유입정책이 생소한 내용일 수 있으나 저출산 현상이 가속화되고 있는 상황에서 향후 인구유입전략은 국가차원의 중요한 정책적 우선순위를 갖게 될 것이다.

이미 지방자치단체별로 인구감소가 시작된 곳은 외부주민유치에 인센티브를 제공하는 등 방안을 모색하고 있으나 가시적인 성과는 나타나고 있지 않는 실정이다. 외부주민유

3) 2차 세계대전 이후 과거 60여 년 동안 이러한 경제구조전환에 성공한 국가는 미국 정도인 것으로 평가되는데 그 주요 요인 중 하나는 미국의 지속적인 인구성장에 있다고 볼 수 있다.

치는 투자유치와 연계되는 경우가 많다. 예를 들면 한국 법무부는 50만 달러(약 5억원)이상을 한국에 투자하고 한국 국민을 5명 이상 고용하는 외국인에게는 체류기간에 관계없이 영주권을 주고 있다. 또한 국내에 머물지 않더라도 5억원 이상의 국내 부동산을 보유하거나 50만 달러 이상을 국내 금융기관에 예치한 해외동포에게 영주권이 발급된다. 2010년 2월 1일부터는 제주특별자치도 지역에 한 해 미화 50만 달러 또는 한화 5억원 이상의 휴양체류시설을 매입할 경우 영주권을 부여하는 「부동산 투자자 영주권 제도」를 시행하고 있다.

국내에서 취업하는 외국인이나 해외동포들에게도 영주권을 부여하는 제도도 2010년 1월부터 시행하고 있다. 5년 이상 국내에 머물며 3만 8,000달러 이상의 연봉을 받는 외국인이나 국내기업에서 2년간 일하며 연소득이 3만 8,000달러 이상이거나 지방 제조업체에서 4년간 일한 해외동포들에게 영주권을 준다. 이러한 내용을 담은 '외국국적 동포와 외국인 영주자격부여제도'는 2010년 1월 1일부터 시행에 들어갔는데 이는 저출산 · 고령화사회에 대비해 해외동포와 외국인의 국내 취업을 장려하고 국내투자를 촉진하기 위한 외부지역주민 유치정책이라고 할 수 있다.[4] 그러나 위와 같이 투자 및 전문 인력 취업과 관련된 영주권 부여제도는 여타 국가들도 모두 시행하는 것으로서 파급 효과적 측면보다는 상징적 차원의 의미가 있는 것으로 볼 수 있다.

PART 2

1) 삶의 질 구성요소

외부주민 이주는 취업 등 경제여건을 포함한 「삶의 질」적 차원의 영향이 크다고 볼 수 있다. 「삶의 질」은 주민들의 복지나 행복의 정도를 뜻하는 것으로서 경제, 교육, 의료, 환경, 인권 등 매우 광범위하며 주관적인 성격을 갖는 개념이다. 주요 「삶의 질」 구성요소를 제시하면 다음과 같다.

① 경제여건(1인당 국민소득, 고용률, 취업률, 물가수준, 분배 정도 등)
② 교육여건(경쟁력있는 초 · 중 · 고 · 대학 시스템, 문맹률 등)
③ 의료여건(평균수명, 의료 서비스 수준, 의사 수 등)
④ 문화여건(독서량, 도서관 수, 박물관 수, 각종 공연 개최 수 등)

4) 2010년 1월 현재 국내 영주권을 갖고 있는 2만여 명은 대부분 화교나 결혼 이민자로 국내 취업 및 투자자를 위한 영주권 제도가 처음으로 실질적인 시행에 들어가는 셈이다.

⑤ 환경(대기오염 수준, 녹지확보율 등)
⑥ 치안여건(범죄율 등)
⑦ 인권수준(양성평등 수준, 정치적 자유도 등)
⑧ 인프라수준(자전거도로 확보율, 항만, 공항, 자동차도로 등)
⑨ 복지수준(복지 프로그램, 복지 시설 수, 공원 수 등)
⑩ 레저 및 여가(각종 레저스포츠 시설, 낮은 인구밀도 등)

외부주민유치는 근본적으로 위와 같은 「삶의 질」 요소들과 연계되어 있으며 특히 경제, 교육, 의료 부문은 주민들이 가장 밀접하게 체감하는 요소라 할 수 있다.

2) 외부주민 유치 마케팅

물론 모든 지역이 외부주민 유치를 위한 마케팅 활동이 필요한 것은 아니다. 대도시는 취업기회가 많아 인구집중현상이 뚜렷할 수도 있고 휴양도시는 은퇴자 인구가 지속적으로 유입될 수 있다. 따라서 지역별로 인구정책과 관련해서는 중·장기적으로 다음과 같은 세 가지 목표 중 하나를 선택하게 된다.

① 인구 유입(Population increase)
② 인구 안정화(Population stabilization)
③ 인구 감소(Population decrease)

이러한 인구정책목표에 따라 필요한 활동도 당연히 달라져야 하는데 인구 안정화나 감소와 같이 억제책이 필요하다면 별도의 정책이 없거나 혹은 규제를 통해 디마케팅(Demarketing place)활동을 전개하게 된다. 인구유입을 정책적 목표에 둔 지역은 시장지향적, 서비스투어리즘 실행과정 [그림 4-11; 시장지향적 서비스투어리즘 실행과정별 주요 활동]에 따라 세분화(Segmentation) → 표적화(Targeting) → 포지셔닝(Positioning) 전략단계별로 마케팅 계획을 수립하고 실행하게 된다.

앞으로는 중·소 또는 대규모 단지로 수요에 따라 특정 계층을 위한 커뮤니티 형성이 이루어질 것으로 예상된다. 예를 들면 국내의 경우 가장 많은 인구층을 형성하고 있는 베이비붐세대(1955년-1963년)의 은퇴시기에 맞추어 이들 계층의 필요에 맞춘 주거단지개발이 증가할 수 있다.

■ 주요 토론주제

1. 관광 패러다임별 (유람관광, 체험 및 테마관광, 서비스투어리즘) 특성과 서비스투어리즘의 필요성과 개념은 무엇인가?
2. 한 지역을 선정하여 팀별로 서비스투어리즘전략의 기본방향과 구성요소별로 내용을 구성하면서 발전 전략을 수립해보자.
3. 팀별로 관광객, 비즈니스 활성화, 외부 주민 유치와 관련된 국내외 사례를 수집하고 이에 대해 토론해보자.
4. 다음 인터넷 사이트 중 각국 주요 도시(또는 지역) 공식 홈페이지가 있다. 이를 보고 어떤 사이트가 방문객(또는 이주민)을 위한 외국어 서비스 및 정보 제공 측면에서 구성이 잘 되어 있는지 팀별로 토론해보자.

■ Internet Sites

www.seoul.go.kr(서울시)
www.metro.tokyo.jp(동경시)
www.beijing.gov.cn(북경시)
www.nyc.gov(뉴욕시)
www.paris.fr(파리시)
www.london.gov.uk(런던시)
www.incheon.go.kr(인천광역시)
www.jeju.go.kr(제주특별자치도)
www.ehawaii.gov(하와이주)

■ 참고문헌

이승주, 경영전략실천매뉴얼, 시그마인사이트컴, 2006.
Howard, J. and Sheth, J.(1969). The theory of buying behavior. New York: Wiley.
Kaplan, R and Norton, D.(1996). The Balanced Scorecard, Harvard Business School Press.
Kotler, P., Haider, D., and Rein, I.(1993). Marketing Places. New York: Free Press.

PART 2

PART 3

국제관광문화의 이해

제 5 장 • 국제관광문화 개요
제 6 장 • 세계 지역별 국제관광 - 아시아지역
제 7 장 • 세계 지역별 국제관광 - 태평양 섬 및 오세아니아지역
제 8 장 • 세계 지역별 국제관광 - 유럽지역
제 9 장 • 세계 지역별 국제관광 - 미주지역
제10 장 • 세계 지역별 국제관광 - 중동지역
제11 장 • 세계 지역별 국제관광 - 아프리카지역

제 5 장

국제관광문화 개요

개 요

제5장 국제관광문화 개요는 크게 네 개의 절로 구성되어 있다.

제1절 문화의 기초개념에서는 문화의 정의와 특성에 대해 학습한다.

제2절 국제관광문화와 국제문화관광의 개념은 국제관광문화와 국제문화관광에 대한 정의를 이해하고 국제관광과 문화의 관계에 대해 고찰해 본다.

제3절 문화의 구성요소에서는 국제관광과 관련하여 요소를 언어, 종교, 가치체계, 사회제도, 예술 그리고 물질문명으로 나누고 각 요소별로 고찰해 본다.

제4절 국제문화관광은 사례로서 한류문화, 축제문화 그리고 의 · 식 · 주 문화에 대해 학습해 본다.

무엇을 알 수 있는가?

- 국제관광과 문화는 어떤 관계에 있는가?
- 국제관광문화와 국제문화관광의 개념적 차이는 무엇인가?
- 국가 간 문화의 공통점과 차이점은 무엇인가?
- 문화의 보편성과 개별성은 왜 발생하고 이에 따른 시사점은 무엇인가?

제 1 절 문화의 기초개념

1. 문화의 정의

문화는 우리가 흔히 접하는 단어이지만 이에 대한 정의를 내리라면 매우 추상적이고 난해하게 느껴지게 마련이다. 문화라는 말은 사람들의 생활양식 전체를 가리키는 넓은 의미로 오늘날 사용되고 있는데 문화라는 단어는 문화인류학에서 시작된 것으로 보고되고 있다. 문화라는 말은 오늘날 사용되는 넓은 의미로 처음 사용한 사람은 독일의 역사학자인 클렘(Gustav Klemm, 1802-1867)으로 알려져 있다(겐이치로, 2005)[1].

학자들의 문화에 대한 정의를 정리하면 다음과 같다.

- 문화란 후천적 · 역사적으로 형성된 외면적 및 내면적인 생활양식의 체계로서 집단의 전체 또는 특정의 구성원에 의해 공유되는 것이다(Clyde Kluckhohn)[2].
- 사회구성원들에 의해 공유되고 학습된 행위의 총체(Adamson Hoebel)[3]
- 문화의 특성이란 1) 선천적인 것이 아니라 학습되는 것이며, 2) 여러 가지 요소가 상호관련을 맺으며 내재되어 있고, 3) 사회구성원들에 의해 공유되며 다른 사회의 구성원들과 확연히 구별할 수 있다(Edward Hall)[4].

아울러 문화에는 보편적인 성격과 개별적인 성격의 두 가지 측면이 있다. 인류가 두 발로 걷고(Homo Erectus) 불과 도구를 사용(Homo Habilis)하기 시작하면서 다른 동물과는 다른 삶의 방식을 익히게 된 순간부터 인류는 문화를 갖게 되었다고 한다. 동물은 거친 자연 속에서 본능만으로 살아갈 수 있지만 인간은 그럴 수 없다. 여기서 인간은 자신의 육체적 능력을 보완하고자 문화를 갖게 된 것이며 이것이 보편적인 문화이다. 그러나 동

1) 히라노 겐이치로(2005), 국제문화론, 풀빛(김동명 · 장인성 역).

2) Kluckhohn, C.(1905-1960), 미국의 문화인류학자.

3) Hoebel, A.(1906-1993), 미국 University of Minnesota 문화인류학과 교수.

4) Hall, E.(1914-2009), 미국의 문화인류학자.

시에 이러한 자연환경은 구체적으로 어떤 시기와 장소냐에 따라 각기 다르기 때문에 지리적인 차이에 따라 특정한 패턴을 가진 개별 문화가 만들어졌다(겐이치로, 2005). 이러한 문화의 형성에 대한 논의에서 주목해야 할 점이 호이징아[5]가 주장한 호모 루덴스(Homo Ludens: 놀이하는 인간)이다. 과거에는 놀이가 문화 안에서 발생하는 것으로 문화가 상위의 개념이었으나 그는 놀이를 통해 문화가 형성되고 변화한다는 새로운 관점을 제시하였다.

2. 문화의 특성

문화의 개념에서 중요한 특성을 세 가지 정리하면 다음과 같다.

① 후천적, 역사적으로 학습에 의해 형성된 생활양식

② 보편성과 개별성

③ 문화의 변화

첫째, 문화는 후천적으로 학습된다는 것이다. 만약 문화가 타고나는 것이라면 인간은 문화적 환경의 차이를 해결할 수 없을 것이다. 즉 후천적으로 학습된 것이기 때문에 다른 나라의 문화를 배울 수 있고 나아가 이러한 차이를 극복하고 타 문화에 적응할 수 있다. 예를 들어 종교가 없는 두 가족이 있다고 하자. 한 가족은 말레이시아로 이민을 가고 한 가족은 미국으로 이민을 가서 현지 문화에 적응을 하는 경우 전자는 이슬람교에 상대적으로 호의적이 되거나 어쩌면 이슬람교도가 될 가능성도 있을 것이다. 반면, 후자의 경우 기독교에 호의적이거나 기독교도가 될 수도 있다. 따라서 다른 종교나 문화에 대한 거부나 적대감은 해당 종교나 문화에 대한 기본적인 몰이해에서 오는 것이라 할 수 있다.

둘째, 앞에서도 설명되었듯이 문화는 인류 공통적인 보편성과 지역별로 뚜렷하게 차이가 나는 개별성을 동시에 갖고 있다. 지금으로부터 170만 년 전에서 10만 년 전에 생존했던 것으로 추정되는 호모 에렉투스(Homo Erectus: 직립보행 인류)의 화석은 아프리카로부터 시작되어 아시아, 시베리아, 인도네시아 등 아메리카 대륙

5) 호이징아(1872-1945), 네덜란드의 문화사학자로서 '호모 루덴스-유희에서의 문화의 기원'(1938)을 저술하였다.

을 제외한 구대륙 전역에 걸쳐서 발견되었다. 동물과 비교하여 확연히 다른 생존 방식을 가진 인류는 보편적인 문화를 공유하면서 동시에 지역별로 각각 다른 자연환경에 적응해가면서 개별적인 문화를 갖게 되었다. 문화의 개별성은 곧 문화의 다양성을 뜻한다.

사례 - 문화의 다양성

한국외국어대학교 아프리카 학부의 장태상 교수는 '아프리카 전문가'라는 말에 동의하지 않는다. 즉 이런 용어 자체가 아프리카에 대한 오해와 편견이라는 것이다. 굳이 따지자면 본인은 북부 나이지리아 하우사족의 구연문화 전문가라고 소개한다. 아프리카는 세계에서 두 번째로 큰 대륙으로서 북아메리카보다 크고 아시아 대륙의 70% 정도인데 적도 부근에 몰려 있다 보니 착시현상이 일어나는 것이고 이러한 큰 대륙의 문화를 한 묶음으로 취급하는 건 무지에서 나오는 편견이라는 것이다.

아프리카 대륙에는 53개국이나 있고 한 나라에도 수 백개 부족이 있으며 현재 사용되는 언어만 3,000~4,000개 정도이다. 같은 국민이라고 해도 다른 종족 간에는 소통이 힘들기 때문에 '교통어'가 생겼다. 일정지역에서 가장 큰 부족의 언어를 빌려와서 공통언어로 사용한다. 아프리카의 언어는 크게 부족어·교통어·공용어·국어로 나뉜다. 공용어는 주로 영어나 프랑스어, 국어는 상징적인 의미로서 대표 부족의 언어들이다. 스와힐리어는 동아프리카, 하우사어는 서아프리카, 줄루어는 남아프리카의 대표적인 교통어이다.

(출처: 중앙일보, 2010-6-8)

셋째, 문화는 안정되어 고정화되는 것이 아니라 변화한다. 인간과 환경의 상호작용 속에서 문화는 형성되기 때문에 문화를 만들면 그것은 환경을 바꾸는 것이 되며, 환경이 변하면 문화도 변화하게 된다. 일본 와세다대학교 정치경제학부 교수인 겐이치로는 그의 저서 국제문화론에서 문화의 변화는 '발견과 발명에 의한 내발적 변화'와 '차용과 모방에 의한 외발적 변화'가 있으며 문화 변화의 출발점이 내부적 또는 외부적인가에 대한 차이는 있어도 필요성이란 점에는 동일하기 때문에 차용과 모방을 일률적으로 낮게 평가할 수는 없다고 주장한다.

이러한 문화의 변화는 매우 중요한 특성으로서 이를 설명하는 이론을 정리하면 다음과 같다.

① 문화진화론(Cultural evolution)

② 문화변용론(Cultural change)

③ 문화상대주의(Cultural relativism)

첫째, 문화진화론[6]은 인류의 어떤 사회집단을 보더라도 처음에는 야만상태에서 시작해서 미개상태로 나아가고, 최종적으로 문명 상태에 도달한다는 것이다. 이 이론은 20세기 초 제국주의의 논리를 뒷받침하는 것으로서 자민족 우월사상(ethnocentrism)의 시각이 되기도 한다. 찰스 다윈(Charles Darwin, 1809~1882)의 생물진화론을 사회와 문화에 적용하는 문화진화론은 제2차 세계대전 이후 부정되었지만 오늘날까지도 상당히 뿌리 깊게 남아있는 시각이기도 하다.

둘째, 1920년대부터는 문화진화론을 부정하는 문화변용론이 출현하였다. 미국의 인류학자인 프란츠 보아스(Franz Boas, 1858~1942)를 대표로 그의 제자들인 루스 베네딕트(Ruth Benedict, 1887~1948), 마거릿 미드(Margaret Mead, 1901~1978)등은 문화변화에 대한 많은 사례연구를 축적하였고 1930년대 중반에 새로운 시각인 문화변용론을 확립시켰다. 문화변용론은 인류의 진화단계에 맞추어 문화를 보는 것이 아니라 각각의 개성있는 문화단위별로 고유성에 가치를 둔 접근방식으로서 문화진화론이 인류사적이고 거시적인 시각이라면 문화변용론은 개별문화별로 문화의 변화를 보는 미시적인 방법이다. 문화는 변화하는 것이지 진보하는 것은 아니다는 것이다. 즉, 문화변용론은 인도에는 인도사람들이 그 나라 안에서 살아가는 데 꼭 필요한 것이 있으며 영국에는 또 다른 문화가 있다는 것이다. 자문화 중심주의를 부정하고 해당 지역 또는 국가의 시각에서 바라보며 문화를 우열관계로 보는 단선적인 시각을 부정하는 것이다.

끝으로, 20세기 후반인 최근에 대두된 문화상대주의는 문화변용론으로 부터 나온 것으로서 어떤 특정한 공간에 존재하는 문화는 독자적인 역사를 가지고 시간과 더불어 다른 문화와의 접촉과 상호관계를 통해 변화해 간다는 것이다. 겐이치로(2005)는 진정한 문화상대주의에 도달하려면 역사성이 부여되어야 한다고 주장하였다.

6) 대표적으로 문화진화론을 주장한 민족학자는 '고대사회(Ancient society)'(1877)의 저자인 Lewis H. Morgan(1818-1881)이다.

제 2 절 국제관광문화와 국제문화관광의 개념

1. 국제관광문화(International tourism culture)

지금까지 문화의 개념에 대해 살펴보았으며 여기서는 관광문화에 대해 논의해 보기로 한다. [그림 5-1]과 같이 관광문화란 문화와 여가문화의 하위개념으로서 이해할 수 있다.

[그림 5-1] **문화, 여가문화 및 관광문화**

국제관광문화는 관광문화의 하위개념으로서 「국가 간 개인의 관광활동 중 현지주민 또는 지역사회와의 접촉을 통해 관광객과 지역주민 모두에게 형성되는 행위의 총체」라고 할 수 있다. 아울러 독자들의 이해를 돕기 위해 관광문화(tourism culture)에 대한 학자들의 정의를 정리하면 다음과 같다.

① 관광객과 관광지 주민들 사이에서 관광으로 인해 발생하는 문화적 영향으로서 양 집단 모두의 행동에 영향을 미치거나 제3의 문화가 탄생하는 경우이다(조명환, 2010)[7].

7) 조명환(2010), 관광문화론, 백산출판사.

② 여행 중 개인은 물론 현지주민이나 지역사회와의 사회문화적 접촉(socio-cultural encounter)을 수반하는 행위이다(김사헌, 2006).[8)]

③ 관광문화는 휴가로 인해 발생하는 관광객들의 문화이다(Tourist culture is the culture that tourists bring on vacation)(Jafari, 2002).[9)]

요약하면, 국제관광문화(International tourism culture)는 위와 같이 「해외여행 중 현지문화와의 접촉을 통해 발생하는 관광객과 지역주민 행위의 총체」라고 정의할 수 있다.

2. 국제문화관광(International cultural tourism)

한편 국제문화관광(International cultural tourism)은 무엇인가? 문화관광은 자연관광, 휴양관광, 레저스포츠 관광, 비즈니스 관광 등과 같이 관광형태의 한 유형[그림 5-2]으로서 세계관광기구(UNWTO)는 작게는 문화적 동기에 의한 사람의 이동, 넓게는 모든 관광이 문화적 체험(MacCannell, 1976)[10)]이라는 측면에서 모든 관광이 문화관광이라고 정의하고 있다. 이는 그만큼 문화라는 의미가 광범위하기 때문이다.

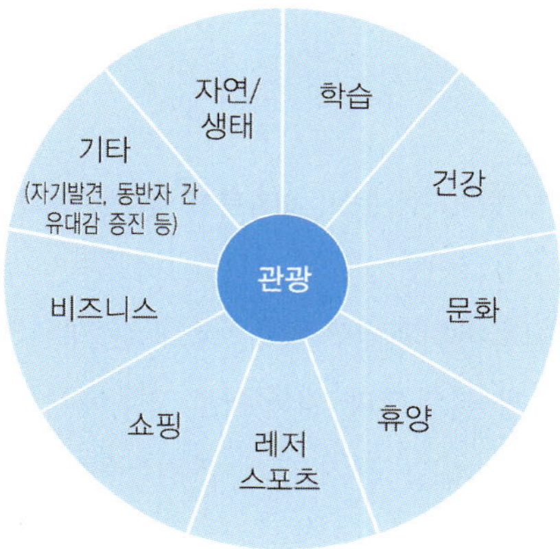

[그림 5-2] 주요 목적에 따른 관광유형

8) 김사헌(2006), 국제관광론, 백산출판사.

9) Encyclopedia of tourism(2002), edited by Jafar Jafari, Wiley.

10) MacCannell, D.(1976), The tourist: A new theory of the leisure class, New York: Schocken Books.

문화관광(Cultural tourism)에 대한 학자 또는 국제기구의 정의를 살펴보면 다음과 같다.

① 공연예술을 비롯한 각종 예술 감상, 관광, 축제 및 기타 문화행사 참가, 명소 및 기념물 방문, 자연·민속·예술·언어 등의 학습여행, 순례여행 등 어떤 형태든 문화적 동기부여에 의한 사람의 이동(UNWTO, 1999)[11)]

② 문화에 대한 욕구를 충족시키기 위하여 일상 생활권을 떠나 특정 생활양식이 내재된 대상이나 사적지 및 문화적·예술적 표현물 등과 같은 문화적 자원을 찾는 관광활동(Richards, 1996)[12)]

요약하자면, 국제관광문화(International tourism culture)는 「국제관광현상에 의해 형성되는 문화」를 뜻하며 국제문화관광(International cultural tourism)은 「문화적 동기에 의한 관광활동 또는 현상」을 뜻한다.

- 국제관광문화(International tourism culture) → 국제관광현상에 의해 형성되는 문화
- 국제문화관광(International cultural tourism) → 문화적 동기에 의한 관광 활동 또는 현상

3. 국제관광과 문화

관광활동 자체가 문화적 체험이라는 Maccannell(1976)의 말처럼 국제관광과 문화는 매우 밀접한 관계에 있다. 국제관광의 트렌드도 변하고 문화도 변한다. 앞서 국제관광문화의 정의에서 기술되었듯이 어떤 국가의 국민들의 특정한 관광문화는 여가문화, 나아가 그 나라의 문화적 특성 안에서 이해되어야 한다. 예를 들어 1990년대 이후 나타난 이른바 한류(韓流: Korean wave)와 같은 문화현상은 한국의 국가 이미지 제고와 함께 외국의 국내방문 증가 등 국제관광 활성화에 큰 기여를 하였다. 한류의 특성은 순전히 민간분야에서 문화 소비자인 대중들에게 감성적으로 접근하고 이들이 감동을 통해 자발적으로 반응한 것으로서 탈냉전으로 정치·경제적 파워가 문명·문화 파워 중심으로 옮겨간 시대적 흐름을 반영한 것이었다.

PART 3

11) UNWTO(1999), Tourism 2020 Vision, Madrid: United Nations World Tourism Organization.

12) Richards, G.(1996), Production and consumption of European cultural tourism. Annals of Tourism Research, 23(3): 261-283.

어떤 국가나 지역 문화의 변화는 정치적 · 기술적 · 자연적 · 사회적 환경변화에 따라 비교적 짧은 기간에 급격한 변화를 보일 수도 있고 장기간에 걸쳐 점진적으로 이루어질 수도 있다. 문화변동의 의미는 다음을 포함한다.

① 문화접촉(Cultural contact)

② 문화전파(Culture diffusion)

③ 문화접변(Acculturation)

첫째, 문화접촉이란 어떤 특정문화가 외부문화와의 직접 혹은 간접적인 접촉을 통해 문화의 내용이 변화하는 것을 말한다. 예를 들면 상업적 거래, 유학, 혼인 등의 개인적 접촉과 전쟁 침략, 식민정책과 같은 국가 수준의 접촉 등을 포함한다.

둘째, 문화전파란 한 사회의 문화요소가 다른 사회로 전해져서 그 사회의 문화에 반영되는 현상을 말한다. 어떤 사회집단의 문화변화는 그 사회 내부의 독자적인 힘에 의하거나 외부로부터의 유입에 의한 경우인데 후자가 곧 문화전파에 해당한다. 이에는 직접적인 전파와 간접적인 전파가 이는데 전자는 사람이 직접 방문 또는 정착을 통해 전파되는 것이고 후자는 미디어나 책을 통해 간접적으로 전파되는 것을 말한다.

셋째, 문화접변이란 상이한 문화를 가진 두 집단이 지속적인 접촉을 통해 어느 한 쪽 또는 양쪽 집단의 원래의 문화 형태에 변화를 발생시키는 현상을 뜻한다. 문화접변은 문화수용(acceptance), 동화(assimilation) 및 변형(transculturation)을 포함한다. 문화접촉, 전파 및 접변의 의미를 보면 이들이 각각 분리 되어있는 개념이 아니라 서로 연관되고 중복적인 뜻을 내포하고 있다는 것을 알 수 있다.

아울러 문명(文明: civilization)이란 인류가 이룩한 물질적 · 사회적 발전을 의미하는데 이를 문화의 한 형태로 파악하는 학자도 있고 문화와 대치되는 의미로 파악하는 학자들도 있다. 문명을 문화의 한 형태로 보는 견해는 제2차 세계대전 이후 문화인류학의 보급에 따라 일반화되었으며 여기서는 문화 중에서 도시적인 요소, 고도의 기술, 분업 등 물질적, 정신적 총체를 문명이라고 인식한다. 문명을 문화와 대치되는 개념으로 보는 인식은 독일 철학이나 사회학에서 전통적으로 볼 수 있으며 인류의 정신적이고 가치적인 소산을 문화라고 하는 반면에 물질적이고 기술적인 소산을 문명이라고 보는 견해이다.

문명의 충돌

미국의 정치학자인 Samuel Huntington(1927~)은 그의 저서 문명의 충돌(The clash of civilization & the remaking of world order, 1996)에서 동서 간 이념대립 이후에는 문명의 충돌시대가 열린다고 주장하였다. 그는 세계를 서구문명(북아메리카 및 서유럽), 라틴아메리카 문명, 동방정교 문명, 이슬람 문명, 아프리카 문명, 힌두 문명, 중화문명으로 나누고 이질적인 문명권끼리 충돌하는 것이 미래세계의 가장 큰 사회적 이슈가 될 것이라고 하였다.

이에 미국 문명비평가인 Edward W. Said(1935~2003: 컬럼비아대학교 교수)는 이를 혹독하게 비판하였다. 그는 세계 곳곳에서 발생하는 전쟁, 분쟁 및 테러 등은 문명끼리의 충돌이 아니라 서로 이해를 못하고 알려고 하지도 않는 '무지의 충돌'이라고 주장하였다. 세계 역사는 백인들이 중심이 되고 이들의 시각에서 기술되었기 때문에 유럽과 미국이 아닌 세계의 모든 지역이 변방으로 취급되며 이를 오리엔탈리즘(orientalism) 이라고 정의했다. 즉 오리엔탈리즘이란 동양을 호기심 그 이상도 이하도 아닌 눈으로 바라보는 것으로서 유럽 우월주의적인 시각으로 동양을 바라보는 것이라고 하였으며 서양인이 말하는 동양의 이미지는 동양에 대한 무지와 무식에서 비롯된 편견과 왜곡에 가득 찬 것이라고 주장하였다.

(출처: 이원복, 2008[13])

그렇다면 다른 문화와 문명에 대한 이해를 높이고 나아가 갈등을 해소하는데 국제관광이 얼마나 기여를 할 수 있을까? 이에 대한 대답은 관광객이 어떤 인식을 갖고 어떤 여행을 하느냐에 따라 달라진다. 즉 이문화에 대한 단순한 호기심이 아닌 진정한 관심을 갖고 지역문화에 대한 이해를 높이는 관광활동을 하는 것과 반대의 경우는 매우 큰 차이가 있을 것이다. 미국의 문화인류학자인 Valen Smith는 그의 저서 Host and Guest: The anthropology of tourism(1989)[14]에서 이문화에 대한 이해 수준을 7가지 관광객의 유형(대중관광객부터 탐구적 여행자)에 따라 차이가 있다고 제시하였다. 즉 대중 관광객일수록 현지 문화 이해도는 낮고 탐구적 여행자일수록 높다고 할 수 있다. 이문화에 대한 이해수준은 사실 관광객 유형뿐만 아니라 복합적인 요소에 따라 다를 수 있는데 이것은 현지 문화에 대한 지식수준, 연관성, 방문횟수 및 체류기간, 관광객의 성향 및 행태 등이 밀접한 관계에 있을 것이다. 따라서 이러한 요소들을 종합해보고 일반화한다면 관광객유형을 1)일반 패키지 관광객, 2)개별 관광객, 그리고 3) 여행 생활자로 나누고 현지문화와의 접촉 빈도는 개별 관광객과 여행 생활자로 행태가 변할수록 상대적으로 높다고 할 수 있다[그림 5-3].

13) 이원복(2008), 가로세로 세계사, 김영사.

14) Smith, V.(1989), Host & Guest: The anthropology of tourism(2nd ed.), Philadelphia: Univ. of Pennsylvania Press.

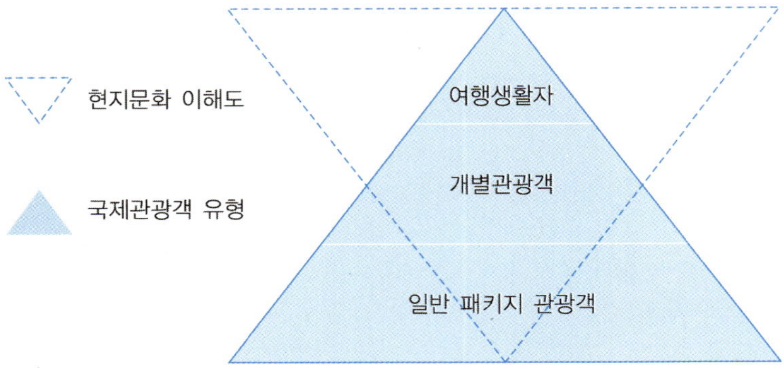

(출처: Smith, 1989; 조명환, 2010에 근거하여 저자 재구성)

[그림 5-3] **국제관광객 유형과 현지문화 이해도**

끝으로, 이질적인 문화가 서로 접촉할 때 일어나는 긴장, 알력 또는 분쟁을 문화마찰이라고 하며 이러한 문화마찰의 원인은 결국 이문화에 대한 몰이해와 정치·경제를 포함한 다양한 이해관계의 상충으로부터 발생하는 경우가 대부분이다.

제 3 절 문화의 구성요소

문화는 어떤 요소로 구성되어 있는가? 이에 대한 대답은 학자마다 주장하는 바가 다르지만 어느 문화든 내용은 다르지만 공통적인 요소를 갖고 있는 것으로 보는 것이 학계의 공통된 견해이다. 이러한 요소들은 각기 독립적으로 존재하는 것이 아니라 상호 연계되어서 하나의 시스템을 갖추고 있다(한상복 외, 1982)[15].

문화의 구성요소를 요약하면 다음 표와 같다〈표 5-1〉.

| 표 5-1 | 문화의 구성요소

학 자	문화의 구성요소
Vern Terpstra	언어, 종교, 가치, 교육, 법률, 사회조직, 기술 및 물질문화, 정치
Edward Hall	시간 및 공간의식, 물질적 소유, 상호작용, 생존방식, 남녀관계, 학습, 놀이, 환경의 이용
Geert Hofstede	개인주의 대 집단주의, 권력 간격, 불확실성에 대한 회피 정도, 남성다움 대 여성다움
Philip Cateora	사회제도: 사회조직, 교육, 정치구조 물질문화: 기술, 경제 신념체계: 세계관, 가치관 미적정서: 조형예술, 민속, 음악, 연극, 언어
이시다 에이치로(石田英一郎)	인간, 언어, 가치, 기술, 사회, 자연환경

표에 보는 바와 같이 문화의 구성요소는 학자에 따라 조금씩 차이가 있으나 여기서는 국제관광과 관련하여 중요한 요인들을 중심으로 구성요소를 살펴보기로 한다. 이에는 1) 언어, 2) 종교, 3) 가치체계, 4) 사회제도, 5) 예술 그리고 6) 물질문명이 포함된다.

15) 한상복 · 이문영 · 문광덕(1982), 문화인류학, 서울대학교출판부.

1. 언어

일반적으로 언어는 말로 표현되는 음성언어와 손짓, 몸짓, 신호 등의 비음성언어가 있으며 문화권에 따라 언어는 매우 큰 차이를 나타내기 때문에 언어가 다르면 다른 문화권이라고 생각해도 큰 문제는 없다. 현재 전 세계에 존재하는 언어는 약 6,000여 종이 되는 것으로 추정하고 있는데 언어학자들은 앞으로 100년 내에 최소한 반 이상의 언어가 사라질 것으로 보고 있다. 언어 소멸의 원인으로는 소수민족·언어의 소멸, 표준어의 확산, 영어 등 공용어의 확산 등이 있으며 전 세계 언어의 절반은 파푸아뉴기니, 인도네시아, 나이지리아, 인도, 멕시코, 카메룬, 브라질, 호주 등 8개국에 몰려 있고 언어소멸 역시 이 지역에서 집중적으로 이루어지고 있다. 그러나 민간기구인 월드워치 연구소는 소멸하는 언어에 대한 부활작업도 진행되고 있다고 보고하며 그 예로서 하와이 주민들이 사실상 소멸한 하와이 토속어를 부활하기 위해 1983년 '아하 푸나나 레오'라는 기구를 설립해 최근 언어 복원에 성공했다고 소개하고 있다. 세계 각국의 복잡하고 다양한 언어는 국제 관광 활동의 가장 큰 제약요인이다. 언어에 대한 충분한 이해 없이 원만한 의사소통을 통한 현지 문화의 이해는 기대할 수 없다. 따라서 어떤 특정한 국가나 지역의 문화를 충분히 이해하기 위해서는 해당 국가의 언어에 능통해야 하며 그 언어의 내면에 깔려있는 고유의 사고방식까지도 이해할 수 있어야 한다.

사라지는 언어들

월드워치 연구소(www.worldwatch.org)가 사라지는 언어들의 예를 제시한 것을 몇 가지 소개하면 다음과 같다.

- 알래스카의 에약어는 현재 지구상에서 앵커리지에 거주하는 마리 스미스(83) 할머니만 구사할 수 있음.
- 아마존 정글에서 쓰는 아리카푸어는 6명만이 구사할 수 있음
- 시베리아에서 쓰는 우디헤어는 100여 명만이 사용하고 있음
- 아일랜드의 만섬에서 쓰는 망스어는 1974년 소멸함

(출처: 네이버 지식)

참고로 세계 인구는 60억 명을 넘는데 세계 전역의 인구분포가 지역에 따라 고르지 않듯이 언어의 분포 역시 고르지 않아서 불과 20여 개의 언어가 세계인구의 70~80%를 차지하고 있다. 세계 주요 언어의 사용 인구를 살펴보면 다음과 같다.

① 중국어(13억 명)

② 영어(3억 5천만 명)

③ 스페인어(2억 5천만 명)

④ 힌디어(2억 명)

⑤ 아랍어 · 벵골어 · 러시아어(각 1억 5천만 명)

⑥ 포르투갈어(1억 4천만 명)

⑦ 일본어(1억 2천만 명)

아울러 한국어는 약 7,500만 명 사용, 인구수로 세계에서 13번째 순위인 것으로 보고되고 있다(남기심, 1999)[16].

관광홍보는 유혹의 언어모음

인간은 언어를 통해 정보와 메시지를 표현하고 교환한다. 어떤 분야든지 나름대로 사용되는 전문적인 용어(jargon), 특수한 언어구조, 문법, 어휘가 있다. 우리는 일상생활 속에서 신문, 잡지, 방송, 광고물, 인터넷 등을 통해 관광에 관한 언어들이 매우 유혹적이며 동시에 비현실적임을 알 수 있다. 오상훈(2005)[17]은 한 영문판 골프잡지 속에 골프 패키지 상품을 소개하는 짧은 글에서 'paradise', 'adventure', 'wild', 'prime sites', 'crystal-blue', 'dramatically', 'best food', 'superb', 'resort', 'dream', 'first class', 'gourmet', 'fantastic' 등 매혹적인 단어로 가득 차 있다고 지적하였다. 이러한 단어들은 우리의 일상생활과는 상당한 차이가 있으며 미사여구의 반복으로 소비자를 유혹하는 상업주의적 특성을 나타내고 있다.

2. 종교

종교라는 말의 어원은 양심, 가책, 존경의 의미를 가진 라틴어 religio에서 비롯되었다. 종교는 어떤 특정 민족의 정서의 근간을 형성하는 중요한 요소이며 종교상의 특정신념은 개인의 라이프스타일, 가치관 나아가 그 나라의 문화관습에 지대한 영향을 미친다. 세계의 주요 종교로는 동양종교로서 불교, 도교, 힌두교, 유교 등이 있고 서양종교로는 기독교, 이슬람교, 유대교 등이 있다. 한국의 종교로는 고유 신앙, 천도교, 증산교, 원불교 등이 있다. 이 중에서 세계 3대 종교로는 불교, 기독교, 이슬람교가 포함된다.

16) 남기심(1999), 세계 속의 한국어, 연세대학교출판부.

17) 오상훈(2005), 관광과 문화의 이해, 형설출판사.

종교에 따른 문화관습

힌두교를 믿는 인도사람들은 쇠고기를 이슬람교와 유대교 국가의 사람들은 돼지고기를 먹지 않는다. 또한 종교마다 금식일 기간(예: 이슬람교의 라마단)이 있어 이 기간 동안에는 모든 일상적인 업무가 중단된다. 종교 휴일도 각기 다른데 러시아에서는 1년 동안 단지 6일을 종교휴일로 정하고 있는데 반해 스리랑카에서는 불교, 기독교, 힌두교, 이슬람교의 경축일을 모두 포함하여 27일을 종교휴일로 정하고 있다.

말레이시아, 인도네시아 인들은 거의 대부분이 이슬람교도인데 상대방의 종교를 미리 확인할 필요는 있겠지만 그 종교의 교리 등을 너무 깊이 묻는 것은 실례이다. 예를 들면 부인을 몇 명이나 거느리고 있는지, 그들이 신봉하는 알라신에 대해 왈가왈부하는 것 등이 될 수 있다. 사우디아라비아는 이슬람국가 중에서도 계율이 가장 엄격한 편이다. 음주는 절대 금물이며 우상숭배를 부정하는 경향이 매우 강하다. 최근까지도 인형을 수입하거나 마네킹을 점포에 장식하려면 인형이나 마네킹의 머리 부분을 잘라내야 겨우 허가를 받았다고 한다(조동성, 2005)[18].

3. 가치체계

가치체계(value structure)란 가치관, 태도, 성취도, 직업관 등을 포괄하는 개념으로서 해당 국가의 교육제도 등을 통해 후천적으로 학습된 것이다. 이를테면 자본주의가 발달한 사회에서는 성취욕구, 경제적 풍요로움 등이 강조되고 부(富)가 중요한 사회적 가치척도의 기준이 될 수 있다(예: 미국 등). 하지만 힌두교와 불교 등 종교적인 사회에서는 무념의 사회적 이상으로 인식되고 있기 때문에 현실세계에서의 부의 축적은 중요한 가치로 인정되지 않을 수 도 있다(예: 인도, 태국 등). 물론 이러한 가치체계가 한 사회에 완전히 적용되는 것은 아니지만 상대적으로 이러한 가치체계의 차이가 있다는 뜻이다.

각각 다른 가치체계에 따른 문화관습

한국, 중국, 일본 등과 같은 유교 문화권에서는 대인관계에서 처음 만날 때 머리를 숙여 인사를 하는 것이 당연한 것으로 여기나 서구에서는 위 아랫사람 구분 없이 구두 인사를 하며 악수를 하는 것이 관례이다. 비즈니스 관계에서도 서로 명함을 건넬 때 유교 문화권에서는 두 손으로 건네는 것이 관례이나 서구에서는 한 손으로 건네는 것이 전혀 무례한 행동으로 간주되지 않는다. 아랍지역에서는 처음 만나 인사할 때 악수하는 것을 좋아한다. 그러나 왼손으로 신체의 일부분을 만지거나 더러운 것을 만지는 것을 싫어한다.

식사관습으로는 서구국가에서는 음식점에 갈 경우 빈자리가 많더라도 반드시 입구에서 기다리다가 종업원의 안내에 따라 자리에 앉아야 한다. 식당에서는 종업원이 안내해 줄 때까지 줄을 서서 기다리는 것이 예절이라고 생각한다. 인도에서 채식주의자가 많기 때문에 음식을 접대할 때 미리 상대방이 채식주의자인지

18) 조동성(2005), 21세기를 위한 국제경영, 서울: 경제경영.

확인이 필요하고 채식주의자라도 채소, 과일, 곡식만 먹는 계층, 생선까지는 먹는 층, 우유, 치즈 같은 유제품도 먹는 층 다양한 계층이 있기 때문에 어느 정도 채식주의자인지 여부를 파악해 두어야 한다.

아울러 인도인들은 오른손을 신성시하기 때문에 식사 때는 오른손을 사용하고 왼손은 하찮은 일을 할 때 사용한다. 아랍지역, 특히 사우디아라비아 인들을 초대하여 대접할 경우에는 돼지고기 등 발가락이 있는 동물의 고기와 오징어 등 비늘이 없는 생선은 피하는 것이 좋으며 술은 상대방의 의향을 물어보고 권하는 것이 좋다.

구미에서는 택시를 타는 경우나 호텔, 레스토랑 등 서비스를 받게 되면 요금의 10~15% 정도의 팁을 주는 것이 관례이다. 호텔 종업원이 가방을 운반해 주는 경우에도 큰 짐 하나당 1달러 정도의 팁을 주는 것이 일반적이다. 숙소에서 샤워를 하는 경우 반드시 샤워커튼을 욕조 안으로 드리워서 밖으로 물이 새어나가지 않게 하는 것도 예의이다. 영국에서는 택시를 타는 경우 행선지를 미리 말하는 것이 일반적이다.

4. 사회제도

사회제도란 개인과 개인 사이에 관계를 맺는 수단을 말하며 이에는 사회조직, 정치구조 및 교육이 포함된다. 사회조직은 가장 기본적인 사회집단이라고 할 수 있는 가족에서부터 지역집단, 이익집단, 여성단체, 연령집단, 종교단체 등으로 나눌 수 있다. 각각 이러한 사회조직은 개별적인 특성을 지니며 동시에 한 나라 안에서 보편적인 특성도 지닌다. 정치구조는 정부의 역할 및 형태, 경제 및 정치이념, 다른 국가와의 외교관계, 기업과 정부의 관계, 개인과 정부의 관계 등 매우 포괄적이며 개인의 생활에 직·간접적으로 매우 지대한 영향을 미친다. 교육은 해당 국가의 교육제도, 문맹률, 학생 수, 상급학교 진학률, 여성에 대한 교육 수준 등을 말하는 것으로서 어떤 고유한 문화적 특성을 형성하는데 매우 큰 영향을 미친다. 결론적으로 사회제도는 한 국가의 혈족관계, 권한구조, 지위체계, 사회계층, 사회적 유동성 등을 포괄하는 개념으로 국제관광과 관련하여 민간부문의 마케팅 활동 및 공공부문의 정책 수립 및 실행 과정 등과 밀접한 연관성을 갖는다.

국제관광과 사회변화

내국인의 해외여행은 제도적으로 1989년 해외여행 전면자유화 조치이후 20년 동안 거의 10배 가까운 성장세를 보였다. 120만여 명(1989년)에서 1,300만 명(2007년)에서 2008년 글로벌 금융 위기 후 2009년에는 949만 명을 기록하였다. 인바운드도 성장은 하였지만 아웃바운드에 비해서는 미약한 편이다. 1989년 250여만 수준이던 외국인 방문객 수는 2009년 780만을 기록하여 약3배 성장한 것으로 나타났다.

이러한 국제 관광의 양적성장이 보여주듯이 한국 사회도 다문화 사회로 빠른 속도로 변화해가고 있다. 2000년대 들어 국제교류와 국제결혼이 활발히 증가하면서 인구 통계적으로 전체 인구에서 거주 외국인의 비율이 5%를 넘어서는 다문화 사회로 몇 년 내로 진입할 것으로 예상하고 있다.

그러나 이러한 양적측면과 더불어 변화해야 할 사회조직, 정치구조 및 교육제도를 포함한 개인의 의식은 과거에 머무르고 있어 많은 사회적 문제를 야기하고 있다. 과거 패러다임 의식은 순혈주의(純血主義)에 기반한 닫힌 민족주의이다. 1990년대부터 세계화라는 말을 국가적 슬로건으로 내건 적도 있지만 21세기에도 세계 각지에서 민족분쟁은 끊이질 않고 있는 매우 근본적인 이슈이다. 물론 어떤 형태든지 민족주의는 있기 마련이고 어느 민족도 이를 부정할 수는 없다. 그러나 다른 민족은 무시하면서 자신만 강조하는 민족주의라면 결코 분쟁은 끝나지 않을 것이다. 자기 나라, 자기 민족, 자기 문화에 강한 애정과 자부심을 갖는 동시에 다른 나라, 민족, 문화에 대해서도 인류애적 인식을 똑같이 가지는 것이 열린 민족주의이다. 이런 가치야말로 진정한 문화국민과 문화민족으로서 세계의 중심에 설 수 있는 세계인(cosmopolitan)적 소양일 것이다.

5. 예술

사전적 의미로 예술(art)이란 미적(美的) 작품을 형성 시키는 인간의 창조 활동을 말한다. 구체적으로 여기서는 특정문화가 지니고 있는 음악, 회화, 조각, 연극, 무용 및 민속 등으로 표현되는 미(美)에 대한 감각과 사물에 대한 선호경향을 의미한다. 우리가 보통 어떤 국가나 지역에 대한 문화적 나아가 국가의 이미지를 떠올릴 때 다른 구성요소보다도 예술은 큰 부분을 차지한다. 예를 들면 한국의 드라마나 음악으로 인기를 끄는 한류(Korean wave)현상은 한국의 문화적 이미지를 넘어 국가적 이미지까지 변화시키고 있다.

어떤 국가의 관광매력 요소들은 기본적으로 해당 국가의 전통 및 현대, 예술적 요소(음악, 미술, 주거, 의상, 음식, 드라마 등)로 구성된 이른바 문화콘텐츠(cultural contents)로 구성된다. 아울러 해당국가의 전반적인 미적 감각(aesthetics)도 국제관광적 측면에서 중요한 요소이며 이는 관광지의 공공디자인, 색채 등 심미적 특성을 모두 포함하는 매우 광범위한 개념이다.

예를 들어 일반적으로 세계시장에서는 흰색, 회색, 금색 등을 고급스러운 색으로 인식하고 있지만 문화권에 따라서는 여러 색채에 대한 음미, 기호, 뜻과 더불어 감정적 반응이 다르다. 〈표 5-2〉는 나라마다 금기시하는 색깔에 대해 몇 가지 예를 제시한 것이다(조동성, 2005).

| 표 5-2 | 특정색에 대한 인식 사례

국가	부정적인 색	금기 사항
중국	백색, 흑색, 청색	중국에서는 백색이 죽음과 관련된 색으로 인식하며 지역마다 차이가 있다. 홍콩에서 청색은 비통함을 연상시킨다.
말레이시아	황색	황색은 회교군주를 상징하는 색으로서 일반인은 황색 복장을 착용하지 않는다.
이집트	치타나 악어 색깔	치타나 악어는 토템적으로 신성시하고 있어 그 색깔 또는 모양을 사용하는 것이 금기시되어 있다.
시리아	황색	황색은 죽음을 상징하므로 회교도들은 대부분 이 색을 금기시한다.
이스라엘	황색	중세 여러 나라에 거주하고 있던 유대민족은 강제로 황색 천을 걸치도록 되어 있었으나 이후 이 제도는 사라졌다. 하지만 2차 세계대전 당시 히틀러에 의해 다시 부활되었다. 이러한 연유로 이스라엘에서는 황색을 매우 금기시 한다.
이라크	올리브 그린색	이 색은 국가토템의식의 상징이므로 이를 상업적 목적으로 사용하는 것은 금기이다.
브라질	자색, 황색	자색은 비통을 뜻하며 황색은 절망에 빠지게 한다는 미신을 믿고 있다. 또한 두 색의 배색은 병의 전조라고 믿는다.

(출처: 조동성, 2005)

세계 속의 한식(Korean cuisine)

한 국가의 고유음식은 국제관광 차원을 넘어 국가 이미지와도 연결되는 중요한 요소이다. 1979년부터 미국의 식당 음식을 평가해 온 자갓 서베이(Zagat survey)는 프랑스의 레스토랑 가이드북인 미슐랭 가이드(Guide Michelin)와 더불어 세계적으로 권위를 인정받는 레스토랑 가이드북이며 2010년 현재 100여 개국에서 40만여 명의 평가자들이 지역 식당의 맛, 인테리어, 서비스 및 가격 등 4항목에 대해 1점부터 30점까지 점수를 매겨(26점 이상은 최고 등급) 자갓닷컴(www.zagat.com)에 올린다.

2010년 미국 LA의 전체 2,034개 평가 식당 가운데 일식당은 117개이지만 한식당은 15개에 불과하였고 뉴욕은 2069개 식당 중 일식당이 99개, 한식당은 13개에 불과했으며 평가점수는 많은 차이가 있는 것으로 나타났다. 두 지역에서 일식당은 최상위 평점(28점 이상)을 받은 곳이 5곳, 상위평점(26-28점)을 받은 곳이 27곳이나 됐지만 한식당은 한 곳도 포함되지 못했다.

자갓 서베이 창립자인 니나 자갓은 한식은 미국에서 대중화될 수 있는 가능성이 매우 큰 편이지만 음식은 문화이기에 그 나라의 음식을 알려면 문화에 대한 이해가 선행되어야 하며 따라서 한국 문화를 홍보하는 일이 병행되어야 한다고 주장하고 있다.

(출처: 중앙일보, 2010-8-21)

6. 물질문명

물질문명(material culture)이란 인간에 의해 변형되거나 창조된 모든 물질과 그 물질의 변형 또는 창조활동에 이용된 모든 기술을 의미한다. 정신적인 활동을 바탕으로 하여 이루어진 문명을 말하는 정신문명과 대조되는 개념이다. 물질문명은 한 사회가 경제활동을 영위하는 방법과 밀접한 관련이 있으며 이러한 관련 정도가 특정 사회의 발전 수준을 판단하는 기준이 되기도 한다. 물질문명은 크게 기술 및 경제의 두 가지 측면으로 나누어 볼 수 있다.

1) 기술(Technology)

기술이란 사회 구성원들이 소유하고 있는 물질적 재화를 창조하거나 이런 재화의 가치를 높이기 위하여 사용하는 능력을 말하며 생산의 효율성과 관련된 노하우, 조직을 능률적으로 관리하는 기법 등이 모두 포함된다. 국제관광은 기술발전에 따라 빠른 변화를 나타내는 산업이다. 크게 항공, 육상, 해상을 포함하는 교통부문과 인터넷, TV 등 미디어부문의 기술 개발은 직접적으로 국제관광 트렌드를 변화시키는 요인으로 작용하고 있다. 그러나 기술의 순기능적인 측면도 있지만 기술 만능주의에 따른 인간성 상실, 기술 격차에 따른 의존과 문화적 종속 등 역기능적인 측면도 인식해야 하며 이를 최소화하기 위한 노력이 필요하다.

2) 경제(Economics)

경제에는 국민총생산, 1인당 국민소득, 인구, 인구증가율, 인구분포, 소득분포, 부존자원, 사회간접자본, 인플레율 등 경제활동과 관련된 여러 가지 지표들이 모두 포함된다. 국제관광 송출은 일반적으로 경제적 측면에서 부유하거나 규모가 크고 성장률이 상대적으로 높은 국가나 지역에서 많이 이루어지고 국제관광객을 수용하는 지역은 반대의 경우가 많다. 앞서 제1장 국제관광 개요의 제3절 국제관광의 효과에서 언급되었듯이 이러한 두 국가(또는 지역)의 경제적 차이가 클수록 경제적, 사회·문화적, 자연 환경적 측면에서 긍정적 효과보다는 부정적 효과(예: 경제적 누출, 계절적 실업, 사회적 비용, 문화왜곡 현상, 모방현가, 사회문제 유발 등)가 커질 가능성이 있다. 따라서 이러한 격차를 해소하고 상호 이해의 진정한 교류가 될 수 있도록 민간과 공공 차원에서 협력적 노력이 필요하다.

제 4 절 국제문화관광

앞서 국제문화관광(International cultural tourism)이란 좁은 의미로는「이문화의 관심에 의해 발생하는 사람의 이동」 또는 넓은 의미로는「모든 관광이 문화적 체험이라는 측면에서 관광은 곧 문화관광」이라고 정의를 내렸다.[19] 본 절에서는 국제문화관광의 사례로서 한류문화, 축제문화, 의(依)·식(食)·주(住) 문화에 대해서 학습하기로 한다.

1. 한류문화(韓流文化)

한류란 용어는 1999년 중국 북경의 청년보(青年報)에서 처음 사용한 것으로 알려져 있다. 이웃나라 중국과 일본에서 한류현상의 시발점이 된 계기는 약간 다르다. 중국 대륙에서는 1997년 6월 CCTV를 통해 TV드라마「사랑이 뭐길래」가 방영되면서부터로 알려져 있다. 최고 시청률이 15%대를 돌파했고 외화 가운데 시청률 2위를 기록했다. 이러한 인기는 재방영까지 갔으며 특히 중국의 남성들은 전통적인 가부장 권위의 상징인 '대발이 아버지'(이순재 역)의 당당한 모습에 카타르시스(katharsis)를 느끼고 환호했다. 중국 여성과 젊은층에게도 재능과 연기력에 바탕을 둔 탤런트들과 한국인의 밝고 자유로운 사랑이야기에 큰 반향을 일으켰다. 한국 대중문화가 홍콩과 대만의 대중문화가 못 채워주던 감성적 욕구를 채워준 것이다.

일본에서 한류붐이 일어난 것은 2004년 4월 NHK의 위성 방송을 통해서 TV드라마「겨울연가(겨울 소나타)」가 방영되면서부터이다. 시청률도 중국에서 방영된「사랑이 뭐길래」와 비슷한 15%대로 국내기준으로 보면 40~50%를 점유하는 것으로 알려졌다. 이 드라마는 일본에서 방영된 드라마를 통틀어 가장 경이적인 시청률 기록을 세웠으며 이러

19) 반면에 국제관광문화(Intenational tourism culture)란「해외 여행 중 현지주민 또는 지역사회와의 접촉을 통해 관광객과 지역주민 모두에게 형성되는 행위의 총체」이다. 국제관광문화는「관광 현상에 의해 형성되는 문화」에 초점을 둔 개념이고, 국제문화관광은「문화적 동기에 의한 관광활동」을 뜻한다.

한 여세는 배우 배용준의 순수하고 섬세한 모습이 일본의 중·장년층 여성들에게 큰 호감을 불러 일으켰다. 그 이후 한국의 대중문화는 TV드라마와 음악[20)]을 중심으로 중국과 일본, 동남아시아, 나아가 중동, 미국 등 다양한 국가로 퍼져 나갔다. 이어령(2009)[21)]은 이러한 한류현상이 한국이 과거의 문화수신국(文化受信國)에서 문화발신국(文化發身國)으로 전환된 것을 의미하며 이것은 단순히 한류를 넘어 세계의 역사가 부국강병의 하드파워(경제력과 군사력)에서 문화의 소프트파워로 옮겨가고 있는 현상이라고 주장한다. 즉 군사력과 경제력에 뒤져 식민지국으로 전락했던 한국이 이제는 아시아지역에 아시아의 문화적 정체성을 불러일으키는 주역으로 급부상했다는 것이다. 특히 이어령은 「겨울연가」의 경우 100년 동안 탈 아시아를 표방해 온 일본의 기성세대들에게 아시아적 정서와 가치로 돌아오게 한 계기를 만들었다고 평가하고 있다. 또한 「보아」선풍은 미국의 할리우드 밖에 모르던 일본의 10대들에게 아시아의 동질성과 그 미래에 대한 신선한 이미지를 심었다.

반면 한류의 '韓'자에는 이와 음이 같은 차가운 '한'(寒)의 이미지가 있어 한국의 대중문화와 연예인들에 빠져있는 젊은이들의 유행을 경계하는 의미도 담고 있다. 한류는 국가이미지에 큰 영향을 미쳤으며 이것은 오랫동안 공공부문에서 국가 이미지 제고를 위해 해왔던 활동보다 훨씬 큰 성과를 남겼다. 특히 관광목적지로서 한국의 위상은 2000년대 상당히 올라간 것으로 평가된다. 그러나 문화는 상호 교류되는 것으로서 일방적인 문화전파는 장기적으로 지속될 수 없다.

한류가 한국의 관광지 이미지에 미치는 영향

한국의 대중문화가 해외에서 인기를 끌고 이것이 한국의 국가 이미지를 제고한다면 과연 한국의 관광지 이미지도 올라가고 여행만족도도 높을 것인가? 즉 한류에 대한 인식도(긍정-중립-부정)에 따라 어떤 심리적 과정이 전개될 것인가?

이러한 과정을 문헌연구에 기초하여 연구모형을 만들어 보면 다음과 같다.

20) 음반 분야에서는 1999년 가수 클론의 공연과 2000년 HOT의 공연이 중국에서 대성황을 이루면서 시작되었다고 볼 수 있다.

21) 이어령(2009), 문화코드, 문학사상사.

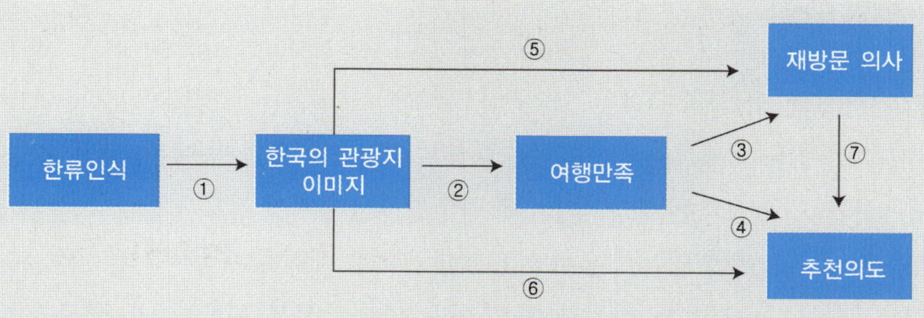

서용건 · 서용구(2004)[22]는 이러한 연구모형에 따라 한국을 방문한 중국 관광객들을 대상(유효표본 303개)으로 설문조사를 실시하였다. 가설 ①~⑦까지 검증을 해본 결과 모두 유의적인 정(+)의 효과를 미치는 것으로 나타났다. 그 이후 한류현상과 관광에 대한 연구 · 조사가 지속적으로 이루어져오고 있는데 몇 가지 내용을 요약하면 다음과 같다.

- 한류 관광객은 양적으로 크게 증가하였으나 체계적으로 기획된 관광상품 개발이 상대적으로 부진하여 대부분의 장소들이 단순 관람 차원에 그치고 있다.
- 겨울연가 촬영지를 방문한 관광객 중 70% 이상이 전혀 관광기념 상품을 구매하지 않았으며 주된 이유로는 살만한 것이 없기 때문이라고 응답하였다(한국관광공사, 2006).[23]
- 동아일보와 KOTRA가 중국 상하이 엑스포 한국관을 찾은 중국인 541명을 대상으로 조사(2010. 5. 29~6.2)[24]한 결과 한국하면 가장 먼저 떠오르는 것은 한국 드라마와 스타(42%), 맛있는 음식(20%), 우수한 가전제품과 의류(12%), 아름다운 자연풍경(11%), 북한과 대립(4%) 등으로 나타났다.
- 한국관광을 희망하는 비율은 91%로서 압도적이었으며 한국 여행에서 가장 하고 싶은 것은 한국음식 맛보기(41%), 쇼핑(27%), 드라마 촬영장소 체험(12%), 의료서비스 이용(5%) 등으로 나타났다.
- 한국 여행을 갈 때 가장 걱정스러운 점으로는 낯선 문화(29%), 북한과의 대치(25%), 관광 인프라의 후진성(16%), 중국인에 대한 태도(13%), 입맛에 맞는 중국음식이 없음(11%) 등으로 나타났다.
- 2008~2009년 중국인들의 한국관광에 대한 평가는 조금씩 개선되고 있는 것으로 나타났는데 쇼핑에 있어 관광객들을 원하지 않는 쇼핑 장소로 안내하는 '지정 쇼핑'과 관련해서는 불만이 많은 것으로 나타났으나 개별적으로 관심이 있어 자유롭게 동대문, 남대문 시장 등을 방문하는 경우(특히 패션과 쇼핑이 결합된 경우) 만족도가 매우 높은 것으로 나타났다.
- 한국에 성형외과 및 피부과 등 의료관광을 가고 싶다고 답한 이들의 32%는 월평균 소득이 1만위안 이상인 중산층인 것으로 나타나 시장 개척 가능성이 매우 높은 것으로 나타났다.
  특히 이들은 대도시가 아닌 3선도시[25] 거주 비율이 44%나 돼 지방에서 의료관광 마케팅을 강화해야 한다는 분석이다.
- 동아일보 · KOTRA 공동조사에서 선호 관광도시로는 서울이 가장 많았고 도쿄(17%), 중국 내 다른 도시(9%), 대만(6%), 홍콩(5%) 순으로 나타났으나 이에 여성의 비율은 높았으나 남성은 상대적으로 낮은 비율을 보였다.
- 아울러 구매력이 큰 고소득층일수록 서울 관광에 대한 선호도가 낮은 것으로 나타났다. 이들은 서울 대신 도쿄를 선택하는 경우가 많았다. 여행업계의 공통적인 의견은 중국 상류층을 만족시키기에 한국의 서비스는 일본보다 부족한 점이 많은 것으로 보고 있으며 눈에 보이는 관광 인프라뿐만 아니라 중국인에 대한 태도 등 서비스 마인드 개선이 시급하다고 보고 있다.
  아울러 관광 상품 다양성도 고려해야 할 점으로 지적되고 있다.

2. 축제문화

어떤 지역(또는 국가)의 축제는 그 지역의 문화가 표현되는 상징물이다. Ryan(1998)[26]은 역사문화관광(heritage tourism)의 주요대상은 역사적 건축물, 공예품, 궁전, 전승지 등과 같은 유형적인 것보다는 해당지역의 축제와 같은 무형적인 경우가 많다고 주장하였다. 관광객들은 그 지역에만 있는 고유하고 독특한 문화를 체험하고 싶어한다. 지역축제에서 먹을거리, 볼거리, 즐길거리, 살거리, 느낄거리, 놀거리 등을 체험하기를 원하고 아울러 일탈감, 신기성, 창의적 체험, 대인 교류감 등의 관광체험을 원한다. 즉 축제는 지역의 대표적인 관광콘텐츠로서 그 기능과 역할을 한다. 그러나 동시에 축제의 관광적 가치만 부각되어도 곤란하다. 원래 축제는 해당 지역 주민들 스스로를 위한 축하 행사이자 화합을 위한 것이었다. 지역의 성공적인 축제가 메가 이벤트화 되는 현실에서 지역의 고유성은 상품화되며 시간이 흘러 그 고유성은 사라지고 상품성만 남는 모순이 발생할 수 있다. 이런 과정에서 공동체의 동질 의식을 강화하고자 하는 목적이 오히려 공동체 정서를 와해시키는 방향으로 변질된다.

아울러 축제는 지역주민의 여가문화를 나타내는 상징적 존재이기도 하다. 축제 참여는 현대인들의 수많은 여가활동 중 중요한 비중을 차지하고 있으며 축제 방문객들은 축제에 참여하고자하는 자발적 욕구에 의해 자기 향상적 체험을 경험한다(고동우, 2000).[27] 즉 지역축제는 축제 참가자들의 삶의 질을 향상시키는 행사가 되어야 하며 그 기본적 요소에는 제의성, 전통성, 향토성, 오락성 등이 포함된다(문화관광부, 2006).[28]

22) 서용건 · 서용구(2004), 한류가 한국의 관광지 이미지와 관광객 의사결정에 미치는 영향, 관광학 연구, 28(3): 47-64.
23) 한국관광공사(2006), 해외 한류 및 한류 관광 동향.
24) 동아일보, 2010년 6월 16일 보도기사.
25) 중국의 1선 도시는 3大 경제권 주요도시인 베이징, 상하이, 광저우, 선전 등이 포함된다. 2선 도시는 1선 도시 부근과 3선 도시는 내륙 대도시를 의미한다. 2 · 3선 도시는 전국에 걸쳐 고르게 분포하고 있으며 인구 비중은 중국 전체의 약 40%에 달한다.
26) Ryan, C.(1998), Economic impacts of small events: estimates and determinants – a New Zealand example, Tourism Economics, 4.
27) 고동우(2000), 기획 축제 참가자의 여가경험: 내재적 동기론을 중심으로, 한국심리학회지 소비자 · 광고, 1(2).
28) 문화관광부(2006), 한국지역축제 조사평가 및 개선방안 연구.

지역축제는 곧 관광콘텐츠

관광콘텐츠이자 관광이벤트로서 축제는 지역의 문화를 외부에 알리는 메신저 역할과 지역 이미지를 창출하는 중요한 기능을 담당한다. 여기서는 지역축제로서 해당지역의 대표적인 관광콘텐츠로 자리매김한 사례를 소개한다.

① 바다 진흙의 성공 - 보령 머드축제(한국)

보령 머드 축제는 1998년 처음으로 개최되었다. 해안 도시로서 지역의 11%에 달하는 갯벌을 활용한 것인데 바다진흙을 이용한 관광축제라는 독특성 때문에 매스컴의 큰 관심을 받았다. 이 축제는 7월 중순 여름철 대천 해수욕장의 활성화, 지역 이미지 특화, 머드 상품의 판촉 등 여러 측면에서 큰 경제적, 사회・문화적 파급효과가 있는 것으로 보고되고 있다.

축제의 내용적인 측면에서 다양성과 변화는 중요한데 보령머드축제는 이 두 가지 요소에 있어 방문객들에게 좋은 호응을 얻고 있다. 예를 들면 셀프머드마사지, 머드탕 체험, 머드 슬라이드, 머드 마사지 등의 다양한 체험 프로그램과 축제 장소의 집중화, 아가씨 선발대회를 변형한 머드왕(머돌이, 머순이, 머드 아가씨, 머드 아줌마) 선발대회 등을 개최하는 것 등을 들 수 있다(정강환, 2004).[29)]

② 눈과 얼음의 성공 - 삿포로 눈축제(일본)

1950년 제1회 행사를 시작으로 매년 2월초에 열리는 일본 최대의 축제이다. 일본의 최북단인 홋카이도는 반년 가까이 폭설과 추위가 지속되는 지역으로 겨울철이면 곳곳에서 눈과 얼음의 축제가 펼쳐지는데 이 중에서도 삿포로의 눈 축제가 가장 유명하다. 개최기간은 1주일 정도이며 삿포로 시내의 오도리 공원 등 네 군데에서 개최된다.

오도리 공원에서 개최되는 눈과 얼음의 조각 전시회는 세계적으로 유명한 건축물을 비롯해 동화 속 주인공들의 모형이 전시되며 그 밖에 음악회, 패션쇼, 스키쇼, 레이저 쇼, 노래자랑, 설상 경연대회, 눈의 여왕 선발대회 등 각종 행사가 개최된다. 이 기간에 동원되는 눈은 홋카이도 지방에서 좋은 눈만 골라 트럭으로 운송하는데 그 양이 5톤 트럭 7,000대 분략이며 이 축제를 보기위해 세계 각지에서 관광객들이 몰려들어 대성황을 이룬다(김숙자 외, 2010).[30)]

PART 3

29) 정강환(2004), 관광이벤트, 월간이벤트.

30) 김숙자 외(2010), 일본문화, (주)시사일본어사.

③ 토마토와 놀이의 성공－La Timatina, 토마토축제(스페인)

스페인의 동부에 위치한 작은 도시 부놀(Bunol)에서 매년 8월 마지막 주 수요일에 열리는 이색적인 축제이며, 약 120톤의 토마토를 부어놓고 던지며 일주일 동안 진행된다.

이 축제는 1944년 토마토 값이 폭락한 것에 대해 분노한 농민들이 정치인들에게 분풀이를 하기 위해 토마토를 던진 것에서 유래 한 것으로 알려져 있다. 1930년대까지 이 지역에서는 투우(corrida de toros)[31]가 성행했으나 투우금지령이 내려진 후 토마토 축제가 이를 대체한 것이다. 축제 첫 날 오전 11시에 사람들이 서로에게 물을 뿌리며 집단 샤워를 시작으로 12시 정각에 대포소리와 함께 토마토 던지기가 시작된다. 참여인원은 대부분 관광객이며 보통 4만명 정도 되는 것으로 알려져 있다.

호모루덴스(Homo Ludens: 놀이하는 인간)의 저자인 네덜란드의 역사학자 호이징아(Huizinga, 1872~1945)가 주장하듯이 원시사회에서 축제기간 동안 사람들은 아무데나 돌아다니고 일탈을 즐겼는데 토마토축제는 문명사회에서 현대인들에게 남아있는 이러한 본능에 어필하는 축제라고 할 수 있다.

④ 춤과 음악의 성공 － Rio Carnival, 리오축제(브라질)

매년 2월말에서 3월초 사이에 4일 동안 밤낮을 가리지 않고 브라질의 아름다운 항구 도시인 리우데자네이루(Rio de Janeiro)에서 열리는 축제이다. 원래 카니발은 금욕기간인 사순절[32]을 앞두고 즐기는 축제인데 포루투갈에서 브라질로 건너온 사람들의 사순절 축제와 아프리카 노예들의 전통 타악기 연주와 춤이 합쳐져서 생겨났다.

리오축제의 핵심은 삼바 퍼레이드인데 무용수들이 퍼레이드를 할 수 있도록 설계된 거리에서 한 그룹마다 삼바춤을 추는 사람만 약 4,000명에 이른다. 축제 때는 전 세계에서 약 6만명의 관광객이 오며 브라질 국내 관광객도 25만명에 이르는데 브라질을 방문하는 연간 외래 관광객의 3분의 1에 해당하는 사람들이 리오 축제 시기에 방문하는 것으로 알려져 있다.

삼바(samba)는 브라질 흑인계 주민의 전통 춤과 음악으로서 몇 가지 종류가 있는데 세련되게 사교댄스화한 삼바 카리오카(samba carioca), 격렬한 댄스인 삼바 디모로(samba di morro), 느린 템포의 삼바리듬의 가요인 삼바 캉시옹(samba cansio) 등인데 마지막의 경우는 현대 재즈를 결합하여 발전시킨 것이 보사노바(bossa nova)[33]로서 1960년대 전 세계적으로 크게 유행하였다.

31) 영어로는 bullfighting.

32) 기독교에서 부활절전에 행해지는 40일간의 금욕기간.

33) Bossa nova란 새로운 감각, 새로운 경향을 뜻하는 포르투갈어로서 가사와 곡조가 지적이며 차분한 경향을 띤다.

3. 의(義) · 식(食) · 주(住) 문화

국제관광의 매력적 요소는 외국의 의 · 식 · 주 문화로부터 시작된다고 할 수 있다. 이 세 가지 요소는 워낙 방대한 내용이기 때문에 여기서는 외국문화를 이해하는데 있어 가장 기본적인 관점을 갖는 차원에서 요약하고자 한다.

1) 의(依)문화

역사적으로 인류는 초기에 수렵을 통해 식량을 확보하고 동시에 의류의 재료를 얻었다. 농경 생활을 시작하면서 도구를 사용한 토기의 제작과 직물기술이 출현하게 되었다. 이집트 유적에서 발견된 마포나 이란 등지에서 발견된 줄무늬 아마포 등은 기원전 4000~4500년경의 직물과 관련된 유물로 알려져 있다. 고대 한민족의 복식문화는 북방계열의 좁은 소매의 저고리와 홀태바지 형태였고 이는 중국과는 다른 형태이다. 통일신라 흥덕왕(재위 826~836) 때는 복식이 복합화되어 착용되었고 어떤 면에서 대단히 사치스러운 점도 있었다. 조선시대 복식의 기본 태는 저고리와 치마, 바지, 도포, 두루마기 등으로 구성되었는데 두루마기의 경우 1895년 이후에는 남녀 차이 없이 착용하였다. 일제의 강점이 사회 전반적으로 확산되던 이 무렵 단발령이 강제적으로 시행되면서 양복이 일반인에게도 확산되었다.

서양 복식사의 경우 고대 이집트에서는 뜨겁고 건조한 기후에 맞추어 개방적인 형태의 복장이, 기원전 1100년경부터 문명이 형성된 고대 그리스 시대에는 균형 잡힌 신체의 육체미를 나타내는 복식이 유행하였다. 유럽은 켈트족, 게르만족, 라틴족, 슬라브족 등 다양한 민족 구성에 따라 복식문화가 형성되었는데 프랑스, 스위스, 아일랜드 등의 민족인 켈트족은 최초로 바지를 입은 민족으로 알려져 있다. 현대에서도 의복 문화는 어떤 나라의 문화적 특성을 가장 크게 반영하는 척도가 되기도 한다. 예를 들어 시리아, 쿠웨이트 등 아랍권의 이슬람 여성들이 머리와 상반신을 가리기 위해 쓰는 히잡(hijab), 이란 등지의 시아파여성들이 입는 검은색 차도르(chador) 등을 들 수 있다. 아울러 도시관광의 경우 그 나라의 패션 감각과 수준은 큰 매력적 요소가 되며 이는 쇼핑과 연계되어 파급적 효과가 크다. 프랑스 파리, 미국의 뉴욕 등이 그 예라 할 수 있으며, 한국의 서울이 중국과 일본 여성 관광객을 중심으로 인기를 끌고 있는 것이 좋은 사례라 할 수 있다.

2) 식(食)문화

음식문화는 음식과 관련된 모든 요소(생산, 가공, 식사양식, 식사예절)와 관련된 것으로서 식생활 문화와 같은 개념이다. 지역별, 민족별로 식생활이 다른 것은 토양과 기후조건에 따라 결정된 것으로서 자연환경은 해당지역의 음식문화 형성에 가장 큰 영향을 미치는 것으로 분석된다. 예를 들면 열대지방의 음식은 튀기거나 볶은 음식이 많아서 기름지고 강한 향료가 많이 들어가는 것이 특징이다. 반면에 한대지방에서는 음식이 단백하고 가공을 별로 하지 않은 날것으로 먹는 경우가 많으며 한국, 일본 등과 같은 온대지역에서는 음식의 종류가 많이 발달되어 있고 향료를 적게 쓰며 조림과 같은 가공음식과 발효식품이 발달했다는 특징이 있다.

여기서는 몇몇 국가들의 음식특징에 대해 개괄적으로 살펴보기로 한다(강대훈 외, 2009).[34)]

① 한국 음식의 특성

- 곡물중심의 식생활로 주식과 부식이 명확하게 구분되어 있다.
- 음식의 종류와 조리법이 다양하고 조미료가 발달되었다.
- 음식이 보약이라는 약식동원(藥食同源) 사상이 강하다.
- 계절에 따른 발효저장식품이 발달되었다.
- 유교의 영향으로 상차림과 식탁예법이 발달하였다.
- 각 지역의 향토음식이 잘 발달되어 있다.

(출처: '다음' 백과사전)

[그림 5-4] 한국 음식 - 갈비

34) 강대훈 외(2009), 한국음식과 세계음식문화, 진영사.

② 일본 음식의 특성

- 생선회, 초밥 등 신선한 식품을 만드는 조리법이 발달하였다.
- 어패류 종류의 요리가 발달되었고 제철에 나오는 비교적 신선한 재료를 이용하여 계절적인 감각을 중요시한다.
- 한국음식, 중국음식 등과 비교할 때 비교적 적은 양을 먹는다.
- 외국음식을 일본화시켜 퓨전화된 음식이 많다.
- 요리에 들어가는 모든 국물은 다시를 사용한다.
- 자연소재의 식기자재를 많이 사용하는데 이에는 나무껍질, 나뭇잎, 열매, 대나무, 대바구니, 죽공예품, 도기, 금속, 유리, 종이 등이 포함된다.

(출처: 'naver' 백과사전)

[그림 5-5] 일본 음식-스시

③ 중국 음식의 특성

- 광대한 땅만큼 지역별 특징에 따라 다양한 요리가 있으며, 북경요리, 사천요리, 상해요리, 광동요리 등이 포함된다.
- 재료 및 요리법 등에서 매우 다양하며 자주 이용되는 재료는 3천 종류 이상인 반면 요리 도구는 의외로 가지수도 적고 사용법도 비교적 간단한 편이다. 예를 들면 훠거(중국냄비), 사궈(볶음, 튀김냄비), 러우사오(그물조리), 정룽(찜통) 외에 식칼, 국자 등으로 구성된다.
- 불이나 뜨거운 물을 사용하여 익혀먹는 이른바 숙식을 기본으로 한다.
- 기름을 많이 사용하고 다양하고 풍부한 조미료와 향신료, 모양에 있어서도 푸짐하고 화려한 경향이 있다.

(출처: '다음' 백과사전)

[그림 5-6] 중국 음식 - 동파육

④ 터키 음식의 특성

- 빵이 주식이며 주 요리는 양고기이다. 수프와 필라프(pilav: 쌀에 닭고기, 땅콩, 건포도 등을 넣고 육수를 부어 만든 밥 종류)도 즐겨 먹으며 유제품[35]이 발달하였다.
- 올리브 오일을 많이 사용하며 생선, 채소 및 과일을 이용한 음식이 발달하였고 후식으로 단 음식을 즐긴다.

(출처: '다음' 백과사전)

[그림 5-7] 터키 음식 - 케밥

35) 요구르트(Yougurt)라는 단어도 터키어인 yogun에서 유래하였으며 요구르트를 처음 먹기 시작한 사람들이 터키족이다.

⑤ 프랑스 음식의 특성

- 르네상스 시대 이후 서유럽의 음식문화 중심지가 된 프랑스 요리는 소스가 매우 다양하고 16, 17세기 경제적 부흥기에 식민지를 포함한 외국으로부터 다양한 식품과 조립법이 도입되어 오늘에 이르렀다.
- 와인, 치즈, 빵, 육류가공품 등의 특산품이 발달하였고 대표적인 음식으로는 에스카르고 (Escargot: 달팽이)요리, 푸아그라(Foie Gras: 거위간), 스테이크인 샤토 브리앙(Chateau Briand), 빵 종류인 바게트, 크루아상, 소금에 절인 철갑상어 알인 캐비어(Caviar) 등이 있다.

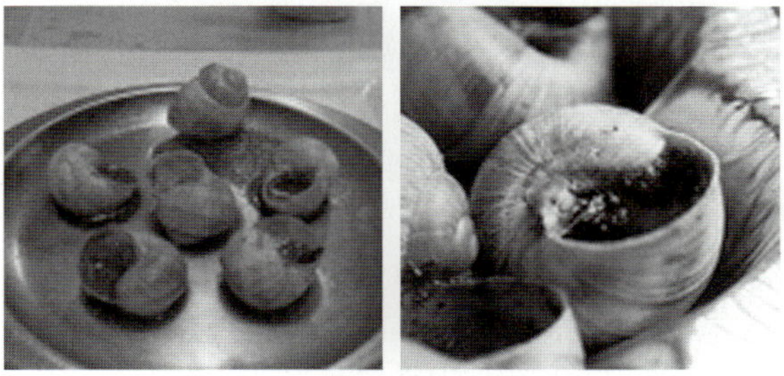

(출처: '다음' 백과사전)

[그림 5-8] 프랑스 음식-에스카르고

⑥ 미국 음식의 특성

- 패스트푸드인 햄버거 및 핫도그 등이 발달하였고 대표적인 이민국가인 만큼 전 세계의 음식과 퓨전화된 음식이 많다.
- 가공식품인 통조림 등과 육류위주의 식생활이 발달하였고 저녁식사는 비프 스테이크와 해물요리 등이 주류를 이룬다.
- 주로 고칼로리, 고단백질, 고지방의 음식이 많으나 최근에는 저열량, 저당, 저염의 웰빙형태로 바뀌고 있다.

(출처: '다음' 백과사전)

[그림 5-9] 미국 음식-햄버거

⑦ 멕시코 음식의 특성

- 멕시코 음식의 주재료는 옥수수이며 멕시코 고추(칠리)[36]를 사용해 매콤한 맛을 낸다.
- 다양한 양념(spice)을 사용하며 과일음료와 데낄라(Tequila)와 같은 술이 유명하다.

(출처: '다음' 백과사전)

[그림 5-10] **멕시코 음식-타코**

⑧ 호주 음식의 특성

- 인기 있는 호주요리는 램찹(양고기)과 스테이크이며 초기 이민 역사 배경에 따라 영국의 피쉬 앤 칩스(fish & chips)도 즐겨 먹는다.
- 해산물과 육류를 이용한 음식이 발달하였고 우유 및 유제품, 열대과일 등을 이용한 음식 또한 많다.

(출처: '다음' 백과사전)

[그림 5-11] **호주 음식-램찹**

36) 매우 매운 작고 빨간 것으로부터 맵지 않은 피망에 이르기까지 약 200여 종의 다양한 고추가 있다.

3) 주(住)문화

한 지역의 주거문화는 크게 세 가지 요인, 즉 자연환경적 요인, 사회문화적 요인 그리고 기술적 요인에 의해 결정 된다고 볼 수 있다.

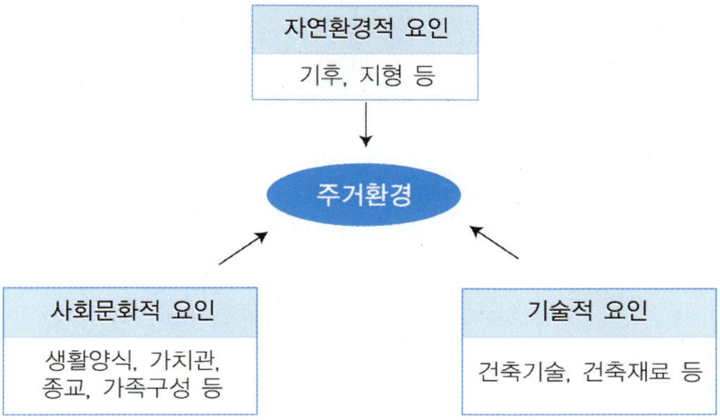

[그림 5-12] 주거문화에 영향을 주는 요인

주거공간을 중심으로 이루어지는 일상생활을 통하여 사람들의 의식은 형성되고 이를 기반으로 하여 행동의 방향과 범위가 정해진다(주거학연구회, 2009).[37] 예를 들면 현대 한국 사회의 많은 문화적 현상은 아파트 문화로부터 발생한다고 해도 과언이 아니다. 여기서는 위에서 언급한 세 가지 요인에 따른 몇 가지 주거 형태에 대해 살펴보기로 한다.

① 자연환경적 요인

주택의 여러 가지 기능 중 가장 중요한 것 중 하나는 비, 바람 등 외부 환경으로부터 안전한 피난처를 제공하는 것이다. 자연환경에 적응하기 위해 디자인된 전통가옥의 예를 들면 다음과 같다.

가. 말레이시아 사라와크(Sarawak) 부족의 집

나. 중국 운남성 태족 민가

다. 캐나다 받침대 위의 집

라. 터키 카파토키아 지방의 암굴 집

37) 주거학 연구회(2009), 안팎에서 본 주거문화, 교문사.

캐나다 받침대 위의 집

카파토키아 지방의 암굴집

(출처: '다음' 백과사전)

[그림 5-13] 자연환경적 요인을 고려한 전통가옥

말레이시아 사라와크 부족과 중국 운남성 태족 민가의 경우 열대지방의 특성을 고려한 가옥 형태가 눈에 띄는데 나무로 된 기둥이 건물을 지면보다 높이 떠받치는 필로티(piloti) 형식으로 되어 있어 습기를 차단하고 집의 침수나 동물 및 곤충으로부터 보호를 할 수 있다. 바닥면의 높이는 지역에 따라 50cm~200cm 이상까지 다양하다. 아울러 사방의 벽면은 대나무로 둘러져 있고 통풍을 고려한 디자인이 돋보인다. 캐나다 받침대 위의 집은 북극해와 가까운 지역에 위치해 있어 10월부터 이듬해 5월까지 거의 8개월간 엄청난 적설량을 나타내는 곳이다. 따라서 이 지역의 사람들은 눈이 많이 와도 집이 눈에 파묻히지 않도록 일정 높이의 받침대를 만들고 그 위에 집을 짓는다. 터키의 카파토키아 지방은 오랜 세월 바람이나 빙하로 인한 침식 작용에 의해 생긴 원뿔 모양의 바위들이 많다. 사람들은 이 바위에 구멍을 파서 집을 만들었는데 여름에는 건조하고 겨울에는 내부 온도가 일정하게 유지되는 효과가 있다.

② 사회문화적 요인

주택은 인간의 생활양식에 가장 적합한 환경으로 창조되는 결과물이다. 따라서 자연환경적 요인뿐만 아니라 사회문화적 환경도 주택 형태에 큰 영향을 미치며 그 예는 다음과 같다.

가. 몽골의 게르(Ger)

나. 아메리칸 인디언의 티피(Tepee)

다. 독일의 할렌하우스

라. 베트남 하노이의 책장집(Bookshelf house)

몽골의 게르

아메리칸 인디언의 티피

(출처: '다음' 백과사전)

[그림 5-14] 사회문화적 영향에 따른 가옥형태

몽골의 게르(중국어로는 파오)는 유목민조의 특성에 따라 1년에 20번 이상의 이동이 가능한 일시적인 주거공간으로서 텐트식 주택이라고 할 수 있다. 원통형 벽과 둥근 지방으로 되어 있고 입구는 남향이며 중앙에 화덕을 두는데 바람의 저항이 적고 여름에는 시원하다. 유사한 형태로 아메리칸 인디언의 티피는 대평원에서 버펄로들을 쫓아 이동을 반복하고 15분 정도면 조립과 해체가 용이한 원추형 텐트를 말한다.

독일의 할렌하우스는 독일 전역에 가장 널리 퍼져 있는 전통 주택 형태로 삼각형의 지붕에 양 옆으로 ∧모양의 두꺼운 벽이 덧붙여 있으며 집이 아주 큰데 이는 곡물창고와 가축우리가 집안에 함께 있기 때문이다. 베트남 하노이나 하이퐁에는 폭이 겨우 4m에 길이가 20m 안팎인 길쭉한 형태의 집들이 4~5층 형태의 건물로 줄지어 서 있다. 이는 세계 어디에서도 볼 수 없는 매우 독특한 모습으로서 현지의 외국인들이 집이 마치 책장 같다고 해서 책장집으로 불리 운다. 이는 1975년 북 베트남(월맹)이 베트남을 통일한 뒤 공산당정권이 토지 재분배를 하면서 너도나도 사람들이 도로에 인접한 택지를 원하자 4m씩 도로에 접한 폭을 잘라 나누어 준 까닭에서 발생하였다. 즉 공산주의 체제에서 결과의 평등주의에 집착한 결과 생겨난 산물이다.

③ 기술적 요인

주택의 형태는 해당 문화권에서 사용 가능한 지식, 기술, 자원 등을 반영한다(주거학연구회, 2009). 건물의 재료나 구조, 디자인, 설비 등은 그 문화권의 기술 발달 단계를 보여주며 이에 해당하는 예는 다음과 같다.

가. 한국의 온돌

나. 모로코의 진흙집

다. 에스키모인의 이글루(Igloo)

한국의 온돌은 열의 이동을 이용한 바닥 난방법으로서 세계적으로 매우 독특한 가치를 인정받고 있는 시스템이다. 방바닥에 깔린 넓적한 돌(구들장) 밑에 불을 지펴 온도가 높아진 돌이 내는 열로 방 전체를 난방하고 연기는 굴뚝을 설치해 밖으로 배출한다.

모로코의 진흙집

에스키모인의 이글루

(출처: '다음' 백과사전)

[그림 5-15] 기술적 요인에 따른 가옥형태

모로코의 진흙집은 말 그대로 진흙으로 만든 집인데 흙은 열전도율이 낮아서 낮에는 서늘하고 밤에는 따뜻하게 지낼 수 있어서 경제적인 온도조절 기능이 있다. 또한 흙은 습도가 낮아 낮에 문을 닫아 놓아도 답답하거나 불쾌한 느낌이 생기지 않으며 소음이 거의 들리지 않으므로 가장 경제적인 방음 시스템이라 할 수 있다. 이러한 진흙집은 아프리카 일대 및 아메리카 원주민인 미국 파에블로 인디언의 집에서도 발견된다. 에스키모인들의 이글루는 춥고 바람이 센 북극의 기후에 접합한 주택형태이다. 건축의 재료로서 가장 손쉽게 얻을 수 있는 얼음을 잘라 블록을 쌓아서 동굴 형태의 이글루를 짓는다. 이글루는 돔 형태로 최소의 표면적으로 최대의 용적을 제공할 수 있고 돔은 모서리가 없어 차가운공기나 순환되지 않는 공기를 만들지 않는다. 따라서 열기보존을 가능케 하고 공기의 순환이 용이하며 천장에는 짐승의 가죽을 덮어 공기 보온층을 형성하게 한다.

■ 주요 토론주제

1. 문화, 문화관광, 관광문화의 개념적 차이는 무엇인가?
2. 국제관광현상이 한 국가(또는 지역)의 문화에 영향을 미친 경우와 한 국가의 문화가 국제관광에 영향을 미친 사례에 대해 각각 토론해 보자.
3. 두 국가를 선정하여 6개 문화의 구성요소(언어, 종교, 가치체계, 사회제도, 예술, 물질문명) 별로 비교해 보자.
4. 한 국가(또는 지역)를 선정하여 의 · 식 · 주 문화와 축제 문화에 대해 살펴보고 토론해 보자.

■ Internet Sites

www.sfood.info(세계요리음료술백과사전)
www.wfcc.or.kr(세계음식문화연구원)
www.kofice.or.kr(한국문화산업교류재단)
www.haanryu.com(한류연구소)
www.ifea.com(국제축제이벤트협회)
www.whatsonwhen.com(worldwide events guide)

■ 참고문헌

김사헌(2006), 국제관광론, 백산출판사.
조명환(2010), 관광문화론, 백산출판사.
강대훈 외(2009), 한국음식과 세계음식문화, 진영사.
고동우(2000), 기획 축제 참가자의 여가경험: 내재적 동기론을 중심으로, 한국심리학회지 소비자 · 광고, 1(2).
김숙자 외(2010), 일본문화, (주)시사일본어사.
남기심(1999), 세계 속의 한국어, 연세대학교출판부.
동아일보, 2010년 6월 16일 보도기사.
문화관광부(2006), 한국지역축제 조사평가 및 개선방안 연구.
서용건 · 서용구(2004), 한류가 한국의 관광지 이미지와 관광객 의사결정에 미치는 영향, 관광학 연구, 28(3): 47－64.
오상훈(2005), 관광과 문화의 이해, 형설출판사.

이어령(2009), 문화코드, 문학사상사.

이원복(2008), 가로세로 세계사, 김영사.

정강환(2004), 관광이벤트, 월간이벤트.

조동성(2005), 21세기를 위한 국제경영, 서울: 경제경영.

주거학연구회(2009), 안팎에서 본 주거문화, 교문사.

한국관광공사(2006), 해외 한류 및 한류 관광 동향.

한상복 · 이문영 · 문광덕(1982), 문화인류학, 서울대학교출판부.

히라노 겐이치로(2005), 국제문화론, 풀빛(김동명 · 장인성 역).

Encyclopedia of tourism(2002), edited by Jafar Jafari, Wiley.

Mac Cannell, D.(1976), The tourist: A new theory of the leisure class, New York: Schocken Books.

Richards, G.(1996), Production and consumption of European cultural tourism. Annals of Tourism Research, 23(3): 261 – 283.

Ryan, C.(1998), Economic impacts of small events: estimates and determinants – a New Zealand example, Tourism Economics, 4.

Smith, V.(1989), Host & Guest: The anthropology of tourism(2nd ed.), Philadelphia: Univ. of Pennsylvania Press.

UNWTO(1999), Tourism 2020 Vision, Madrid: United Nations World Tourism Organization.

제 6 장 세계 지역별 국제관광

아시아지역

개 요

본 장은 세계 지역별 국제관광으로서 아시아지역에 대해 살펴보기로 한다. 아시아지역은 과거 20년 동안 다른 지역에 비해 인바운드와 아웃바운드 관광객 수 측면에서 가장 높은 성장률을 나타내는 지역으로서 큰 주목을 받고 있다. 아시아 지역은 매우 광범위한 지역으로서 다양한 민족과 문화적, 자연적 매력을 갖고 있는 곳이다. 본서에서는 대한민국, 일본, 중국, 베트남, 필리핀, 캄보디아, 몽골, 우즈베키스탄, 카자흐스탄 및 인도를 포함하여 10개국에 대해 살펴본다.

각 장의 구성은 각 나라별로 개관, 지리 및 사회 · 문화적 특성, 주요 관광지, 유네스코 세계유산별로 나누어 요약 정리하였다. 개관은 국가별 기본정보를 포함하였고 지리 및 사회 · 문화적 특성을 정리하였다. 주요관광지는 도시별로 정리하였고 유네스코 세계유산은 문화, 무형, 기록 및 자연유산별로 표로 정리하였다. 지면 관계상 이름만 제시된 것이기 때문에 자세한 내용은 관련 문헌이나 인터넷 자료를 통해 학습하기를 권고한다.

무엇을 알 수 있는가?

- 국제관광 매력요소 측면에서 아시아지역 내 각 나라의 특징은 무엇인가?
- 각 국가별 지리 및 사회 · 문화적 특성은 무엇인가?
- 각 국가별 주요 관광지로는 무엇이 있는가?
- 각 국가별 주요 유네스코 세계유산으로는 무엇이 있는가?

제 1 절 대한민국

1. 개관

국　　명 : 대한민국[大韓民國, South Korea/ Republic of Korea]
정치체제 : 대통령제 공화국
수　　도　서울[Seoul]
주요도시 : 서울[Seoul], 부산[Busan], 제주[Jeju]
면　　적 : 99,720km^2[109위]
인　　구 : 51,744,948명[28위, 2016년]
인구밀도 : 507명/km^2[24위, 2017년]
언　　어 : 한국어
1인당GDP : $29,115[30위, 2017년]
화폐단위 : 원[Won, ₩]

2. 지리, 사회 · 문화적 특성

1) 지리적 특성

한국을 중심으로 서쪽으로 중국과 서해를 사이에 두고 있고, 남동쪽으로 일본과 동해 및 대한해협을 사이에 두고 있으며, 한반도내 북쪽은 휴전선을 경계로 북한과 접하고 있다. 한반도는 제3기 마이오세 이후에 일어난 단층 및 요곡운동의 결과 대체적으로 동쪽이 높고 서쪽은 낮은 경동지형(傾東地形)을 이루며, 해발고도 1,000m가 넘는 높은 산이 북쪽과 동쪽에 치우쳐서 지형의 등줄기를 이루어 동쪽으로는 급경사를 이루면서 동해안에 임박하지만, 서쪽으로는 완만한 경사를 이루면서 서해안에 이른다.

산지는 동쪽으로 급경사를 이루면서 동해안에 임박하지만, 서쪽으로는 완만한 경사를 이루어 서서히 고도를 낮추면서 서해안 쪽과 남쪽으로 하천이 흐르고, 하천 중류· 하류에 비교적 넓은 충적평야가 전개되어 있다. 한편, 전체 국토면적의 65%가 산림으로 구성되어 있으며, 19%가 농경지로 이용되고 있다. 그리고 남해에는 한국에서 제일 큰 단일섬인 제주도가 있고, 동해는 해안선이 단조롭고 수심이 깊으며, 간만의 차가 적다. 해안에 연하여 사구 · 석호 등이 형성되어 있고, 멀리 해상에 화산섬인 울릉도와 독도가 있다.

2) 사회 · 문화적 특성

한국 문화의 큰 특성은 단일 민족으로서의 전통이 강하다는 점이다. 그 뿌리 깊은 전통문화, 즉 고유문화를 한 자리에서 유구하게 지켜오고 있다. 한반도라는 비옥한 자연 공간을 차지한 상태에서 수천 년간 단일 민족을 이루고 독자적인 중앙 집권 정부를 운영하며 동일한 문화권 속에서 살아왔다. 국가 내부에서의 종교 문제나 인종 차별 또는 소수 민족 문제, 부족 간의 대립 등으로 인한 사회 분열이나 분규에 시달리지 않고 빠른 성장을 이룰 수 있었던 것은 그러한 역사 경험에 기인하는 바가 크다.

한국은 대륙과 섬, 육지와 바다가 연접해있는 소위 반도적 지리조건을 가지고 있다. 따라서 문화권도 북방문화와 남방문화의 사이에 위치해 있어 특이한 지리조건과 문화조건을 가지게 되었다. 또 북방문화는 다시금 중원문화 즉 중국문화와 유목문화 그리고 시베리아 문화로 크게 나눌 수 있는데 이들 모든 문화가 역사의 흐름에 따라 정도를 달리하면서 한국의 문화와 밀접한 관계를 가지게 되었다. 그래서 반도의 문화를 가리킬 때 흔히들 '반도 문화는 주변문화의 융합체'라는 표현을 쓰곤 한다. 실제로 한국의 문화는 이러한 다양한 문화의 융합적 성격을 '한류'를 통해 잘 드러내고 있다고 말할 수 있다. 한국 문화의 우수성을 말해 보라고 하면, 일반적으로 상감 청자, 금속 활자, 한글 창제, 거북선 등을 나열한다. 이들은 외래문화의 단순한 수용이 아니라 그들을 재래의 문화 요소들과 종합하고 변용하여 한국 사회에 필요한 것으로 탈바꿈시켜 만들어낸 산물이며, 당시의 세계 문화에 비하여 선진적인 요소들이었다. 한국은 근대로 이행되는 과정에 전통 문화 단절의 경험을 겪었다. 일제 치하의 사회에서 한국은 파행적 근대화 과정을 겪었다. 모든 교육 과정에서 한국 전통 문화의 계승을 삭제하고, 언어 · 기술 · 건축 · 예술 · 사상 등 모든 문화 부문에서 개화된 일본의 문화를 우월한 것으로 선전하고 강요하였다. 이는 일본의 근대화를 위해 한국 민족을 희생시키고 한국 민족의 자주적 생존을 막는 부당한 식민 통치에 대한 합리화에 불과하였다. 이러한 모든 것이 한국 문화를 급속히 타락시켜 갔으나, 그중에서도 식민 사관 교육의 폐해는 매우 컸고, 현재까지 일정부분 그 폐해가 남아 있다고 할 수 있다.

3. 주요 관광지

1) 서울(Seoul)

대한민국의 수도로서 한반도 중앙에 위치해 있으며, 한강을 사이에 두고 남북으로 펼쳐져 있다. 한반도의 0.28%(남한 면적의 0.61%)에 해당하는 넓이이며 남북 간 연장거리 30.30km, 동서 간 연장거리 36.78km이다. 1394년(태조 3)부터 한국의 수도가 되어 정치 · 경제 · 산업 · 사회 · 문화 · 교통의 중심지로 발전되어 왔다. 1986년 아시아게임, 1988년 서울올림픽경기대회가 개최되어 세계에 그 이름을 알리기 시작한 대도시이다. 1960년대 이후 경제발전과 함께 도시화의 진행과 함께 광역적으로 확장되고 있어, 거대도시(Megalopolis)가 되고 있다.

경복궁

인사동 거리

남대문시장

청계천

2) 부산(Busan)

대한민국 남부지방을 대표하는 항구도시이다. 대한민국 제2의 도시이며 제1의 무역항으로 유명하다. 1876년 일본에 의해 개항장(開港場)이 된 뒤 대한해협을 끼고 일본을 왕래하는 물류기지로 발전하기 시작하여 현재는 경인공업지대와 더불어 2대 공업지대의 하나인 남동임해공업지대의 중심도시가 되었으며 서울권에 버금가는 부산권을 형성하였다. 한국 제일의 우수한 무역항이며 국제적으로도 태평양 연안의 유수한 항구 중 하나로 발전하였다.

자갈치시장

부산국제영화제

해운대

3) 제주(Jeju)

남북 간의 직선거리가 약 40km, 동서 간의 직선거리가 약 73km로 동서로 가로놓인 타원모양의 섬으로 대한민국 최대의 섬이다. 2006년 7월 1일 제주특별자치도가 출범하였으며 대한민국 관광1번지로서 세계적인 휴양관광지로 발전을 하고 있다. 반경 1000km 이내에 동아시아의 주요도시들이 대거 포함되어 있어 지정학적으로도 요충지이며 한라산을 비롯한 380여 개의 오름, 8개의 유인도와 55개의 무인도, 다양한 식생대의 분포와 같은 천혜의 자연환경과 독특한 문화적 풍습은 관광거점으로 성장해 나가는데 충분한 밑거름이 되고 있다.

한라산과 성산일출봉(세계자연유산)

중문관광단지 내 모습

4. 한국의 유네스코 세계유산

유산종류	목록
문화유산	해안사 장경판전(1995) / 석굴암과 불국사(1995) / 종묘(1995) / 수원 화성(1997) / 창덕궁(1997) / 경주역사유적지구(2000) / 고창·화순·강화 고인돌유적(2000) / 조선왕릉(2009)/ 한국의 역사마을: 하회와 양동(2010) / 남한산성(2014) / 백제 역사 유적지구(2015)
무형유산	종묘 및 종묘제례악(2001) / 판소리(2003) / 강릉단오제(2005) / 강강술래(2009) / 남사당(2009) / 영산재(2009) / 제주 칠머리당영등굿(2009) / 처용무(2009) / 가곡(2010) / 대목장(2010) / 매사냥(2010) / 줄타기(2011) / 택견(2011) / 한산모시짜기(2011) / 아리랑(2012) / 김장문화(2013) / 농악(2014) / 줄다리기(2015) / 제주해녀문화(2016)
기록유산	훈민정음(1997) / 조선왕조실록(서울대 규장각, 1997) / 불조직지심체요절 하권(프랑스국립도서관, 2001) / 승정원일기(서울대 규장각, 2001) / 조선왕조의궤(서울대 규장각, 2007) / 해인사 팔만대장경판 및 제 경판(해인사 소장, 2007) / 동의보감(국립중앙도서관 및 장서각 소장, 2009) / 일성록(규장각 소장, 2011) / 5·18민주화운동 기록물(국가기록원, 국방부, 광주광역시 소장, 2013) / 새마을운동 기록물(국가기록원, 새마을운동중앙회 소장, 2013) / 난중일기(현충사 소장, 2013) / 한국의 유교책판(한국국학진흥원 소장, 2015) / KBS특별생방송 '이산가족을 찾습니다' 기록물(한국방송공사 소장, 2015)
자연유산	제주 화산섬과 용암동굴(2007)

제 2 절 일본

1. 개관

국 명 : 일본[日本, Japan]
정치체제 : 의원내각제
수 도 : 동경[東京, Tokyo]
주요도시 : 동경[Tokyo], 오사카[Osaka], 오키나와[Okinawa]
면 적 : 377,915km^2[62위, 2016년]
인 구 : 126,702,133명[11위, 2016년]
인구밀도 : 346명/km^2[37위, 2016년]
언 어 : 일본어
1인당GDP : $38,282[24위, 2016년]
화폐단위 : 엔[Yen, 円]

2. 지리, 사회 · 문화적 특성

1) 지리적 특성

일본은 동북아시아에 위치하고 있고, 북쪽은 아열대로 남북으로 길게 뻗은 모양 지역적 특성으로 인해 지역차가 현저하나 대부분의 지역은 해양성의 온화한 기후를 가지고 있으며, 동경 122도에서 154도, 북위 20도에서 46도 사이에 위치해 있는 총 국토면적 377,708km^{2}로 한반도의 약 1.8배에 해당한다. 전체국토는 홋카이도 · 혼슈 · 시코쿠 · 큐슈 등 4개의 큰 섬과 남서쪽 중부 등 약 500개의 작은 섬으로 구성되어 있고, 전국토의 80%가 산지로 구성되어 있으며, 화산대가 발달되어 있어 지진의 위험을 안고 사는 나라이다.

국토면적은 약 38만km^{2}로 한국과 북한을 합한 한반도 총면적의 1.7배 정도이다. 연평균기온은 홋카이도의 와카나이가 6.3℃, 오키나와의 나하가 22.3℃를 보여 남북 차는 16℃에 달하는 것을 알 수 있다. 연강수량은 1,600~1,700mm로 세계의 연평균강수량 1,000mm에 비해 상당히 많다. 특히 그와 같은 많은 강수를 가져오는 원인이 되는 것은 장마와 태풍이다. 홋카이도 지역을 제외한 지역에는 6월 초순부터 7월 중순에 걸쳐 고온다습한 장마가 있다. 이 장마를 일본어로 바이우(梅雨 : 쓰유)라고 부른다. 또한 8월부터 10월에 걸쳐 일본열도의 남서부 지방은 태풍의 영향을 많이 받는다. 3월 말에서 4월 초순이 되면 벚꽃(사쿠라)가 만개해 봄의 정취를 더해준다. 벚나무 아래서는 꽃놀이(하나미)가 벌어지며, 은은한 분홍빛의 벚꽃은 1~2주 정도 피었다 지면서 온난한 남쪽부터 사쿠라 전선 (벚꽃전선)이 북상하며 벚꽃이 만개해 간다. 벚꽃을 좋아하는 일본인들은 매해 벚꽃이 피는 시기를 나타내는 사쿠라 전선을 발표한다.

2) 사회·문화적 특성

일본은 사방이 바다로 가로 막힌 섬나라이기 때문에 큰 내분이 생기면 공멸할 수도 있다. 이러한 불행한 사태를 방지하기 위하여 일본 고대국가 시절 쇼토쿠(聖德)태자가 604년에 일본의 최초 헌법 제1조에서 강조한 것이 '와(和)'사상이다. 이것은 "禾(벼=밥)+口(입=입, 사람)"으로 '사람들이 사이좋게 밥을 나누어 먹는다.'는 데서 유래하였으며, 결국 사람들끼리 사이좋게 지내는 것을 의미하는 말이기도 하다. 이 같은 '인간과 인간의 부드러운 관계'는 일본의 건국 이념이자 가장 중요한 가치의 기본을 이루고 있는 것으로 '와(和)'는 일본을 지배한 이념으로써 일본인의 사고방식의 바탕을 이루면서 오늘에 이르기까지 1400년간 일본을 지배한 사상이기에 일본인의 사고방식이나 생활태도를 결정짓는 가장 중요한 요소이고 일본인을 분석하고 이해하는 열쇠이다. 일반적인 일본인들의 특성은 상하관계 중시하고 의식하며 자신의 입장과 동떨어진 사람은 싫어하는 경향이 있고 악수대신 90도로 절을 하며 철저하게 자신을 낮추고 상대방에게 폐가 되는 행동은 하지 않는 경향이 있다.

3. 주요 관광지

1) 도쿄(Tokyo)

도쿄는 일본의 혼슈 동부에 있는 수도로서 일본 최대 중심도시이다. 도쿄도 안에는 23개구 27개시가 속해있다. 도쿄에는 일본 각 정부 부처, 천왕이 기거하는 황궁 등이 있다. 도청소재지는 신주쿠[新宿區]구이며 일반적으로 도쿄라고 할 때에는 23구의 구부를 일컫는다. 인구밀도는 1km²당 5,293명으로 일본 최저인 홋카이도(73명)의 70배를 넘는 인구 밀집지역으로 일본의 상업·문화·행정·교육의 중심부이다.

하라쥬쿠 거리

아키하바라

야스쿠니신사

아사쿠사

2) 오사카(Osaka)

도쿄와 더불어 일본의 2대 도시로서 신칸센[新幹線]을 비롯하여 철도 · 지하철 · 도로가 발달하여 교토[京都]와 나라[奈良] · 고베[神戸] 등 인근의 도시 및 관광지를 연결하고 있으며 오사카항(港)은 부두설비가 갖추어진 근대적 항만으로 세토나이카이를 중심으로 국내 항로 외에 외국항로의 화물선 출입도 빈번하다. 그 외에도 오사카 국제공항이 있고, 오사카만에는 간사이[關西] 국제공항이 있다. 오사카에는 교토 · 나라 등과 같은 인접도시에 비해 관광자원이 많은 편이 아니지만 오랜 역사를 지닌 도시인만큼 유적지가 많다. 오사카성(城)을 비롯하여 일본의 3대 마츠리(축제)의 하나인 텐진마츠리(天神祭)로 유명한 텐만궁[天滿宮] 등과 같은 사찰과 신사가 많다. 오사카는 한국 교포들이 많이 살고 있는 도시(약 30만명)로 유명한데, 특히 시(市) 동부의 이쿠노구[生野區]는 전국적으로 한국 교포가 가장 많이 사는 지구이다.

오사카성

상점가

난바거리의 이색적인 간판

3) 오키나와(Okinawa)

면적은 $49km^2$ 인구는 128,538명(2008년 기준)으로 일본 열도의 남쪽, 류큐 제도에 있는 지역이다. 기후는 평균 기온이 18℃이상 되는 열대 기후이며 관광 산업이 지역 주민의 소득 대부분을 이루고 일본 내에서 장수 지역으로 알려져 있다. 태평양 전쟁 말기 미군에 의해 점령된 이후 1972년까지 이른바 오키나와 반환이 이루어질 때까지 미국의 통치를 받았다. 일본 복귀 후에도 미군 기지가 상주하고 있으며 지금까지도 오키나와 현의 중요한 현안 문제로 남아 있다. 일본에서 가장 특이한 문화가 나타나는 곳으로 이곳은 과거에 류큐 왕국이 있던 곳이었고 문화도 일본 문화와는 다른 형태를 나타낸다. 대표적인 관광지로는 추라우미수족관, 오키나와월드, 류큐 왕국의 거점 슈리성 등이 있다.

오키나와 월드

슈리성 입구

추라우미수족관

4. 일본의 유네스코 세계유산

유산종류	목록
문화유산	호류사의 불교기념물군(1993) / 히메지죠(1993) / 고대 교토의 역사기념물(1994) / 시라카와고와 고카야마의 역사 마을(1995) / 이쯔쿠시마 신사(1996) / 히로시마 평화 기념관 : 원폭돔(1996) / 나라 역사기념물(1998) / 니코 사당과 사원(1999) / 류큐왕국의 규슈큐 유적과 관련 유적(2000) / 기이산지의 영지와 참배길(2004) / 이와미 은광 및 문화경관(2007) / 히라이즈미(2011) / 후지산 : 신앙의 대상이자 예술의 원천(2013) / 토미오카 제사장과 실군산업유산군(2014) / 규슈・야마구치 근대화산업유산군(2015)
자연유산	시레토코(2005) / 시라카미 산치(1993) / 야쿠시마(1993) / 오가사와라 제도(2011)

제 3 절

중국

1. 개관

국 명 : 중화인민공화국[中國, People's Republic of China]
정치체제 : 인민공화제
수 도 : 베이징[北京, Beijing]
주요도시 : 베이징[Beijing], 상하이[Shanghai]
면 적 : 9,596,961km^2[4위, 2016년]
인 구 : 1,373,541,278명[1위, 2016년]
인구밀도 : 148명/km^2[79위, 2016년]
언 어 : 중국어
1인당GDP : $8,481[74위, 2016년]
화폐단위 : 위안[yuan, 元]

2. 지리, 사회 · 문화적 특성

1) 지리적 특성

국토의 대부분이 온대몬순권이나 계절풍 기후가 뚜렷하며 사계절이 분명하지만, 남쪽에서 북쪽으로 가면서 기후차가 크게 나타나고 있다. 행정구역 성 22개, 직할시 4개, 특별행정구 2개, 자치구 5개. 중국은 아시아대륙의 동쪽 태평양 서해안인 동반구에 위치한 중국의 육지면적은 약 960만km^2(한반도의 43.2배), 세계 3번째로 큰 국가로 아시아에서 가장 큰 면적이며 전 유럽대륙의 면적과 비슷하다. 북동쪽으로 한국 · 러시아연방, 서쪽으로는 카자흐스탄 · 키르키즈스탄 · 타지키스탄, 남서쪽으로는 인도 · 파키스탄 · 네팔 · 부탄,

남쪽은 미얀마·베트남·라오스, 북쪽은 몽골·러시아연방과 각각 국경을 접하고 있다. 중국은 지역이 광대하고 지질조건이 복잡하며 지역별 차이가 매우 현저하다. 중국의 지형은 유구한 세월을 거치면서 지각의 평행이동·융기·침식·습곡·단층 등의 내부 작용과 물·바람 등의 외부작용으로 형성된 지질구조가 복잡하고 다양하다. 따라서 지형의 고저와 표고차의 변화가 두드러지면서도 그 분포는 일정한 규칙성을 가지고 있다. 중국의 지형을 유형별로 살펴보면, 산지 33%, 고원 26%, 분지 19%, 평원 12%, 구릉 10%로 분포되어 있으며, 그중에서 산지가 차지하는 비중이 가장 높다. 전 세계에서 해발 8,000m 이상인 고봉은 모두 12개가 있는데, 그중에서 중국 경내에 있는 것이 7개나 된다. 종횡으로 교차되어 있는 고산준령(高山峻嶺)은 서로 다른 방향으로 뻗어 중국 지형의 골격을 구성하고 있으며, 고원·분지·평원·구릉의 윤곽은 모두 이러한 산맥의 영향을 받고 있다. 따라서 이러한 산맥들은 중국의 지리와 농업생산의 중요한 경계선이 된다.

2) 사회·문화적 특성

중화인민공화국(People's Republic of China)은 북경에 수도를 두고 있고, 1949년 10월 1일 건국되었으며, 인구는 12억 3,947만 명으로 세계인구의 약 1/5에 해당한다. 한족과 55개 소수민족으로 구성되어 있어서 여기에 조선족은 192만 명으로 소수민족의 2.6%를 차지하고 있다. 언어는 중국어를 사용하지만 지역이 광활한 관계로 언어에도 많은 차이를 보이고 있고, 민족자치구에서는 소수민족의 언어를 병용해서 사용하기도 하며, 종교로는 불교·도교·회교·기독교 등이 있다. 중국의 매력은 국토가 넓다는 것이며, 중국의 동쪽 끝 도문에서 서쪽 끝의 이닝까지 기차와 버스를 이용하여 1주일이 걸리고, 남서쪽 끝인 카슈가르까지는 8~9일이 걸린다. 음식은 다양하고 푸짐하며 값이 싸다. 현실을 중시하는 특성이 많아 복잡한 형식이나 겉치레를 싫어하고 실속을 우선시하며 모든 것에 있어서 절차보다는 실질적인 내용을 중시한다고 할 수 있다.

3. 주요 관광지

1) 북경(北京, Beijing)

정식 명칭은 베이징직할시[北京直轄市]이며, 약칭하여 '징[京]'이라고도 부른다. 화베이평야[華北平野] 북쪽 끝에 있으며, 동남쪽으로 보하이해[渤海]와 150km 거리에 있다. 전국시대에는 연(燕) 나라의 수도였으며, 초기에는 '지[薊]'라고도 불렸다. 후에 요(遼) · 금(金) · 원(元) · 명(明) · 청(淸) 나라 등을 거쳐 중화민국 초기의 수도로서 800년의 역사를 이어왔다. 1928년 시(市)로 정하고 이름을 '베이핑[北平]'으로 개칭하였다. 1949년 중화인민공화국의 수립과 함께 명칭도 다시 '베이징'으로 고치고 수도로 정해졌다. 1929년 교외의 저우커우뎬[周口店]에서 발견된 60만~23만 년 전의 베이징원인[北京原人] 화석을 통하여 불을 사용한 흔적을 엿볼 수 있다. 춘추전국시대 이후 북방을 포함한 전국의 정치 · 문화 · 교통의 중심지로 발전하였으며, 인재가 흥성하여 숱한 역사적 인물을 배출하였다. 대표적인 역사적 관광지로는 천안문, 자금성 등이 있다.

자금성

천안문

2) 상하이(上海, Shanghai)

상해는 1842년 남경조약으로 개항된 이후 국내외의 새로운 문물을 흡수해 온 국제적인 상업도시이다. 영국에 의해 중국 최초로 개방될 당시 서양에 개방된 첫 항구도시로 오랜 기간의 외국 조계지로 화려한 모습 속에 이방인이 될 수밖에 없었던 상해는 1945년 중국이 공산주의 국가로 재탄생한 이후부터 등소평에 의한 개혁개방정책이 실시되기 전까지는 중국의 여느 도시와 같이 별다른 발전을 할 수 없었다. 하지만 개방 이후 90년대 중앙정부가 이곳에 집중적으로 투자를 시작하면서 동양의 또 다른 홍콩을 꿈꾸기 시작하였고 지금은 세계적인 경제중심 도시가 되었다. 6000년의 역사를 지니고 있는 상해의 총면적은 6,184km^2이며, 1,200만 명이 넘는 인구를 가지고 있지만 그중 640만 명은 도시의 외곽지역에서 살고 있다. 역사 속에서 중국의 어떤 도시보다 서양의 문물을 빨리, 쉽게 받아들인 곳이기에 중국의 다른 도시와는 색다른 문화를 접할 수 있으며, 다양한 볼거리, 놀거리, 먹을거리로 수많은 관광객을 유치하고 있다. 대표적인 관광요소로는 상해대한민국임시정부, 상해 관광도시축제, 2010 상해 엑스포 등이 있다.

상하이 야경

푸동

용화사

4. 중국의 유네스코 세계유산

유산종류	목록
문화유산	막고굴(1987) / 만리장성(1987) / 주구점의 북경원인유적(1987) / 진시황릉(1987) / 쯔진청(1987(2004 확장)) / 곡부의 공자 유적(1994) / 우당산의 고대 건축물군(1994) / 청대의 피서산장(1994) / 라싸의 포탈라 궁과 전통 티베트 건축물(1994(2000, 2001 확장)) / 노산국립공원(1996) / 리지앙 고대마을(1997) / 핑야오 고대도시(1997) / 소주 전통정원(1997(2000 확장)) / 이화원 영명(1998) / 천단(1998) / 대족 암각화(1999) / 안휘-시디와 홍춘 고대마을(2000) / 용문석굴(2000) / 친청산과 듀쟝안 용수로 시스템(2000) / 명과 청 시대의 황릉(2000(2003, 2004 확장)) / 운강석굴(2001) / 고대 고구려 왕국의 수도와 묘지(2004) / 마카오 역사지구(2005) / 은허 유적지(2006) / 카이핑 마을(2007) / 푸젠성 토루(2008) / 우타이산(2009) / "하늘과 땅의 중심"의 덩펑 역사기념물(2010) / 소림사(2010) / 단샤(2010) / 서호항주(2011) / 상도유적(2012) / 톈산산맥(2013) / 홍허 하니계단식논의 문화경관(2013) / 대운하(2014) / 실크로드 1구역 : 톈산 지역도로망(2014) / 투시지역(2015) / 허베이 선농자 수목지역(2016) / 화산 암벽화(2016)
자연유산	주자이거우 자연경관 및 역사지구(J1992) / 호남성 무릉원 자연경과 역사지구(1992) / 황룡 자연경관 및 역사지구(1992) / 윈난성 보호구역의 세 하천(2003) / 쓰촨 자이언트 팬더 보호구역(2006) / 중국 남부 카르스트(2007) / 싼칭산 국가급풍경명성구(2008) / 중국 단샤(2010) / 청지암 화산유적(2012) / 톈산산맥(2013)
복합유산	태산(1987) / 황산(1990) / 아미산과 낙산 대불(1996) / 무이산(1999)

PART 3

제 4 절 베트남

1. 개관

국 명 : 베트남[Vietnam]
정치체제 : 인민공화제
수 도 : 하노이[Hanoi]
주요도시 : 호치민[Ho Chi Minh], 하이퐁[Haiphong]
면 적 : 331,210km^2[66위, 2016년]
인 구 : 95,261,021명[15위, 2016년]
인구밀도 : 308명/km^2[42위, 2016년]
언 어 : 베트남어
1인당GDP : $2,306[133위, 2016년]
화폐단위 : 동[Dong]

2. 지리, 사회 · 문화적 특성

1) 지리적 특성

북쪽은 중국과, 서쪽은 라오스 및 캄보디아와 접하고 동쪽은 바다를 면하고 있다. 베트남은 인도차이나 반도에 동단에 남북으로 약 1,600km에 걸쳐 길게 뻗어 있다. 국토는 크게 북부 고원지대, 홍강 삼각주의 통킹 삼각주, 안남 산맥, 해안저지대, 메콩강 삼각주의 다섯 지역으로 이루어진다. 행정구역은 하노이, 호치민, 다낭, 하이퐁, 껀터의 5개 직할시와 59개의 성으로 이루어져 있다. 베트남은 인도차이나 반도에 동단에 남북으로 약 1,600km에 걸쳐 길게 뻗어 있다. 남중국해에 연해 있으며 최대 너비는 약 650km로 이 길이는 라오스와 맞닿은 북부 국경에서 통킹만에 이르는 거리이다. 국토는 크게 북부 고원지대, 홍강 삼각주의 통킹 삼각주, 안남 산맥, 해안저지대, 메콩강 삼각주의 다섯 지역으로 이루어진다. 열대계절풍으로 5월부터 10월까지는 남서몬순이 불어 많은 비를 몰고 오며, 11월부터 4월까지는 동북몬순으로 건조기가 된다. 북부 일부 지역은 사계절이 나타나지만 남부지방은 일 년 내내 습도가 높으며 여름에 비가 집중적으로 내린다. 중부지방에는 베트남에서 가장 건조한 지역과 가장 습한 지역이 자리 잡고 있다. 산악지방은 삼각주나 해안저지대보다 대체로 기온이 낮고 비가 더 많이 온다.

2) 사회·문화적 특성

베트남 사회주의공화국은 동남아시아에 있는 사회주의국가로서 동남아시아 본토 중에서 가장 인구가 많은 나라이다. 수도는 하노이이며, 최대 도시는 호치민시이다. 이 나라의 명칭은 베트남어로 'Việt Nam(월남, 越南)'인데 이것은 오늘날 베트남 북부와 중국 남부를 지배하였던 옛 베트남 왕조인 'Nam Việt(南越)'의 명칭을 거꾸로 쓴 것이다. 또한 같은 혈족인 중국계의 위에족(越族)도 고대에 중국 남부에 가까이 살던 민족의 이름이다. 베트남은 동남아시아에서 유일하게, 이웃한 중국의 영향을 받은 한자문화권에 속하여, 인도의 문화적 영향을 많이 받은 다른 동남아시아 국가들과 큰 대조를 이룬다. 베트남이 오늘날의 영역으로 통합된 것은 근대의 일로, 그 전에는 유교 및 한(漢)문화의 영향을 받은 북부와 베트남의 주 종족인 킨족 외에 인종적으로 말레이계에 속하는 참파인의 국가였던 참파가 있었던 중부문화권, 그리고 크메르 제국의 영역에 속했던 남부 등으로 나누어져 있으며, 중국의 유교 영향을 많이 받았음에도, 베트남에서는 윗사람과 아랫사람이라는 상하 개념은 없고, 서로 스스럼없이 대한다.

베트남의 요리는 매우 적은 기름과 많은 야채를 쓰기 때문에 맛이 풍부하고 건강에도 좋다. 주 요리의 재료는 대개 쌀과 간장, 생선 소스 등이다. 베트남의 요리의 특성은 긴 해안선을 낀 지리적 영향으로 씨푸드 요리와, 많이 알려진 국수 요리, 고기 요리 및 오랜 기간 동안의 중국 지배와 프랑스의 식민지 영향으로 중국, 프랑스풍의 요리도 볼 수 있다. 베트남의 종교로는 불교, 유교, 천주교, 개신교 등이며, 제일 많이 믿는 종교는 불교, 천주교, 개신교 순이다.

3. 주요 관광지

1) 호치민(Ho Chi Minh)

벤탄시장

안남산맥의 남단에 있는 생자크곶(串) 북서쪽 약 100km 동나이강(江) 삼각주의 중심에 위치한다. 그 지류 사이공강에 면한 하항(河港)으로 바다로부터 약 55km쯤 떨어져 있다. 17세기 후반 중국 국경지대에서 남하해온 베트남인에 의하여 개척이 시작되었다. 당시는 작은 촌락으로 습지가 많았으나, 프랑스인들이 점령한 후 이곳에 배수시설을 설치하여 전형적인 식민도시로 만들었다. 1908년 시(市)로 승격된 뒤부터 급속히 발전하였으며, 프랑스풍의 관청을 비롯하여 많은 건물이 건축되었다. 또 남부 메콩강 삼각주의 쌀, 북서부의 고무 수출을 위해 항구를 축조했다. 1954년 베트남이 남북으로 갈라지면서 남베트남(월남)의 수도가 되었으며 인구도 급격히 증가했다.

호치민시는 프랑스의 식민지 도시로서 발달했기 때문에 역사적인 사적은 거의 없으나, 북동쪽의 식물원에서 남서쪽의 옛 대통령관저에 이르는 부근은 도로가 반듯하게 교차하며, 푸른 가로수가 늘어선 아름다운 풍치로 '동양의 파리'라고 하였다. 이 나라 정치 · 경제의 중추적 기능이 집중되어 있었다. 호치민 북서쪽에 있는 탄손누트 공항은 국제공항으로서의 기능을 갖추고 있으며, 그 밖에 중앙역에서 서쪽으로는 미토, 북쪽은 타이닌, 동쪽은 후에 방면으로 철도가 통한다. 도로는 호치민에서 삼각주로 통하는 것을 비롯하여 타이닌을 거쳐 캄보디아, 비엔호아를 거쳐 달라트, 해안을 따라 북부에 이르는 국도가 있다. 1975년 북베트남(월맹)이 월남을 통일할 때까지는 사이공(Saigon)이라고 불렀으나, 1976년 주변의 위성도시를 병합하여 호치민 특별시로 개칭하였다.

호치민 시청

통일궁

2) 하이퐁(Haiphong)

송꼬이강(江) 삼각주 위에 있는, 베트남 제일의 항구도시이다. 주요 공업도시로, 타이빈강(江) 분류(分流)인 쿠아캄강(江) 우안(右岸), 하구로부터 25km 상류에 위치한다. 1세기쯤 전에는 보잘것없는 한촌이었으나, 1874년 프랑스가 항만을 건설하면서 급속히 발전하였다. 홍가이 · 몽카이 · 빈 등 국내 항구들과의 교역은 물론 러시아 · 중국 및 프랑스 등지와의 무역이 활발하다. 석탄 · 옻[漆] · 커피 · 담배 · 시멘트 등을 수출하고, 기계 · 석유제품 · 비료 등을 수입한다. 프랑스 식민지시대부터 시멘트공업 등이 이루어졌으며, 독립 후에는 시멘트 외에 방적 · 알루미늄 · 통조림 · 유리 등 공업이 일어나 베트남 최대의 공업도시의 하나가 되었다. 국제철도인 '뎬위에선'의 종점이며, 하노이와는 철도 외에 수로 · 육로로 연결되었다. 제2차 세계대전과 베트남전쟁 때 피해를 입었으나 19세기 말에 건설된 시가지는 그대로 있다.

하이퐁 거리

하이퐁 사원

4. 베트남의 유네스코 세계유산

유산종류	목록
문화유산	후에 기념물 집중지대(1993) / 성자 신전(1999) / 호이안 고대 도시(1999) / 하노이 탕롱 황성의 중앙부(2010) / 호왕조의 요새(2011)
자연유산	하롱 만(1994(2000 확장)) / 퐁 나케방 국립공원(2003) / 짱안 경관 단지(2014)

제 5 절 필리핀

1. 개관

국　　명 : 필리핀[Philippines]
정치체제 : 공화제
수　　도 : 마닐라[Manila]
주요도시 : 마닐라[Manila], 세부[Cebu], 보라카이[Boracay]
면　　적 : 300,000km²[73위, 2016년]
인　　구 : 102,624,209명[13위, 2016년]
인구밀도 : 348명/km²[36위, 2016년]
언　　어 : 필리핀어(타갈로그어), 영어
1인당GDP : $3,102[125위, 2016년]
화폐단위 : 페소[Peso]

2. 지리, 사회 · 문화적 특성

1) 지리적 특성

필리핀은 아시아대륙 남동해안에서 약 800km 떨어진 지점에 있는 7,100여 개의 크고 작은 섬들로 이루어진 나라이며, 수도는 마닐라이다. 육지면적은 약 30만km²이고, 남북으로 최장 길이는 약 1,850km이며, 동서로 가장 넓은 곳은 약 1,123km이다. 태평양에 둘러싸여 있으며, 동쪽은 필리핀해, 남쪽은 셀레베스해, 남서쪽은 술루해, 서쪽은 남중국해와 접한다. 2개의 주요 섬은 북부에 있는 면적 104,688km²의 루손섬과 남부에 있는 면적 94,630km²의 민다나오섬이다. 필리핀 중부의 비사얀제도는 파나이 · 네그로스 · 세부 · 레이테 · 사마르섬으로 구성되며, 민도로섬은 루손섬 바로 남쪽에 있고, 팔라완섬은 서부에 외따로 떨어져 있다. 필리핀은 동남아시아에서 전략적 위치에 놓여있으며 북과 동으로부터 외부 국가의 동남아 국가 접근을 막고 있다. 바로 이점 때문에 필리핀이 전략적 요충지로서 중요한 역할을 담당하며, 지리적 위치로 인하여 역내에서도 상품교역의 중심지 역할을 하고 있으며, 문화의 집합점이기도 하다. 그래서 자연적으로 상업 중심지가 되었다. 마닐라와 세부는 이 지역 무역의 중심지이다. 동쪽으로는 광대한 태평양이 있다. 서쪽에는 캄보디아와 태국을 포함하는 인도차이나 왕국들이 있으며, 남서쪽에는 말레이시아가 있다.

2) 사회 · 문화적 특성

필리피노로 불리는 대다수 주민들은 주로 중국인과 혼혈이거나 미국인 또는 스페인계와 혼혈인 말레이인종이다. 공식 언어는 타갈로그어(전체인구의 1/3이 마닐라 일대에서 사용하는 언어)를 기초로 한 필리핀어와 영어이다. 그 밖에 전체인구의 약 1/4이 사용하는 세부아노어를 비롯해서 일로카이노어 · 힐리가이노어 · 비콜어 등 수십 종의 다른 언어들이 쓰인다. 인구의 4/5 이상이 로마가톨릭신자들이고, 이슬람교도들도 상당수 있다. 가톨릭계의 필리핀 독립교회파(아글리파이파) 신교도 약간 있으며, 그 밖에 개신교 주요종파도 있다. 인구밀도는 비교적 높은 편이고, 인구의 35.9%가 15세 미만이다. 1970년대부터 시행된 가족계획사업은 특히 시골지역을 중심으로 추진되고 있다. 평균수명은 남자가 66세, 여자가 70세이다. 농촌에서 도시로의 대규모 이동은 특히 대도시 마닐라에 심각한 과밀현상을 초래했다. 전체인구의 절반 이상이 도시에 살고 있으며, 해외로 나가는 수많은 이민 가운데는 고도로 숙련된 인력들이 포함되어 있지만, 이민가는 사람과 이주해 오는 사람들은 대체로 서로 간에 균형을 유지하고 있다.

필리핀은 수세기에 걸쳐 스페인의 지배를 받았고 반세기동안 지속된 미국의 통치하에서 그들의 영향을 강하게 받았지만 동남아 고유의 정신적 지주는 뚜렷하게 남아 있다. 스페인 식민지시대에도 많은 필리핀 노래와 춤이 유지되거나 재해석되었으며, 바야니한과 같은 합주단들은 이러한 전통예술을 공연하여 전 세계의 청중들에게 널리 알려 왔다. 민간전승의 구전들은 우주의 기원에 관한 전설과 신화들을 풍부하게 담고 있으며, 스페인의 정복에 연관된 이야기들도 포함하고 있다. 에스파냐의 영향으로 천주교문화가 필리핀을 지배하고 있고, 남부의 큰 섬인 민다나오에는 이슬람문화가 주류를 이룬다. 필리핀은 아시아에서 유일한 로마가톨릭 교회 국가로 플라자의 교회를 중심으로 이루어지는 사회의 생활관습은 로마가톨릭 교회의 전통이 짙게 풍긴다.

주요도시마다 대부분 화려한 바로크식 교회당이 있는데, 특히 필리핀의 로마가톨릭 교회행사는 열광적이다. 1521년 마젤란은 필리핀 세부섬에 상륙, 세계 최초로 대서양과 태평양을 동시 횡단함으로써 '지구가 둥글다'는 사실을 입증하였고, 가장 먼저 섬 부족민을 가톨릭으로 개종시켰다. 하지만 그의 상륙은 향후 필리핀 역사에서 약 300년 가까운 식민지 수탈과 압제를 예고하는 신호탄이 됐다. 오늘날 필리핀국민들에게 요구되는 가장 중요한 과제는 국가주체성을 확립하는 것이다. 필리핀은 약 400년 동안 외세의 지배하에 있었다. 지금도 그들은 과거 식민지배의 유산을 완전히 해소하지 못하고 있다. 장기간 지배받은 스페인 영향도 크지만 미국의 식민통치가 제공했던 사회적 문화적 영향은 더욱 지대하다. 식민지배의 장기화와 효율화를 도모하려는 목적으로 미국은 필리핀인들의 민족의식을 희석하였다. 이 영향으로 자국어인 타갈로그어가 아퀴노 대통령에 의해서 공식적으로 국어로 지정되었음에도 불국하고 사회지도층에서는 여전히 영어를 선호하고 있고, 할리우드풍 문화는 필리핀인들의 일상생활을 지배하고 있다.

3. 주요 관광지

1) 마닐라(Manila)

세계에서 가장 좋은 항만으로 일컬어지는 마닐라만(灣)에 있는 항구도시로, 시가지는 파시그강(江)을 끼고 그 남북으로 펼쳐진다. 북쪽에 비옥한 중부 루손 평야를, 남쪽에 남부 루손의 화산성 저지를 끼고 있다. 1571년 에스파냐 총독 레가스피가 점령한 이후 에스파냐의 식민지 지배의 근거지가 되었고, 그 후 19세기 중엽까지 마닐라는 '동양의 진주(眞珠)'로서 에스파냐의 대(對)아시아무역 거점이 되고 극동에서의 가톨릭 권력의 중추가 되기도 하였다. 당초에는 파시그강 하구 남안(南岸)에 건설된 성곽도시 인트라무로스를 중심으로 하여, 주변에 필리핀인 · 중국인이 취락을 형성했던 비교적 작은 도시로, 성벽 안에 총독부 · 가톨릭 각파 교단본부 · 교회 · 상관(商館) 등이 있고, 에스파냐인은 대개 그 안에 거주하였다. 1834년 마닐라항이 개항된 뒤 점차 국제무역이 성해지고, 시가지도 확장되어 19세기 말에는 인구 20만이 넘는 대도시로 성장하였다.

마닐라 시내 야경

1898년 미국·에스파냐 전쟁의 결과 미국령이 된 뒤, 미국의 대(對)아시아 정책의 거점으로서 항만시설의 근대화, 도시계획의 실시, 전기·가스·수도 등의 시설이 이루어져, 식민지 특유의 단일(單一) 거대도시로서 발전하였다. 제2차 세계대전 중에는 일본군에 점령되어 시가지의 80%가 파괴되기도 하였으나 복구되었다.

필리핀이 독립한 뒤 1948년 북쪽에 인접한 케손시티로 수도가 옮겨졌으나, 1975년 11월 마닐라·케손 등 수도권 4개시와 인접지역을 통합한 대(大)마닐라시(Metropolitan Manila)가 발족하여 다시 수도가 되었다.

마닐라는 필리핀제도 각지의 수출용 농작물, 즉 코코넛·마닐라삼·사탕수수·잎담배 등을 모아 정제·가공한 뒤 수출하는 가공업이 발달해 있다. 또한, 코코야자유 제조·제당·정미(精米) 등을 비롯하여 면직물·양조·고무·레더·담배·페인트 등 제조공업이 성하여 필리핀 공업생산의 53%를 차지한다. 대표적인 관광지로는 마닐라 대성당, 리잘공원, 산티아고 요새 등이다.

리잘공원

산티아고 요새

2) 세부(Cebu)

최대 너비 35km, 길이는 216km이며 최고점 500~800m의 구릉성 산지로 구성되어 있다. 필리핀에서는 인구가 가장 조밀한 섬으로 일찍부터 개발되어 13세기경부터 중국·타이 등과 교역을 하였다. 포르투갈의 탐험가 F.마젤란이 세계일주 도중에 태평양 방면에서 최초로 상륙했던 섬이다. 산림지대는 불과 11%로 대부분이 경지화 되어 토지의 이용도가 높으나 강수량이 비교적 적기 때문에 옥수수 경지면적의 77%를 차지하고, 그 밖에 코코야자·사탕수수·마닐라삼 등이 재배된다. 옥수수를 사료로 돼지와 닭도 많이 기른다. 인구가 조밀하여 2세기 전부터 남쪽에 있는 민다나오섬 북안 일대로 이주해가고 있다. 지하자원이 풍부하며 필리핀 최대의 톨레도 동광(銅鑛)을 비롯하여 석탄도 많이 생산된다. 대표적인 관광요소로는 마젤란의 십자가, 산토니뇨 교회, 모알보알 등이다.

마젤란의 십자가

산페드로 요새

세부 전경

3) 보라카이 섬(Boracay Island)

길이 7km, 너비 1km의 산호섬으로 열대기후로서 연평균기온이 26~27℃이며, 우기(6~11월)와 건기(12~5월)가 있다. 1970년대에 독일과 스위스의 여행자들이 발견하였다. 초기에는 유럽인들이 주로 방문하였는데, 이후 고운 모래와 깨끗한 해변으로 널리 알려져 세계적인 휴양지가 되었다. 화이트비치 · 푸카쉘비치 등 약 12개 해변이 있다. 각종 해양 스포츠와 승마 · 골프 등 레저 시설이 갖추어져 있으며, 1년 내내 다이빙을 할 수 있다. 섬에서 사용하는 교통수단으로 오토바이나 자전거를 개조한 트라이시클이 있다.

섬 풍경

화이트 비치

4. 필리핀의 유네스코 세계유산

유산종류	목록
문화유산	필리핀 바로크양식 교회(1993) / 필리핀의 계단식 벼 경작지, 코르디레라스(1995) / 비간 역사도시(1999) /
자연유산	투바타 암초 해양공원(1993(2009 확장)) / 푸에르토–프린세사 지하강 국립공원(1999) / 하미구이탄 산 야생생물보호구역(2014)

제 6 절 캄보디아

1. 개관

국　　명 : 캄보디아[Cambodia]
정치체제 : 입헌군주국
수　　도 : 프놈펜[Phnom Penh]
주요도시 : 프놈펜[Phnom Penh], 캄퐁참[Kampong Cham]
면　　적 : 181,035km^2[90위, 2016년]
인　　구 : 15,957,223명[69위, 2016년]
인구밀도 : 91명/km^2[117위, 2016년]
언　　어 : 크메르어
1인당GDP : $1,309[153위, 2016년]
화폐단위 : 리엘[Riel]

2. 지리, 사회 · 문화적 특성

1) 지리적 특성

캄보디아는 인도차이나 반도의 남서쪽에 위치하며, 지형은 남북 450km, 동서 580km에 달하는 타원형으로서 넓이는 181,035km^2이다. 적도에서 10도 북쪽에 위치하며 프놈펜이 수도이다. 타이랜드와 라오스를 서쪽과 북쪽에 국경으로 접하고 있고 동쪽과 남동쪽으로는 베트남과 국경을 마주하고 있다. 3개의 시, 20개의 성(도), 172개의 군, 1,547개의 면으로 나뉘어지고 435km의 해안을 가지고 있다. 캄보디아는 많은 강이 교차하는 저평원으로 주로 이루어져 있고 태국과 접해 있는 북부 국 경 지역과 남서부에 산지가 있을 뿐이다.

산림이 65.7%이고 농지는 20.65%로 농지 총면적은 36,460km²이다. 기후는 성대몬순 기후이며, 고온 다습하다. 동남아시아에서 가장 긴 강인 메콩강이 남북으로 흐르고 중앙부에는 비옥한 대지로 구성되어 있다. 아울러 동남아시아에서 가장 큰 담수호인 톤레사프호가 있다.

2) 사회 · 문화적 특성

캄보디아의 민족구성은 크메르인이 95%를 차지하고 그 외 베트남인, 중국인 등 소수민족이 있다. 언어는 크메르어가 공용어로 쓰이고 있으며 종교는 소승불교가 90%, 그 외 회교 등이 있다. 캄보디아 역사의 최전성기는 9~15세기 인도차이나 반도 중앙부에 걸쳐 융성한 앙코르 왕조(Angor Kingdom)인데 이후 멸망한 거대한 왕조의 유적은 수세기 동안 밀림속에 덮혀 있다 19세기에 이르러 프랑스인에 의해 발견되었다. 1954년 프랑스로부터 독립한 이후 근대 역사는 정치적 내분으로 점철되었고 1970년대 크메르 루주(Khmer Rouge : 붉은 크메르의 뜻으로 1975년부터 1979년까지 캄보디아를 통치한 급진적 공산주의 단체)의 폴 포트에 의해 2백만명의 국민들이 학살된 킬링필드의 아픈 역사를 가지고 있다. 캄보디아는 풍부한 천연자원과 사람들의 성격도 온순하여 내전이 일어나기 전까지 '미소의 나라'로 불리웠는데, 2000년대 이후 정치적 안정과 관광산업의 발달 등으로 인해 경제 성장과 더불어 과거 '미소의 나라'의 명성을 되찾고 있다.

3. 주요 관광지

1) 프놈펜(Phnom Penh)

메콩강(江)과 톤레사프강(江)의 합류점에 있다. 크메르인(人) · 프랑스인(人) · 중국인(人) · 베트남인(人) 등이 많이 살며 국제도시의 면모를 갖추었다. 외항선이 메콩강을 소항(遡航)하며, 1959년 콤퐁솜(시아누크빌)에 항구가 개발되기까지 캄보디아 유일의 외국무역항이었다. 앙코르와트의 유적이 있는 크메르 민족의 왕조는 현재의 씨엠립 지역에 있었는데 15세기에 서쪽 이웃인 타이의 공격을 피하여 처음으로 프놈펜에 왕도를 정했다. 프놈펜은 동쪽의 베트남에게도 시달렸으므로 역대의 왕은 우동을 왕도로 삼고 있었다.

프랑스와의 보호조약으로 타이·베트남으로부터의 위협이 해소되었으며, 1867년 프놈펜으로 수도를 옮기고 그로부터 캄보디아의 정치·경제·문화의 중심이 되었다. 시 중심부에 프놈펜이라는 명칭이 유래한 펜의 언덕이 있고 이곳에서 남쪽의 독립기념관(1963년 완성)까지 노로돔 거리가 뻗어 있다. 남동부에는 톤레사프강에 면하여 아름다운 왕궁과 박물관·사원 등이 있어 크메르 문화의 유품들을 보존한다. 대표적인 관광요소로는 프놈펜 독립기념탑, 프놈펜 왕궁이 있다.

프놈펜 킬링필드

프놈펜 왕궁

거리 풍경

2) 캄퐁참(Kampong Cham)

캄퐁참 로터리

캄보디아 캄퐁참주(州)의 주도(州都)로 수도 프놈펜 북동쪽 약 80km 지점에 위치하며 메콩강(江) 본류를 끼고 있다. 이 나라에서 도시계획이 가장 잘 이루어진 곳이다. 쌀을 비롯하여 메콩강 연안의 비옥한 벼농사지대에서 산출되는 옥수수·목화·잎담배 등의 집산지이며, 주변 일대에 펼쳐진 테라로사 지대에서는 플랜테이션에 의한 고무 등의 재배가 활발하다. 근년에는 교육·공업의 중심지로서도 발전하고 있다. 교외에는 중국의 원조로 세워진 국영방적공장이 있고, 대안(對岸)의 메콩강 좌안에는 축산센터가 있다. 대표적인 관광요소로는 왓노코라는 소승불교 사원을 들 수 있다.

캄퐁참 절

4. 캄보디아의 유네스코 세계유산

유산종류	목록
문화유산	앙코르(1992) / 프레아비히어 사원(2008)

제 7 절 몽골

1. 개관

국 명	: 몽골[蒙古, Mongolia]
정치체제	: 공화제
수 도	: 울란바토르[Ulaanbaatar]
주요도시	: 울란바토르[Ulaanbaatar]
면 적	: 1,564,116km^2[19위, 2016년]
인 구	: 3,031,330명[138위, 2016년]
인구밀도	: 2명/km^2[230위, 2016년]
언 어	: 몽골어
1인당GDP	: $3,357[122위, 2016년]
화폐단위	: 투그릭[Tugrik]

2. 지리, 사회 · 문화적 특성

1) 지리적 특성

중국과 러시아의 시베리아 사이의 중앙아시아 내륙고원에 위치해 있는 몽골은 서유럽의 크기와 대략 같은 크기로 면적이 1,566,500km^{2}이며 동서로 약 2,400km, 남북으로 약 1,260km의 길이를 가지고 있으며 몽골 국경선의 총 길이는 8,158km이다. 몽골은 해발 평균 1,580미터의 산지에 위치하고 있으며 가장 낮은 Huh Nuur지역의 해발고도는 560m 이고 가장 높은 지역은 몽골리아 알타이 산맥에 있는 Huiten 산(4,374m)이며, 수도 울란바토르는 해발 1,380m에 위치하고 있다. 몽골의 지리는 굉장히 다양하다. 북에서 남으로는 네 지역으로 구분될 수 있다. 산림초원지대(mountain－forest steppe[1)]), 산악초원지대

(mountain steppe), 최남단의 준 사막지대(semi - desert)와 사막지대(desert, 전체 영토의 약 30%)로 구분되어질 수 있다. 2000m가 넘는 주요 산들은 서부에 집중되어 있고 높은 꼭대기에는 일 년 내내 눈과 빙하로 덮여있다. 산과 빽빽한 숲들이 몽골의 북쪽과 중앙 지역을 차지하고 있고 초원은 이 지역의 대부분을 뒤덮고 있다. 동쪽에는 아시아 초원지대의 거대한 목초지가 펼쳐져 있으며. 동에서 서로 몽골의 남쪽까지 뻗어있는 이 초원은 고비사막까지 이어져 있다. 고비사막은 자갈이 많을 뿐만 아니라 남쪽 경계선과 가까운 건조한 지역에는 큰 모래 사구도 찾아볼 수 있다.

2) 사회 · 문화적 특성

몽골은 50만 년의 역사를 자랑하고 있다. 중앙아시아 초원지대의 유목민으로부터 강력한 몽골 제국의 형성에 이르기까지 또한 몽골리아 공화국의 점진적인 출현에 이르기까지 몽골의 역사는 싸움과 갈등 속에서 이어져 내려왔다. 몽골 문화의 특징은 유목문화로 특징지워진다. 최근 전통적인 유목 생활을 하는 사람들의 비율은 전 인구의 4분의 1(약 60만 명) 정도로 감소한 것으로 알려졌다. 그 배경으로는, 가혹한 자연 상황과 현대의 문명이나 사회 정세의 변화 등의 이유로 유목 생활을 계속해 가는 것이 곤란해 진 것이 주 원인이다.

유목생활의 일부라고 말할 수 있는 가축을 육성하는 목초지는 자연의 대지이기 때문에 가장 소중히 여기고 그 대지를 지켜보는 하늘을 숭배해 왔다. 유목 사이클은 연 4회 계절마다 지역을 바꾸어 이동한다. 정착된 농사는 불가능하며 그나마 가장 오래 한 곳에 머무르는 기간은 10월부터 4월 말까지이다. 남성의 일은 방목과 식량의 준비 등이며 여성은 착유나 가사 등의 작업을 한다. 유목민에 있어 나무와 펠트로 된 조립식이동 주거 「게르」는 생활의 거점이기 때문에 중요하다. 집이라고 하는 의미의 게르 구조는 원형의 목제의 뼈대 위에 방수성의 천을 씌우고, 굴뚝을 통과시키는 작은 둥근 구멍이 있다. 겨울에는 「홀골」이라고 불리는 양의 똥을 마루 밑에 깔고, 양의 똥을 굳힌 고형연료 「풀」을 태워서 몸을 녹인다.

1) 스텝기후(steppe climate) : 스텝은 원래 중앙아시아의 광대한 초원을 뜻하며 초원기후라고도 한다. 비가 매우 적게 내리기 때문에 수목이 자라기 어려우나 사막과는 달리 초원을 이룬다.

3. 주요 관광지

■ 울란바토르(Ulaanbaatar)

거리 풍경

울란바토르(Ulaanbaatar), 몽골어로 '붉은 영웅'이라는 뜻이다. 중국어로는 우란바투오[烏蘭巴托]로 쓰며, 1924년까지 성벽을 뜻하는 쿠룬[庫倫]이라 했고, 유럽 사람들은 우르가라고 한다. 오르콘강의 지류인 툴라강 우안, 해발고도 1,300m의 초원성 고원에 있다. 기온은 여름에 27℃, 겨울에 −46℃까지 떨어져 연교차가 심한 대륙성 기후를 나타낸다. 중국 지닝[集寧]에서 러시아 연방 울란우데를 연결하는 철도 연변에 있다. 1649년 초대 활불(活佛)이 라마묘(廟)를 창건한 이래, 몽골의 라마교 본산으로서 발전하였고, 18세기는 러시아·청(淸) 양국의 중계무역지가 되어 더욱 번창하였다. 1911년 외몽골의 독립과 함께 수도가 되었고 1924년 울란바토르로 개칭하고 몽골의 정치·경제·문화면에서 새로운 중심지가 되었다.

공업화는 1934년 러시아의 원조로 공업 콤비나트가 건설된 데서 비롯하며, 제2차 세계대전 후, 피혁·제화(製靴)·모직물 등의 공장이 중국·체코슬로바키아 등의 원조로 그 면목을 일신하였다. 또한 식육·유제품·제분 등의 식료품공업 콤비나트가 러시아의 원조로 건설되었다. 문화시설로는 몽골 유일의 종합대학인 울란바토르대학과, 농업·의학 등의 전문학교, 사범학교 등이 있다. 몽골인의 전통적 주거인 파오[包]는 시가지에서 그 모습을 전혀 찾아볼 수 없으며, 그 대신 근대적인 대 건축물·노동자주택, 넓은 포장도로 등이 건설되어 청결한 도시로 변모하였다. 수흐바토르 광장을 중심으로 정부청사, 독립 영웅들의 묘(廟), 국립극장, 호텔 등이 늘어서 있다. 1995년 서울특별시와 자매 결연을 맺었다. 그리고 1996년 7월에는 몽골의 독립기념일을 맞아 나트사그도르지의 거리 1km 정도를 서울의 거리로 지정하였다.

몽골사원

수흐바토르 광장

4. 몽골의 유네스코 세계유산

유산종류	목록
문화유산	오르콘 계곡 문화 경관(2004)
자연유산	웁스 분지(2003)

제 8 절 우즈베키스탄

1. 개관

국 명 : 우즈베키스탄[Uzbekistan]
정치체제 : 공화제
수 도 : 타슈켄트[Tashkent]
주요도시 : 타슈켄트[Tashkent], 부하라[Bukhara]
면 적 : 447,400km^2[57위, 2016년]
인 구 : 29,473,614명[45위, 2016년]
인구밀도 : 72명/km^2[139위, 2016년]
언 어 : 우즈베크어, 러시아어
1인당GDP : $2,154[137위, 2016년]
화폐단위 : 숨[Sum]

2. 지리, 사회 · 문화적 특성

1) 지리적 특성

동쪽은 키르기스스탄과 타지키스탄, 남쪽은 아프가니스탄, 남서쪽은 투르크메니스탄, 북쪽과 북서쪽은 카자흐스탄과 국경을 접한다. 북서 일부는 아랄 해에 면한다. 우즈베키스탄은 중앙아시아의 중부에 위치한 나라이다. 이곳도 사막성 기후의 특징이 잘 나타나는 곳이다. 아랄 해가 위치해 있지만, 구소련 시절 개간용으로 강을 사용했기 때문에 현재는 호수 면적이 줄어들고 있다. 수도는 타슈켄트이다. 우즈베키스탄은 12개의 주와 1개의 자치 공화국(카라칼파크 공화국), 1개 특별시(타슈켄트)로 구성되어 있다. 국토의 대부분이 저평한 지대로서 특히 북서부와 중앙부에 넓은 초원지대가 펼쳐진다. 우스튜르트대지, 아랄해(海) 연안, 키질쿰사막, 아무다리야강(江) 중 · 하류의 충적지 등 평탄한 북서부와 중앙부가 국토의 71%를 차지한다. 협곡 중에는 토양이 기름지고 인구가 밀집된 곳이 몇 군데 있고 80여 종의 유용한 지하자원이 매장되어 있어 개발 잠재성이 크다. 대부분이 대륙성기후지대로, 한서의 차가 심하고 연간 강수량이 적으며, 증발량이 강수량보다 많은 건조기후지대이다. 여름은 길고 무더워 7월 평균기온이 북부는 26℃, 남부는 30℃이나, 32℃ 이상인 지역도 있으며, 낮 기온 40℃ 이상인 경우도 자주 발생한다. 겨울은 짧고 대체로 온화한 편인데, 남부의 경우 2개월 정도이며 북부는 5개월이나 된다. 1월 평균기온은 북부는 −8℃, 남동부는 3℃이다. 그러나 혹한이 빈번하며 북부에서는 최저기온이 −38℃ 이하인 날도 있다.

2) 사회 · 문화적 특성

우즈베키스탄은 1995년 12월부터 총리제도를 실시하고 있으며 총리는 대통령이 임명한다. 농업이 주요 산업으로 면화 재배가 널리 이루어지고 있다. 우즈베키스탄의 경제는 낙후되어 있지만 금과 천연가스의 부존량은 세계적이다. 우즈베키스탄은 1990년대 초까지 소비에트식 교육을 실시하였으나, 독립 후 우즈베크의 역사와 문화, 로마 문자체 등을 포함하여 상당한 교육개혁을 단행하였다. 부카레, 키바, 사마르칸트에는 전 세계적으로 희귀한 대담하고 아름다운 이슬람교 건물이 있다. 민속예술은 반유목민생활로 인하여 옷삼, 무기, 보석, 직조, 자수, 모피 등과 같은 운반 가능한 물품이 많이 발달하였다. 러시아를 비롯한 구소련 제국과 협력관계를 유지하며, 중앙아시아 이슬람국가와 관계를 강화하고, 서남아시아 국가와의 협력관계가 진전되고 있다. 한편 미국, 유럽연합 등과의 경제협력을 통해 점진적으로 자본주의 시장경제로 이행한다는 목표를 설정하고, 이들 국가들로 부터의 경제, 투자 촉진에 총력을 기울이고 있다.

우즈베키스탄 전체 GDP의 1/3 이상을 차지하는 농업은 우즈베키스탄 경제에서 차지하는 비중이 가장 큰 분야이다. 우즈베키스탄 정부는 농업 생산성을 증대시키기 위해 국영농장의 민간 기업화 및 개인농장의 장려 정책을 펴고 있다. 또한 경작면적의 확대를 위한 농지개량사업, 관개시설 확충사업 등에도 역점을 두고 있다. 우즈베키스탄 정부의 강력한 농업육성 정책에 따라 다른 구소련 독립국 연합체 국가들은 독립 이후 농업분야에서 상당한 후퇴를 보였으나 우즈베키스탄 농업 생산은 거의 매년 성장을 거듭하고 있다.

3. 주요 관광지

1) 타슈켄트(Tashkent)

우즈베키스탄의 수도 '타슈켄트(Tashkent)'는 구소련에서 네 번째로 큰 도시였다. 우즈베크어(語)로는 토슈켄트(Toshkent)로 불리며 톈산산맥[天山山脈]에 있는 오아시스에 위치하고 시르다르야강(江)의 지류에 접한다. 중앙아시아 최대의 공업도시로서 시(市)의 남동쪽에 러시아 최대의 면직물 콤비나트와 공장지대가 있다. 시가지는 크게 서부의 구시가와 동부의 신시가(제정 말기의 러시아인 식민가)로 나뉘어져 있었으나 1966년의 대지진으로 연와조 건물이 즐비했던 구시가지가 파괴되면서 현재 대규모의 도시개조가 진행 중이며 동시에 치란자르 등 2~3개의 위성도시가 새로이 건설되었다.

타슈켄트 성당

타슈켄트 기차역

시내 전경

2) 부하라(Bukhara)

부하라 전경

중세의 매력이 느껴지는 '부하라(Bukhara)'는 우즈베키스탄 부하라주(州)의 주도(州都)이다. 제라프샨강의 하류에 자리 잡고 있으며, 13km 떨어진 곳에 카간역이 있고, 북부에는 국내선 공항이 있어서 타슈켄트와 연결된다. 제라프샨강의 흙·모래가 쌓여서 생긴 땅에 세워진 사원을 중심으로 교역지로서 발달하였으며, 특히 9~10세기에는 과학과 문예의 중심이 되었다. 오늘날도 중세의 모습이 담긴 9세기 말에 건립된 이스마일 사마니묘와 12세기에 건립된 것으로 높이 50m에 이르는 칼리안의 탑, 바자르의 건물(전시에는 요새가 됨), 왕성 등이 있어 도심에서 중세의 흔적들을 엿볼 수 있다.

부하라 아르크성

4. 우즈베키스탄의 유네스코 세계유산

유산종류	목록
문화유산	이찬 칼라(1990) / 부카라 역사지구(1993) / 샤크리스압즈 역사지구(2000) / 사마르칸트 – 문화의 교차로(2001)

제 9 절 카자흐스탄

1. 개관

국　　명 : 카자흐스탄[Kazakhstan]
정치체제 : 공화제
수　　도 : 아스타나[Astana]
주요도시 : 아스타나[Astana], 알마티[Almaty]
면　　적 : 2,724,900km^2[9위, 2016년]
인　　구 : 18,360,253명[63위, 2016년]
인구밀도 : 7명/km^2[217위, 2016년]
언　　어 : 카자흐어, 러시아어(공용어)
1인당GDP : $8,667[72위, 2016년]
화폐단위 : 텡게[Tenge]

2. 지리, 사회 · 문화적 특성

1) 지리적 특성

카자흐스탄은 북쪽으로는 러시아와 국경을(6,467km^2로 세계에서 가장 긴 국경), 남쪽으로는 투르크메니스탄, 우즈베키스탄, 키르기즈스탄과 국경을, 동쪽으로 중국과 국경을 이루고 있다. 알타이 산맥 남단에 위치하고 있어, 해발 3,000m의 산악지대인 동부지역을 제외하고 대부분의 영토는 스텝지역으로 평지를 이루고 있다. 북부지역 이남부터 남부에 이르는 영토는 사막 또는 흙사막 지역으로 경작이 불가능하다. 바다로부터 멀리 떨어져 있고 영토가 방대할 뿐 아니라 구릉지대가 많아 뚜렷한 대륙성 기후를 보이고 있다. 겨울은 북부에서는 길고 추운 반면(1월 평균기온 －18℃), 남부에서는 온난한 편이다.(1월 평균기온 -3℃) 여름은 보통 길고 건조한데, 북부에서는 따뜻하고(7월 평균기온 19℃) 남부에서는 무더운 날씨이다(7월 평균기온 28-30℃). 그리고 전반적으로 강우량이 적으며, 전 지역에 겨울, 여름 모두 강풍이 발생하는 것이 특징이다.

2) 사회 · 문화적 특성

약 120개 민족으로 구성된 다민족국가로 우리 한민족(고려인)도 9번째로 많은 약 10만명(0.6%)이 거주한다. 세계에서 아홉 번째로 면적이 넓고 중앙아시아 최대의 자원대국으로 원유매장량이 세계 17위에 이른다. 행정구역은 14개주(oblys), 3개시(qalasy)로 되어 있다. 카자흐스탄 국민 가운데 카작어를 구사할 수 있는 사람은 45% 정도이며, 러시아어를 구사할 줄 아는 사람은 75%에 달한다. 이에 카자흐스탄 정부에서는 모든 공공문서를 카작어로 사용할 것을 규정하는 등 카작어 사용 정책을 적극 시행하고 있다. 이는 러시아화된 카작인들의 민족적 정체성을 높이고자 하는 목적에서 시행되고 있다. 카자흐인은 전통적으로 유목생활을 해왔기 때문에 이동을 쉽게 할 수 있도록 '유르트'라는 조립식 가옥에서 살았다. '유르트'는 나무 기둥에 펠트 천으로 덮여 있는 원형 구조이다. 그리고 카자흐인들은 고기와 치즈, 양젖, 발효성 유제품 같은 낙농제품을 즐겨 먹는다. 그리고 이슬람교를 믿는 카자흐인들에게 돼지고기와 술은 금기로 되어 있지만 일반적으로 많은 카자흐인들이 술을 마시고 어떤 부류에 따라서는 돼지고기도 먹는다. 그리고 산양뿔이나 식물, 새의 부리 등을 형상화한 다양하고 화려한 문양들이 많고, 전통의상에도 레이스와 화려한 무늬들이 발달되어 있다.

3. 주요 관광지

1) 아스타나(Astana)

카자흐스탄의 북중부 평원에 위치한 아스타나는 카자흐스탄 횡단철도와 남시베리아철도의 분기점으로 철도교통의 중심지이다. 국토 균형발전을 위해 정책적으로 이전된 카자흐스탄의 새로운 수도이다. 19세기 중엽부터 도시 형태를 갖추기 시작하였으며, 1868년 이후 러시아 지배를 받으면서 옛 카자흐스탄 지역의 행정 중심지 역할을 하였다. 1991년

12월 카자흐스탄이 독립하면서 이듬해 다시 아크몰라(Akmola)로 도시명이 바뀐 뒤, 1997년부터 수도가 되었다. 아스타나는 알마티에서 아크몰라로 수도를 옮긴 이듬해 새롭게 바뀐 명칭이다. 수도가 된 이후 건설업이 빠르게 발전하기 시작하면서 1999년 31만 3000명에 불과하던 인구가 2005년에는 50만 명 이상으로 늘어났다. 2004년 11월에 서울특별시와 자매결연을 맺었다.

아스타나 중앙성원

도심 풍경

트랜스포트 타워

2) 알마티(Almaty)

카자흐스탄 남동부에 위치한 알마티는 1991년 카자흐스탄의 수도가 되었지만 1998년 아스타나로 수도가 이전됨에 따라 카자흐스탄 제2의 도시가 되었다. 카자흐스탄의 실질적인 금융, 문화, 출판, 엔지니어링 등 산업의 중심지이며 해발고도 600~900m에 위치하고 높은 산들로 둘러싸여 있어 공기와 대기가 청정하다. 카자흐스탄의 학술 문화의 중심지로서 카자흐종합대학이 이 도시에 위치해 있고 교외의 스케이트링크인 메디오는 국제적으로도 유명하다. 인구의 급증에도 불구하고 일찍이 시작된 도시계획에 의해 공원이 잘 정비되어 있고 도로 또한 넓으며 가로수가 무성하다.

알마티 전경

알마티 호수

4. 카자흐스탄의 유네스코 세계유산

유산종류	목록
문화유산	코자 암드 야사위의 영묘(2003) / 리 암면조각화(2004)
자연유산	사랴르카 초원·호수 지역(2008)

제10절 인도

1. 개관

국 명 : 인도[India]
정치체제 : 연방공화제
수 도 : 뉴델리[New Delhi]
주요도시 : 뉴델리[New Delhi], 뭄바이[Mumbai], 콜카타[Kolkata]
면 적 : 3,287,263km^2[7위, 2016년]
인 구 : 1,266,833,593명[2위, 2016년]
인구밀도 : 452명/km^2[27위, 2016년]
언 어 : 힌디어, 영어 외 20개 공용어
1인당GDP : $1,850[143위, 2016년]
화폐단위 : 루피[Rupee]

2. 지리, 사회 · 문화적 특성

1) 지리적 특성

서쪽으로 파키스탄, 북동쪽으로 중국 · 네팔 · 부탄, 동쪽으로 방글라데시 · 미얀마와 국경을 접한다. 1914년 맥마흔(McMahon) 선언에 따라 영국령인 인도와 중국의 국경이 히말라야 산맥 분수령에 설정된 이후 중국과 국경분쟁이 이어졌고 1962년 전쟁까지 치렀다. 파키스탄과는 독립 당시부터 카슈미르 지역을 둘러싼 영토분쟁을 벌여왔다. 아시아 문명의 원천으로 불교가 발상한 곳이며, 천축(天竺)이란 이름으로 예부터 알려진 곳이다. 국명은 산스크리트어(語)로 된 인더스강(江)의 이름에서 유래했다.

국토면적은 세계 7위이며, 인구는 세계 2위이다. 행정구역은 28개주(state)와 7개 연합주(union territory)로 되어 있다.

328만km^2인 대륙으로 인도 안에는 히마드리, 하마찰, 스발릭스 산맥, 지구최대 산맥인 히말라야, 인더스, 갠지스 강 등 광활한 자연들이 있다. 인도인들이 세분화한 인도의 기후는 봄철(3월 중순~5월 중순, 바산타), 무더위철(5월 중순~7월 중순, 그리쉬마), 장마철(7월 중순~9월 중순, 바샤), 가을철(9월 중순~11월 중순, 샤라다), 겨울철(11월 중순~1월 중순, 헤만타), 선선한철(1월 중순~3월 중순, 쉬쉬라) 6개로 구분하고 있다. 그러나 사계절의 뚜렷한 차이에 익숙한 한국인들은 인도의 계절을 크게 건기(11~3월), 혹서기(4~6월), 우기(6~10월, 몬순)의 셋으로 구분할 수 있다.

2) 사회 · 문화적 특성

인도는 불교, 힌두교 등의 발상지이고, 각 지역마다 여러 언어를 사용하는 다문화 국가이며 빈부의 차와 교육 수준의 차이가 매우 심해 문맹률이 높다. 불교의 발상지이지만 국민 대다수는 힌두교를 믿고 신분 제도인 카스트가 있다. 힌두교를 탄생시킨 베다문화가 유명하고 특히 힌두문화가 인도의 대표적인 문화라고 할 수 있다. 인도 문명의 기원은 기원전 2500년경의 인더스 문명에서 발원한다. 그러나 기원전 1500년~1200년경 아리아인들이 이란 고원을 넘어 인도로 침입하여 인더스 문명은 파괴되었다. 아리인들은 갠지스 강 유역에 정착하여 도시를 건설하기 시작했으며 오늘날의 델리 근처를 중심으로 세력을 형성해나갔다. 이 시기에 아리아인들의 베다 신앙에서 힌두교가 파생되어 나왔고, 산스크리트 어가 발전해 이후 2,000여 년 동안 인도의 국어로 사용되었다. 불교와 자이나교는 이보다 늦은 기원전 6세기에 나타났다. 북부 인도는 찬드라 굽타(기원전 321년경~기원전 185년)의 통치 아래 최초의 힌두 왕조인 마우리아 왕조로 통합되었고 그 손자인 아소카 대왕의 시대에는 인도 반도의 대부분을 장악한 대제국으로 확장되었다. 인도는 마우리아 왕조의 붕괴 이후 수많은 소왕국이 난립하였다가 굽타 왕조(320년~480년) 시대에 다시 통일되었다.

이슬람 교도들의 침입은 1000년경부터 시작되었다. 14세기 초, 모하마드 이븐 투글루크가 델리 술탄국의 세력을 확장하는 등 북부 인도에서의 이슬람 지배는 16세기 초까지 계속되었다. 남부 인도에서도 역시 이슬람계 바만 왕조가 성립(1347년)되어 1527년까지

명맥을 유지했으며 이와 함께 힌두 왕국인 비자야나가르 왕조가 1336년에서 1556년에 걸쳐 인도의 남부 지방을 양분하며 통치했다. 바스코 다 가마의 인도 여행(1498년)을 기점으로 포르투갈인들이 상륙하여 인도와 유럽 사이의 무역을 독점하기 시작했다. 17세기 들어서는 같은 목적을 가진 포르투갈인 · 영국인 · 프랑스인 · 네덜란드인들 간에 경쟁관계가 형성되었다. 16세기 초에는 이슬람계 왕조인 무굴 제국이 인도 전역을 지배했다. 1526년 바부르가 세운 이 제국은 악바르와 아우랑제브 치세 동안 세력을 확장하고 최고의 번영을 누렸으나 힌두 왕국인 마라타 왕국이 17세기말 세력을 뻗치면서 위협받기 시작했다. 그동안 영향력을 키워온 영국 동인도 회사는 차츰 경쟁관계에 있던 다른 식민 세력들을 몰아내고 1757년에 무굴 제국을, 1818년에는 마라타 왕국을 굴복시킨 뒤 인도를 통치하기 시작했다. 영국 동인도 회사를 통한 영국의 통치는 세포이 항쟁(1857년) 이후인 1858년에 영국 정부가 인도를 직접 통치하는 형태로 바뀌었다. 초기의 인도 민족주의는 인도 국민회의(1885)와 전 인도 이슬람 연맹(1906)의 창설이라는 형태로 나타났다.

1857년의 세포이 항쟁 후 거의 60여 년 동안 대다수의 인도인들이 영국의 지배에 순응하였으나, 제1차 세계 대전 이후에는 이슬람교도와 힌두교도 모두 영국의 식민통치에 반대하기 시작했다. 1920년 간디가 이끄는 인도 국민회의가 영국의 식민통치에 대한 비협력운동을 전개하자 영국은 1919년과 1935년 인도 행정법을 통해 인도에 제한된 범위의 자치권을 허용하는 조치를 취했으나 간디를 비롯한 인도인들은 완전독립과 인도의 통일을 요구했다. 인도는 이러한 노력의 결과 1947년 8월 15일 독립을 획득했으나 힌두교도와 이슬람교도 사이의 통합은 이루지 못했다. 이러한 분열은 힌두교도가 대다수인 인도 공화국과 이슬람교도가 대다수인 파키스탄으로의 분리를 초래했다. 펀자브와 벵골은 주민들의 종교성향에 따라 각각 2개로 분리되어 양국에 포함되었으며 카슈미르는 아직까지도 분쟁이 계속되는 상태에 있다. 인도에서는 자와할랄 네루를 총리로 한 국회가 1952년 선거를 통해 구성되었다. 확정되지 않은 국경선을 사이에 두고 1962년 중화인민공화국과, 1965년에는 파키스탄과 잠시 국경분쟁을 겪었다. 1967년에는 네루의 딸 인디라 간디(1984년 암살)가 의회의 지지를 받아 총리로 취임했고 인디라 간디가 암살된 이듬해 아들인 라지브 간디(1991년 암살)가 총리에 취임했다. 1971년 파키스탄과 국경 2곳에서 전쟁이 벌어졌으며 그 결과 동(東)파키스탄이 방글라데시로 독립되었다. 1980년대 들어서면서 시크교도들이 펀자브 지방의 독립을 요구하는 등 인종과 종교로 인한 갈등으로 불안정한 정세가 계속되고 있다. 2000년대 이후 인도는 괄목할 만한 경제적·사회적 발전을 이루고 있으며 가장 인구가 많은 의회 민주주의를 잘 이끌고 있다.

3. 주요 관광지

1) 뉴델리(New Delhi)

뉴델리 역

뉴델리는 인도의 수도이고 델리 수도권에 속하는 도시이다. 1911년 인도의 새 수도로 정해진 후 20년간에 걸쳐 완성된 계획도시로 넓은 도로망이 펼쳐진 정치의 중심지이다. 야무나 강 우안, 델리의 남부에 위치해 있다. 1951년과 1982년 아시안 게임의 개최지이기도 하다. 인도 북부 갠지스강(江)의 지류인 야무나강 서안에 있다. 델리, 즉 흔히 올드델리로 불리는 지구의 남쪽에 펼쳐진 지구로 두 지구와 그 주변지구가 합쳐져서 인도정부의 직할지 델리를 형성한다. 1912년 영국령 인도의 수도가 콜카타에서 델리로 옮겨진 것과 때를 같이하여 신도시 건설이 계획되어 1927년 건설이 완료되었고 1931년 새로운 수도가 되었다. 올드델리가 전통적·인도적인 도시인 것과는 대조적으로 근대적·서구적인 외관을 보여준다.

시가지는 서쪽을 북에서 남서방향으로 뻗은 리지라고 부르는 구릉지대와, 동쪽을 남북방향으로 흐르는 야무나강에 둘러싸인 해발고도 218m의 평지에 위치하고 있다. 시가지는 직교(直交)·사교(斜交)하는 많은 도로에 의해 정연하게 구획되어 있다. 시가지의 중심을 이루는 곳은 서부의 중앙관청지구로 대통령관저를 둘러싸고 장대한 여러 관공서가 자리잡고, 원형의 국회의사당이 새로운 인도를 상징하듯 자리잡고 있다. 뉴델리 전체의 분위기는 정치·외교를 중심으로 한 형식적인 작용이 강하여, 생활형 도시라는 색채는 희박하다. 그런 특색은 인구 구성면에도 반영되어 정부 직할지인 델리 전체인구의 90% 이상이 올드델리 지구에 밀집되어 있다.

붉은 성

거리 풍경

2) 뭄바이(Mumbai)

2층 버스

할리우드를 능가하는 볼리우드의 본고장. 인도 영화산업의 중심지이다. 서(西)고츠산맥에서부터 아라비아해로 반도 모양으로 뻗어난 인도 최대의 도시이며 국제무역항과 국제공항이 있다. 1995년 11월에 봄베이(Bomay)를 뭄바이로 개칭하였다. 주민은 다양하며, 국적이 약 50개에 이른다. 대부분의 서민은 마라티어를 사용하고 있으나 무역 등에서 사용되는 상업용어는 구자라트어와 영어이며, 인도 북부에서 들어온 노동자들은 힌두어를 일상어로서 사용한다.

뭄바이의 중심은 뭄바이 성채에서 서쪽으로 뻗어 있는 처치게이트로(路) 부근이며, 관공서 · 회사 · 은행 · 학교 · 박물관 등이 늘어서 있다. 근교에는 인도 원자력연구소가 있으며, 백만(灣)에 면한 '마린드라이브'는 해안도로로서 뭄바이 시민의 자랑거리이다. 이곳을 바라보는 야경(夜景)은 '여왕의 다이아몬드 목걸이'라는 별칭이 있듯이 아름다운 경관을 이룬다. 남동부에 바다에 면한 유명한 '인도의 문'이 있는데 이는 1911년 영국 국왕 조지 5세와 메리 여왕의 인도방문을 기념해서 세운 것이다. 시가지 남서단에 돌출된 말라바르 언덕에 있는 파시 교도의 묘지에 솟아 있는 '침묵의 탑'은 옛날에 조장(鳥葬)이 행해지던 곳이며 명소(名所)로 꼽힌다. 그 밖에 인도의 문에서 유람선으로 1시간(약 10km) 거리의 만내(灣內)에 있는 코끼리섬에는 7~8세기의 힌두교 석굴사원이 있고, 3면상(面相)의 시바신(神)의 석상(石像)이 유명하다. 예전에는 석조(石彫)의 코끼리가 있었으나 1864년에 시내의 빅토리아 정원으로 옮겨졌다.

뭄바이 인도문

뭄바이 타지마할 호텔

3) 콜카타(Kolkata)

타고르 기념관

옛 명칭은 캘커타(Calcutta)이며 1995년에 전통명칭인 콜카타(Kolkata)로 개명되었으나, 세계적으로는 여전히 캘커타라는 명칭으로 더 유명하다. 갠지스강 삼각주의 분류인 후글리강의 하구에서 약 130km 상류에 있다. 깊고 넓은 수로는 외양선의 출입이 가능하여 뭄바이에 이어 인도 제2의 무역항을 이룬다. 콜카타시(市)의 일부인 하우라와 남부 교외 지역을 포함하면 인구는 1,100여 만 명에 이른다. 기후는 3~9월에 기온이 높고, 6~9월의 몬순기에는 월 200mm 이상의 비가 내린다.

17세기까지는 작은 어촌에 불과하였으나 17세기 말인 1690년에 영국 상인이 전진기지를 건설하고 6년 후에는 윌리엄 요새를 구축하였다. 인도가 영국 동(東)인도회사에 의해서 식민지화되는 동안 수도였고 영국 본국의 직할식민지가 된 후에도 뉴델리 건설(1912) 때까지 수도로 있었다. 뭄바이가 서구 도시와 공통적인 구조를 지니고 델리는 신구(新舊)의 두 시가지로 나누어져 있는 데 반하여 콜카타는 인도와 서구의 양(兩) 요소가 혼재하여 주정청(州政廳)이나 빅토리아기념관 등의 건축물과 이슬람화된 거주지구 등이 뒤섞여 있다. 시의 중앙에는 약 3.2km의 푸른광장(마이단)이 있고, 빅토리아기념관 · 국립박물관 · 국립도서관 · 동물원 · 경마장 · 국립극장이 있으며, 북부에는 R.타고르의 생가(生家), 자이나사원(寺院), 남쪽에는 칼리사원과 인공호가 있다. 하우라 지구에는 인도식물원, 라마크리슈나 교단(敎團) 본부가 있다. 콜카타는 또 예로부터 사회개혁운동 · 민족운동 · 혁명운동의 중심지이며, 람 모한 로이를 비롯하여 많은 민족운동지도자 · 혁명가를 배출하였다. 주요관광지로는 빅토리아 기념관과 콜카타동물원을 들 수 있다.

콜카타 트램

4. 인도의 유네스코 세계유산

유산종류	목록
문화유산	아그라 요새(1983) / 아잔타 석굴(1983) / 엘로라 석굴(1983) / 타지 마할(1983) / 마하발리푸람 기념물군(1984) / 코나라크의 태양신 사원(1984) / 고아의 교회와 수도원(1986) / 카주라호 기념물군(1986) / 파테푸르 시크리(1986) / 함피 기념물군(1986) / 엘레판타 동굴(1987) / 파타다칼 기념물군(1987) / 대 촐라 사원(1987(2004 확장)) / 산치의 불교기념물군(1989) /델리의 구트브 미나르 유적지(1993) / 델리의 후마윤 묘지(1993) / 인도 산악 철도(1999(2005, 2008 확장)) / 보드 가야의 마하보디 사원 단지(2002) / 빔베트카의 바위그늘 유적(2003) / 짬빠네르-빠우거드 고고학 공원(2004) / 차트라바띠 시와지 역(2004) / 붉은 항구 복합건물(2007) / 잔타르 마타르(2010) / 구자리트주 파탄의 라니키바브(2014) / 라자스탄 구릉요새(2013)
자연유산	마나스 야생동물 보호지역(1985) / 카지랑가 국립공원(1985) / 케올라디오 국립공원(1985) / 순다르반스 국립공원(1987) / 난다 데비 국립공원(1988(2005 확장)) / 그레이트 히말라야 국립공원 보존지역(2014) / 인도의 서 고츠산맥(2012) / 칸 첸중가 국립공원(2016)

■ 주요 토론주제

1. 가장 방문하고 싶은 국가를 선정하여 그 이유에 대해 서로 토론해보자.
2. 아시아를 다른 지역에 홍보할 때 가장 적합한 슬로건은 무엇일까?
3. 한 국가를 선정하여 현재 국제관광객을 유치하기 위한 어떤 슬로건이 있는지 알아보고 이에 대해 토론해보자.
4. 각국별 유네스코 세계유산에 대해 구체적으로 살펴보자.

■ Internet Sites

www.korea.go.kr(대한민국 국가공식 홈페이지)
www.welcometojapan.or.kr(일본정부관광국)
www.kr.emb-japan.go.jp(주대한민국 일본국대사관)
www.gov.cn(중국 국가공식 홈페이지)
www.123123.net(중국정보커뮤니티)
www.vietnamtourism.com(베트남 관광청)
www.chinhphu.vn(베트남 국가공식 홈페이지)
www.gov.ph(필리핀 국가공식 홈페이지)
www.wowphilippines.or.kr(필리핀 관광청 한국사무소)
khm.mofat.go.kr(주캄보디아 한국대사관)
www.mongolcenter.org(울란바토르 문화진흥원)
www.pmis.gov.mn(몽골 국가공식 홈페이지)
www.gov.uz/uz(우즈베키스탄 국가공식 홈페이지)
uzb.mofat.go.kr(주우즈베키스탄 한국대사관)
www.kazembassy.org(주한 카자흐스탄 대사관)
www.incredibleindia.co.kr(인도정부 관광청)
www.india.gov.in(인도 국가공식 홈페이지)

■ 참고문헌

김광식의 민주기행 김광식의 아시아기행, 김광식 저, 삶이보이는 창, 2004.
아시아여행 38개국, 백봉기 저, 상상커뮤니케이션, 2005.
세계관광과 문화, 김시중 · 이복희 지음, 대왕사, 2009.
세계관광문화의 이해, 정찬종 · 신동숙 · 박주옥 공저, 백산출판사, 2009.

PART 3

제 7 장

세계 지역별 국제관광

태평양 섬 및 오세아니아지역

개 요

본 장은 세계 지역별 국제관광으로서 태평양 섬 및 오세아니아 지역에 대해 살펴보기로 한다. 태평양 섬 지역은 연중 평균 기온이 27도 이상으로 계절별 차이가 거의 없어 사계절 휴양지로 각광을 받는 지역이며 호주 및 뉴질랜드는 친환경적 관광지로 주목받는 곳이다. 아울러 문화적인 측면에서도 매력을 갖고 있는 곳이기도 하다. 본서에서는 호주, 뉴질랜드 및 피지에 대해 살펴본다.

각 장의 구성은 각 국가별로 개관, 지리 및 사회 · 문화적 특성, 주요 관광지, 유네스코 세계유산별로 나누어 요약 정리하였다. 개관은 국가별 기본정보를 포함하였고 지리 및 사회 · 문화적 특성을 정리하였다. 주요관광지는 도시별로 정리하였고 유네스코 세계유산은 문화, 무형, 기록 및 자연유산별로 표로 정리하였다. 지면 관계상 이름만 제시된 것이기 때문에 자세한 내용은 관련 문헌이나 인터넷 자료를 통해 학습하기를 권고한다.

무엇을 알 수 있는가?

- 국제관광 매력요소 측면에서 태평양 섬 및 오세아니아지역 내 각 나라의 특징은 무엇인가?
- 각 국가별 지리 및 사회 · 문화적 특성은 무엇인가?
- 각 국가별 주요 관광지로는 무엇이 있는가?
- 각 국가별 주요 유네스코 세계유산으로는 무엇이 있는가?

제1절 피지

1. 개관

국 명 : 피지[Fiji]
정치체제 : 공화제
수 도 : 수바[Suva]
주요도시 : 수바[Suva], 난디[Nandi]
면 적 : 18,274km^2[157위, 2016년]
인 구 : 915,303명[162위, 2016년]
인구밀도 : 49명/km^2[161위, 2016년]
언 어 : 영어, 피지어, 힌두어
1인당GDP : $5,411[95위, 2016년]
화폐단위 : 피지달러[Fiji dollar]

2. 지리, 사회 · 문화적 특성

1) 지리적 특성

남태평양 서부 멜라네시아의 남동부에 있는 국가이다. 1643년 네덜란드의 탐험가 타스만에 의하여 발견된 후 1874년 영국의 식민지가 되었고 1970년 10월 영국연방의 일원으로 독립하였으며, 1987년 10월 공화국 수립 선언 후 영국 연방을 탈퇴하였다. 정식명칭은 피지공화국(Republic of Fiji Islands)이다. 동쪽은 통가, 서쪽은 바누아투, 남쪽은 뉴질랜드, 북쪽은 투발루로 이어지는 대양(大洋)상에 있으며 날짜변경선이 양대 섬의 하나인 바누아레부섬을 지나간다. 지형적으로 태평양 상의 낮은 대륙붕 위에 떠 있는 '섬들의 집합체'로 2개의 큰 섬과 322개의 아주 작은 섬들로 이루어져 있다. 행정구역은 4개주(division)와 1개 보호령(dependency:루토마 Rotuma)으로 되어 있다.

2) 사회 · 문화적 특성

피지는 수려한 자연경관 때문에 신혼여행지로 널리 알려진 곳이지만, 수세기 전까지만 해도 현재는 사라진 식인풍습이 있던 곳이다. 요즘에는 오히려 예전의 식인풍습을 관광 상품으로 개발해서 여행객들의 흥미를 자아내고 있다. 이외에도 마을의 행사가 있을 때 행하는 카바의식, 피지 원주민들의 춤인 메케댄스 등 태고적 문화를 직접 느낄 수 있다.

메케댄스는 피지 원주민들의 감성뿐만 아니라 삶의 이야기를 표현하는 춤으로, 즐거움과 낭만뿐 아니라 그들의 역사까지 담으며, 대가족 제도의 공동체 의식을 다분히 표현한다. 또한, 메케댄스는 단순히 관람만 하는 것이 아니라 직접 참여하여 함께 몸을 흔들며 함께 즐기는 춤이다. 하와이의 훌라댄스와 같은 복잡한 동작들로 이루어지며 각각의 세세한 동작들에는 의미가 담겨 있고, 흥을 돋우기 위해 피지의 전통 악기인 랄리로 음악을 연주한다. 피지 원주민들은 걷기 전부터 메케댄스의 동작을 배운다.

3. 주요 관광지

1) 수바(Suva)

수바 카네기 도서관

1883년도부터 피지의 수도이며, 남태평양섬 국가들 중에서 가장 큰 도시이다. 문화 · 정치 · 경제의 중심지로서 역할을 하고 있으며, 인구는 약 9만 명 가량 된다. 수바 시내는 목조 2층 건물과 현대식 빌딩들이 섞여 있다. 울창한 가로수 거리인 빅토리아 거리는 수바 최고의 중심가이며, 퀸 엘리자베스 거리에는 멜라네시아의 보고로 알려진 피지박물관이 있어 전통 피지인들의 생활양식을 한 눈에 볼 수 있게 진열되어 있다. 난디에서 수바까지는 차로 3시간 거리로 끝없이 펼쳐진 사탕수수밭과 산호해안을 즐길 수 있다.

수바 시내 풍경

2) 난디(Nandi)

피지에서 3번째로 큰 도시로, 난디국제공항이 있기 때문에 피지의 관문이자 관광 거점을 이룬다. 난디강이 시내를 관통하며 호텔과 리조트들이 많이 몰려 있어 숙박시설과 해양스포츠 시설을 편하게 이용할 수 있다. 또한 힌두교와 이슬람교 사원도 볼 수 있다. 대표적인 관광요소로는 잠자는 거인 정원, 재래 시장, 비세이세이 마을을 들 수 있다.

난디 재래시장

난디 힌두사원

리조트 섬

제 2 절 호주

1. 개관

국　　명 : 오스트레일리아 연방[Commonwealth of Australia]
정치체제 : 입헌군주제
수　　도 : 캔버라[Canberra]
주요도시 : 시드니[Sydney], 멜버른[Melbourne], 골드코스트[Gold Coast]
면　　적 : 7,741,220km²[6위, 2016년]
인　　구 : 22,992,654명[50위, 2016년]
인구밀도 : 3명/km²[226위, 2016년]
언　　어 : 영어
1인당GDP : $55,215[9위, 2016년]
화폐단위 : 호주달러[AUD, A$]

2. 지리, 사회 · 문화적 특성

1) 지리적 특성

오스트레일리아섬은 대륙으로 불리지만 대륙으로서는 세계 최소이며 그 지형은 다른 어떤 대륙보다도 변화가 적고 단조롭다. 둘레 약 2만km에 이르는 해안선도 굴곡이 적어 오랜 기간 안정상태를 유지해온 대륙임을 알 수 있다. 육지는 전체적으로 기복이 없이 평탄하여, 세계 전 육지의 평균 해발고도가 약 767m인 데 반하여 오스트레일리아 대륙의 평균 해발고도는 330m에 달해, 해발고도 700m 이상의 지역은 전체의 1/12 이하이다. 지형적으로는 서부대고원(西部大高原), 중동부저지(中東部低地), 동부고지(東部高地) 셋으로 나뉜다. 북반구와는 계절이 반대인 오스트레일리아는 대체로 온대기후에 속하지만, 국토 면적이 한반도의 약 35배로 넓어 기후가 매우 다양한데 이는 주로 위도와 격해도(隔海度)에 의해 좌우된다.

오스트레일리아 국토의 60% 이상이 연강수량 50mm 이하인 사막기후지대이며, 나머지 10%는 연강수량 100mm 정도인 반건조기후지역이다. 내륙은 사람이 살기 어려운 메마른 불모지이거나 반사막이어서 인구의 대부분이 해안지대에 살고 있다. 중위도 고기압대의 영향권에 있는 오스트레일리아는 남쪽에서부터 극전선의 침입을 받기도 하지만, 대부분의 지역은 남동무역풍과 편서풍의 영향을 주로 받으며 북부는 몬순의 영향을 받는다. 오스트레일리아 북부의 경우 여름에는 강수량이 충분하지만 열대성 강우대가 적도 쪽으로 이동하는 겨울에는 건조하다. 내륙으로 갈수록 강수량은 감소해서 중앙 오스트레일리아에서 서해안까지는 열대사막으로 덮여 있다. 사막과 사바나기후지역의 점이지대에는 스텝기후가 넓게 분포하고, 동부의 좁은 해안지역에는 온대기후가 나타난다. 태즈메이니아와 빅토리아 남부의 고지에는 툰드라 기후가, 그레이트오스트레일리아만(灣)의 양쪽 사우스오스트레일리아주 남서부와 머리강(江)의 하구지역은 지중해성 기후가, 남동부지역은 연중 내내 강수량이 나타나는 습윤한 아열대 기후가 각각 나타난다.

2) 사회 · 문화적 특성

오스트레일리아는 주민의 대부분이 연안지대, 특히 남동부에 편재하는 여러 도시에 살고 있다. 제2차 세계대전 전후로 집단이주한 유럽계가 대부분을 차지한다. 인구증가율은 0.85%, 1,000명당 출생률은 12.14명, 사망률은 7.51명, 영아사망률은 4.63명, 평균수명은 80.5세로 남자는 77.64세, 여자는 83.52세이다. 오스트레일리아는 1901년 독립 이후 백호주의정책을 고수해오다가 1973년 이를 폐지하였다. 이후 아시아계 이민이 급증하자 경계심이 고조되어 1991년 투자이민을 제한하고, 자영업 기술이민을 촉진하였다. 호주 정부는 매년 경제상황 등을 종합적으로 고려하여 이민자수를 결정하는데, 2000/2001년에는 7만 6,000명, 2001/2002년에는 8만 5,000명의 이민자를 받아들이기로 하여 1980년대 말의 14만 명에 비해 상당히 감소하였다.

오스트레일리아는 사회보장제도가 발달되어 있어 근대적 복지국가의 표본이 되어 있다. 1909년부터 국민복지를 위한 정부역할이 증대하여 고령자연금 · 장애연금 및 산업수당제도를 도입하였다. 무료의무교육제도는 오스트레일리아에서 처음으로 실시되었으며 기간은 초등 · 중등과정 10년(6~16세)이다. 대학을 제외한 공립 교육과정(12년)은 무상으로 실시되며, 대학의 재정은 연방 · 주의 보조금과 민간의 보조금 · 기부금으로 충당되고 각종 장학금도 많다.

오스트레일리아는 기본적으로는 다민족 · 다문화사회(multicultural society)를 지향하나, 예술은 오랫동안 유럽의 전통에 기초해왔으며 부분적으로는 환경, 역사, 원주민의 문화 및 이웃나라들과의 관계도 영향을 끼쳤다. 《죽은 시인의 사회》, 《그린카드》, 《트루먼 쇼》, 《마스터 앤드 커맨더: 위대한 정복자》 등을 연출한 피터 위어 감독과 배우 니콜 키드먼, 제프리 러시, 가이 피어슨, 케이트 블랜쳇 등은 세계적으로 널리 알려져 있다. 음악은 이민온 사람들에 의해 크게 발달하였는데, 기타의 대가인 카자흐스탄 출신의 슬라바 그리고리얀(Slava Grigoryan)이 유명하고 오스트레일리아 브란덴부르크 오케스트라와 오스트레일리아 챔버 오케스트라는 세계적 수준이다. 유명작가로는 1973년 노벨 문학상을 수상한 소설가 패트릭 화이트(Patrick White), 현대작가 팀 윈턴, 현대 작가이자 시인인 레스 머리 등이 있다. 6개주의 주도와 캔버라, 태즈메이니아의 론세스턴에는 식물 · 동물 · 광물 · 고고학 · 인류학의 자료를 수집한 박물관이 있다. 또, 국립 도서관 · 미술관 · 동식물원 등이 각지에 설치되어 이용된다. 캔버라 서쪽 교외에 있는 남반구 최대의 오스트레일리아 국립대학 부속천문대, 우메라의 우주개발연구소, 1926년에 설립된 연방과학산업연구기관(CSIRO) 등이 있다.

3. 주요 관광지

1) 시드니(Sydney)

시드니 대도시권은 서쪽 블루산맥, 북쪽 호크스베리강(江), 남쪽 보터니만(灣)까지 뻗어 있으며, 전국 인구의 약 1/4이 몰려 있는 이 나라 최대의 도시이다. 중생대의 사암층의 대지와, 서쪽 내륙에는 이암질(泥岩質)의 파랑상(波浪狀)의 저지를 사이에 두고 해발고도 1,000m 전후의 블루산맥이 남북으로 뻗어 있다. 이 대지의 계곡은 하류지역에서 익곡(溺

谷)을 이루어 포트잭슨만(灣), 보터니만 등을 이룬다. 포트잭슨만의 남안 일대는 세계 3대 미항(美港)의 하나인 시드니항의 항역(港域)이 되어 있다. 이 항구에서는 오스트레일리아 무역액의 1/4, 뉴사우스웨일스주 무역액의 3/4을 취급한다. 온화한 기후로도 유명하며, 연간 평균기온은 17.6℃, 가장 더운 달이 21.9℃, 가장 추운 달이 12.3℃로 연교차가 적다. 연평균강수량은 1,205mm이며, 1년 내내 강수량이 고르다.

시드니는 이 나라 최대의 상공업도시로 섬유 · 제분 · 정당(精糖) · 피혁 · 기계 · 화학 · 자동차 · 조선 · 정유(精油) · 제재(製材) · 제지 · 차량 · 농기구 등의 공업이 활발하다. 공업지대는 시의 남부와 서쪽 교외 일대에 분포한다. 관청 · 금융기관 · 회사 사무실 · 백화점 · 고급상점이 있는 도심 바깥쪽에는 조용한 주택지가 자리 잡고 있는데 특히 포츠포인트 등이 최고급 주택지로 알려져 있다.

시드니는 문화와 교육의 중심이기도 하며, 시드니대학(1850년 창립) · 뉴사우스웨일스대학 · 로마가톨릭 교회 · 성공회 교회 · 오스트레일리아 박물관 · 국립미술관 · 도서관 등이 있고 오페라하우스도 1973년에 완성되었다. 또 시내에는 2개의 국립공원(300km^2)과 자연보호지 이외에 하이드파크 · 센테니얼파크 등의 공원 · 정원과 각종 경기장이 있다. 또한 포트잭슨만과 남쪽의 보터니만은 경치가 아름다운 관광지로 알려져 있다. 시드니오페라하우스, 시드니 하버브리지, 블루마운틴이 대표적인 관광요소이다.

오페라하우스

하버브리지

2) 멜버른(Melbourne)

세인트폴 대성당

깊이 만입한 포트필립만(灣)의 북안(北岸) 야라강(江)의 저지 및 구릉지에 있다. 기후가 온화하여 연평균기온이 14.7℃이며, 가장 더운 달(2월)의 평균기온 19.9℃, 가장 추운 달(7월)은 9.6℃이다. 연강수량은 691mm이며, 월평균강수량이 50~70mm로 고르다. 1851년에는 서쪽 약 100km에 있는 밸러랫에서 금광이 발견되어 골드러시가 일어났으며 여기서 얻은 부의 힘으로 대도시가 되었다. 19세기 말에는 금의 산출량이 감소했으나, 그 대신 농산물 가공을 비롯한 제조업이 발전하여 광산 이직자(離職者)를 흡수하였다. 19세기 이후 오스트레일리아 최대의 도시로 군림해 왔으나, 20세기에 들어서면서부터 그 지위를 시드니에 빼앗겼다. 1901년에 연방수도가 되었으나 1927년에 캔버라로 옮겨졌다. 1956년 제16회 올림픽 대회가 개최되었다. 대표적인 관광요소로는 빅토리아 아트센터, 퀸빅토리아 시장, 세인트폴 대성당 등이다.

멜버른 시내 전경

3) 골드코스트(Gold Coast)

북쪽의 사우스포트에서 시작하여, 서퍼스파라다이스 · 벌리헤즈 · 쿨랑가타 등 4개 시로 이루어진 연합도시(聯合都市)이다. 즉 퀸즐랜드주 남동해안 쪽으로 30km에 걸쳐 있고, 주도(州都) 브리즈번의 남쪽 교외에 위치하는 해변 관광휴양도시이다. 앞쪽으로 널리 전개되는 모래사장은 초대형의 해수욕장을 이루어 파도타기 장소로도 유명하다. 배후의 국도 1호선 일대에는 숙박 · 휴양 · 관광 등의 시설이 고루 갖추어져 있어 많은 관광객(觀光客)이 모여든다. 대표적인 관광요소로는 서퍼스파라다이스(Surfers Paradise), 커럼빈 야생조류보호구역, 골드코스트 씨월드 등이다.

골드코스트 해변

4. 오스트레일리아의 유네스코 세계유산

유산종류	목록
문화유산	왕립전시관과 칼튼정원(2004) /시드니 오페라 하우스(2007) / 호주 교도소 유적(2010) / 알프스 주변의 선사시대 호상가옥(2011)
자연유산	대보초(1981) / 로드하우 군도(1982) /오스트레일리아 곤드와나 우림지대(1986(1994 확장)) / 퀸즐랜드 열대습윤지역(1988) / 샤크만(1991) / 프래이저 섬(1992) / 호주포유류 화석 보존지구(1994) / 맥커리 섬(1997) / 허드와 맥도날드 제도(1997) / 블루마운틴 산악지대(2000) / 푸눌루루 국립공원(2003)
복합유산	윌랜드라 호수지역(1981) / 카카두 국립공원(1981(1987,1992 확장)) / 타즈매니안 야생지대 1982(1989 확장)) / 울루루 카타 추타 국립공원(1987(1994 확장))

PART 3

제 3 절 뉴질랜드

1. 개관

국　　명 : 뉴질랜드[New Zealand]
정치체제 : 의회민주주의
수　　도 : 웰링턴[Wellington]
주요도시 : 웰링턴[Wellington], 오클랜드[Auckland], 퀸스타운[Queenstown]
면　　적 : 267,710km^2[76위, 2016년]
인　　구 : 4,474,549명[126위, 2016년]
인구밀도 : 18명/km^2[199위, 2016년]
언　　어 : 영어, 마오리어
1인당GDP : $41,108[20위, 2016년]
화폐단위 : 뉴질랜드 달러[$NZ]

2. 지리, 사회·문화적 특성

1) 지리적 특성

남서태평양에 있는 섬나라로, 북섬과 남섬 2개 섬으로 이루어진 본토와 여러 섬 및 제도(諸島)를 국토로 한다. 1840년 와이탕기 조약에 따라 영국의 식민지가 되었다가 1907년에 독립하였으나 영국연방의 일원으로서 영국 국왕을 국가원수로 하는 입헌군주제를 유지하고 있다. 뉴질랜드는 마오리어(語)로 '길고 흰 구름의 땅'이라는 뜻인 아오테아로아(Aotearoa)라고 불린다. 오스트레일리아 대륙에서 남동쪽으로 약 2,000km 떨어져 있다. 본토는 태즈먼해(海)를 사이에 두고 위치한 북섬(11만 4,000km^2)과 남섬(15만 1,000km^2)

으로 이루어지며, 남쪽으로 스튜어트섬 · 캠벨섬 · 오클랜드 제도, 동쪽의 채텀 제도 등 부속도서와 북쪽으로 케르매덱 · 쿡 제도, 니우에섬, 라울섬, 토켈라우 제도, 남극 대륙에 있는 로스 속령 등도 포함된다. 오스트레일리아 · 미크로네시아 · 피지 · 통가 등 15개 국가와 함께 태평양제도포럼(PIF : Pacific Islands Forum)을 형성한다. 행정구역은 16개 주(region)와 준주(territory)인 채텀제도(chatham islands)로 이루어져 있다.

2) 사회 · 문화적 특성

뉴질랜드의 역사는 700년 전 폴리네시아인인 마오리족이 정착하면서 시작되었고 첫 유럽 탐험가가 1642년 도착하면서 18세기 이후부터 탐험가, 항해가, 상인 등이 꾸준히 방문한 것으로 알려져 있다. 1840년 영국과 마오리추장들 사이에 조약이 서명되면서 뉴질랜드는 영국의 식민지가 되었고 마오리 사람들은 영국 국민으로서의 권리를 인정받았다. 20세기부터 유럽과 아시아 이민자들이 급증하면서 전쟁을 거치고 유럽식 경제 및 법률이 들어서면서 많은 마오리족 소유의 토지들이 영국인의 소유로 넘어가고 말았다.

현대의 뉴질랜드는 크리켓, 럭비, 스키, 골프 등 야외 스포츠는 청정자연환경과 더불어 매우 활발하며 주류 소비는 엄격한 규제가 있으며 음주를 수반한 오락시설은 거의 없다. 스포츠 중 럭비는 뉴질랜드의 국기(國技)적 지위를 차지하고 있으며 영국 등 유럽 이민자들이 국민의 주류를 구성하고 있어 서구적 문화 · 예술전통과 가치관이 지배적이지만 한편으로는 원주민인 마오리족 문화 또한 잘 융화되어 있다. 마오리족의 출생률은 백인보다 높아 노동력의 중요한 공급원 역할을 하며 교육에서는 백인과 차별이 없으며 사회 각 방면에 진출해 있다.

PART 3

3. 주요 관광지

1) 오클랜드(Auckland)

코로만델 반도 기부(基部)에 해당하는 대지성(臺地性) 지역 중심에 있으며, 지형은 복잡하여 좁은 타마키 지협에 의하여 북쪽의 와이터마타, 남쪽의 마누카우의 두 항구로 나누어진다. 1840년 와이터마타 해안의 백인 천막취락이 기원이며, 시 이름의 유래가 된 인도 총독 오클랜드에 의하여 도시의 바탕이 이루어졌다. 개척 초기에는 북섬이 그 중심이 되어 있었으므로 교통의 요지를 이루는 이곳도 급속한 발전을 보였다. 국토 전체로서는 북쪽에 치우쳐 있음에도 불구하고 1865년까지 뉴질랜드의 수도였다. 와이터마타항은 천연의 양항으로서 내외 항로의 중심이며, 조선소 · 해군기지가 있다. 기후가 온난하여 태평양에서의 해상 · 항공 교통의 요충이며, 그 때문에 웰링턴으로 수도가 옮겨진 뒤에도 뉴질랜드의 현관으로서 번영하였다. 오클랜드대학을 비롯하여 여러 교육기관이 있으며 공원 · 운동장 등의 문화시설도 많다. 마오리족(族)에 관한 자료가 풍부한 전쟁박물관(1929), 16세기 이전의 인쇄본 등을 소장한 공공도서관(1887), 시립미술관(1888)이 유명하다. 부근에 간헐온천 · 호수 · 진귀한 화산지형 등 관광자원이 많다.

스카이 타워

에덴산

2) 웰링턴(Wellington)

북섬의 남쪽 끝에 있으며, 쿡 해협에 면한 천연의 양항이다. 시가는 웰링턴만을 둘러싼 매립지, 좁은 해안 저지 및 구릉지에 발달하였으며, 고지는 주택지, 저지는 상공업지대이다. 10세기에 폴리네시아의 쿠페가 발견하였으며, 1839년 영국인이 시가를 건설하기 시작하였다. 지역은 좁았으나 해상교통편이 좋기 때문에 1865년 오클랜드를 대신하여 수도가 되었다. 기후는 서안해양성이며, 가장 따뜻한 2월 평균기온이 15.7℃, 가장 추운 7월 평균기온이 7.8℃이며, 연평균기온 11.8℃, 연강수량이 1,224mm이다.

웰링턴은 뉴질랜드 최대의 무역항으로서 양모 · 육류 · 낙농제품 등의 수출이 활발하고 방직 · 기계 · 화학 · 금속 · 인쇄 · 식품 · 가구 · 신발 등의 공업이 발달하였다. 그러나 지형상 도시발달이 미약한 것이 큰 결점이며 수도로서는 비교적 인구가 적다. 원주민 마오리족의 미술품을 모은 자치령 박물관을 비롯하여 국립박물관 · 미술관 · 식물박물관 · 빅토리아대학(1897 창립) · 뉴질랜드대학 등 문화 · 교육기관과 로마가톨릭의 대성당 등이 있으며, 그 밖에 많은 동물원 · 공원 · 운동장 등이 있다. 1867년 건설된 정부청사는 세계 최대의 목조건축물로 유명하다. 시 이름은 영국의 장군 웰링턴의 이름을 딴 것이다.

웰링턴 전쟁기념관

국회의사당

3) 퀸스타운(Queenstown)

퀸스타운(Queens town)이라는 지명은 '여왕의 도시'라는 뜻인데, 빅토리아 여왕과 그 모습이 어울린다고 하여 이러한 이름을 얻었다고 한다. 와카타푸 호숫가에 위치한 퀸스타운은 서든알프스의 아름다운 모습을 잘 가지고 있으며, '레포츠의 수도'라고 불리는 곳인 만큼 다양한 레포츠를 즐길 수 있는 곳이다. 이곳에서는 세계에서 최초로 상업적인 번지점프가 시작된 곳이며, 4계절 동안 스키를 즐길 수도 있다. 또한, 19세기 사금채굴로 번영했던 애로타운을 그대로 보존한 기묘한 가로수 길과 광부들이 사용했던 오두막집과 상점을 구경할 수 있다. 대표적인 관광요소로는 애로타운, 포도주 길, 스키퍼스 캐니언 등이다.

PART 3

퀸스타운 부두

퀸스타운 전경

4. 뉴질랜드의 유네스코 세계유산

유산종류	목록
자연유산	테 와히포우나무 공원(1990) / 남극연안 섬(1998)
복합유산	통가리로 국립공원(1990(1993 확장))

■ 주요 토론주제

1. 가장 방문하고 싶은 국가를 선정하여 그 이유에 대해 서로 토론해보자.
2. 이 지역을 다른 지역에 홍보할 때 가장 적합한 슬로건은 무엇일까?
3. 한 국가를 선정하여 현재 국제관광객을 유치하기 위한 어떤 슬로건이 있는지 알아보고 이에 대해 토론해보자.
4. 각 국가별 유네스코 세계유산에 대해 구체적으로 살펴보자.

■ Internet Sites

www.australia.com(호주 관광청)
www.australia.gov.au(호주 국가공식 홈페이지)
www.newzealand.com(뉴질랜드 관광청)
newzealand.govt.nz(뉴질랜드 국가공식 홈페이지)
www.fijime.com(피지 관광청)
www.fiji.gov.fj(피지 국가공식 홈페이지)

■ 참고문헌

세계관광과 문화, 김시중 · 이복희 지음, 대왕사, 2009.
세계관광문화의 이해, 정찬종 · 신동숙 · 박주옥 공저, 백산출판사, 2009.
피지(정적과 혼돈의 섬), 김웅진 저, 이담북스, 2009
오세아니아여행 14개국, 백봉기 저, 상상커뮤니케이션, 2007.
호주, 두근두근세계여행 편집부, 중앙북스, 2010.
호주 100배 즐기기, 박선영 · 김상훈 저, 랜덤하우스코리아, 2010.
뉴질랜드(그곳에 내가 있었다), 배상일 저, 즐거운 상상, 2008.
뉴질랜드 · 호주 여행안내서, 강석균 저, 교학사, 2006.

제 8 장

세계 지역별 국제관광

유럽지역

개 요

본 장은 세계 지역별 국제관광으로서 유럽지역에 대해 살펴보기로 한다. 유럽지역은 국제관광의 양적, 질적 측면에서 가장 규모가 크고 선호도도 높은 지역으로서 문화적 매력도뿐만 아니라 자연 환경적 매력도도 높은 지역이다. 역사적으로 국제관광의 발원지라고 할 수 있는 유럽지역에서는 영국, 프랑스, 독일, 폴란드, 오스트리아, 그리스, 스페인, 노르웨이 및 스웨덴 등 9개국에 대해 살펴본다.

각 장의 구성은 각 국가별로 개관, 지리 및 사회 · 문화적 특성, 주요 관광지, 유네스코 세계유산별로 나누어 요약 정리하였다. 개관은 국가별 기본정보를 포함하였고 지리 및 사회 · 문화적 특성을 정리하였다. 주요관광지는 도시별로 정리하였고 유네스코 세계유산은 문화, 무형, 기록 및 자연유산별로 표로 정리하였다. 지면 관계상 이름만 제시된 것이기 때문에 자세한 내용은 관련 문헌이나 인터넷 자료를 통해 학습하기를 권고한다.

무엇을 알 수 있는가?

- 국제관광 매력요소 측면에서 유럽지역 내 각 나라의 특징은 무엇인가?
- 각 국가별 지리 및 사회 · 문화적 특성은 무엇인가?
- 각 국가별 주요 관광지로는 무엇이 있는가?
- 각 국가별 주요 유네스코 세계유산으로는 무엇이 있는가?

제 1 절 영국

1. 개관

국　　명 : 그레이트브리튼 및 북아일랜드 연합왕국[United Kingdom of Great Britain and Northern Ireland]
정치체제 : 입헌군주제
수　　도 : 런던
주요도시 : 런던[London], 에든버러[Edinburgh]
면　　적 : 243,610km^2[80위, 2016년]
인　　구 : 64,430,428명[23위, 2016년]
인구밀도 : 271명/km^2[50위, 2016년]
언　　어 : 영어
1인당GDP : $37,813[25위, 2016년]
화폐단위 : 파운드[pound/ £]

2. 지리, 사회 · 문화적 특성

1) 지리적 특성

그레이트브리튼 북아일랜드 연합 왕국(United Kingdom of Great Britain and Northern Ireland), 줄여서 연합 왕국(United Kingdom) 혹은 영국(英國)은 유럽 서북 해안의 섬나라로, 북해, 영국 해협, 아일랜드 해 및 대서양에 둘러싸여 있다. 북서 유럽에 자리 잡고 있으며, 영국 해협과 북해를 사이에 두고 유럽 대륙과 떨어져 있다. 인접국가로 남쪽의 프랑스와 동쪽의 네덜란드 · 덴마크가 있다. 영국을 이루는 섬 중 가장 큰 그레이트브리튼은 섬의 거의 2/3를 차지하는 남쪽의 잉글랜드(13만 440km²)와 섬의 1/3에 해당하는 북쪽의 스코틀랜드(7만 8,770km²), 그리고 서쪽의 웨일스(2만 760km²)로 이루어져 있다. 얼스터라고도 불리는 북아일랜드는 면적이 약 1만 4,120km²이며, 아일랜드 섬의 북부에 위치한다. 영국은 또한 수많은 작은 섬들과 3,080km²에 달하는 내륙 수자원을 포함한다. 북위 49~61°(남북길이 약 970km), 동경 1°에서 서경 9°(최장동서길이 약 464km) 사이에 걸쳐 있으며, 수도는 런던이다.

2) 사회·문화적 특성

영국의 최대 인종 집단은 잉글랜드인이며, 스코틀랜드인·아일랜드인·웨일스인도 전체 인구에서 상당 부분을 차지한다. 또한 인도 및 서인도 제도, 파키스탄, 방글라데시, 아프리카로부터의 이주민들과 그들의 후손들도 국민의 일부를 이루고 있다. 공용어는 영어이지만, 웨일스어와 스코틀랜드 게일어 또한 사용된다. 종교는 영국국교회와 스코틀랜드 장로교가 포함되는 개신교, 로마 가톨릭, 기타 그리스도교 종파를 아우르는 그리스도교가 우세하다. 또한 이슬람교·힌두교·시크교·유대교도들도 있다. 금융 및 서비스업이 발달하였고 어업과 출판 산업 또한 중요한 경제 분야이다. 영국의 정치형태는 양원제를 채택한 입헌군주제이며 국가원수는 국왕이고 정부수반은 총리이다. 펍(pub)이라고 불리는 영국의 술집문화는 유명하며 19~20세기 초반까지 '해가 지지 않는 나라'로 불리운 만큼 문화적 자부심이 크다. 스포츠로는 축구 및 크리켓의 인기가 매우 높다.

3. 주요 관광지

1) 런던(London)

잉글랜드 남동부 템스강(江) 하구에서부터 약 60km 상류에 있다. 영국의 정치·경제·문화 그리고 교통의 중심지일 뿐만 아니라, 영국연방의 사실상의 중심도시다. 뉴욕·상하이·도쿄와 더불어 세계 최대 도시 중의 하나이다. 기온은 한서의 차이가 작아, 연평균기온은 약 10.5℃이다. 북위 51°5에 위치하나 멕시코 만류의 영향으로 겨울에도 비교적 따뜻하고 강설량도 적다. 1월 평균기온은 4.2℃로 서울의 −4.9℃에 비하여 9.1℃나 높다.

한편 여름에도 기온이 높지 않으며, 7월 평균기온 17.6℃로 서울보다 7.1℃나 낮다. 강수량도 적어 연간 약 750mm로 서울의 50% 정도지만, 강수일수는 훨씬 많아 1년의 반에 가까운 168일에 이른다. 겨울에는 강수량은 적으나, 대개 날씨가 흐려 어두침침하다. 또 런던의 안개는 유명하며, 11월에서 이듬해 2월에 걸쳐 자주 짙은 안개가 발생한다.

템스 강(River Thames)

타워브리지(Tower Bridge)

2) 에든버러(Edinburgh)

에든버러(Edinburgh, 스코틀랜드 게일어: Dùn Èideann)는 스코틀랜드의 수도이며, 글래스고 다음으로 큰 도시이다. 1437년 스코틀랜드의 수도가 되었으며, 이후 스코틀랜드의 문화, 정치, 교육, 관광의 중심지 역할을 하고 있다. 18세기 스코틀랜드를 유럽의 상업, 지식, 산업, 문학, 교육의 중심지로 만든 스코틀랜드 계몽주의가 시작된 곳으로 역사적 의미를 갖고 있으며, 영어권에서 여섯 번째로 오래되고, 스코틀랜드에서 네 번째로 세워진 에든버러 대학교가 시내 중심에 위치해 있다. 주요 산업은 금융업과 관광업이며, 금융업은 영국 내에서 두 번째, 유럽에서 여섯 번째로 큰 규모이다. 영국 5대 은행 중 로이드 그룹(2008년 로이드에 편입된 뱅크 오브 스코틀랜드 포함)과 로열뱅크 오브 스코틀랜드(RBS) 그룹의 본사가 위치해 있다. 에든버러는 영국에서 런던에 다음으로 많은 관광객을 유치하며, 해마다 1,300만 명이 찾는 관광도시이다. 특히 해마다 열리는 에든버러 축제가 유명한데, 각각의 축제들이 집중되는 8월 초부터 4주간은 시에 머무는 사람이 평소 거주자의 최소 2배 이상 늘어난다. 이러한 축제 중 에든버러 프린지 페스티벌(세계에서 가장

PART 3

큰 행위예술 페스티벌), 에든버러 국제 페스티벌, 에든버러 밀리터리 타투, 에든버러 국제 영화제가 가장 이름나 있다.

에든버러 성(Edinburgh Castle)

스콧 기념탑

4. 영국의 유네스코 세계유산

유산종류	목록
자연유산	대방죽 연안(1986) / 핸더슨 섬(1988) / 도르셋과 동부 데본 해안(2001) / 고램동굴군(2016)
문화유산	더햄 성 과 대성당(1986) / 스톤헨지 유적(1986) / 아이언 브리지 계곡(1986) / 에드워드 시대의 성과 읍성들(1986) / 파운틴 수도원 유적을 포함한 스터들리 왕립공원(1986) / 바스 시(1987) / 블렌하임 궁전(1987) / 웨스트민스터 궁/수도원과 세인트 마가렛 교회(1987) / 로마제국의 국경(1987(2005, 2008 확장)) / 런던타워(1988) / 캔터베리 대성당, 성 오거스틴 수도원 및 성 마틴교회(1988) / 에든버러 신·구 도시(1995) / 고프섬과 이낵세시블 섬(1995(2004 확장)) / 그리니치 해변(1997) / 오크니 제도 신석기 유적(1999) / 블래나본 산업경관(2000) / 성 조지 역사마을과 버뮤다 방어물(2000) / 뉴 라나르크(2001) 데르웬트 계곡 방직공장(2001) / 솔테이어 공업촌(2001) 큐-왕립식물원(2003) / 리버풀-해양산업도시(2004) / 콘월 및 데본 지방의 광산 유적지 경관(2006) / 폰트치실트다리와 운하(2009) / 포스교(2015)
복합유산	성 킬다섬(1986(2004, 2005 확장))

제 2 절 프랑스

1. 개관

국　　명 : 프랑스[France]
정치체제 : 공화제
수　　도 : 파리[Paris]
주요도시 : 파리[Paris], 리옹[Lyon], 니스[Nice]
면　　적 : 643,801km^2[43위, 2016년]
인　　구 : 66,836,154명[22위, 2016년]
인구밀도 : 119명/km^2[95위, 2016년]
언　　어 : 프랑스어
1인당GDP : $37,295[26위, 2016년]
화폐단위 : 유로화[Euro]

2. 지리, 사회 · 문화적 특성

1) 지리적 특성

러시아와 우크라이나에 이어 유럽에서 셋째로 큰 나라인 프랑스는 국토의 평균 고도는 342m으로, 500m 이상의 고지대는 국토의 17.8%에 불과하고 250m 이하의 저지대는 61.8%에 달할 정도로 광대하다. 육지의 반 이상이 농업에 적당하고, 자연 그대로의 상태를 간직한 넓은 삼림지역이 영토의 1/4가량을 덮고 있다. 북동부의 알자스 지방과 남서부의 바스크 지방을 잇는 선을 경계로 남동부 지역은 높고 북서부 지역은 고도가 매우 낮은 평야나 대지, 또는 구릉지대로 구성되어 있기 때문에 대체로 대서양으로 지형이 열려있다. 한편 남동부 지역에는 고도가 높고 기복이 큰 산지들이 집중되어 있는데 특히 300m

이상의 능선이 여러 곳에 분포하는 알프스 산맥과 피레네 산맥은 각각 이탈리아 및 스페인과 자연적인 국경을 이루고 있다.

2) 사회 · 문화적 특성

프랑스 문화는 켈트, 그리스-로마, 게르만의 요소들이 복합된 고대문명에서 유래한다. 19세기말에 초등교육의 무상의무제가 도입되어 국민 대다수가 최소한 문맹을 면함으로써 전반적인 문화수준이 향상되었다. 제2차 세계대전 후 16세까지 중등교육을 무상의무제로 실시하고, 빈민층에 대해 재정 지원을 강화한 결과 저소득 집단들의 지적 · 사회적 성장에 상당한 기여를 했다. 프랑스에서 파리는 과거부터 문화의 중심지였으나 다른 지방도 문화색이 강하다. 최근 들어 특히 1960년대에 북아프리카로부터 건너온 이민들이 프랑스 문화에 영향을 미치고 있다. 파리와 마르세유를 중심으로 형성된 이슬람 공동체들은 회화 · 음악 · 무용 · 문학에 기여했다. 프랑스의 요리는 지방에 따라 독특하며, 일부 지방 요리는 세계적인 명성을 얻고 있다. 대표적인 것으로 마르세유의 해산물 수프인 부야베스, 리옹의 소시지의 일종인 앙두예트, 알자스의 양배추절임 요리인 슈크루트, 보르도의 오리 가슴살 요리인 마그레 드 카나르 등을 들 수 있다. 이런 요리에는 부르고뉴, 보르도, 론 계곡의 포도주들이 곁들여진다.

3. 주요 관광지

1) 파리(Paris)

몽마르트르 언덕

파리(Paris)는 프랑스의 수도로 프랑스 북부 일 드 프랑스 지방의 중앙에 있다. 센 강 중류에 있으며, 면적은 106km^2, 인구는 217만 명이다. 파리의 행정 구역은 1~20구로 나뉘어 있다. 파리는 기원전 55년 무렵 시떼섬을 중심으로 모여든 로마인에 의해 형성되었고 런던, 로마 등과 비교하여 면적과 인구규모가 작은 편이지만 연간 수천만 명 이상의 관광객을 끌어들이는 유럽에서 가장 아름답고 매력적인 도시이다. 세기의 명작들이 모여 있는 루브르박물관과 오르세미술관, 플라타너스와 색색의 꽃으로 가득 찬 도심 속의 뤽상부르 공원, 빠리지앵의 여유를 느낄 수 있는 센 강과 다리, 노천카페, 도시전체에 가득 찬 고풍스런 건물 등 역사와 문화・예술적 색채가 그대로 느껴지는 도시이다. 이러한 분위기에 따라 피카소, 고흐, 오스카 와일드 등 세계적인 예술가들이 파리에서 활동하였으며 샤넬, 크리스찬 디올과 같은 명성있는 디자이너들로 인해 파리는 더욱 세계적인 예술과 문화의 도시로 인식되고 있다(홍연주 외, 2007).[1)]

에펠탑(Eiffel Tower)

루브르박물관

2) 리옹(Lyon)

프랑스 남동부, 론 강과 손 강이 만나는 지점에 위치하고 있다. 면적은 48km^2이다. 인구는 약 47만 명이다. 기후는 지중해성 기후로 여름에 기온인 높고 건조하다. 리옹은 로마 제국의 식민 도시로 세워졌다. 당시에는 로마에 이어 로마 제국 제2의 도시로 발전하였다. 리옹은 론강(江)과 손강(江)의 만나는 합류점에 위치하고 있어 교통의 요충지로 역

1) 홍연주 외(2007), 유럽100배 즐기기, 랜덤하우스코리아.

갈로로망문화박물관
(Musee Civilisation Gallo-Romaine)

활을 하였던 곳이다. 리옹의 기원은 로마시대 갈리아족을 정벌하기 위해 만들어진 로마군 기지에서 출발한다. 리옹은 유서 깊은 과거의 모습을 고스란히 간직한 구시가지 지역과 리옹의 발달을 주도하는 신시가지 지역으로 구분된다. 리옹을 관통하여 흐르는 손강을 중심으로 서쪽과 동쪽으로 두 지역은 구분된다. 구시가지의 푸르비에르언덕을 중심으로 중세의 유적이 많이 남아있으며 근처에는 로마시대의 극장 유적지도 남아있다. 붉은색 기와로 지어진 건물이 언덕을 빼곡히 뒤덮고 있는 리옹의 모습은 이채로운 풍경을 선사한다. 벨쿠르광장에서 시청으로 이어지는 길이 리옹에서 가장 번화한 곳이다. 동쪽으로 펼쳐진 신시가지는 파르디외 지역으로 불리는데 고층의 건물과 세계적인 기업들이 들어서 있다.

푸르비에르노트르담대성당(Basilica Notre-Dame de Fourvi)

3) 니스(Nice)

모나코 공국 및 이탈리아에서 가까운 지중해의 항만도시로 리비에라(Riviera) 혹은 코트다쥐르(Cote d'Azur)라고도 불리는 지중해 연안에 있다. 연평균 15℃의 기온을 유지할 만큼 기후가 연중 고르게 온난하고 풍경이 아름다워 전 세계 관광객이 많이 찾아온다. 별장 · 호텔 · 정원 · 산책지 · 카지노 등 위락시설이 정비되어 있고, 인접한 모나코 · 칸과 더불어 각종 행사도 많다. 특히 3.5km에 걸쳐 화려하게 이어지는 해변가의 산책로 프롬나드 데장글레(Promenade des Anglais: "영국인의 산책로"라는 의미의 프랑스어)는 니스를 휴양도시로 유명하게 만들어준 장소이다. 이 외에도 아름다운 자연 덕택에 많은 화가들의 별장이 있었던 니스에는 마티즈미술관과 샤갈미술관이 있어서 예술작품을 감상하기에도 안성맞춤이다. 꽃 · 향수 · 올리브가 특산물이고 이탈리아 통일의 영웅인 J. 가리발디가 태어난 곳으로도 잘 알려져 있다.

니스해변(Nice Beach)

니스카니발(Carnaval de nice)

4. 프랑스의 유네스코 세계유산

유산종류	목록
자연유산	누벨칼레도니섬 석호: 다양한 사주와 생태계(2008) / 레위니옹섬의 봉우리와 원형협곡, 성벽(자연(vii)(x), 2010)
문화유산	몽생미셸과 만(1979) / 베제레 계곡의 동굴벽화(1979) 베젤레 교회와 언덕(1979) / 샤르트르 대성당(1979) / 아를르의 로마시대 기념물(1981) 아미엥 대성당(1981) 오랑쥬지방의 로마시대 극장과 개선문(1981) / 퐁테네의 시토파 수도원(1981) / 퐁텐블로 궁전과 정원(1981) / 아르크 에 세낭 왕립 제염소(1982(2009 확장)) / 낭시의 스태니슬라스 광장, 캐리에르와 알리앙스 광장(1983) / 생 사벵 쉬르 가르탕페 교회(1983) / 지롤라타 곶(山甲)과 포르토만, 스캔돌라 자연보호지역(1983) / 퐁뒤가르-로마시대 수로(1985) 스트라스부르 구시가지(1988) / 노트르담 성당과 상트레미 수도원 및 타우 궁전(1991) / 파리의 세느강변(1991) / 부르쥬 대성당(1992) / 아비뇽 역사 지구(1995) / 미디 운하(1996) / 까르까손느 역사도시(1997) /꽁포스텔라의 쌍띠아쥬 길(1998) / 리용 유적지(1998) / 생테밀리옹 포도 재배 지구(1999) / 플랑드르와 왈로니아 종루(1999(2005 확장)) / 쉴리 쉬르 르와르와 샬론느 간 르와르 계곡(2000) / 프로방스지역의 중세도시 상가지역(2001) / 르아브르 도시(2005) / 달의 항구, 보르도(2007) / 보방의 성채(2008) / 알비의 주교도시(2010) / 노르-파 드 칼레 광산(2012) / 상파뉴 언덕(2015) / 코스와 세벤의 중세 농경목축 문화경관(2011) / 클리마, 부르고뉴의 테루아(2015)
복합유산	피레네-몽 페르 뒤(1997(1999 확장))

PART 3

제 3 절 독일

1. 개관

국　　명 : 독일연방공화국(Federal Republic of Germany)
정치체제 : 연방공화제
수　　도 : 베를린[Berlin]
주요도시 : 베를린[Berlin], 뮌헨[Munich], 프랑크푸르트[Frankfurt]
면　　적 : 357,022km^2[63위, 2016년]
인　　구 : 80,722,792명[19위, 2016년]
인구밀도 : 231명/km^2[56위, 2016년]
언　　어 : 독일어
1인당GDP : $41,244[19위, 2016년]
화폐단위 : 유로화[Euro]

2. 지리, 사회 · 문화적 특성

1) 지리적 특성

독일은 유럽에서 7번째로 넓은 국토를 보유하고 있으며 유럽 중앙부에 위치하여 9개국과 국경을 접하고 북해 및 발트 해와 맞닿아 있으며 수도는 베를린이다. 영토의 북쪽은 대개 평평하고, 동쪽과 중부지역은 구릉지대이다. 남쪽 지방은 바이에른 알프스 산맥이 솟아 있다. 라인강 분지가 독일의 중부와 서부 지역을 차지한다. 그 외 엘베 강과 다뉴브 강, 그리고 오데르 강이 있다.

2) 사회 · 문화적 특성

국민의 대다수는 게르만계로서 종교는 프로테스탄트교, 가톨릭교, 이슬람교 등이 있다. 독일에서 여가는 하나의 산업을 이룰 정도는 아니더라도 독일인의 생활에서 매우 중요한 부분을 차지한다. 전통적인 종교 축제일과 공휴일의 휴무, 40시간이 채 안 되는 주당 평균 노동시간, 3~6주의 유급 휴가 등으로 독일인들은 서유럽의 어느 나라 국민들보다 많은 여가를 누린다. 레크리에이션의 형태에서는 전통적인 것과 현대적인 것이 공존하는 특징을 보인다. 놀랍게도 고도로 공업화된 국가임에도 로마 가톨릭교 지역과 개신교 지역을 가릴 것 없이 옛 축제나 풍습이 지금도 광범위하게 남아 있다. 남부지역의 '파싱'과 라인란트의 '카르네발'이 그 대표적인 예이다. 부활절 · 성탄절 · 오순절(모두 국가공휴일임)과 로마 가톨릭교 지역의 성체성혈대축일 · 성모승천대축일 등의 종교 축제일 외에도, 지역마다 포도주 축제, 맥주 축제, 추수 축제, 사냥 축제와 같은 오랜 역사를 지닌 민속제가 널리 행해진다.

전통에 충실한 한편 독일인들은 보다 현대적인 여가와 오락, 휴식에도 눈을 돌리게 되었고, 여행이 으뜸가는 소일거리로 등장했다. 따라서 유럽의 최대 관광 아웃바운드 국가는 단연 독일이다. 적어도 연중 한 번 여행을 떠나는 사람이 성인의 절반을 넘고, 연중 몇 차례나 해외여행을 떠나는 사람도 아주 많다. 노인들은 공휴일 여행 외에도 흔히 휴식과 건강 회복을 위해 온천으로 요양을 떠난다. 여행의 즐거움을 위해 해외로 떠나는 독일인들도 나날이 늘고 있다. 서독 지역에서는 여가 활동비가 가구당 소득의 약 1/5에 이르며, 정부와 학교 · 교회 · 기업이 여가 선용에 필요한 시설을 제공하고 자극을 준다. 현재 여가 활동은 교육 · 직업훈련 · 주택 · 건강보험 · 장애보험 · 연금과 마찬가지로 사회복지 정책의 중요한 요소로 여겨지고 있다.

3. 주요 관광지

1) 베를린(Berlin)

동서독으로 갈라져 있다가 통일된 지 이제 20년이 다 되어가지만 아직도 동베를린과 서베를린의 문화차이가 확연히 구별되는 인상적인 도시이다. 오래된 도시이지만 새로 태어나고 있는 만큼 유럽의 새로운 건축물의 전시장이라고 할 만큼 새 개발 사업이 한창이라 언제나 새로운 모습을 보인다. 북위 52.5°에 있어 겨울은 몹시 춥고, 여름도 서늘하다. 하펠강은 엘베강에 흘러들어 북해와 연결되고, 오데르-슈프레 운하에 의해 발트해(海)와도 연결되어, 제2차 세계대전 전에는 1,000t급의 화물선이 빈번히 드나들면서 독일 제3의 내륙항 구실을 하였다. 넓은 숲과 많은 호수를 안고 있어 도시 미관이 뛰어나고, 또 '베를리너 루프트(베를린의 공기)'라고 노래로 부를 정도로 공기가 맑다.

포츠담 광장(Potsdamer Platz)

독일역사박물관(Deutsches Historisches Museum)

2) 뮌헨(Muenchen)

바이에른 최대의 도시이자 독일에서 세 번째로 큰 도시이며 금융 · 상업 · 공업 · 교통 · 통신 · 문화의 중심지이다. 식품가공, 정밀 광학기기, 전기제품, 화장품, 의류, 맥주 등의 제조업이 활발하다. 또 영화 제작과 도서 출판의 중심지이기도 하며 유럽 최대의 도산매 시장도 자리 잡고 있다. 찾아오는 관광객도 많고 각종 행사와 회의가 개최되고 있다. 구시가는 점차 기업 활동의 중심지가 되면서 과거의 특징을 많이 상실하였으나, 아직도 남아 있는 건축물 가운데는 7개의 성문 중 카를스, 젠들링거, 이자어 등 3개가 있는데 모두 14세기에 세워진 것이다. 다른 중세의 건축물로는 뮌헨대성당, 1468~1488년 건립된 프라우엔키르헤(Frauenkirche), 1470~1480년 건립된 구시청사 등이 있다. 부근에는 1169년 건립된 장크트페터성당이 있는데, 뮌헨에서 가장 오래 된 성당으로 제2차 세계대전 때 완전히 파괴되었던 것을 복원한 것이다. 옛날 무기고였던 곳은 2000년 현재 시립박물관이 되어 있다. 이들 중세 건물 이외에도 바로크와 로코코 양식의 건축물도 많다.

뮌헨 신 시청사(Neues Rathaus)

옥토버페스트(Oktoberfest)

3) 바이마르(Weimar)

동독지역의 소도시이지만 괴테와 쉴러의 도시이자 그 유명한 바이마르 공화국의 본거지였으며 훗날 바우하우스라는 디자인의 새로운 시대가 열렸던 문화수도라 할 만한 도시이다. 에르푸르트에서 동쪽으로 15km 떨어진 일름강(江) 연안에 있다. 18세기부터 19세기에 걸쳐 독일 정신문화의 중심이자 고전문학의 메카가 되었으며, 문호 괴테와 실러, 작곡가 리스트, 철학자 니체 등이 이곳에서 활약하였다. 괴테국립박물관 · 실러기념관, 괴테와 실러의 무덤 · 동상, 리스트의 집, 괴테-실러 고(文庫) · 튀링겐 향토문고 · 선사(先史)박물관 · 독일 국민극장 · 국립예술품 수집관 · 건축대학 · 음악대학 · 건축재료 연구소 · 사회교육대학 · 농업대학 · 교육대학 등이 있다. 또한 독일 셰익스피어협회 본부도 이곳에 있다. 1998년 세계유산목록에 등록되었다.

바우하우스박물관(Bauhaus Museum)

독일국립극장(German National Theater)

PART 3

4. 독일의 유네스코 세계유산

유산종류	목록
자연유산	메셀 피트의 화석 유적(1995) / 바덴해(2009)
문화유산	아헨대성당(1978) / 뷔르츠부르크 궁전(1981) / 슈파이어 대성당(1981) / 비스 순례 교회(1983) / 브륄의 아우구스투스부르크성(1984) /성・마리아 대성당과 성・미카엘 교회(1985) / 트리에르의 로마시대 기념물, 성당과 라이브 프로엔 교회(1986) / 뤼벡 한자도시(1987) / 로마제국의 국경(1987(2005, 2008 확장)) / 베를린과 포츠담의 궁전과 공원들(1990(1992, 1999 확장)) / 로쉬의 수도원과 알텐 뮌스터(1991) / 람멜스부르크광산과 고슬라 역사지구(1992)/ 마울브론 수도원 지구(1993) / 밤베르크 중세도시 유적(1993) / 퀘들린부르크의 협동교회, 城, 舊 시가지(1994) / 푀크링겐 제철소(1994) / 꼴로뉴 성당(1996) / 바이마르와 데사우 소재 바우하우스 유적(1996) / 아이스레벤과 비텐베르크 소재 루터 기념관(1996) / 바이마르 지역(1998) / 뮤지엄신셀(박물관 섬)(1999) / 와트버그성(1999) / 데소 뵐리츠의 정원(2000) / 라이체노이의 수도원 섬(2000) / 에센의 졸버레인 탄광지(2001) / 슈트랄준트와 비스마르의 역사 지구(2002) / 중북부 라인 계곡(2002) / 무스카우어 공원(2004) / 브레멘 시장의 시청 건물관 로랜드상(2004) /레겐스부르크의 중세 도시 유적지(2006) / 베를린 모더니즘 주택단지(2008) / 알펠트의 파구스공장(2011) / 알프스 주변의 선사시대 호상가옥(2011) / 베르그 파르그 빌헬름스회에(2013) / 슈파이허슈타트와 칠레하우스가 있는 콘토르하우스 지구(2015) / 파구스공장(2011) / 카롤링거 시대의 베스트보르크와 코르비아 키비타스(2014)
삭제된 유산	드레스덴엘베계곡(문화, 2004)

제 4 절 폴란드

1. 개관

국　　명 : 폴란드[Poland]
정치체제 : 공화제
수　　도 : 바르샤바[Warszawa]
주요도시 : 바르샤바[Warszawa], 크라쿠프 [Krakow]
면　　적 : 312,685km^2[70위, 2016년]
인　　구 : 38,523,201명[35위, 2016년]
인구밀도 : 126명/km^2[90위, 2016년]
언　　어 : 폴란드어
1인당GDP : $12,722[60위, 2016년]
화폐단위 : 즐로티[Zloty]

2. 지리, 사회 · 문화적 특성

1) 지리적 특성

폴란드 공화국은 중앙유럽에 있는 공화국으로 국토의 75%가 해발 200m 이하로서 중앙유럽의 대평원 지역에 위치하고 있다. 동쪽으로는 벨라루스, 우크라이나, 리투아니아 및 러시아, 남쪽으로는 체코 및 슬로바키아, 서쪽으로는 독일 등 7개국과 접하고 있으며, 북쪽으로는 발트해에 접한다. 수도인 바르샤바는 폴란드의 중앙부에 위치하고 있다. 남북 길이 649km, 동서 길이 689km로 거의 정사각형의 국토를 이룬다. 폴란드는 북쪽에서 남쪽으로 내려오면서 지형에 따라 6개의 지역으로 나누어진다. 가장 북쪽의 첫 번째 지역은 소택지와 사구들로 이루어진 발트 해 연안지역이며, 그 아래 두 번째 지역인 빙하평원지대는 최후에 형성된 빙상의 남부 경계선을 이루고 있는 지역으로 많은 호수가 있다. 세 번째 지역은 바르샤바 · 브로추아프 · 포즈나인 시 등이 있는 폴란드의 중심부인 중앙 저지대이고, 네 번째 지역은 나지막한 구릉지대를 포함한 소폴란드 고지이다. 다섯 번째 지역은 수테티 산맥(크루슈네 산맥 포함)으로 이루어진 남서부 지역이며, 마지막 남단 지역은 카르파티아 산맥과 그 기슭으로 이루어져 있다.

2) 사회 · 문화적 특성

폴란드는 오랫동안 다민족국가였으나 제2차 세계대전 후 영토이동과 주민이동이 이루어짐에 따라 폴란드인이 인구의 98%를 차지하게 되어 사실상 단일 민족국가가 되었다. 인구는 유럽에서는 예외적으로 높은 성장세를 보이고 있다. 여성의 사회진출은 보편화되어 있고 이혼율은 다른 나라보다 낮다.

폴란드의 문화가 유 · 무형을 막론하고 동유럽 국가 중에서 가장 앞선 것은 독립을 지향하는 역사적 배경에서 배양된 불굴의 국민정신에서 연유한다. 과거 공산권 내에서 폴란드가 비(非)스탈린화(化)의 기초에 앞장섰고, 특히 공산주의 체제 아래에서 가톨릭교회의 지위를 강화시켰던 예는 독자적인 문화적 전통과 거기에 뿌리박은 국민정신에서 비롯한 것이다. 폴란드는 유럽 문화의 전통을 이어받은 자부심으로 인해 다수의 중요한 분야에서 여러 차례 노벨상을 수상하기도 하였다.

3. 주요 관광지

■ 바르샤바(Warszawa)

바르샤바(Warszawa)는 폴란드의 수도이자 폴란드 최대 도시이고, 마조비에츠키에 주의 대표 도시이다. 1596년, 수도가 크라쿠프에서 바르샤바로 이전되면서 폴란드의 정치, 경제, 문화의 중심지로 발전하였다. 제2차 세계대전 동안 나치군에 의해 도시 대부분이 파괴되어, 전후 폐허 위에 도시를 재건해야 했다. 이후 옛 도심을 본래 모습으로 복원하는 등 구시가지 복구에 주력하여 인구도 전전 수준으로 회복되었고 복원된 구(舊) 시가지구의 전통적인 분위기와 재건계획에 바탕을 둔 기능적인 신시가지가 조화를 이루고 있다. 1981년 바르샤바 역사지구가 세계문화유산으로 등재되었다.

바르샤바는 제조업, 철강업, 전기산업, 자동차산업 등 공업 도시이고, 바르샤바 대학을 시작으로 하는 폴란드 유수의 고등교육기관이 모여 있으며, 극장이나 바르샤바 국립 필하모니 관현악단이 있는 문화 도시이기도 하다. 문화과학궁전(Palace Kultury i Nauki)은 1955년 건립된 바르샤바의 주요 명소 중 하나이다. 37층에 탑높이는 234m이다. 이 건물은 폴란드와 구소련의 우정에 대한 구소련 연방의 선물로 내부는 영화관, 박물관과 연구소, 그리고 스포츠센터와 같은 편의시설이 들어서 있다. 궁전 앞 광장에서는 군대 퍼레이드나 다양한 행사가 열린다. 인어는 바르샤바의 상징이다. 바르샤바에는 2개의 인어동상이 있다. 그중에서 비슬라강의 서쪽 둑에 있는 인어상이 더 유명하다. 다른 인어상은 구시가에 위치해 있다.

문화과학궁전

칼과 방패를 든 인어동상
(The Mermaid in Old Town Market Square)

4. 폴란드의 유네스코 세계유산

유산종류	목록
자연유산	벨로베즈스카야 푸시차/바이알로비에자 삼림지대(1979(1992 확장))
문화유산	크라쿠프 역사지구(1978) / 아우슈비츠 비르케나우 독일 나치 강제, 몰살 수용소(1940-1945)(1979) / 바르샤바의 역사지구(1980) / 자모쉬츠의 오래된 도시(1992) / 또룬의 중세마을(1997) / 남부 리틀 폴란드의 목조교회(2003) / 브로츠와프의 백주년관(2006)

제 5 절 오스트리아

1. 개관

국 명 : 오스트리아[Austria]
정치체제 : 연방공화제
수 도 : 빈[Vienna]
주요도시 : 빈[Vienna], 잘츠부르크[Salzburg], 인스브루크[Innsbruck]
면 적 : 83,871km^2[114위, 2016년]
인 구 : 8,711,770명[95위, 2016년]
인구밀도 : 104명/km^2[105위, 2016년]
언 어 : 독일어
1인당GDP : $43,786[16위, 2016년]
화폐단위 : 유로화[Euro]

2. 지리, 사회 · 문화적 특성

1) 지리적 특성

오스트리아공화국(Republic of Austria)은 북쪽으로 독일 · 체코, 동쪽으로 헝가리 · 슬로바키아, 남쪽으로 슬로베니아 · 이탈리아, 서쪽으로는 스위스와 리히텐슈타인에 접한다. 유럽의 6개 영세중립국 중 하나이며, 헌법에 영속적 중립성을 명시했다. '동쪽 제국(eastern empire)'이라는 뜻의 국명은 독일어(語)로 'Österreich'라고 하며, 'Old german ostarrichi'에서 유래했다. 행정구역은 9개주(bundesland)로 되어 있다. 오스트리아는 3개의 지리적 지역으로 나뉜다. 독일, 리히텐슈타인 공국, 스위스, 이탈리아와 함께 유럽 알프스 산맥을 차지하고 있는 오스트리아의 알프스 산맥지역은 국토의 약 2/3를 이루고 있으며, 이 지역으로 인해 유럽에서 가장 산이 많은 주요국가 중 하나가 되었다.

몇몇 산은 해발 3,000m 이상이며, 3,797m까지 솟아 있는 그로스글로크너는 이 나라에서 가장 높은 산이다. 국토의 약 1/10을 차지하는, 수목으로 덮인 고지대인 보헤미아 대산괴는 체크 북쪽으로 펼쳐져 있는 광범위한 고지대의 일부이며 대체로 고도 1,200m를 넘지 않는다. 빈 분지를 포함하는 저지대는 동부의 거의 1/4을 차지한다. 이 저지대에서 주요농업활동이 이루어지지만 해발 150~400m에는 구릉이 많다. 도나우 강과 이 강의 오스트리아 지류들이 거의 전지역으로 흐르며, 수많은 강과 가파른 지형이 수력발전의 가능성을 높여준다.

2) 사회 · 문화적 특성

오스트리아는 역사가 깊고 음악과 건축을 비롯한 문화 · 예술이 매우 발달하였다. 오스트리아 출신 노벨상수상자는 20명으로 인구 당 노벨상 수상자는 세계 5위이다. 구스타프 클림트와 같은 아르누보 예술의 대표 화가를 배출해냈고 오토 바그너와 같은 대표적인 근대 건축가 또한 이 나라 출신이다. 음악의 도시라고 부르는 빈을 중심으로 활약한 음악가로는 크리스토프 빌리발트 글루크, 요제프 하이든, 볼프강 아마데우스 모차르트 등의 고전파를 비롯하여 루드비히 베토벤, 프란츠 슈베르트, 요하네스 브람스, 구스타프 말러, 아르놀트 쇤베르크, 안톤 폰 베베른 등 다채로운 인물 구성을 보이고 있다. 특히 민속무곡 렌틀러를 모체로 하여 도시풍의 '빈 왈츠'로 완성한 요한슈트라우스도 오스트리아를 대표하는 작곡가이다. 19세기 고전기 이후의 프란츠 그릴파르처, 요한 네스트로이, 페르디난트 라이문트 등과 20세기 초기의 후고 폰호프만슈탈, 아르투르 슈니츨러 같은 작가들은 독특한 오스트리아의 문화적 특성을 보여주었다. 20세기 후반에 국제적 명성을 얻은 작가로 슈테판 츠바이크, 로베르트 무질, 페터 한트케, 엘프리데 옐리네크 등이 있다.

오스트리아를 찾아오는 외국인 관광객의 수도 해마다 늘어 이에 의한 외화수입이 국제수지 적자를 메워주고 있다. 알프스산맥이 동서로 국토를 길게 관통하고 있어 예로부터 산악관광이 발달했으며 동서교통의 요충지였고, 특히 도나우강의 수상교통은 일찍부터 발달하였다. 철도는 동부 지방에 발달해 있으며 반 정도는 전철화(電鐵化)되어 있다. 제2차 세계대전 이후 도로 교통이 급격히 발달하여 빈-잘츠부르크-인스부르크에서 이탈리아로 이어지는 자동차 전용도로가 개통되었다. 알프스 지방에서는 등산전차 · 리프트 · 케이블카 등의 관광시설이 발달되어 있다.

3. 주요 관광지

1) 빈(Wien)

영어로는 비엔나(Vienna)라고 불리며 도나우강(江) 상류 우안에 위치하는 유럽의 고도(古都)로, 지금도 중부 유럽에서 경제 · 문화 · 교통의 중심지를 이룬다. 수백 년 동안 대제국의 수도였으며 지리적 이점 때문에 정치의 중심지를 이루었다. 빈은 16세기 초반부터 20세기 전반까지 유럽의 문화와 정치 중심지이자 유럽 음악의 본고장으로 번영을 누렸던 곳으로 명성에 걸맞게 지금도 수백 년의 영화를 보여주는 웅장한 건축물과 기념물, 정원과 공원 등이 그대로 남아 있어 중세부터 19세기까지 다양한 건축물들이 밀집되어 있다. 이러한 빈의 역사중심지는 2001년 유네스코 세계문화유산으로 지정되었다.

슈테판 대성당(St. Stephan' s Cathedral)

그라벤 거리(Graben street)

2) 잘츠부르크(Salzburg)

빈에서 서쪽으로 300km 정도 떨어진 작은 도시 잘츠부르크는 음악가 모차르트의 고향으로 유명하다. 곳곳에 그의 흔적이 남아 있는데, 특히 모차르트의 생가는 해마다 100만 명 이상의 관광객이 찾는 명소이다. 그곳에는 모차르트가 사용하던 바이올린과 자필 악보, 가족의 초상화, 편지 등이 전시되어 있다. 매년 여름 그를 기리는 '잘츠부르크 음악제'가 열리면, 도시는 온통 관광객들로 북새통이 되곤 한다.

모차르트의 생가 외에도 바로크 건축 양식의 아름다움을 잘 보여주는 잘츠부르크 대성당과 잘츠부르크 성, 영화 '사운드 오브 뮤직'의 배경으로 잘 알려진 미라벨 정원(Mirabell Garden) 등 볼거리가 많다. 도시의 동쪽에는 잘츠캄머구트(Salzkammergut)이라고 하는 아름다운 호수 지대가 있다. 관광과 문화, 대학, 겨울 스포츠의 도시이며 또한 박람회의 도시이기도 하다. BMW와 포드(Ford), 포르쉐(Porsche)등 자동차 회사들이 이곳에 지사와 공장을 가지고 있고, 많은 시민들에게 일자리를 제공하고 있다.

잘츠부르크 성당(Salzburger Dom)

옛 시가지 모습(City of Salzburg)

4. 오스트리아의 유네스코 세계유산

유산종류	목록
문화유산	쉔브룬 궁전과 정원(1996) / 잘츠부르크시 역사지구(1996) / 할슈타트-닥슈타인/잘츠 카머굿 문화경관(1997) / 젬머링 철도(1998) / 그라츠시 역사지구(1999) / 와차우 문화경관(2000) / 비엔나 역사지구(2001) / 페르퇴/노지들레르씨(2001) / 알프스 주변의 선사시대 호상가옥(2011)

제 6 절 그리스

1. 개관

국 명 : 그리스공화국[Hellenic Republic]
정치체제 : 공화제
수 도 : 아테네[Athens]
주요도시 : 아테네[Athens], 크레타[Creta], 산토리니[Santorini]
면 적 : 131,957km^2[97위, 2016년]
인 구 : 10,773,253명[85위, 2016년]
인구밀도 : 85명/km^2[122위, 2016년]
언 어 : 그리스어
1인당GDP : $17,806[43위, 2016년]
화폐단위 : 유로[Euro]

2. 지리, 사회 · 문화적 특성

1) 지리적 특성

그리스(그리스어: Ελλάδα)는 남유럽 발칸 반도 남쪽 끝에 있는 나라이다. 정식 명칭은 그리스 공화국(그리스어: Ελληνική Δημοκρατία)이다. 수도는 아테네이며, 주요 도시로는 테살로니키, 파트라, 이라클리오, 라리사, 볼로스, 요안니나, 카발라, 로도스, 세레스가 있다. 알바니아, 마케도니아 공화국, 불가리아와 북쪽 국경을 맞대고 있으며, 동쪽에는 터키가 있다. 그리스 본토의 동쪽과 남쪽으로는 에게 해가 있으며, 서쪽은 이오니아 해이다. 지중해 동부에 면한 해안에는 수많은 섬과 바위가 산재한다.

2) 사회 · 문화적 특성

현대 그리스는 고대 그리스 문명에 뿌리를 두고 있다. 이 땅은 민주주의와 서양 철학, 올림픽, 서양 문학, 역사학, 정치학, 수많은 과학적 · 수학적 원리, 희극이나 비극 같은 서양 희곡 발상지이다. 1453년 오스만투르크에 정복당한 그리스는 오스만투르크제국의 일부가 되었고 1821년에는 독립전쟁을 일으켰다. 이때부터 1970년대까지 그리스는 혼돈스러운 역사를 겪는데 끊임없는 내란에 군부 쿠데타, 터키의 재침공 등 평온한 날이 없었다. 이후 1981년 유럽공동체에 가입하면서 조금씩 안정을 되찾았고 2004년 올림픽을 성공적으로 개최하면서 낡은 도시의 제반시설이 현대화되고 보수적인 분위기가 개방적인 분위기로 변모하였다. 과거보다 물가가 올랐다고 하지만 서부유럽에 비해서 여전히 싼 편이라 국제관광객에게는 매력요소로 작용하고 있다. 사립학교를 제외한 초등학교부터 대학까지 공립학교는 무상교육이며 종합대학교는 총 19개이고 대부분이 중등교육을 마치고 직업학교에 진학한다. 전통요리로는 수블라키(Souvulaki)와 무사카가 있는데 수블라키는 고기와 야채를 꼬치구이한 것이고 무사카는 다진 고기에 소스를 뿌려 먹는 것으로 서민적 분위기의 식당이나 노점에서 맛볼 수 있다. 알콜도수가 43%인 전통술 우조(Ouso)는 한국의 소주와 비슷한데 물을 타서 마시기도 한다. 그리스 사람들은 대체적으로 삶을 즐길려는 여유있는 자세를 갖고 있으며 밤늦게까지 식사하면서 담소하고 파티를 즐기는 성향이 있다.

3. 주요 관광지

1) 아테네(Athens)

그리스의 수도 아테네는 아크로폴리스 신전군(神殿群)과 그 남쪽 부근의 디오니소스극장, 북쪽의 아고라 등의 유적군이 유명하다. 동쪽의 제우스신전과 6각탑이 있는 아고라는 로마시대의 유적이며, 근교의 수니온곶, 델포이, 코린토스 및 펠로폰네소스반도의 미케네 및 에게해의 여러 섬도 주요 관광지이다. 예술은 그리스의 생활을 잘 반영하고 있다. 여름이면 고대 극장에서 그리스의 연극을 상연한다. 도시의 이름은 시(市)의 수호신 아테나 여신과 관계가 있다. 아티카반도 중앙 사로니크만(灣) 연안에 있는데 동쪽은 북동쪽은 펜

텔리콘산, 북서쪽은 파르니스산, 서쪽은 아이갈레오스산에 둘러싸인 평야가 사로니크만으로 기우는 지점에 자리잡고 있다. 시는 키피소스강(江)과 그 지류인 일리소스강 사이에 끼어 있으며, 아크로폴리스(해발고도 156m)를 중심으로 몇 개의 작은 언덕이 있는데, 북동쪽에 있는 리카베토스 언덕이 해발고도 277m로 가장 높다. 남서쪽에는 필로파포스 · 프닉스 · 아레오파고스 등의 언덕이 있다.

아크로폴리스의 북동부가 시의 중심부이며, 왕궁 · 의사당 · 관청 · 대학 등이 있다. 이곳에 '헌법광장(신타그마토스)'과 '오모니아광장'이 있으며, 이들을 잇는 2개의 병행하는 거리, 즉 '스타디온거리'와 '대학거리(또는 베니젤로스거리)'를 따라 큰 호텔과 상점이 있다. 아크로폴리스의 북서부는 상업의 중심지이며, 길들이 뒤얽혀 있다. 시는 북동쪽과 남동쪽으로 발전하고 있으며, 새 시가와 주거지가 만들어지고 있다. 고대에는 아크로폴리스 주변, 특히 북쪽이 시의 중심이었는데, 고대 그리스시대의 '아고라'는 아크로폴리스의 북서쪽 기슭에 있었다. 로마시대의 아고라는 지금보다 약간 동쪽에 있었다. 시는 정치와 소비의 중심지인 동시에 항공 · 항해 등 교통망의 기점이기도 하며, 근대적 신흥도시로서 활기가 있다. 외항인 피레에프스와 함께 그리스 경제활동의 중심으로 직물 · 피혁제품 · 기계 · 화학약품 · 포도주 · 브랜디 · 가구 등을 생산하며, 그리스 공업생산액의 60~70%를 차지한다. 시중에는 고대 유적이 많고 박물관도 있기 때문에 관광도시로서 많은 관광객이 찾는다. 외항 피레에프스는 그리스 제일의 항구로 번영을 누리고 있다.

고대 아고라(Ancient Agora)

아크로폴리스유적(Athens Acropolis)

2) 미코노스 섬(Mykonos Island)

에게해의 많은 섬들 중에 가장 대중화된 섬 중 하나이다. 유적은 없지만 그리스의 아름다운 자연과 낭만적 분위기를 느낄 수 있는 섬이다. 미코노스에 있는 마을 자체가 미코노스의 인기 있는 관광지이다. 거리는 좁은 골목들이 미로처럼 얽혀 있는데, 소형선이 접안하는 곳 바로 앞에 타운 홀이 있다. 타운 홀 뒤에서 해안선을 따라 오른쪽으로 조금 걸어나가면 파라포르트티아니 교회가 보인다. 이 교회는 키클라데스 제도의 대표적인 교회 건축 양식이다. 미코노스 섬의 명물 밀가루 빻는 풍차는 카토밀리 언덕 위에 있다. 모든 구조물이 백색으로 되어 있어 마을 전체가 신비롭게 보이기도 한다. 가장 번화한 곳은 부두 바로 앞에 있는 캄바니 거리로 도로변에는 막 잡은 어패류 요리를 하는 타베르나와 카페니온이 늘어서 있다. 캄바니 거리의 택시 승차장에서 시작되는 마토야니 거리에는 금은 세공품을 파는 가게와 선물가게가 많다. 폴리칸드리오티 거리에 들어서면 레토호텔을 조금 지나서 박물관이 있다. 박물관에는 주로 리니아 섬의 고대문자와 미코노스 유적에서 나온 출토품이 전시되어 있다. 이 언덕에서는 미코노스 항구뿐 아니라 리니아 섬, 델로스 섬, 티노스섬까지도 바라볼 수 있다. 미코노스 섬에는 아름다운 해안이 많이 있다.

미코노스 섬의 풍경

4. 그리스의 유네스코 세계유산

유산종류	목록
문화유산	밧새의 아폴로 에피큐리우스 신전(1986) 델피 고고유적지(1987) / 아테네의 아크로폴리스(1987) / 로데스 중세도시(1988) /에피다우루스 고고유적(1988) / 테살로니카지역의 고대 그리스도교 및 비잔틴 기념물군(1988) / 미스트라스의 중세도시(1989) / 올림피아 고고유적(1989) / 다프니, 호시오스 루카스, 키오스의 비잔틴 중기 수도원(1990) / 델로스 섬(1990) / 사모스섬의 피타고리온과 헤라신전(1992) / 베르기나 고고 유적(1996) / 미키네와 티린의 고고유적(1999) / 역사센터(성 요한 수도원과 파트모스섬 요한 계시록 동굴)(1999)) / 코르푸 옛 마을(2007) / 필리피 고고학 유적지(2016)
복합유산	메테오라(1988) 아토스 산(1988)

제 7 절 스페인

1. 개관

국　　명 : 스페인[Spain]
정치체제 : 입헌군주제
수　　도 : 마드리드[Madrid]
주요도시 : 마드리드[Madrid], 바르셀로나[Barcelona], 세비야[Sevilla]
면　　적 : 505,370km^2[52위, 2016년]
인　　구 : 48,563,473명[29위, 2016년]
인구밀도 : 92명/km^2[116위, 2016년]
언　　어 : 스페인어
1인당GDP : $26,643[32위, 2016년]
화폐단위 : 유로화[Euro]

2. 지리, 사회 · 문화적 특성

1) 지리적 특성

스페인의 면적은 504,782km^2로 한반도의 2.3배에 달하고 서유럽에서는 프랑스 다음으로 큰 땅을 가지고 있다. 영토는 포르투갈을 제외한 이베리아 반도, 한국 원양어업 기지가 있던 카나리아 제도(7개의 섬), 마요르까(안익태 선생의 활동 근거지)를 포함한 지중해상의 발레아레스 제도(3개의 섬), 아프리카 북부의 세우따와 멜리야로 구성된다. 기온 및 강우량은 지역에 따라 크게 다르게 나타나는데, 북쪽의 해안지방은(연평균 기온 13.9℃) 연간 비교적 서늘한 편이며, 중앙고원지대는 계절별 기온의 차이가 뚜렷하고(마드리드의 경우 평균 기온이 겨울 5.9℃,여름 30℃ 정도임), 지중해와 접해 있는 남부 및 동부는 온화한 편이며, 여름에는 40℃를 넘는 경우도 있다. 스페인은 유럽과 포르투갈과 접하고 있으며 스페인 본토는 세 개의 지역으로 구분되는데, 첫째는 비가 많아 숲이 우거진 북부, 서북부의 갈리시아, 레온, 나바라, 카탈루냐의 각 지방이며, 둘째는 중앙부의 메세타고원, 셋째는 지중해 동부, 인달루시아, 발렌시아등의 각 지방이다. 이러한 지역 사이를 타오강, 구아디아나강, 에브로강 등 스페인의 5대강이 흘러 국토의 중요한 자원이 되고 있다.

2) 사회 · 문화적 특성

스페인은 수많은 국가와 민족의 영향을 받아 다양한 문화유산으로 널리 알려져 있다. 본질적으로 이베리아 반도 고유의 문화는 이베리아 반도 자체의 인종과 켈트족 및 서고트족의 영향에 더해 로마 가톨릭, 이슬람 문화에 바탕을 두고 발전하였다고 여겨진다. 과거에도 마찬가지였지만 중앙으로 세력을 끌어들이려는 카스티야와 외부 지방 간의 긴장 내지는 다툼이 스페인 문화의 특성을 발휘하는 요인이 됐다. 스페인은 기원전 1세기 말부터 500여 년간 로마제국의 지배를 받았고 8세기에는 이슬람의 지배를 700여 년 정도 받았기 때문에 유럽 내에서도 독특한 문화적 색채를 띤다고 할 수 있다. 자연적으로는 지중해와 대서양에 가까운 자연 자원이 문화 형성에 절대적인 영향을 끼쳤다. 투우는 전 세계적으로 유명하며, 남부 안달루시아 지방의 로마인에게서 유래했다는 플라멩코라는 춤과 노래도 유명하다. 스페인은 이탈리아 다음으로 유네스코 세계유산이 많은 나라이다. 아울러 스페인에는 각 지방마다 향토색이 짙은 음식이 발달해 있으며 육류 및 해산물을 이용한 음식이 많고 올리브유, 마늘, 고추 등을 많이 사용해 한국인의 입맛에도 맞는 편이다.

3. 주요 관광지

1) 마드리드(Madrid)

스페인 최대 도시이자 문화예술과 산업의 중심지이다. 프랑코 시대 이후 이 도시를 포함한 주변 지역이 새 행정구역상 한 지방이 되었고 그 이름은 시와 같은 마드리드로 명명되었다. 마드리드가 수도로 정해진 것은 16세기 스페인의 왕인 펠리페 2세와 그 후손들의 중앙집권적 통치의 결과이다. 즉 마드리드가 수도로 선택된 것은 전략적 · 지리적 · 경제적으로 중요해서가 아니라 이 지역이 당시 반왕권적 세력과 연계가 없었다는 점이 보다 주요하게 작용했기 때문이다. 실제로 마드리드는 수도로서의 역할에 걸맞는 특성이 거의 없다. 다른 유럽 국가의 수도처럼 큰 하천을 끼고 있는 것도 아니고 광물이나 자연자원도 없으며 성지순례의 목적지도 아니었다. 이 도시가 당시에 보다 중요했던 톨레도 시를 방어하기 위한 조그만 요새에서 비롯된 점을 보아도 수도로서는 부적합한 곳이었음을 알 수 있다. 펠리페 2세가 마드리드로 왕궁을 옮긴 지 거의 1세대가 지난 1607년에 펠리페 3세가 마드리드를 공식적으로 수도로 정했고, 이것이 지금까지 이어지고 있다. 펠리페 왕조의 후원하에 마드리드는 오래되고 다소 번잡한 도심과 그 주위의 궁전 · 수도원 · 교회 · 공공건물이 좋은 대조를 이루는 도시로 성장했다.

프라도미술관(Museo del Prado)

왕궁(Palacio Real)

2) 바르셀로나(Barcelona)

바르셀로나(Barcelona)는 스페인에서 두 번째로 큰 도시로 스페인 동부 지중해 연안 지역부터 프랑스 남쪽 피레네산맥 접경지역을 아우르는 카탈루냐 지방의 중심 도시이다. 문화, 상업, 스포츠 분야에서 바르셀로나는 마드리드뿐만 아니라 다른 유럽의 대도시와도 어깨를 나란히 한다. 1992년 올림픽을 성공리에 개최한 바 있다. 화가 파블로 피카소, 호안 미로와 건축가 안토니오 가우디 등 많은 예술가를 배출한 도시로 유명하다. 바르셀로나는 남동쪽으로 바다가 보이는 완만한 사면에 자리 잡고 있다. 이 지역은 베소스 강과 요브레가트 강 사이에 있는 비옥한 평야지대로 산으로 둘러싸여 기후가 온화하고 쾌적하다. 제조업 · 조선업 · 관광업을 중심으로 경제가 이루어지고 있다. 자동차 · 중장비기계 · 화학제품 · 섬유 공업은 카탈루냐 지방 산업활동의 중추로 스페인 경제에 크게 이바지하고 있다. 국제적인 금융 중심지로 이곳에 있는 증권거래소에서 거래가 활발히 이루어진다. 100개가 넘는 정기선이 바르셀로나와 세계의 주요항구를 연결하고 있다. 가로수가 늘어선 넓은 도로들로 이루어진 람블라스 거리가 옛 시가지의 중심을 이루고 있다. 람블라스 거리의 북쪽은 상업지역인 카탈루냐 광장까지 뻗어 있고, 남쪽으로는 파세오마리티모와 해안에 이른다. 북쪽에는 신시가지인 엔산체(확장이라는 뜻)가 있고, 공업지역은 주거지역과 상업지역 너머에 펼쳐져 있다.

람블라 거리(Las Ramblas)

구엘공원(Parque Güell)

4. 스페인의 유네스코 세계유산

유산종류	목록
자연유산	가라호네이 국립공원(1986) / 도나나 국립공원(1994(2005 확장)) / 타이드 국립공원(2007)
문화유산	마드리드의 에스큐리알 수도원 유적(1984) / 브르고스 대성당(1984) / 알함브라, 알바이진, 그라나다(1984(1994 확장)) / 코르도바 역사지구(1984(1994 확장)) / 구엘공원 및 성곽(1984(2005 확장)) / 산티아고 데 콤포스텔라 구시가지(1985) / 세고비아 구시가지와 수로(1985) / 아빌라 구시가지(1985) / 오비에도 및 아스투리아스 왕국 기념물군(1985(1998 확장)) / 알타미라 동굴(1985(2008 확장)) / 카세레스 구시가지(1986) / 톨레도 구시가지(1986)

유산종류	목록
문화유산	/ 아라곤의 무데야르 건축(1986(2001 확장)) / 세빌라 지역 대성당, 성채(1987) / 살라만카 구도시(1988) / 포블렛트 수도원(1991) / 메리다 고고유적군(1993) / 산타마리아 과달루페의 왕립 수도원(1993) / 산티아고 데 콤포스텔라 순례길(1993) / 라 론야 데 라 세다 데 발렌시아(1996) / 쿠엔카 구 성곽 도시(1996) 라스 메둘라스(1997) / 산 밀란 유소-수소 사원(1997) / 카탈란 음악당과 산트 파우 병원(1997) / 알카라 드 헤나레스 대학 및 역사지구(1998) / 이베리아 반도 지중해연안 암벽화지역(1998) / 코아계곡과 시에가 베르데 선사시대 암각화(바위그림)(1998) / 성 라구나 크리스탈(1999) / 루고 성벽(2000) / 발드보와의 카탈란 로마네스크 교회(2000) / 아타푸에카 고고유적(2000) / 엘체시의 야자수림 경관(2000) / 타라코 고고유적(2000) / 아란후에즈 문화경관(2001) / 우베다 베자의 르네상스 기념물군(2003) / 비트카이야 다리(2006) / 헤라클레스의 탑(2009) / 안테케라 지석묘 유적(2016) / 트라문타나 산맥의 문화경관(2011)
복합유산	피레네-몽 페르 뒤(1997(1999 확장)) / 이비자 생물다양성과 문화(1999)

PART 3

제 8 절 노르웨이

1. 개관

국 명 : 노르웨이왕국[Kingdom of Norway]
정치체제 : 입헌군주제, 단원제
수 도 : 오슬로[Oslo]
주요도시 : 오슬로[Oslo], 베르겐[Bergen]
면 적 : 323,802km^2[68위, 2016년]
인 구 : 5,265,158명[121위, 2016년]
인구밀도 : 15명/km^2[207위, 2016년]
언 어 : 노르웨이어
1인당GDP : $73,450[3위, 2016년]
화폐단위 : 노르웨이 크로네[Norwegian krone/NKr]

2. 지리, 사회 · 문화적 특성

1) 지리적 특성

노르웨이는 북유럽 스칸디나비아 반도의 서쪽 지방이다. 남북으로는 약 1,700km로 길게 뻗쳐 있으나 동서는 가늘며, 가장 좁은 곳이 몇 킬로미터밖에 안 되는 특이한 모양을 하고 있다. 국토의 72%는 빙식(氷蝕)을 받은 평탄한 꼭대기를 지닌 산지(山地)이다. 삼림(森林)이 24%를 차지하며 경지는 매우 적다. 해발 2,000m 이상에는 만년설(萬年雪)이나 빙하(氷河)가 남아 있다. 스칸디나비아 산맥은 북부 · 중부에서는 스웨덴과의 국경으로 되어 있으나, 남부는 노르웨이 안에 펼쳐져 있으며, 이곳이 가장 높고 폭도 가장 넓다. 곧 요텐헤임(2,452m), 요스테달스브렌(2,083m) 및 도브레페르(2,286m) 등의 산이 있고 빙모(氷帽)와 빙하가 있다. 서해안은 거대한 피오르드 지형이 나타나는데 인근에 5만 개 이상의 섬이 있고 2,500km 이상이 이에 해당한다. 노르웨이는 스웨덴과 2,542km의 국경을 접하며 동쪽으로는 핀란드와 러시아가 있다. 남서쪽으로는 노르웨이 해, 북해가 있다. 남쪽 덴마크와의 사이는 스카게라크 해협이라고 부른다. 북쪽에는 로포텐 제도(諸島), 베스텔롤렌 제도 등이 있어서 좋은 어장으로 되어 있다.

2) 사회·문화적 특성

노르웨이 주요 수출품의 45%가 원유와 가스이고 이들이 GDP의 20% 이상을 차지한다. 세계 7번째 원유 수출국이자 세계 3번째 가스 수출국이다. 또한, 노르웨이는 중국에 이어 세계 어획량 2위를 기록하고 있다. 노르웨이는 석유가 발견되기 전인 1970년 이전엔 그다지 부국이 아니었다. 스웨덴이 1960-70년대에는 노르웨이보다 월등히 잘 살았으나 이제는 역전되어 스웨덴의 크로나가 노르웨이 크로네의 환율에 비해 약 85%수준이고, 많은 스웨덴 젊은이를 포함한 스웨덴인들이 노르웨이에 일자리를 찾아 들어오고 있다. 노르웨이는 성평등 신장에 대한 긴 역사를 가지고 있다. 1913년 여성에게 투표권을 부여한 최초의 국가이며, 1980년대에 첫 여성 수상인 그로 하를렘 브룬트란트(Gro Harlem Brundtland)를 배출하였다. 브룬트란트는 성평등을 위해 싸워온 인물이었다. 브룬트란트 내각은 18명 중 8명이 여성으로서, 50%에 가까운 여성비율을 나타낸 것으로 인해 국제적으로도 인정받았다. 그 이후에도 이 비율은 유지되고 있다. 노르웨이는 또한 성평등에 대한 특별한 책임을 지는 국무위원을 임명한 최초의 국가이다. 노르웨이는 적극적 할당제 도입으로 유명하다. 정계에 있어서도 노르웨이 의회 구성원의 3분의 1 이상이 여성이다. 다수 정당들은 총선 후보자 공천, 당직 임명에서 여성할당제를 적용하며, 특히 노동당은 2006년부터 50%의 의원직과 당직을 여성에게 배분하고 있다. 또한 공공기관에도 40% 이상의 여성이 임명되도록 할당되었다. 성평등 정책에 대한 국제기구는 노르웨이를 높이 평가하고 있다. 2003년 국제연합은 노르웨이를 양성평등의 천국으로 묘사하였다.

3. 주요 관광지

■ 오슬로(Oslo)

노르웨이에서 가장 큰 도시로 자체가 하나의 주를 이루며 노르웨이 남동쪽에 있는 오슬로 피요르드의 끝부분에 있다. 1050년경 하랄 하르드로데 왕이 세웠으며 1300년경 하콘 5세가 아케르스후스 요새를 세웠다. 1624년 화재로 파괴된 뒤 덴마크-노르웨이의 크리스티안 4세가 보다 서쪽의 아케르스후스 요새 성벽 아래에 신도시를 세워 크리스티아니아라고 불렀다. 주위의 여러 자치체들을 흡수하게 됨으로써 19세기에 인구가 늘어나, 그 당시 노르웨이에서 가장 크고 가장 영향력 있던 베르겐이라는 서쪽 해안 항구도시보다 커지게 되었다. 1925년 오슬로라고 이름을 고쳤으며 제2차 세계대전 이후 급속히 발전했다. 1948년 주위의 도시인 아케르를 합병했으며 그 후 수십 년 만에 많은 위성 도시와 주거지대가 오슬로의 동부로 발전했다. 노르웨이의 무역·금융·산업·상업의 중심지로 오슬로 항구는 노르웨이에서 가장 크고 가장 분주한 항구이다. 주요산업은 소비재 생산, 조선, 전자공업, 그래픽 산업이다. 오슬로 서쪽에 있는 스쾨엔에는 노르웨이 무역 박람회 전시장이 있고, 북동쪽에 있는 외케른에서는 주요 모피경매가 열린다. 도로·철도·항공편이 교차되는 곳이기도 하다.

노르웨이 국립극장
The Norwegian National Opera & Ballet
(Den Norske Opera & Ballett)

홀멘콜랜스키박물관
(Holmenkollen Ski Museum & Tower)

4. 노르웨이의 유네스코 세계유산

유산종류	목록
자연유산	서부 노르웨이 피요드르(2005)
문화유산	베르겐의 브리겐지역(1979) / 우르네스 목조교회(1979) / 로로스 광산 도시(1980) / 알타의 암석화(1985) 베가연-베가 제도(2004) / 스트루베 측지 아크(2005) / 리우칸-노토덴 산업유산유적(2015)

제 9 절 스웨덴

1. 개관

국　　명 : 스웨덴왕국[Kingdom of Sweden/ Konungariket Sverige]
정치체제 : 입헌군주제, 단원제
수　　도 : 스톡홀름[Stockholm]
주요도시 : 스톡홀름[Stockholm], 웁살라[Uppsala]
면　　적 : 450,295km^2[56위, 2016년]
인　　구 : 9,880,604명[90위, 2016년]
인구밀도 : 24명/km^2[188위, 2016년]
언　　어 : 스웨덴어
1인당GDP : $49,824[12위, 2016년]
화폐단위 : 스웨덴 크로나[Swedish krona/SEK]

2. 지리, 사회 · 문화적 특성

1) 지리적 특성

스웨덴은 남북 길이 약 1,600km, 동서길이 약 500km이며, 노르웨이(서쪽과 북서쪽), 핀란드(북동쪽), 보트니아 만(동쪽), 발트 해(남동쪽), 북해(남서쪽)와 경계를 이룬다. 남쪽 끝은 좁은 해협을 사이에 두고 덴마크와 마주하고 있다. 스웨덴은 남북으로 4개의 지역, 즉 북부 및 중부의 산림지대인 노를란드, 동쪽의 저지와 서쪽의 고지가 넓게 펼쳐져 있는 남중부 스베알란드, 스몰란드 산악지대와 남쪽 끝의 비옥한스코네 평야로 되어 있는 예탈란드로 나뉜다. 스웨덴 전체지역의 15%는 북극권의 북쪽에 놓여있고 남쪽에 있는 스톡홀름까지도 여름에는 밤이 짧고 겨울에는 낮이 짧은 현상이 나타난다. 북부 내륙지방 겨울에 비가 많이 오고 온도도 심하게 내려가는 반면, 남부지방은 해마다 기후가 달라 온도가 더 올라가고 눈이 덜 오기도 한다. 남부와 중부의 여름은 태양이 맑고 온화한 날이 많다. 연중 강수량은 남부 스웨덴의 서쪽 사면은 1,000mm 이상, 동부 해안은 700mm 미만으로 다양한 변화폭을 보인다.

2) 사회·문화적 특성

스웨덴의 사회·문화적 특성은 높은 수준의 사회보장제도, 사회의 신뢰도 및 개방성 등으로 요약된다. 인종적으로 스웨덴은 거의 단일 민족적 특성을 갖고 있으며 입헌군주제로서 왕실을 지금까지 유지하고 있다. 세계적으로 가장 진보적인 국가들로 꼽히지만 역설적으로 가장 보수적인 전통을 유지하고 있다고 볼 수 있다. 집권당이 정권을 오래 유지하는 것도 특징인데 1976년까지 사회민주당의 집권은 44년 동안 유지되었다. 종교는 86%가 개신교이다. 1860년까지 스웨덴 국민은 의무적으로 교회를 다녀야 했고 따라서 기독신앙은 오랫동안 내려온 전통이라고 할 수 있다. 스웨덴 신혼부부의 65%가 교회에서 결혼식을 올리며 목사의 혼인선언은 공문서와 같은 역할을 한다. 이러한 보수적인 성향이 있는 반면 성문화는 매우 개방적이라 할 수 있다. 1942년 스웨덴의 학교에 성교육이 도입되었고 1955년 세계 최초로 의무화되었다. 1959년 세계최초로 약국 외에서도 피임약을 구입할 수 있게 하였고 60-70년대에 포르노가 전면 개방되었고 매춘을 합법화시켰다. 그러나 성의 자유가 '여자는 자유롭지 못하고 남성들만의 성만족의 도구로 전유되고 있다'는 주장에 따라 1980년부터 제한되었다. 전반적으로 정부의 사회개입이 큰 편이지만 국민들의 거부감이 적은 이유는 높은 투명성과 신뢰성에 있다고 볼 수 있다.(creative commons, 2010)[2)]

2) Creative commons(2010), 북유럽 국가들-스웨덴의 사회모습.

PART 3

3. 주요 관광지

■ 스톡홀름(Stockholm)

멜라렌 호와 핀란드 만 맞은편에 있는 발트 해의 지류 살트쇤이 만나는 지점에 있다. 우플란드와 쇠데르만란드 지방뿐만 아니라 수많은 섬들을 포함한다. 1252년 도시로 처음 기록에 나타났으며, 스웨덴인 통치자 비레르 야를이 기초를 마련했다. 독일의 뤼베크 시와 무역협정을 맺음으로써 급속도로 발전했다. 이 협정으로 뤼베크 상인들은 이곳에 정착할 수 있는 권리와 함께 스웨덴 내에서의 상업활동에 대해 관세를 면제받게 되었다. 덴마크인들과 스웨덴인들 사이에 오랫동안 계속된 싸움이 끝난 뒤 1523년 구스타프 1세에 의해 해방되어 스웨덴의 수도가 되었다.

스톡홀름은 스웨덴에서 가장 앞서가는 공업지역이다. 특히 중요한 산업은 금속 · 기계 제조업, 제지 · 인쇄업, 식품업, 화학 공업 등이다. 중요한 소매유통 중심지이며, 스웨덴에서 2번째로 큰 항구(가장 큰 항구는 예테보리)이기도 하다. 인근지역으로 갈 때는 주로 기차를 이용하며, 말뫼 · 예테보리 · 옹게 · 베스테로스까지 철도가 연결되어 있다. 북쪽에 있는 아틀란다 공항은 국제선을 관장하고, 국내선과 전세 비행기는 서쪽에 있는 브롬마 공항을 이용한다. 스웨덴에서 가장 큰 교육 중심지이며, 수십 개의 학문단체와 과학 아카데미가 있다. 문화기관으로는 왕립극장(오페라), 콘서트 협회(스톡홀름 필하모닉 오케스트라), 왕립극장이 있다.

왕궁(Royal Palace of Stockholm)

구시가(Old Town)

4. 스웨덴의 유네스코 세계유산

유산종류	목록
자연유산	크바르켄 군도와 하이 코스트(2000(2006 확장))
문화유산	드로트닝홀름 왕실 영지(1991) / 비르카와 호브가르텐(1993) / 엥겔스버그 제철소(1993) / 스코그스키르코가르덴 묘지공원(1994) / 타눔 암각화(1994) / 비스비 한자동맹 도시(1995) / 가멜스태드, 룰리아의 교회마을(1996) / 칼스크로나 항구(1998) / 남부 올랜드 경관(2000) / 파룬지역 동광지역(2001) / 바르부르크 무선 방송국(2004) / 스트루베 측지 아크(2005) / 헬싱란드의 장식 농장가옥(2012)
복합유산	라포니안 지역(1996)

■ 주요 토론주제

1. 가장 방문하고 싶은 국가를 선정하여 그 이유에 대해 서로 토론해보자.
2. 이 지역을 다른 지역에 홍보할 때 가장 적합한 슬로건은 무엇일까?
3. 한 국가를 선정하여 현재 국제관광객을 유치하기 위한 어떤 슬로건이 있는지 알아보고 이에 대해 토론해보자.
4. 각 국가별 유네스코 세계유산에 대해 구체적으로 살펴보자.

■ Internet Sites

www.visitbritain.com(영국 관광청)
kr.franceguide.com(프랑스 관광청)
www.germany-tourism.de(독일 관광청)
www.poland.travel(폴란드 관광청)
www.austriatourism.com(오스트리아 관광청)
www.visitgreece.kr(그리스 관광청)
www.spain.info(스페인 관광청)
www.visitnorway.com(노르웨이 관광청)
www.visitsweden.com(스웨덴 관광청)

■ 참고문헌

세계관광과 문화, 김시중 · 이복희 지음, 대왕사, 2009.
세계관광문화의 이해, 정찬종 · 신동숙 · 박주옥 공저, 백산출판사, 2009.
세상만사 유럽만사, 이원복 저, 김영사, 2010.
유럽문화의 이해, 이영석 저, 경상대학교출판부, 2010.
유네스코 세계문화유산 유럽 1 · 2, 이형준 저, 시공주니어, 2008.
유럽문화 기행, 정석범 저, 루비박스, 2005.
이지유럽, 최윤준 저, 트래블북스블루, 2010.
핵심 유럽 100배 즐기기, 홍연주 · 송대영 외 2명, 랜덤하우스코리아, 2010.
Discover 유럽, 안그라픽스 편집부 저, 안그라픽스, 2010.

제 9 장 세계 지역별 국제관광

미주지역

개 요

본 장은 세계 지역별 국제관광으로서 미주지역에 대해 살펴보기로 한다. 미주지역은 광활한 국토와 수려한 자연환경, 다양한 인문환경을 가져 국제관광객 수와 선호도가 매우 높은 지역이다. 미주지역에서는 캐나다, 미국, 멕시코, 아르헨티나 및 브라질 등 5개국에 대해 살펴본다.

각 장의 구성은 각 국가별로 개관, 지리 및 사회 · 문화적 특성, 주요 관광지, 유네스코 세계유산별로 나누어 요약 정리하였다. 개관은 국가별 기본정보를 포함하였고 지리 및 사회 · 문화적 특성을 정리하였다. 주요관광지는 도시별로 정리하였고 유네스코 세계유산은 문화, 무형, 기록 및 자연유산별로 표로 정리하였다. 지면 관계상 이름만 제시된 것이기 때문에 자세한 내용은 관련 문헌이나 인터넷 자료를 통해 학습하기를 권고한다.

무엇을 알 수 있는가?

- 국제관광 매력요소 측면에서 미주지역 내 각 나라의 특징은 무엇인가?
- 각 국가별 지리 및 사회 · 문화적 특성은 무엇인가?
- 각 국가별 주요 관광지로는 무엇이 있는가?
- 각 국가별 주요 유네스코 세계유산으로는 무엇이 있는가?

제 1 절 캐나다

1. 개관

국　　명 : 캐나다[Canada]
정치체제 : 연방의회제
수　　도 : 오타와[Ottawa]
주요도시 : 오타와[Ottawa], 토론토[Toronto], 밴쿠버[Vancouver]
면　　적 : 9,984,670km^2[2위, 2016년]
인　　구 : 35,362,905명[39위, 2016년]
인구밀도 : 4명/km^2[220위, 2016년]
언　　어 : 영어, 프랑스어
1인당GDP : $43,611[17위, 2016년]
화폐단위 : 캐나다달러[CAD]

2. 지리, 사회 · 문화적 특성

1) 지리적 특성

캐나다는 러시아에 이어 세계에서 두 번째로 넓은 나라로서 북아메리카 대륙 면적의 1/3을 차지하고 있다. 그러나 국토의 북쪽 절반은 메마른 툰드라 지대이고, 실제로 사람이 활동하는 지역은 미국과의 국경에서 200~300km 사이에 있는 지대에 한정된다. 만년빙하 지역부터 태평양에 인접한 서부 지역에 펼쳐진 드넓은 초목지대에 이르기까지 다양한 지형적 특성을 지닌 탓에 기후 역시 매우 다양한 양상을 나타낸다. 캐나다는 지질학적으로 몇 개의 지역으로 구분된다. 허드슨 만을 중심으로 국토의 80%가량을 차지하는 거대한 내륙분지는 캐나다 순상지, 내륙평원, 오대호-세인트로렌스 저지대로 이루어진다.

주요 산맥에는 로키 산맥, 코스트 산맥, 로렌시아 산맥이 포함된다. 캐나다의 가장 높은 봉우리는 유콘 준주에 있는 로건 산(5,951m)이다. 캐나다의 5대 강, 세인트로렌스 · 맥켄지 · 유콘 · 프레이저 · 넬슨 강은 세계에서 가장 긴 40개의 강 목록에 올라 있다. 게다가 미국과 분할하고 있는 슈피리어 호와 휴런 호 이외에도, 캐나다의 그레이트베어 호와 그레이트슬레이브 호는 세계에서 가장 큰 11개 호수에 속한다. 배핀 섬, 엘즈미어 섬, 빅토리아 섬, 뉴펀들랜드 섬, 멜빌 섬 등의 주요 섬들과 수많은 작은 섬들이 있다.

2) 사회 · 문화적 특성

캐나다에는 영국계와 프랑스계 문화전통이 공존할 뿐만 아니라, 이민자들로 사회가 구성되어 있고 인구가 넓은 영토에 산재해 있어서 문화적 다양성이 유지되고 있다. 캐나다에 대한 영국의 진출은 1628년 본격화되었으며 한편 프랑스의 진출은 1608년부터 퀘벡 및 몬트리올 등의 식민지를 통해 이루어졌다. 영국과 프랑스 간 식민지 전쟁(1756년~1763년) 결과 영국이 승리하였다. 이민국가인 만큼 매우 다양한 인종이 살고 있어 인종의 모자이크 사회라고 불리운다. 미국이 인종의 도가니(melting pot)로 비유되는 것과 견주어 볼 때 모자이크로 비유되는 이유는 2개 국어 병용(영어와 프랑스어)의 테두리 안에서 다문화주의가 형성되었기 때문이다. 즉 영국계와 프랑스계 캐나다인이 고국의 문화를 유지하면서 캐나다라는 한 국가를 형성하고 있다.

캐나다의 공용어는 영어와 프랑스어인데 모국어(mother tongue)로서 영어는 57.8%, 프랑스어는 22.1%, 가정에서 쓰는 언어로 영어는 67.55%, 프랑스어는 21.70%로 나타났다. 1969년 7월 7일 공용어법(Official Languages Act)을 통해 프랑스어의 지위가 연방 정부를 통틀어 영어의 지위와 맞먹게 되었고 프랑스어를 모국어로 하고 있는 인구는 약 600만 명이다. 그리하여 캐나다가 복수 언어 다문화주의 국가로 스스로 재정의하게 되었다.

3. 주요 관광지

1) 오타와(Ottawa)

오타와(Ottawa)는 캐나다의 수도이자 지방자치단체로 온타리오 주 내에 두 번째로 큰 도시이다. 남 온타리오 동부의 오타와 밸리에 위치한 이 도시는 오타와강 남쪽 유역에 있으며 주요 수로는 온타리오와 퀘벡 지방 사이의 지역 경계선을 형성한다. 2006년, 오타와의 인구는 812,129명으로 토론토, 몬트리올, 캘거리에 이어 인구 수로 4위에 해당하며 온타리오 주에서는 두 번째로 많다. 오타와, 가티노 그리고 인근 교외지역을 포함한 수도권의 추정인구는 140여 만 명이다. 오타와의 중요한 문화 중심지로서 3개의 대학교를 들 수 있다. 오타와대학교와 세인트폴대학교는 2개 국어를 사용하고, 칼턴대학교에서는 영어로만 강의한다. 큰 규모를 자랑하는 알공킨지역사회대학에서는 기술교육을 담당한다. 오페라 극장과 영화관 2개를 갖춘 국립예술센터, 국립도서관 겸 공문서보관소, 국립과학기술박물관, 캐나다 국립미술관 등도 있다. 오타와의 주요관광지는 다운타운에 몰려있기 때문에 작은 도시를 걸어다니면서 돌아볼 수 있다. 높은 첨탑의 국회의사당과 팔러먼트 힐 광장의 위병교대식 그리고 도심을 관통하는 이채로운 리도 운하 등이 볼거리이다.

캐나다 국회의사당(Parliament of Canada)

컨페더레이션 광장(Confederation Park)

2) 토론토(Toronto)

CN 타워(CN Tower)

캐나다의 금융 및 상업 중심지이며, 미국과의 경계를 이루는 온타리오 호의 북쪽 끝에 접해 있는 입지조건 덕분에 세인트로렌스 수로를 통해 대서양과 연결되고, 오대호를 통해 미국의 여러 주요 공업 중심지와 연결되어 주요 국제교역 중심지가 될 수 있었다. 토론토의 기후는 온타리오 호로 인해 다소 완화되기는 하지만 기온이 여름에는 32℃ 이상으로 올라가고, 겨울에는 −18℃ 이하로 떨어진다.

캐나다 최대의 역사와 전통을 자랑하는 도시인 토론토는 동부지역의 중심으로 점차 규모가 확대되고 있다. 토론토 주변에는 거대한 호수와 대서양과 이어지는 세인트로렌스 강 등 해상교통로가 발달되어 왔다. 개척시대부터 수로가 중심이 되어 산업과 경제가 성장하였으며 유럽지역과 가까운 거리에 있어 문화적인 교류가 활발하였다. 캐나다를 출입하는 항공, 육로, 해상교통이 토론토를 중심으로 이루어지기 때문에 많은 사람들이 토론토를 캐나다의 수도로 착각하는 경우가 많다.

토론토의 거리는 온타리오 호의 호안 도로에 맞춰 약간 수정한 것을 제외하고는 격자 모양으로 되어 있다. 중앙 업무지구는 블루어가 · 퀸가 · 영가의 교차로 일대에 있다. 토론토 증권거래소와 많은 보험회사와 은행들의 본사가 있는 금융지구는 옛 시청 자리 남쪽의 킹가와 베이가의 인접지역에 있다. 도심에는 CN 타워, 사무실과 은행으로 이루어진 단지인 토론토 도미니언 센터와 상사법원 등이 있다. 1958년에 세워진 새로운 시청 건물은 핀란드 건축가 빌요 레벨이 설계한 것이다. 업무지구 북쪽에는 고급 상가지역이 있다. 온타리오 주 의사당 건물과 온타리오대학교는 공원 같은 분위기로 유명하며, 거목과 초지로 뒤덮인 블루어가 남쪽에 있다. 로즈데일은 가로수와 훌륭한 저택들이 늘어서 있는 유서 깊은 지역이며, 항상 다채로운 행사가 벌어지는 하버프론트도 토론토의 매력을 물씬 풍기는 곳이다. 승용차로 약 1시간 30분 정도 거리에 나이아가라폭포가 있다.

아이스하키 명예의 전당(Hockey Hall of Fame)

3) 밴쿠버(Vancouver)

북쪽의 버라드 만(조지아 해협 어귀)과 남쪽의 프레이저 강 삼각주 사이에 있다. 맞은편에는 밴쿠버 섬이 있다. 시는 미국 워싱턴 주 북쪽과 경계를 이룬다. 훌륭한 천연항이 있으며 산과 바다에 면해 있어 빼어난 경관을 자랑하는 지역이다. 밴쿠버라는 이름은 1792년 태평양 연안을 탐험한 조지 밴쿠버 선장의 이름에서 딴 것이다. 캐나다에서 3번째로 규모가 큰 도시이며 서부의 최대 도시이다. 파나마 운하를 통해 밴쿠버에서 나는 곡물과 목재를 미국 동해안과 유럽으로 수출하는 것은 경제에 큰 도움이 되었다. 1930년대 밴쿠버는 캐나다에서 가장 중요한 태평양 연안항이자 3번째로 큰 도시가 되었다. 동부지역에 비해 비교적 온난한 기후를 가지고 있어 숲이 울창한 공원이 많고 도심의 거리는 활기가 넘친다. 도시의 주변은 바다와 산으로 둘러싸여 자연경관이 수려하여 항상 관광객이 많이 찾는 곳이다.

퀸엘리자베스파크(Queen Elizabeth Park)

하버센터타워(Harbour Centre Tower)

4. 캐나다의 유네스코 세계유산

유산종류	목록
자연유산	나하니 국립공원(1978) / 앨버타주립 공룡공원(1979) / 알래스카·캐나다 국경의 산악 공원군(1979(1992, 1994 확장)) / 우드 버팔로 국립공원(1983) / 캐나디언 록키산맥공원(1984) / 그로스 몬 국립공원(1987)/워터튼 레이크 국립공원(1995) / 미구아사 공원(1999) / 조긴스 화석절벽(2008) / 미스테이큰 포인트(2016)
문화유산	란세오 메도스 국립역사공원(1978) / 스구앵 과이(1981) / 퀘벡 역사지구(1985) / 루넨버그 구시가지(1995) / 리도 운하(2007) / 헤드-스매쉬드 버펄로 지대(1981) / 그랑프레 경관(2012) / 레드베이의 바스크 고래잡이 기지(2013)

제 2 절 미국

1. 개관

국　　명 : 미국[美國, United States of America]
정치체제 : 연방공화제
수　　도 : 워싱턴 D.C[Washington D.C.]
주요도시 : 워싱턴 D.C[Washington D.C.], 뉴욕[New York], 로스앤젤레스[Los Angeles]
면　　적 : 9,826,675km^2[3위, 2016년]
인　　구 : 323,995,528명[4위, 2016년]
인구밀도 : 36명/km^2[174위, 2016년]
언　　어 : 영어
1인당GDP : $59,609[8위, 2016년]
화폐단위 : US 달러[USD, $]

2. 지리, 사회 · 문화적 특성

1) 지리적 특성

미합중국(美合衆國, United States of America), 줄여서 미국(美國)은 50개 주와 1개의 특별구로 이루어진 연방제 공화국이다. 하와이 주를 제외한 모든 주와 수도인 워싱턴 D.C.는 북아메리카에 자리 잡고 있으며, 북쪽으로는 캐나다와, 남쪽으로는 멕시코와 국경을 맞대고 있다. 북아메리카 북서쪽에 있는 알래스카 주는 동쪽으로는 캐나다와, 서쪽으로는 베링 해협을 사이로 러시아와 마주하고 있다. 하와이 주는 태평양 한가운데에 있는 군도이다. 미국은 태평양과 카리브 해에 해외 영토를 보유하고 있다.

미국의 지형은 국토가 넓은 만큼 매우 다양한 자연환경을 보여주며, 자연지리학적으로 볼 때 5개의 주요지역군으로 나눌 수 있다. 대서양 연안평야 지역, 동부와 남동부의 애팔래치아 산맥 지역, 미국의 중앙부를 차지하고 있는 광대한 '내륙평원', 북아메리카 코르디예라 산계, 그리고 이 산계의 지맥에 속하는 서부의 '산간고원' 등으로 구분된다. 미국의 서부 연안지역은 지질학적으로 세계에서 화산활동이 가장 활발한 지역에 속한다. 1980년 봄에 있었던 세인트헬렌스 산의 화산폭발과 1989년 가을 샌프란시스코 만 부근을 진원(震源)으로 한 지진 등은 이러한 사실을 증명해보인 생생한 사건이었다. 하와이 섬과 마우이 섬을 중심으로 이루어진 하와이 제도는 거의 화산활동에 의해 형성되었다. 지질학적으로 또 다른 화산활동지역인 알래스카는 남쪽의 섬과 산맥 지역, 내륙 중앙부의 분지 · 평원 · 고원, 북쪽의 브룩스 산지, 그리고 북단의 툰드라 북극평원으로 구성되어 있다.

2) 사회 · 문화적 특성

미국 사회의 특성은 종종 거대한 '인종의 도가니'(melting pot)로 묘사되어 왔다. 즉 많은 나라와 문화를 배경으로 하는 사람들이 '미국인'이라는 하나의 이름 아래 한데 섞여있는 것이다. 오늘날의 미합중국 지역에 정착한 사람들은 본래 2만~3만 5,000년 전 아시아에서 이주해온 아시아인들이었다. 이들의 후손이 나중에 유럽 식민통치자들에게 아메리카 인디언으로 알려지게 되었다. 스페인인들이 16세기에 북아메리카에 최초의 유럽 식민지를 세웠으나 인구가 대량으로 유입된 것은 17세기 초 영국인들이 정착하면서부터였고, 이와 함께 아프리카 흑인들이 신세계에 수송되어 오면서 비중 있는 소수집단을 형성하게 되었다. 1820~60년 사이에 유럽에서 건너온 500만 명의 이주민 중에 90%는 영국 · 아일랜드 · 독일 출신이었다. 그러나 남북전쟁 이후 보다 많은 수의 이주민들이 이탈리아, 폴란드, 러시아, 스웨덴, 발칸 제국, 오스트리아, 기타 국가에서 몰려들기 시작했다. 이러한 이민유입으로 인해 전체인구에서 로마 가톨릭교도의 비중이 확대되었으며, 상당수의 유대인 소수집단도 가세하게 되었다. 1920년대에 법적인 제한이 가해지면서 이주민이 눈에 띄게 줄었으나, 제2차 세계대전 이후 몇 십 년간 점차 증가하기 시작했다. 20세기말에 와서 이민유입의 성격이 다시 한 번 바뀌었는데 최근의 이주민들 중에서는 멕시코 · 중앙아메리카 · 남아메리카 · 카리브 해 국가 출신의 히스패닉(Hispanic: 라틴아메리카계 미국인)이 단일 민족 집단으로서는 최대의 숫자를 기록했다. 그 뒤를 이어 중국인 · 한국인 · 필리핀인 등의 동아시아인들과 인도 · 파키스탄 등 남아시아인들이 대거 유입되었다. 20세기

말 미국 국민들의 구성을 보면, 라틴아메리카 출신이 아닌 백인이 전체인구의 약 76%로 대다수를 차지하고 있으며, 흑인이 12%, 라틴아메리카인들이 9%, 아시아인 · 아메리카인디언 · 태평양 도서국민 등이 소수 집단을 형성하고 있다. 언어를 살펴볼 때 백인과 흑인 모두 영어를 사용하며, 히스패닉은 대다수가 스페인어를 사용한다.

3. 주요 관광지

1) 워싱턴(Washington, District of Columbia)

정식명칭은 "워싱턴 컬럼비아 특별구"이며, 워싱턴 D.C.로 약칭된다. 포토맥강(江) 연안의 메릴랜드주(州)와 버지니아주(州) 사이에 있는 연방직할지이며, 어느 주에도 속해 있지 않다. 프랑스인 피에르 샤를 랑팡의 설계로 건설된 계획도시여서 백악관과 워싱턴 몰을 중심으로 도시 자체가 하나의 정원과도 같은 아름다움을 간직하고 있다. 시가지는 국회의사당과 대통령 관저인 백악관을 중심으로 넓은 도로들이 방사상으로 뻗어 있으며, 도로들은 바둑판 모양으로 교차되어 있다.

1790년 국회의 동의를 얻어 미국의 수도로 지정되었고, 1878년 조지타운이 워싱턴의 일부가 된 이래 새로운 국가의 영구 행정부 소재지로 선정된 컬럼비아 특별구와 공존하고 있다. 메릴랜드주 북쪽에 있는 볼티모어시(市)와 함께 670만 명의 통합대도시권을 형성하고 있다. 미국 입법 · 행정 · 사법부의 중심이며, 산업은 거의 이루어지지 않고 있다. 경제 중심은 주로 관공서 관련업무이며, 교통시설은 지하철이 많은 외곽지역과 연결되어 있어 이웃한 메릴랜드주 · 버지니아주에서 통근하는 사람들이 많다.

워싱턴 D.C.의 명소로는 국회의사당과 백악관을 비롯하여 역사적으로 진귀한 도서를 소장하고 있는 국회도서관, 스미스소니언박물관, 링컨기념관, 제퍼슨기념관, 워싱턴기념탑, 케네디 대통령이 묻힌 알링턴 국립묘지 등이 있다. 그 밖에 국립미술관 · 국립공문서보관소 · 국립자연사박물관 · 국립 아메리카 역사박물관 · 국립항공우주박물관 등이 있다. 철도와 항공의 중심지로는 유니언역 · 로널드 리건 워싱턴 국립공항 · 덜레스 국제공항 등이 있으며, 포트맥네어 · 포트마이어 · 앤드루스 공군기지 · 볼링 공군기지 등의 군사시설이 인근에 있다.

백악관(The White House)

미국 국회의사당(United States Capitol)

2) 뉴욕(New York)

타임스퀘어

미국 최대의 도시로서 1790년 이래 수도로서의 지위는 상실했으나 미국의 상업·금융·무역의 중심지로서 또 공업도시로서 경제적 수도라 하기에 충분한 지위에 있다. 또한 많은 대학·연구소·박물관·극장·영화관 등 미국 문화의 중심지로도 중요한 위치를 차지하고 있다. 교외를 포함하여 1600만이 넘는 방대한 인구를 수용하는 이 거대도시는 미국 내에서도 독자적인 세계를 이루는 독특한 도시이다. 국제적으로는 대무역항으로서 대서양 항로의 서단에 위치하는 가장 중요한 항구이며, 1920년대 이후에는 런던을 대신하여 세계 금융의 중심지가 되었다. 특히 제2차 세계대전 후에는 미국의 국제적인 지위향상과 더불어 세계 경제에 대한 지배적 지위는 한층 강화되었으며, 1946년 국제연합(UN) 본부가 설치된 후에는 국제정치의 각축장이 되었다. 대도시권으로서의 뉴욕은 시역 밖으로 뻗어, 뉴저지·코네티컷의 두 주에도 미치고 있다. 시는 맨해튼·브롱크스·브루클린·퀸스 및 스태튼섬의 5개구로 이루어져 있다. 맨해튼은 시의 중심부이며, 그 남단에 금융 중심지인 월가(街)가 있다. 브로드웨이의 42번가는 타임스스퀘어로 시에서 가장 번화한 곳이며, 그 남쪽에 펜실베이니아역(驛), 동쪽에 그랜드센트럴역 등 도심의 두 주요역이 있으며 UN 본부도 동쪽 이스트 강가에 있다.

자유의 여신상

뉴욕 전경

3) 로스앤젤레스(LA: Los Angeles)

시가지는 북부의 샌게이브리얼산맥의 남쪽 사면에서 서부와 남부 해안에 이르는 광대한 지역에 펼쳐져 있다. 가로(街路)는 대개 정연한 바둑판 모양을 이루나, 시가지의 급속한 확장에 따르는 자동차의 급증으로 오래된 시가지는 가로의 재정비가 이루어지고 있다. 인디언의 촌락이 산재하던 이곳에 백인이 정착하게 된 것은 18세기 후반 이후로 1781년에 주민 44명으로 된 에스파냐 사람의 거리가 탄생하였으며 에스파냐 · 멕시코의 지배에 있는 동안 거리는 서서히 동 · 서 · 남으로 확장되어 나가 방목지역의 중심상업지로 발전하게 되었다. 1846년 미국 해군에 의해 점령되어 미국령이 된 당시의 인구는 1,000명에도 미치지 못했다.

그러나 19세기 말부터 농업의 발전을 발판으로 착실한 도시발전이 시작되고 다시 1891년의 석유분출을 계기로 20세기에 들어서자 대규모의 유전개발, 1914년의 파나마운하의 개통과 샌피드로만(灣)의 축항에 의한 해운의 발달, 할리우드를 중심으로 한 영화산업의 발전, 교통로의 확충에 의한 관광 · 휴양객의 증가, 감귤류의 재배와 그 가공업의 발달 및 기계 · 화학 · 항공기 · 자동차 산업 등으로 급속히 발전하게 되었다. 한국에서는 교포가 가장 많이 살고 있는 이 도시에 1976년 미국 독립 200주년을 기념하여, '우정의 종(鐘)'을 기증한 바 있다. 북서부의 할리우드 · 비벌리힐스에는 광대한 영화 스튜디오가 있고, 영화배우와 유명인사들의 고급 주택가가 자리하고 있다. 미국 전체적으로 한국교민이 250만명 정도 되는 것으로 추정하는데 제일 많은 한국교민(55만명)이 사는 곳으로도 유명하다.

디즈니랜드(Disneyland)

유니버설스튜디오(Universal Studios)

4. 미국의 유네스코 세계유산

유산종류	목록
자연유산	옐로우스톤 국립공원(1978) / 그랜드 캐니언 국립공원(1979) / 에버글래드 국립공원(1979) / 알래스카·캐나다 국경의 산악 공원군(1979(1992, 1994 확장)) / 레드우드 국립공원(1980) / 맘모스 동굴 국립공원(1981) / 올림픽 국립공원(1981) / 그레이트 스모키 산맥 국립 공원(1983) / 요세미티 국립공원(1984) / 하와이 화산공원(1987) / 워터튼 레이크 국립공원(1995) / 칼스배드 동굴 국립공원(1995) / 파파하노모쿠아키아(2010)
문화유산	메사 베르데 국립공원(1978) / 독립기념관(1979) / 카호키아 고분 역사유적(1982) / 푸에르토리코 소재 라 포탈레자·산후안 역사지구(1983) / 자유의 여신상(1984) / 몬티첼로와 버지니아 대학(1987) / 차코 문화역사공원(1987) / 푸에블로 데 타오스(1992) / 파버티 포인트의 기념비적토공사(2014) / 샌안토니오의 전교회(2015)
복합유산	파파하노모쿠아키아 해양국립기념물(2010)

PART 3

제 3 절 멕시코

1. 개관

국　　명 : 멕시코[Mexico]
정치체제 : 연방공화제
수　　도 : 멕시코시티[Mexico City]
주요도시 : 멕시코시티[Mexico City], 칸쿤[Cancún], 아카풀코[Acapulco]
면　　적 : 1,964,375km^2[14위, 2016년]
인　　구 : 123,166,749명[12위, 2016년]
인구밀도 : 67명/km^2[145위, 2016년]
언　　어 : 에스파냐어
1인당GDP : $7,993[78위, 2016년]
화폐단위 : 멕시코 페소[Peso]

2. 지리, 사회 · 문화적 특성

1) 지리적 특성

북아메리카 남부에 삼각형 모양으로 자리 잡은 멕시코는 세로로 북쪽에서 남쪽까지 3,000km 넘게 뻗어 있다. 인종은 원주민 29%, 메스티조 55%, 백인 15%, 기타 1%로 구성되어 있다. 언어는 스페인어가 공용어이나 원주민은 고유 언어를 쓰고 있으며, 총 인구의 93%가 가톨릭을 신봉한다. 기후는 저지대는 고온다습, 고지대는 온난하고, 북부는 사막성 기후와 스텝 기후, 남부는 열대성 기후가 나타난다. 멕시코는 북쪽으로는 미국과, 남쪽으로는 벨리즈, 과테말라와 국경이 맞닿아 있다. 바하칼리포르니아 반도는 멕시코 서쪽의 반도로서 캘리포니아 만을 형성한다. 동쪽에는 멕시코 만과 멕시코의 또 다른 반도인 유카탄 반도에 의해 만들어지는 캄페체만이 있다. 멕시코 중부는 광대하고 높은 고원 지대이다.

우주에서 본 멕시코지형과 기후는 거친 사막인 북쪽에서 열대 우림인 남쪽에 이르기까지 변화가 있다. 멕시코의 큰 강으로는 북쪽 국경의 리오그란데 강이나 남쪽 국경의 우수마신타 강 등이 있다. 해안저지는 열대 내지 아열대이다. 북서쪽 연안의 저지는 반사막이 펼쳐지는 건조지대이다. 중앙부의 멕시코 고원은 그 고도로 인하여 4계절 내내 온대적인 기온이며, 수도의 월 평균기온은 12~18℃ 이다. 강우량은 일반적으로 적으나 남쪽으로 갈수록 많아져서 남부에서는 약 60mm, 북부에서는 약 200mm이다. 멕시코 기후의 특징은, 고도차에 따라 기후와 식생이 현저하게 변하는 일이다. 열대 저지, 온대 고원, 냉대 침엽수림, 알프스형 초지, 만년설 고산대가 고도차에 따라 관찰된다.

2) 사회 · 문화적 특성

멕시코인은 흔히 낙천적이고 즐기기를 좋아한다고 알려져 있다. 연중 날씨가 온화하고 농축산물이 풍부하는 등 천연 자연조건이 사람이 살아가기에 적합하기 때문에 멕시코인들은 낙천적이고 파티를 자주 개최한다. 실제 멕시코 사람들이 주최하는 파티에서는 노인에서 어린이에 이르기까지 참석자 모두가 적극적으로 행사에 참여하며 흥겨워하고 또한 어느 정도 소비적인 것을 발견할 수 있다. 음악, 춤 그리고 술과 음식이 전통 인디오 문화와 스페인 문화가 혼합된 매우 독특한 형태로, 그리고 사회 계층별로(백인, 혼혈, 인디오 원주민) 각자의 문화를 고수하는 형태로서 잘 혼합되어 있다.

3. 주요 관광지

1) 멕시코시티(Mexico city)

멕시코시티는 서반구에서 역사가 가장 오래된 대도시들 가운데 하나이며 멕시코의 정치 · 경제 중심지이다. 16세기 이후 라틴아메리카 문화의 중심지이기도 하다. 20세기말에 이르자 멕시코 시는 엄밀한 의미에서 세계에서 가장 면적이 큰 시가 되었으며 세계에서 가장 빨리 성장한 대도시권에 속하게 되었다. 멕시코 계곡 남부에 위치한 시는 산으로 둘러싸인 오래된 평야에 자리 잡고 있다. 옛날에 호수에 있던 작은 섬들이 차츰 매립되어 하나의 큰 섬이 되었다. 이 과정은 아스텍족(族)이 이곳에 정착했을 때부터 진행되었다. 계속 호수가 범람하자 나중에는 계곡 바닥에 있는 호수들을 매립하고 물을 모두 빼내서 육지와 섬(멕시코 시)을 연결했다. 따라서 시 부지의 심층에 있는 흙이 연하고 고운 점토이기 때문에 시는 지반이 불안정하고 지진에 견디기 어려운 조건을 가지고 있다. 1985년에 발생한 지진으로 7,000명이 사망한 바 있다. 사방이 산으로 둘러싸여 있기 때문에 멕시코 시의 확장에는 한계가 있다. 산 때문에 공기순환이 어려운데다 시내에 차량이 매우 많기 때문에 대기오염 문제가 심각하다. 교외를 포함한 대도시권은 원래 정해진 연방구의 경계를 넘어 이웃한 메히코 주까지 이른다.

소칼로 광장(Zócalo)

팔라시오 데 발라스 아르테스
(Palacio de Bellas Artes)

2) 칸쿤(Cancún)

유카탄 반도의 북동부에서 카리브해에 면해 있는 멕시코가 자랑하는 대규모 휴양지이다. "칸쿤"이란 말은 마야어로 뱀을 뜻한다. 1970년대에 멕시코 정부가 본격적으로 개발해서 너비 400m 정도의 좁고 긴 L자형 산호섬 위에 설비가 완비된 초현대적 호화호텔들이 해변을 따라 늘어서면서 훌륭한 휴양지가 되었다. 에메랄드빛 초록색의 바다에서 수상 스포츠를 비롯하여 골프 · 테니스 등을 1년 내내 즐길 수 있다. 흰 모래도 인기를 끌어

아카풀코와 함께 국제적으로 소문난 곳이다.

린다 해변(Playa Linda)

무헤레스 섬(Isla Mujueres)

4. 멕시코의 유네스코 세계유산

유산종류	목록
자연유산	시안 카안 생물권 보호지역(1987)/엘 비즈카이노 고래보호 구역(1993) / 캘리포니아만의 섬과 보호지역(2005) / 왕나비 생물권보전지역(2008) / 레비야히헤도 제도(2016) / 엘 피나카테 및 알타르 대사막 생물권 보전지역(2013)
문화유산	멕시코시티 역사지구(1987) / 옥사카 역사지구 및 몬테 알반 고고유적지(1987) / 테오티와칸의 先 스페인 도시(1987) / 팔렝케 유적과 국립공원(1987) / 푸에블라 역사지구(1987) / 구아나후아토 타운과 주변 광산지대(1988) / 치첸이트사의 先 스페인도시(1988) / 모렐리아 역사지구(1991) / 엘 타진 先 스페인도시(1992) / 시에라 데 샌프란시스코 암벽화(1993) / 자카테카스 역사 지구(1993) / 포포카테페틀의 16C 수도원(1994) / 궤레타로 역사 기념물지대(1996) / 욱스말 先-스페인도시(1996) / 과달라하라의 호스피시오 카바나스(1997) / 티아코탈판 역사기념물지역(1998) / 파퀌 카사스 그란데스 고고유적지(1998) / 소치칼코 고고학 기념지역(1999) / 캄페체 요새도시(1999) / 칼라크물, 캄페체의 고대 마야 도시(2002) / 콰레타라의 시에라 고르다의 프란치스코 선교본부(2003) / 루이스 바라간의 집과 스튜디오(2004) / 용설란 재배지 경관 및 구 데킬라 공장 유적지(2006) / 국립대학(UNAM) 중앙대학 도시 캠퍼스(2007) / 산미겔 보존지구와 아토토닐코의 나사렛 예수 교회(2008) / 오악사카 중앙계곡의 야굴과 미뜰라의 선사동굴(2010) / 티에라 아덴트로의 카미노 레알(2010)

PART 3

제 4 절 아르헨티나

1. 개관

국 명 : 아르헨티나[Argentina]
정치체제 : 공화제
수 도 : 부에노스아이레스[Buenos Aires]
주요도시 : 부에노스아이레스[Buenos Aires], 코르도바[Cordoba]
면 적 : 2,780,400km^2[8위, 2016년]
인 구 : 43,886,748명[33위, 2016년]
인구밀도 : 16명/km^2[203위, 2016년]
언 어 : 에스파냐어
1인당GDP : $14,267[55위, 2016년]
화폐단위 : 페소, 아르헨티나 달러[Peso, Arg $]

2. 지리, 사회 · 문화적 특성

1) 지리적 특성

아르헨티나 공화국(스페인어: República Argentina) 또는 줄여서 아르헨티나는 남아메리카 대륙 남부에 자리 잡고 있으며, 23개의 주와 자치시 1개로 구성된 연방 공화국이다. 동쪽의 대서양과 서쪽의 안데스 산맥 사이에 2,766,890km^{2}의 면적을 차지하고 있으며 남아메리카에서 브라질에 이어 두 번째로 넓으며, 세계에서 여덟 번째로 큰 나라이다. 아르헨티나는 북동부 평원, 팜파, 파타고니아, 안데스 산맥 등 최소한 4개의 큰 지역으로 구분할 수 있다. 북동부의 아열대 평원지대는 파라나 강을 경계로 동부의 메소포타미아, 그란

차코에 속하는 서부 및 북부 지역으로 나뉜다. 메소포타미아의 몇몇 우림지대를 포함한 삼림지대의 대부분은 북동부 평원에 분포해 있다. 팜파는 파라나 강의 남쪽과 서쪽에 자리 잡고 있으며, 북쪽의 라플라타 강과 남쪽의 콜로라도 강 사이의 대서양 해안까지 펼쳐져 있다. 황량한 반건조지대인 파타고니아는 콜로라도 강 남쪽에 펼쳐져 있고 아르헨티나 남부의 대부분을 차지하며, 대규모 목양에 필요한 목초지 역할을 한다. 풍부한 지하자원인 석탄, 석유, 천연 가스 대부분이 파타고니아 남부에 있는 주(州)에 매장되어 있다.

안데스 고지대는 아르헨티나 서쪽 국경을 따라 펼쳐져 있다. 광물자원이 많이 매장되어 있고, 최고봉인 아콩카과 산(6,959m)을 비롯해서 세계에서 가장 지형이 험한 곳으로 꼽힌다. 아르헨티나의 수자원 대부분을 차지하는 것은 총 518만km^{2}가량의 라플라타 강 유역으로 흘러드는 강들이다. 라플라타 강 전체유역의 약 1/3은 아르헨티나 영토 안에 있고, 나머지는 브라질 · 파라과이 · 볼리비아 · 우루과이 등에 속해 있다. 라플라타 강으로 흘러드는 지류들로는 파라나 · 우루과이 · 필코마요 강 등이 있다.

2) 사회 · 문화적 특성

아르헨티나는 탱고와 목축으로 유명하며 교육과 문화 수준은 남아메리카에서 최고를 자랑한다. 따라서 박물관, 미술관, 극장 등의 문화 수준과 대학을 비롯한 교육 시설은 상당히 충실하다. 다만 문화는 이 지역의 원주민 인디오가 볼 만한 문화를 갖고 있지 않기 때문에 모두 이식된 유럽 문화를 기초로 하고 있다. 특히 프랑스의 영향을 받아 상류 계층에서는 프랑스 풍이 유행했다. 반면 중 · 하류계 층에서는 국민의 최대수를 차지하는 이탈리아계 이민과 그 자손을 통해 전파된 이탈리아 문화가 광범위하게 뿌리를 내렸다. 또한 식민지시대 이후 스페인 문화의 토대 위에 생활양식, 관습, 특히 식생활, 언어, 음악 등 다방면에 걸쳐서 이탈리아의 영향을 받았다. 최근에는 미국과의 정치, 경제관계가 긴밀해짐에 따라 미국 문명도 침투되고 있으나 큰 영향은 받지 않았다. 아르헨티나는 중남미에서 가장 교육이 진보한 나라이며 문맹률은 3%에 불과하다. 교육제도는 7년제의 초등 교육, 5년제의 중등 교육과 4~6년제의 대학 교육으로 구성되어 있다. 초등 교육은 의무교육으로 7년간 무료이며 중등 교육(5년), 대학 교육(5~6년)도 무료이다.

3. 주요 관광지

■ 부에노스아이레스(Buenos Aires)

라플라타강(江) 어귀에서 240km 상류 지점에 위치한다. 아르헨티나의 정치 · 경제 · 교통 · 문화의 중심지이며, 세계적인 무역항이기도 하다. 온화한 기후조건에, 광대한 팜파의 농목지역을 배후지로 삼고 19세기 후반부터 급속히 발전하였다. 항구는 라플라타강의 지류인 리아추엘로(마탄사)강 연변에 자리하여, 본류와는 남 · 북 두 운하에 의해 연락된다. 서쪽의 레콩키스타 강과 남동쪽의 리아추엘로 강(마탄사 강이라고도 함) 사이에 펼쳐진 평원의 남동부 가장자리에 위치한다. 동쪽편의 거대한 하구를 제외하고는 부에노스아이레스 주에 둘러싸여 있다. 그란부에노스아이레스는 연방구와 인접한 자치체 22개로 이루어져 있다.

부에노스아이레스 시가지의 중심은 대통령정청(政廳) 앞의 플라사데마요(5월 광장)와 국회의사당을 잇는 데마요 가로(5월 가로)이다. 중심부의 가로는 이 가로를 축(軸)으로 하여 직교상으로 계획되고, 파리의 중심부를 모방한 건물이 계획적으로 건축되어 있다. 코리엔테스 가로에는 은행 · 상사, 플로리다 가로에는 상점이 집중되어 있고, 팔레르모 공원 · 콜론 극장 등도 잘 알려져 있다. 시가지는 하카란다의 가로수가 특징적이고, '남아메리카의 파리'라는 별명에 걸맞게 매우 아름답다.

린다 해변(Playa Linda)

메트로폴리타나대성당(Catedral Metropolitana)

4. 아르헨티나의 유네스코 세계유산

유산종류	목록
자연유산	로스 글래시아레스 국립공원(1981) / 이과수 국립공원(1984) / 발데스 반도(1999) / 이치구알라스토 타람파야 자연공원(2000)
문화유산	과라니족의 예수회 선교단 시설(1983(1984 확장)) / 리오 핀투라스 암각화(1999) / 코르도바의 예수회 수사 유적(2000) / 우마우카 협곡(2003) / 르코르뷔지에의 건축작품(2016)

제 5 절 브라질

1. 개관

국　　명 : 브라질[Brazil]
정치체제 : 연방공화제
수　　도 : 브라질리아[Brasilia]
주요도시 : 브라질리아[Brasilia], 상파울루[Sao Paulo], 리우데자네이루[Rio de Janeiro]
면　　적 : 8,514,877km^2[5위, 2016년]
인　　구 : 205,823,665명[6위, 2016년]
인구밀도 : 25명/km^2[184위, 2016년]
언　　어 : 포르투갈어
1인당GDP : $10,309[65위, 2016년]
화폐단위 : 레알[Real]

2. 지리, 사회 · 문화적 특성

1) 지리적 특성

브라질은 남아메리카에 있는 연방공화국으로 남아메리카 지역 최대의 국가이다. 브라질은 광활한 국토(남아메리카 대륙의 48%)만큼 지리적 특성도 다양한 편이다. 북부는 아마존 강이 흐르는 세계 최대의 열대우림지대(아마존 고원)이며 남부에는 브라질 고원이 펼쳐져 있다. 브라질의 기후는 북부의 열대기후와 남회귀선이 지나는 상파울루 이남의 온대기후로 나뉜다. 또한 열대기후도 지역특색에 따라 적도기후, 열대, 스텝, 고지대성 열대 그리고 아열대 기후로 나뉜다.

2) 사회 · 문화적 특성

세계에서 다섯 번째로 큰 나라로, 아메리카 대륙 지역에서 유일하게 포르투갈어를 사용하는 나라이며 포르투갈어 사용 국가로는 세계에서 가장 많은 인구수를 가진 국가다. 첫 수도는 살바도르(Salvador), 그리고 두 번째 수도는 리우데자네이루(Rio de Janeiro)였으나, 해안 지역에 집중된 인구를 내륙으로 분산시키기 위해 1960년부터 새로 건설된 브라질리아(Brasilia)가 새로운 수도가 되었다. 삼바와 카니발의 본고장이기도 하며, 축구강국이기도 하다. 포르투갈의 지배를 받았기 때문에 에스파냐어를 사용하는 주변 라틴아메리카 국가들과는 달리 포르투갈어(브라질 포르투갈어)를 공용어로 사용한다. 주변에 에스파냐어를 쓰는 나라가 많으므로 에스파냐어 사용도 늘고 있으며 지역적으로 이탈리아어나 독일어가 사용되는 곳이 있다. 지역적인 차이가 크고, 빈부 격차도 심해서 교육이 제대로 보급되지 않은 곳도 많아 문맹률이 높은 편이었으나, 해방신학자들이 지배계급과 교회의 우민화에 대한 항의로 문맹이 심각했던 빈민거주지역에서 교육 사업을 실시하면서 문맹률은 많이 낮아졌다. 브라질은 대표적 다인종 국가로 인종은 백인, 혼혈인(갈색인으로 분류하며 백인과 흑인의 혼혈이 다수임), 흑인, 황인, 브라질 원주민 등으로 구성되어 있다. 백인이 약 50%, 흑인이 6%, 혼혈인이 43%, 기타 1% 비율로 되어있다. 국민의 약 80%가 로마 가톨릭 신자이고 세계에서 로마 가톨릭 신자가 가장 많은 나라이다.

3. 주요 관광지

1) 브라질리아(Brasilia)

브라질의 수도 브라질리아의 진가는 하늘에서 내려다봤을 때 뚜렷이 나타난다. 도시 전체가 날개를 편 거대한 제트기 모양을 하고 있는 모습이 확연히 보이기 때문이다. 소위 '파일럿 플랜(Pilot Plan)'하에서 완벽하게 계획되었다는 도시다운 면모다. 브라질리아를 흔히들 '과거가 없는 도시'라고 말한다. 왜냐하면 지금으로부터 불과 50여 년 전에 아무것도 없는 고원에 5년 만에 만들어낸 100% 계획도시이기 때문이다. 브라질은 1956년 브라질리아를 짓기 시작해 1960년 도시가 완공되자 이곳으로 천도했다. 브라질리아는 애초의 수도 리우데자네이루에서 약 900km 떨어진 해발고도 1,100m의 브라질 고원에 위치한다. 브라질 넓은 땅덩어리의 중심이라 생각되는 위치였다. 대서양 연안에 치우쳤던 수도를 내륙으로 옮김으로써 내륙개발을 통한 경제성장을 이루려는 발상이었다.

2) 리우데자네이루(Rio de Janeiro)

브라질 대서양 연안을 따라 길게 뻗어있는 지역 남회귀선 부근에 입지하고 있다. 중심부는 과나바라 만 서부해안의 평지에 자리 잡고 있다. 이 만의 입구에는 슈거로프라고 불리는 기암이 있어 도시의 표지구실을 한다. 일반적으로 습윤한 열대기후이지만 지형, 해양에의 근접성, 남아메리카 남단부의 원추형 형상 같은 요인들이 강하게 작용한다. 가을과 겨울에는 남극에서 밀려오는 한랭전선의 영향을 받으며, 여름에는 폭우로 급작스런 홍수와 산사태가 일어난다. 산악지역은 대서양에서 불어오는 습윤한 바람을 차단하여 많은 강우량을 기록한다. 기온은 고도, 해안과의 거리, 식생 등에 따라 다르며 연평균기온은 23℃이다. 미항으로 널리 알려진 관광 중심지이며, 매년 사순절 전에 벌어지는 카니발 기간에는 밤낮없이 도시가 살아있어 도시의 축제 명성을 잘 볼 수 있다. 동시에 산업·무역·행정·금융·교육·문화·연구 활동 등이 이루어지는 중요한 경제 중심지이기도 하다. 미나스제라이스의 금 및 다이아몬드를 거래하는 무역 중심지, 국가수도, 포르투갈 왕실거주지 등을 발판으로 성장했다.

코르코바도 언덕(Morro do Corcovado)

팡 데 아수카르(Pão de Açucar)

4. 브라질의 유네스코 세계유산

유산종류	목록
자연유산	이과수 국립공원(1986) / 남동부 대서양림 보호지역(1999) / 디스커버리 해안 대서양림 보호지역(1999) / 판타날 보존지구(2000) / 아마존열대수림보호지역(2000(2003 확장))/브라질 대서양 제도(2001) / 케라도 열대우림보호지역(2001) / 리우데자네이루(2012)
문화유산	오우로 프레토 역사도시(1980) / 올린다 역사지구(1982) / 과라니족의 예수회 선교단 시설(1983(1984 확장)) / 살바도르 데 바이아 역사지구(1985) / 콩고나스의 봉 제수스 성역(1985) / 브라질리아(1987) / 세라 다 카피바라 국립공원(1991) / 세인트 루이스 역사지구(1997) / 디아만티나시 역사지구(1999) / 고이아스 역사지구(2001) / 사오 크리스토바오의 사오 프란치스코 광장(2010) / 팜풀랴 모던 앙상블(2016)

■ 주요 토론주제

1. 가장 방문하고 싶은 국가를 선정하여 그 이유에 대해 서로 토론해보자.
2. 이 지역을 다른 지역에 홍보할 때 가장 적합한 슬로건은 무엇일까?
3. 한 국가를 선정하여 현재 국제관광객을 유치하기 위한 어떤 슬로건이 있는지 알아보고 이에 대해 토론해보자.
4. 각 국가별 유네스코 세계유산에 대해 구체적으로 살펴보자.

■ Internet Sites

www.canada.travel(캐나다 관광청)
www.visitcalifornia.co.kr(캘리포니아 관광청)
www.mexico-travel.com(멕시코 관광청)
www.trusimo.gov.ar(아르헨티나 관광청)

■ 참고문헌

라틴아메리카의 신영화, 송병선 저, 이담북스, 2010.
미국과 캐나다, 황유정 저, 이담북스, 2010.
세계관광과 문화, 김시중 · 이복희 지음, 대왕사, 2009.
세계관광문화의 이해, 정찬종 · 신동숙 · 박주옥 공저, 백산출판사, 2009.
아메리카 기행, 후지와라 신야 저(김욱 역), 청어람미디어, 2009.
아메리카여행 23개국, 백봉기 저, 상상커뮤니케이션, 2006.
우리들 꿈꾸는 아메리카, 장혜영 저, 미래를소유한사람들, 2009.
이야기 라틴아메리카사, 마스다요시오 저(신금순 역), 심산, 2003.

제10장

세계 지역별 국제관광

중동지역

개 요

본 장은 세계 지역별 국제관광으로서 중동지역에 대해 살펴보기로 한다. 중동지역은 앞으로 국제관광이 활성화될 수 있는 큰 잠재력을 지닌 곳으로서 오일달러를 기반으로 한 관광투자가 증가하는 곳이기도 하다. 중동지역에서는 사우디아라비아와 이스라엘에 대해 살펴본다.

각 장의 구성은 각 국가별로 개관, 지리 및 사회 · 문화적 특성, 주요 관광지, 유네스코 세계유산별로 나누어 요약 정리하였다. 개관은 국가별 기본정보를 포함하였고 지리 및 사회 · 문화적 특성을 정리하였다. 주요관광지는 도시별로 정리하였고 유네스코 세계유산은 문화, 무형, 기록 및 자연유산별로 표로 정리하였다. 지면 관계상 이름만 제시된 것이기 때문에 자세한 내용은 관련 문헌이나 인터넷 자료를 통해 학습하기를 권고한다.

무엇을 알 수 있는가?

- 국제관광 매력요소 측면에서 중동지역 내 각 나라의 특징은 무엇인가?
- 각 국가별 지리 및 사회 · 문화적 특성은 무엇인가?
- 각 국가별 주요 관광지로는 무엇이 있는가?
- 각 국가별 주요 유네스코 세계유산으로는 무엇이 있는가?

제 1 절 사우디아라비아

1. 개관

국　　명 : 사우디아라비아[Saudi Arabia]
정치체제 : 회교군주국
수　　도 : 리야드[Riyadh]
주요도시 : 리야드[Riyadh], 지다[Jidda]
면　　적 : 2,149,690km^2[13위, 2016년]
인　　구 : 28,160,273명[47위, 2016년]
인구밀도 : 15명/km^2[205위, 2016년]
언　　어 : 아랍어
1인당GDP : $21,848[38위, 2016년]
화폐단위 : 사우디 리얄[Riyal]

2. 지리, 사회 · 문화적 특성

1) 지리적 특성

아시아와 아프리카의 중간에 위치한 아라비아 반도를 대부분 차지하고 있는 절대군주제 국가이다. 1922년 오스만투르크 제국으로부터 처음 독립하였고 1927년 영국으로부터 영토를 획득, 1932년 지금의 이름으로 통합되었다. 대표적인 사막으로는 룹알할리 사막이 있다. 사우디아라비아는 경작지의 비율이 낮아서 주식인 쌀은 거의 수입한다. 일반적인 지질은 황토모양의 흙이다. 이는 우리가 생각하는 모래보다 가늘고 미세해서 가벼운 바람에도 날라가는 정도의 고운 흙이라고 보면 된다. 지형의 대부분 사막이다. 아라비아반도 서부의 홍해 쪽에는 해안을 따라 남북으로 헤자즈 산맥이 길게 뻗어 있고, 이 산맥에서 북동 방향으로 완만히 경사가 낮아지다가 중앙부에 길게 뻗은 네지드 고원이 나타난다. 이 고원 상에 네푸드사막과 다하나사막이 펼쳐지며, 북동쪽으로 점차 경사가 낮아져 페르시아만 연안의 하사 지방에 이른다.

고원과 연결된 남부에는 '허무의 사막'으로 부르는 룹알할리 대사막(65km²)이 있다. 강이나 호수 대신 강우기에 물이 흐르는 와디가 나타나며 건조한 사막에 비해 연안지방은 습도가 높다. 국토 대부분이 모래나 자갈로 덮혀 있는 사막지대로 토양은 척박하며, 전체 면적 중에서 경작가능지 1.67% 농경지 0.09% 사막기타 98.24%(2005년)이며 경지의 0.5% 정도가 관개에 의존하고 있다. 자연재해로는 모래폭풍과 먼지폭풍이 자주 발생한다. 기후는 비교적 습윤한 남부 아시르 지방, 서부 산악초원지대, 국토의 95%를 차지하는 사막지대로 삼분된다. 전체적으로 사막기후이며 오아시스가 산재한다.

동부와 내륙지방을 중심으로 shammals라 불리는 모랫 바람이 늦은 봄부터 초여름에 걸쳐 불어 3~4월에는 약 2주간, 6월에 절정에 달하며, 통상 한달 평균 20일 이상 모랫 바람이 지속된다. 대부분의 지역은 건조 기후이다. 가장 추운 달은 12~1월이다. 이때의 날씨는 한국의 가을 날씨라고 보면 된다. 하지만 낮의 햇살은 여전히 따가와 겨울에도 밖에 오래 있으면 피부가 그을릴 정도이다. 항상 건조하기 때문에 자주 물을 마셔주는게 좋고 비가와도 거의 가랑비수준이다. 가장 더운 달은 6~7월이다. 낮의 온도는 보통 60도까지 올라간다. 햇빛으로부터 몸을 보호하지 않으면 100미터도 걸어가기 힘든 기후이다. 이때 밤의 온도는 30도 정도, 일교차는 보통 30도 이상이다. 행정구역은 13개주(mintaqah)로 이루어져 있다.

2) 사회 · 문화적 특성

1932년에 지금의 사우디아라비아라는 이름으로 통합되기 이전에는 네지드왕국, 헤자즈왕국 등 여러 왕국이 존재했다. 이들은 터키인의 지배로부터 벗어나기 위하여 제1차 세계대전 때 영국과 연합하여 터키군을 몰아내었다. 이들은 1927년에 영국으로부터 독립을 승인 받았다. 국민의 100%가 전부 이슬람교도인 사우디아라비아는 비교적 자유로운 아랍 여러 나라의 영향이 여과되어 들어오고 외국 유학생들이 여러 서구적인 문화의 영향을 받았음에도 불구하고 사우디아라비아의 문화는 엄격한 이슬람교 율법의 지배를 받고 있다. 시, 정형적인 산문, 웅변 등이 이슬람 시대 이전부터 지금까지 최고의 예술로 여겨지고 있으며 많은 시인과 순회 이야기꾼이 존재한다. 19세기말 연대기의 편자인 우스만 이븐 비슈르가 최고의 작가로 꼽히며, 유목민들과 문맹인 부락민들이 여전히 민속문학의 본류를 잇고 있으나 오늘날에는 신문과 정기 간행물에 문학작품들이 실리기도 한다. 엄격한 와하브 법전에 의해 대중 앞에서의 공연은 금지되어 있지만 음악과 춤은 항상 사우디인들의 일상생활 속에 일부분으로 자리 잡고 있다.

시각예술은 기하학적인 디자인, 꽃 문양이나 추상적 디자인, 장식서체 등에 한정되어 있다. 국민의 절대 다수 종교는 이슬람교이다. 사우디아라비아는 이슬람교의 발상지이고 수니파 이슬람교가 국교이다. 사우디아라비아는 태어난 직후부터 남녀가 부동석일 정도로 남녀구별이 엄격하여, 남녀 공학 학교가 단 하나도 없는 몇 안 되는 나라이다. 강간과 성폭력은 살인과 같은 중대 범죄로 간주되며, 실제로 사우디 법원은 성폭행을 저지른 남성을 참수한 바 있다. 이 나라에 거주하는 외국인이라도 성폭행을 저지르면 참수된다.

3. 주요 관광지

■ 리야드(Riyadh)

리아드는 이 나라의 수도로 알 리야드 지구에 자리하고 있다. 이 도시는 마스막 요새, 킹 파드(King Fahd) 문화 센터, Tuwaiq 궁전, 킹 파드(King Fahd) 스타디움 등을 포함한 다양한 가치 있는 볼거리들과 명소를 보유하고 있다. 또한 이곳에서 공개적 사형이 집행되는 찹찹 광장(Chop Chop Square)도 볼 수 있다.

리야드 국립박물관

리야드 시내 전경

4. 사우디아라비아의 유네스코 세계유산

유산종류	목록
문화유산	나바테아 고고유적지(2008) / 애-디리야의 아-투라이프 지구(2010) / 하일지방의 암각화(2015) / 역사적 도시 제다(2014)

제 2 절 이스라엘

1. 개관

국　　명 : 이스라엘[Israel]
정치체제 : 의회 민주주의
수　　도 : 예루살렘[Jerusalem]
주요도시 : 베들레헴[Bethlehem], 텔아비브[Tel Aviv]
면　　적 : 20,770km^2[154위, 2016년]
인　　구 : 8,174,527명[99위, 2016년]
인구밀도 : 385명/km^2[31위, 2016년]
언　　어 : 히브리어 및 아랍어
1인당GDP : $39,126[23위, 2016년]
화폐단위 : 셰켈[New Israeli Sheqel, NIS]

2. 지리, 사회 · 문화적 특성

1) 지리적 특성

북쪽으로 레바논, 동쪽으로 시리아, 남서쪽으로 이집트와 국경을 접한다. 행정구역은 6개주(mehoz)로 되어 있다. 이스라엘의 국토는 남북으로 길쭉하며 지형과 지세는 매우 다양하다. 북쪽 끝에 레바논산맥에 이어지는 갈릴리 고원(高原)이 있는데 이 고원은 동쪽은 요르단 계곡, 서쪽은 지중해 연안평야, 남쪽은 에스드렐론 평야의 3방향으로 경사를 이룬다. 에스드렐론 평야는 고원에서 하이파 부근까지 이르며, 연강수량이 500mm에 달하는 상당히 비옥한 곡창지대를 이룬다. 에스드렐론 평야 끝에서 남쪽으로 160km에 이르기까지 일대는 평평한 1,000m 높이의 고원지대로서 요르단 지구대와 평행하게 달린다. 고원의 북부는 강수량도 적당하여 많은 계곡을 이루며 그 가운데 몇몇은 에스드렐론 평야에는 미치지 못하나 비옥하다. 남쪽으로 내려갈수록 강수량은 적어지며 바위도 두드러진다. 또 남동부는 유데아 황지(荒地)로서 반사막지대이다. 최남단은 네게브 지방으로 이스라엘 면적의 1/2에 가까운 광대한 사막성 고원이며, 동쪽은 요르단 계곡, 서쪽은 시나이 사막에 접해 있다. 하이파 남동쪽 카르멜산은 지중해에 접근해 있다. 여기에서 이집트 가자지구까지의 지중해 연안은 샤론 · 필리스디아 두 평야인데, 이 평야도 건조하며 사막성 토양이 계속되다가, 시나이 사막으로 들어간다. 시리아령(領)에서 발원하는 요르단강은 훌라호(湖)에서 갈릴리호로 흐르며, 다시 200km를 급강하하여 수심이 깊어지면서 사해(死海)로 흘러든다. 남부가 건조해지는 까닭은 남서탁월풍이 시나이 사막이나 북아프리카 사막지대의 건조한 공기를 몰아오기 때문이다. 경작 가능지는 15.45%, 농경지 3.88%, 기타 80.67%(2005년)이다.

2) 사회 · 문화적 특성

제2차 세계대전 후 팔레스타인에 아랍 · 유대의 개별국가를 각각 건설한다는 UN의 결정에 따라 1948년 지중해 동남쪽 연안과 아라비아 반도 서북쪽 일대에 이스라엘이라는 국명으로 건국되었다. 원래 기원전 수천년 동안 유대민족에 의하여 왕국의 건설과 통일 및 분열이 계속되었으나 BC 1세기 경 로마의 속주(屬州)로 편입된 후 멸망하여 세계 각지로 흩어져 오랫동안 살게 되었다. 이스라엘의 총인구는 6,426,679명(웨스트 뱅크의 187,000명, 골란고원의 약 20,000명, 동예루살렘의 177,000명 포함)(2007년)이다. 유대인은 기본적으로는 지중해 인종과 아르메니아 인종의 혼혈이었으나 세계에 흩어져 살게 됨으로써 여러 인종과의 혼혈을 나타내게 되었다. 1948년의 건국 당시 유대인의 인구는 약 60만이었으나 그 뒤 아랍 여러 나라와 해외 70개국으로부터 인구가 대량 이주해와 크게 늘어났다.

이스라엘의 언어는 헤브라이어와 아랍어가 공용어이며 영어도 흔히 사용된다. 또한 동유럽 및 중앙 유럽, 미국 등지에서 온 유대인 이민 사이에서는 독일어와 뒤섞인 이디시어가 사용되고, 남아메리카와 에스파냐 등지에서 온 이민들은 대부분 에스파냐어와 합쳐진 라디노어를 사용하며 아랍인은 아랍어를 사용한다. 종교는 유대교 76.4%, 무슬림 16%, 크리스트교 2.1, 드루즈 1.6%, 기타 3.9%(2004년)이다.

3. 주요 관광지

1) 예루살렘(Jerusalem)

시내 전경

이스라엘의 정치적 수도로서 아라비아인은 이 도시를 쿠드스(신성한 도시)라고 부른다. 행정수도는 텔아비브이다. 동부는 요르단령이며, 서쪽은 1948년부터 이스라엘령이 되었고, 1950년에는 그 수도가 되었다. 1967년 6월 중동전쟁 이후로 유대교도 · 그리스도교도 · 이슬람교도가 저마다 성지(聖地)로 받들고 있는 동쪽 지역도 이스라엘의 점령지이다. 사해(死海)로부터 25km, 지중해 연안으로부터 55km, 높이 790m 가량의 팔레스타인 중앙산맥의 분수령상에 있는데, 지중해성기후와 사막기후의 영향을 받기 때문에 북위 31°41'에 위치하지만 겨울에는 몹시 춥고 봄 · 가을에는 이따금 37℃의 더위를 겪는다. 동(東)예루살렘에는 사적(史蹟) · 성적(聖蹟)이 많으며, 통곡의 벽(유대교), 성묘(聖墓)교회(그리스도교), 오마르사원(이슬람교) 등이 특히 유명하다. 그리스도교도와 이슬람교도가 많으며, 순례자와 관광객을 위한 호텔 · 레스토랑 · 상점 등이 많다. 서(西)예루살렘은 이스라엘의 정치 · 문화의 중심지이며, 정부 청사와 히브리대학교 · 국립박물관 · 미술관 등이 있다. 또 금속 · 담배 · 플라스틱 · 신발 · 전기기구 공장 등이 있다.

예루살렘 성

2) 베들레헴(Bethlehem)

예수탄생 장소

예루살렘에서 남쪽으로 10km 떨어진 팔레스타인의 중앙산맥, 사해(死海)까지 계속되는 '유다의 광야'의 끝, 예루살렘으로 가는 길의 연변에 있다. 예수 그리스도의 탄생지이며, 예수가 태어났다고 전해지는 동굴 뒤에는 성탄교회(聖誕敎會)가 있다. 역사상으로는 이미 BC 14세기에 등장하며, 그 후 부근의 마을과 광야의 유목민의 교역소로서 발전하였고, 16세기경부터는 올리브재(材)와 진주조개의 가공업도 발달하였다. 그리스도교도의 순례지이며, 1967년 이스라엘이 점령하였다가 1995년 12월 팔레스타인으로 반환하고 철수하였다.

베들레헴 전경

3) 나사렛(Nazareth)

이스라엘 갈릴리 고지의 남부에 있는 도시. 콘크리트 건물이 대부분으로 도시 자체는 볼 것이 별로 없으나 예수가 복음을 전파한 도시로 유명하다. 성모 마리아가 천사 가브리엘의 축복을 받고 예수를 잉태한 곳이며 그 자리에 성 수태고지 바실리카가 자리하는 마을로 현재는 이스라엘 내의 아랍인 마을이다. 예루살렘 북쪽 91km, 갈릴리호(湖)에서 남

나사렛 전경

서쪽으로 19km, 가나에서 남쪽으로 13km 지점에 위치한다. 해발 375m의 고지에 위치하며, 사방이 산으로 둘러싸인 골짜기로 토질은 모래땅이다. 구약성서에는 기록이 없으나 신약성서에 따르면 요셉과 마리아의 고향으로, 예수가 헤롯왕의 박해를 피해 이집트에 갔다가 돌아와 30년 동안 살았다고 한다. 그래서 예수를 '나사렛 예수'라고 부른다. 백성들이 예수를 미워하여 벼랑에서 밀어냈다고 하는 높이 10m에 이르는 절벽이 있고, 가브리엘 천사가 마리아에게 수태를 알렸다고 전해지는 곳에 세워진 '수태고지 교회', 요셉이 목수일을 하던 집터 위에 세워진 '성 요셉교회' 등 예수에 관한 많은 전설과 유적이 남아 있다. 주민 대부분은 아랍인(人)으로, 성지순례를 위한 관광객 상대의 상인들이 많다. 전체인구의 60%가 아랍계 천주교인이다. 도시 주변에는 유대인들이 거주하는 아파트가 아랍인의 거주지구를 둘러싸듯이 세워져 있어서 이스라엘 국내의 복잡한 아랍민족의 문제를 엿볼 수 있다.

나사렛 교회

시내 전경

4. 이스라엘의 유네스코 세계유산

유산종류	목록
문화유산	마사다 국립공원(2001) / 아크르 고대 항구도시(2001) /텔아비브 White시 - 모더니즘운동(2003) / 네제브 지역의 사막 도시와 향로(2005) / 성경지구(2005) / 하이파와 갈릴리 서부 지역의 바하이교성지(2008) / 베이트 셰아림의 네크로폴리스(2015) / 유대 저지대의 마레샤와 벧구브린 동물군(2014) / 카르멜산 인류진화의 유적지(2012)

제 3 절 이집트

1. 개관

국 명 : 이집트아랍공화국[Arab Republic of Egypt]
정치체제 : 공화제, 단원제
수 도 : 카이로[Cairo]
주요도시 : 카이로[Cairo], 기제[Gizeh]
면 적 : 1,001,450km^2[30위, 2016년]
인 구 : 94,660,993명[16위, 2016년]
인구밀도 : 96명/km^2[111위, 2016년]
언 어 : 아랍어
1인당GDP : $2,922[122위, 2016년]
화폐단위 : 이집트 파운드[Egyptian pound/ £E]

2. 지리, 사회 · 문화적 특성

1) 지리적 특성

이집트 아랍공화국(아랍어: جمهورية مصر العربية) 또는 줄여서 이집트는 아프리카의 북동쪽에 자리 잡고 있는 나라로, 시나이 반도를 통해 서아시아와 이어져 있다. 영토 면적은 약 1,010,000km^2로, 북쪽에는 지중해, 북동쪽으로는 가자 지구와 이스라엘과 접하고 있고, 동쪽에는 홍해, 남쪽에는 수단, 서쪽에는 리비아가 있다. 약 7,900백만 인구 중 절대 대다수가 나일 강변에 거주하는데, 이 지역은 약 40,000평방킬로미터 넓이로, 이집트에서 유일하게 농사를 지을 수 있는 땅이다. 나머지 사하라 사막 지역에는 사람이 거의 살지 않는다. 이집트 인구의 절반가량이 도시에 살고 있는데, 대부분 카이로, 알렉산드리아, 그밖에 나일 삼각주의 주요 도시에 집중되어 있다.

2) 사회 · 문화적 특성

이집트는 고대 이집트 문명과 그 산물인 기자의 피라미드와 대 스핑크스 등 세계적인 문화유산으로 유명하다. 남부 도시 룩소르에는 카르낙 신전이나 왕들의 계곡 등 고대 유적이 수없이 많다. 또 이집트는 중동에서 중요한 정치적, 문화적 영향력을 행사하는 국가이다. 또 경제 부문에서도 매우 앞선 나라로서, 국가 생산에서 관광, 농업, 산업, 서비스업 부문이 각각 거의 비슷한 비중을 차지한다. 그리하여 이집트 경제는 빠르게 성장하고 있는데, 이는 투자 유치를 위한 입법, 사회 및 정치 안정, 근래의 무역 및 시장 개방 덕분이기도 하다. 1922년에 입헌 군주국으로 독립하였으며, 1953년 육군 장교인 나세르가 쿠데타를 일으켜 공화국을 선언하게 된다. 현대 공용어로는 아랍어(이집트 아랍어)이고, 고대에는 고대 이집트어(문자는 이집트 상형문자를 사용)를 사용하였다.

3. 주요 관광지

■ 카이로(Cairo)

이집트의 수도로서 현지어로는 '알 까히라'(Al - Qāhirah)다. 도시는 나일 델타(삼각주)의 바로 아랫부분, 델타와 사막 지역이 만나는 지점에 자리 잡고 있다. 나일강을 따라 도시가 발달했으며, 도심은 나일강 양안과, 중간의 섬인 게지라, 로다 섬에 펼쳐져 있다. 강 오른쪽에서 도시가 출발했으며, 시내는 구시가지와 유럽식 신시가지로 나뉜다. 구 시가지는 노벨문학상 수상 작가 나깁 마흐푸즈(Naguib Mahfouz)의 소설 '카이로 3부작' 등의 배경으로 등장하기도 했다. 구시가지는 카이로의 대표적인 모스크인 알 아즈하르사원을 중심으로 남북으로 길게 자리 잡고 있다. 카이로는 '1000개의 미나렛(첨탑)을 가진 도시'라고 불리는데, 알 아즈하르 모스크 인근에는 중-근세에 수없이 많은 모스크들이 들어섰다. 십자군 전쟁 당시 이슬람의 영웅 살라딘이 세운 카이로 성(citadel)의 성곽과 그 안에 자리 잡은 거대한 무함마드 알리 모스크는 지금도 카이로를 찾은 관광객들의 눈길을 끄는 이슬람 시대 카이로의 최대 건축물이다. 연평균 강수량 25mm의 사막 기후로, 연간 한

두 차례 적은 양의 비가 내리는 정도지만, 그럼에도 불구하고 엄청난 인구가 생활할 수 있는 것은 나일강의 혜택 때문이다. 7월 평균기온 27.7℃, 1월 평균기온은 12.7℃다. 사막 기후라고는 하지만 위도가 높은 편이고 건조하기 때문에 아라비아반도의 사막이나 이집트 남부 아스완 같은 지역에 비하면 견디지 못할 정도의 더위는 아니다. 오히려 따뜻하고 쾌적한 편이어서 유럽 관광객들이 많이 찾고 있다.

이집트 나일강(The Nile River in Egypt)

하얀 사막, 파라프라(White desert, Farafra, Egypt)

4. 이집트의 유네스코 세계유산

유산종류	목록
자연유산	와디 알 히탄(2005)
문화유산	고대 테베와 네크로폴리스(1979) / 멤피스와 네크로폴리스 : 기자에서 다 쉬르까지의 피라미드 지역(1979)/ 아부 메나 그리스도교 유적(1979) / 아부 심벨에서 필래까지 이르는 누비아 유적(1979) / 이슬람도시 카이로(1979) / 성캐더린 지구(2002)

■ 주요 토론주제

1. 가장 방문하고 싶은 국가를 선정하여 그 이유에 대해 서로 토론해보자.
2. 이 지역을 다른 지역에 홍보할 때 가장 적합한 슬로건은 무엇일까?
3. 한 국가를 선정하여 현재 국제관광객을 유치하기 위한 어떤 슬로건이 있는지 알아보고 이에 대해 토론해보자.
4. 각 국가별 유네스코 세계유산에 대해 구체적으로 살펴보자.

■ Internet Sites

http://www.saudinf.com(사우디아라비아 국가정보서비스)
http://sau.mofat.go.kr(주사우디아라비아 한국대사관)
http://www.info.gov.il(이스라엘 국가공식 홈페이지)
http://seoul.mfa.gov.il(주한 이스라엘 대사관)
http://www.egypt.travel(이집트 관광청)

■ 참고문헌

세계관광과 문화, 김시중 · 이복희 지음, 대왕사, 2009.
세계관광문화의 이해, 정찬종 · 신동숙 · 박주옥 공저, 백산출판사, 2009.
아랍문화 엿보기: 사우디아라비아, 소재현 저, 상신, 2010.
이스라엘, 김종철 공저, 리수, 2006.
이집트의 유혹, 이태원 저, 기파랑, 2009.
인간의 땅 중동, 서정민 저, 중앙북스, 2009.
지도로 보는 중동이야기, 고야마 시게키 저(박소영 역), 이다미디어, 2008.

제11장

세계 지역별 국제관광

아프리카지역

개 요

본 장은 세계 지역별 국제관광으로서 아프리카지역에 대해 살펴보기로 한다. 아프리카지역은 인류에게 남아있는 마지막 자연의 보고라 할 수 있으며 앞으로 국제관광이 활성화 될 수 있는 가장 큰 잠재력을 지닌 곳이라 할 수 있다. 본 지역으로는 이집트와 남아프리카공화국에 대해 살펴본다.

각 장의 구성은 각 국가별로 개관, 지리 및 사회 · 문화적 특성, 주요 관광지, 유네스코 세계유산별로 나누어 요약 정리하였다. 개관은 국가별 기본정보를 포함하였고 지리 및 사회 · 문화적 특성을 정리하였다. 주요관광지는 도시별로 정리하였고 유네스코 세계유산은 문화, 무형, 기록 및 자연유산별로 표로 정리하였다. 지면 관계상 이름만 제시된 것이기 때문에 자세한 내용은 관련 문헌이나 인터넷 자료를 통해 학습하기를 권고한다.

무엇을 알 수 있는가?

- 국제관광 매력요소 측면에서 아프리카지역 내 각 나라의 특징은 무엇인가?
- 각 국가별 지리 및 사회 · 문화적 특성은 무엇인가?
- 각 국가별 주요 관광지로는 무엇이 있는가?
- 각 국가별 주요 유네스코 세계유산으로는 무엇이 있는가?

제 1 절 남아프리카공화국

1. 개관

국　　명 : 남아프리카공화국[Republic of South Africa]
정치체제 : 대통령 중심제
수　　도 : 프리토리아(행정), 케이프타운(입법), 블룸폰테인(사법)
주요도시 : 요하네스버그[Johannesburg], 케이프타운[Cape Town], 더반[Durban]
면　　적 : 1,219,090km²[25위, 2016년]
인　　구 : 54,300,704명[26위, 2016년]
인구밀도 : 40명/km²[165위, 2016년]
언　　어 : 아프리칸스어 · 영어
1인당GDP : $5,589[94위, 2016년]
화폐단위 : 랜드[rand/R]

2. 지리, 사회 · 문화적 특성

1) 지리적 특성

남아프리카 공화국은 아프리카 대륙의 남단에 위치하고 있으며, 국토의 대부분이 고원으로 되어 있다. 대서양과 인도양 두 대양에 걸친 2,500km가 넘는 해안선을 가지고 있다. 북쪽은 나미비아, 보츠와나, 짐바브웨와 접해 있으며, 북동쪽은 모잠비크, 스와질란드와 접해 있다. 1966년에 독립한 내륙국인 레소토가 영토 안에 있다. 그리고 수도가 3개인데, 행정 수도는 프리토리아, 입법 수도는 케이프타운, 사법 수도는 블룸폰테인이다. 오렌지 자유주와 나탈 경계에는 드라켄즈버그 산맥(최고봉 타바나 은틀레니아는 표고 3,482m)이 있다. 케이프 주의 내륙 대지의 남쪽은 해안선과 병행해서 달리는 표고 2,000~2,700m의 산맥이 있다. 해안 지방과 하천 유역은 농업에 적합하다. 남아프리카 최대의 오렌지 강이 국토의 중앙을 횡단하여 대서양으로 흘러들고 있으며, 그밖에 림포포 강, 발 강 등이 있다.

2) 사회 · 문화적 특성

17세기 네덜란드인의 이주 이후 백인이 유입되어 1815년 영국의 식민지가 되었고 '아파르트헤이트'라는 인종차별정책을 비판하는 영국정부로부터 독립해 1961년 5월 남아프리카공화국을 선언하였다. 인종차별정책으로 1974년 국제연합(UN)에서 축출되기도 하여 한동안 국제적으로 고립되었으나 1994년 5월 넬슨 만델라 집권 이후 인종차별정책을 철폐하였다. 2010년 남아프리카공화국은 아프리카대륙에서는 처음으로 월드컵을 개최하기도 하였다. 남아프리카공화국은 다종교 사회이고 피부색에 따라 여러 집단으로 나누어져 있다. 아프리카인과 영국인 모두 어느 한쪽으로 섞이는 것을 원하지 않아 전통의 흑인 문화는 크고 작은 여러 집단으로 형성되어 있다. 전통 흑인 문화는 도시가 아닌 지역에 여전히 많이 남아 있으며, 남성의 힘과 정신을 하나의 신으로 여기고 일부다처의 문화가 허용된다. 또한 부와 제물의 상징으로 양을 키우는 것도 문화의 한 형태이다.

3. 주요 관광지

1) 요하네스버그(Johannesburg)

남아프리카 공화국 최대의 도시이며, 인구는 약 3,888,000명, 도시권 인구는 약 7,850,000명이며, 세계 31위의 메트로폴리스를 형성하고 있다. 그러나 최근에는 경제와 치안의 악화, 빈곤, 에이즈 문제 등 불안 요소도 많은 곳이다. 요하네스버그의 명칭의 유래는 1856년 금광 발견시 측량을 위해 파견된 요하네스 마이어와 요한 리시크의 이름과 아프리칸스어로 "마을"을 의미하는 "burg"를 조합하여 만들어졌다. 시티 오브 런던이 발표한 국제금융센터 인덱스에 따르면, 요하네스버그는 세계 50위의 금융 센터이며, 아프리카 대륙에서는 제1위로 기록되고 있다.

힐브로우 스카이라인
(Hillbrow and the Hillbrow Tower)

소웨토(Soweto)

2) 케이프타운(Cape Town)

테이블 베이에 접한 케이프타운은 항구도시로 유명하며, 세계적으로 유명한 테이블 마운틴과 희망봉 등을 포함한 케이프 플로럴 킹덤이 있다. 케이프타운은 남아프리카공화국 여행자에게 가장 인기 있는 여행지이기도 하다. 케이프타운은 원래 아프리카 동부, 인도, 동아시아 무역에 종사하는 네덜란드 선박의 식량 기지로 건설되었으며, 수에즈 운하가 건설(1869년)되기 전까지 200년 이상 지속되었다. 얀 반 리베크가 1652년 4월 6일 도착하여 남아공 최초의 유럽 식민지를 개척한 후 케이프타운은 빠르게 성장하는 유럽 최초의 전초 기지가 되었다. 요하네스버그와 더반이 발전하기 전까지는 남아프리카공화국 최대의 도시였다.

케이프타운 시청(CapeTown City Hall)

케이프타운역(Cape Town main train station)

4. 남아프리카공화국의 유네스코 세계유산

유산종류	목록
자연유산	성 루시아 습지공원(1999) / 케이프 식물 보호 지구(2004) / 브레드포트돔(2005)
문화유산	로벤섬(1999) / 스테르크폰테인, 스와르트크란스, 크롬드라이의 인류화석지와 엔비론스(1999(2005 확장)) / 마푼구베 문화경관(2003) / 리흐터스펠트 문화 및 식물경관(2007)
복합유산	우카람바 / 드라켄스버그 공원(2000)

제2절 나이지리아

1. 개관

국 명 : 나이지리아 연방공화국[Federal Republic of Nigeria]
정치체제 : 연방공화제
수 도 : 아부자[Abuja]
주요도시 : 아부자[Abuja]
면 적 : 923,768km^2[32위, 2016년]
인 구 : 186,053,386명[8위, 2016년]
인구밀도 : 211명/km^2[64위, 2016년]
언 어 : 영어
1인당GDP : $2,123[138위, 2016년]
화폐단위 : 나이라[NGN]

PART 3

2. 지리, 사회 · 문화적 특성

1) 지리적 특성

나이지리아는 크게 36개의 주(state)와 연방 수도 지구(Federal Capital Territory)로 구성된다. 전체 면적은 923,768km^2으로 세계에서 32번째로 큰 나라이다. 서쪽으로는 베냉, 동쪽으로는 차드와 카메룬, 북쪽으로는 니제르와 국경을 접하고 있으며, 남쪽으로는 기니만에 면하고 있고 지형은 국명을 낳은 니제르강 계곡 · 해안평야 및 동부의 산지, 그리고 북부의 하우사 고원으로 구분된다. 해안지대는 열대우림, 내륙부는 열대 사바나이며 북으로 갈수록 강우량은 감소한다. 북부는 덥고 건조하며 우기는 4월부터 9월 사이이고 남부는 습한 편이며 우기는 3월부터 11월 사이이다. 11월부터 3월까지 하르마탄 열풍이 불 때에는 먼지 날리는 건조한 기간이 길게 이어진다.

2) 사회 · 문화적 특성

아프리카 서부, 기니만(灣)에 면한 나라인 나이지리아는 1900년 이후 영국의 통치를 받기 시작해 1922년 국제연맹의 위임통치령이 되었다가 1960년 10월 영국 연방으로 최종 독립하였다. 1961년 주민투표로 북부 카메룬을 병합하고, 1963년 4개 주(州)로 이루어진 연방공화국을 선포하였다. 경제규모로는 아프리카에서 유수한 나라로 1996~2005년 기간 동안 연평균 4.3%의 경제 성장을 기록하였다. 나이지리아에서 생산되는 주요 상품작물들은 지역에 따라 다르지만 크게 남부해안지방에서는 기름야자 · 코코야자가, 서남부에서는 카카오 · 고무가, 북부사바나 지역에는 낙화생과 면화가 재배되고 있으며 이 모두가 원주민에 의한 소규모 농업이다.

세계 유수의 산유국으로 총수출의 90%를 석유가 차지하며, 그 밖의 지하자원으로는 석탄 · 컬럼바이트 · 주석 등이 수출되고 있다. 공용어는 영어이며 아프리카의 여러 나라 중 교육이 잘 보급되어 있고 13개의 대학이 있다. 총 250개 이상의 부족이 거주하는 나라인 만큼 종교의 구성 또한 다양해 이슬람교가 40%, 기독교가 50%, 아프리카 전통 신앙이 10%다. 북부는 이슬람교 지구에 속해 있고 해안부에는 기독교도가 많다. 나이지리아 주요 요리는 여러 서아프리카 국가들의 요리처럼 다양함이 특징으로 향신료와 허브를 많이 쓰며 야자기름이나 땅콩기름 따위를 많이 넣어서 맛이 풍부하고 매운 맛이 나는 후추를 자주 넣으며 만찬이 있으며 바베큐를 사먹는데 그 종류와 색감이 다양하다.

3. 주요 관광지

■ 아부자(Abuja)

아부자는 정치와 행정의 중심지이며 전형적인 행정수도로 나이지리아 중앙부의 인구가 적은 사바나지대에 있다. 아부자라는 지명은 원래 다른 지역의 이름이었으나 새 수도의 이름으로 정해지면서 옛 아부자는 스레자로 바뀌게 되었다. 1982년 대통령부가 이곳으로 이전되었고, 1991년 7월 22일에는 서아프리카경제공동체(ECOWAS) 16개국 회원국 수뇌들이 이곳에서 정상회담을 가졌으며 1991년 11월 최종적으로 공식적인 수도가 되었다.

아부자 정부청사

아부자 전경

4. 나이지리아의 유네스코 세계유산

유산종류	목록
문화유산	수쿠 문화조경(1999) / 오순-오소그보 신성숲(2005)

제 3 절 모로코

1. 개관

국　　명 : 모로코[Morocco]
정치체제 : 입헌군주제
수　　도 : 라바트[Rabat]
주요도시 : 라바트[Rabat]
면　　적 : 446,550km^2[58위, 2016년]
인　　구 : 33,655,786명[40위, 2016년]
인구밀도 : 79명/km^2[129위, 2016년]
언　　어 : 아랍어
1인당GDP : $3,093[126위, 2016년]
화폐단위 : 디람[Dirham, DH]

2. 지리, 사회 · 문화적 특성

1) 지리적 특성

아프리카의 서북쪽에 있는 나라인 모로코는 북쪽에는 스페인의 지역인 멜리야와 세우타가 있으며, 남쪽에는 서사하라가 있다. 지브롤터 해협너머에 스페인과 영국령 지브롤터와 마주하고 있으며 대서양에서 지브롤터 해협을 거쳐 지중해까지 긴 해안선이 이어진다. 동쪽으로는 알제리와 국경을 맞대고 있고, 서쪽에는 대서양, 남쪽에는 서사하라, 북쪽으로는 지중해와 스페인이 있다. 북동부에서 서남부로 해발 4,000m의 아틀라스 산맥이 길게 뻗쳐 있고, 남쪽으로는 사하라 사막이 알제리 국경에서부터 모리타니아 국경과 접한 대서양까지 연결되어 있다. 아틀라스 산맥 서쪽과 모로코 북부 및 중서부 대서양 연안지역에 전체 국민의 70% 이상이 거주하고 있으며 기후는 크게 우기와 건기로 구분된다. 지역별로 다양한 특성이 나타나는데 우기는 11월~4월로 온난다습(평균 15°)하고, 건기는 5월~10월로 고온건조(평균 28°)한 특징을 보인다. 가장 더운 달은 8월(18~28°)이고, 가장 추운 달은 1월(8~17°)이며 가장 건조한 달은 7월(평균 강우량 1mm), 가장 습한 달은 12월(평균 강우량 86mm)이다. 북부지역은 겨울에 온난다습하고 여름에 고온건조한 지중해성 기후의 특색을 보이며, 중부지역은 겨울에 한냉하고 여름에는 고온건조한 대륙성 기후의 특색을 보이고 있다. 남부지역은 사막 기후로 고온건조하고 일교차가 심하다.

2) 사회 · 문화적 특성

아프리카 서북단에 위치해 있는 모로코는 입헌군주제 국가이다. 1830년 프랑스령이 되어 1912년 프랑스와 에스파냐의 보호령으로 분할되었다가 1956년 3월 프랑스로부터 독립하였고, 4월에는 에스파냐가 보호령의 지배권을 포기하여 왕국이 발족되었다. 총인구의 1/4이 베르베르어를 사용하는데 주요 교육기관인 중 · 고등학교 교사의 대부분이 프랑스어 또는 에스파냐어를 사용한다. 교육제도는 초등 6년, 중학 3년, 고등 3년, 대학 4년으로 이루어진다. 대학은 페즈의 이슬람교 대학 등 13개교가 있고 전문대학교 27개교가 있으며 의료시설은 의료보험이 적용되고 절대빈곤층이 무료로 이용하는 국립과 개인이 부담하는 사립이 있다. 사회복지 또한 도시인 · 공무원 · 중산층 이상에게만 혜택이 돌아가고 농촌인구 · 노동자는 거의 혜택을 받지 못하는 경우가 많고 카사블랑카를 비롯한 주요 경제도시와 일부 해안지역에서는 인구가 집중하여 심한 주택난을 겪고 있기 때문에 정부는 공유 토지를 분할하여 개인에게 대여, 주택건설을 장려하고 있으며 UN(United Nations:국제연합)으로부터 자금지원을 받고 있다. 1954년 TV 방송을 시작하여 아프리카 대륙에서 가장 빨리 TV를 도입한 국가인 모로코는 현재 라디오 방송국 2국, TV 방송국 2국이 있다. 그밖에 에스파냐어, 영어, 베르베르어로도 각각 2종, 5종, 4종씩 발간되고 있다. 50%에 달하는 높은 문맹률로 인해 신문보다는 방송이 여론형성에 중요한 역할을 담당하며, 통신사로 MAP 통신이 있다. 모로코는 이슬람 문화가 주축을 이루고 있는데 수니파 이슬람교를 국교로 취급하고 있지만, 이슬람 원리주의는 테러리스트들의 사상이라 하여 허용하지 않는다. 기독교(로마 가톨릭, 개신교, 베르베르인들의 토착교회)는 소수종교로서 사회에서 차별받고 있으며, 자국인들을 대상으로 한 선교활동도 금지되어 있다.

3. 주요 관광지

■ 라바트(Rabat)

묘지

모로코의 수도인 바라트의 정식 명칭은 라바트엘파티프(Rabat el－Fatif)로 대서양에 면한 카사블랑카 다음으로 대도시이다. 면적은 5,321km²로 이는 경기도의 절반 크기에 해당한다. 카사블랑카의 북동쪽, 대서양 연안의 부레그레그강(江) 하구 좌안에 있으며, 북아프리카에서 인구 10만 명 이상의 도시 중에서는 가장 아름다운 도시로 알려져 있다.

라바트는 고대 로마시대의 식민도시로 건설되었으나, 현재의 시가는 10~11세기에 이슬람교도인 베르베르인이 이단자를 수용하기 위하여 건설한 것이 기원이다. 성벽에 의해 성 안과 성 밖으로 나누어지는데, 성내에는 마디나(이슬람 시장 거리)와 밀라(유대인 거리)가 있고, 12세기 이래의 카스바데우다이아문(門)과 하산 사원의 첨탑 등이 남아 있다. 신시가에는 왕궁 · 정부청사 · 외국공관 · 유럽인 거리 · 라바트대학 등 유럽풍과 아랍풍의 건조물이 적절하게 조화를 이루며 아름답고 조용한 도시이다. 살레는 카르타고, 로마시대의 유적이 많은 고도(古都)로 관광 명소이며, 모로코 독립운동 때에는 독립운동의 중심지였다. 17세기에는 해적의 근거지가 된 적도 있었으나, 1912년에 프랑스가 모로코 보호령 정청을 둔 후에는 정치의 중심이 되었다.

라바트 하산탑

해변

4. 모로코의 유네스코 세계유산

유산종류	목록
문화유산	페즈의 메디나(1981) / 마라케쉬의 메디나(1985) / 아이트－벤－하도우(1987) / 메크네스 역사도시(1996) / 볼루빌리스 고고유적(1997) / 테투안의 메디나(1997) / 에사우리아의 메디나(2001) / 마자간 구 포르투갈 요새(2004) / 라바트, 근대수도와 역사도시(2012)

■ 주요 토론주제

1. 가장 방문하고 싶은 국가를 선정하여 그 이유에 대해 서로 토론해보자.
2. 이 지역을 다른 지역에 홍보할 때 가장 적합한 슬로건은 무엇일까?
3. 한 국가를 선정하여 현재 국제관광객을 유치하기 위한 어떤 슬로건이 있는지 알아보고 이에 대해 토론해보자.
4. 각 국가별 유네스코 세계유산에 대해 구체적으로 살펴보자.

■ Internet Sites

http://www.gov.za(남아프리카공화국 국가공식 홈페이지)
http://www.southafrica.net(남아프리카공화국 관광청)
http://www.nigerianembassy.or.kr(주한 나이지리아 대사관)
http://www.nigeriaworld.com(나이지리아 세계)
http://mar.mofat.go.kr(주모로코 한국대사관)

■ 참고문헌

남아프리카 공화국, 디 리식 저(이은주 역), 휘슬러, 2005.
모로코의 이방인, 김성희 저, 북하우스, 2008.
세계관광과 문화, 김시중 · 이복희 지음, 대왕사, 2009.
세계관광문화의 이해, 정찬종 · 신동숙 · 박주옥 공저, 백산출판사, 2009.
아프리카 파워, 비제이 마하잔 저(이순주 역), 에이지21, 2010.
헬로 나이지리아, 제이닌 스콧 저(정재희 역), 삼성당, 2006.

PART 4 국제관광의 미래

제 12 장 • 국제관광의 미래

제12장

국제관광의 미래

개 요

본 장의 구성은 크게 두 가지 주제로 이루어져 있다.

첫 번째 주제는 「국제관광 트렌드」에 대해 살펴본다. 이에 앞으로 국제관광분야가 어떻게 변화하고 있는지 알아보고 미래를 예측해 본다.

두 번째 주제는 직장으로서 국제관광 측면에서 여행사, 호텔 및 리조트, 테마파크, 레스토랑, 항공사, 컨벤션 및 국제기구 등에서 어떤 경력개발 경로가 있는지 살펴본다.

무엇을 알 수 있는가?

- 국제관광의 트렌드는 어떻게 변화하고 있는가?
- 미래 환경 변화는 관광에 어떤 영향을 미칠 것인가?
- 국제관광분야에서 경쟁력을 갖추기 위해 필요한 경력개발로는 어떤 것이 있는가?

제 1 절 국제관광 트렌드

본 절에서는 세계관광시장의 변화에 대해 살펴보고 국제관광의 트렌드 변화에 대해 설명하기로 한다.

1. 세계관광시장의 변화

1) 국제관광객 수

2010년 9억 3천 5백만명을 기록한 국제여행객 수는 2014년에는 11억명을 초과하였고 2016년에는 12억 3천 5백만명을 기록, 연평균 3.9% 성장세를 나타내고 있다〈표 12-1〉.

| 표 12-1 | 세계 지역별 국제관광객 수와 성장률

	국제관광객수(백만명)				구성비율(%)	성장률(%)		
	2010	2014	2015	2016	2016	13/14	14/15	15/16
세계	935	1137	1189	1235	100.0	4.0	4.5	3.9
유럽	489.0	575.2	602.6	615.2	49.8	1.7	4.8	2.1
아시아	208.1	269.5	284.1	308.7	25.0	6.1	5.4	8.7
아메리카	150.1	181.9	192.7	199.9	16.2	8.5	5.9	3.8
아프리카	50.4	55.0	53.4	57.8	4.7	0.7	-2.9	8.3
중동	55.4	55.4	55.9	53.6	4.3	8.7	0.8	-4.0

(출처: Tourism Highlight(2017), World Tourism Barometer)

전 세계적으로 유럽이 국제관광객 수의 절반 정도(49.8%)를 차지하고 있으며 두 번째로 아시아 · 태평양 지역이 25.0%, 미주지역이 16.2%, 아프리카 지역이 4.7%, 중동 지역이 4.3%를 차지하고 있다.

PART 4

반면에 성장률은 2016년을 기준으로 아시아지역(8.7%)이 가장 높고, 아프리카(8.3%), 아메리카(3.8%), 유럽(2.1%), 그리고 중동(-4.0%) 순으로 나타났다.

2) 국제관광객 지출액

국제관광객 지출액은 지역별로는 관광수입과 같은 개념이다. 세계 지역별 관광수입의 규모는 유럽이 36.7%, 아시아·태평양 30.1%, 미주지역 25.7%가 대부분을 차지하고 아프리카와 중동은 각각 2.9%와 4.7%를 차지하는 것으로 나타났다(2016년 기준). 지출액 성장률은 2016년 기준 아프리카(8.3%)로 8%의 고도성장을 나타냈고, 다음으로 아시아·태평양(4.8%), 아메리카(2.7%), 유럽(0.9%), 중동지역(-1.6%) 성장률을 보이고 있다.

3) 관광산업 경제기여도

관광산업의 세계 국내총생산(GDP) 기여도는 5조 8천억 달러로 약 10%를 차지하고 있으며 아울러 약 4%의 성장률을 유지할 것으로 전망하고 있다(WTTC, 2008)[1]. 아울러 관광산업은 전 세계 고용인구의 약 8.4%를 차지하고 있으며 2018년까지 2.2%의 성장률을 유지하여 고용률이 9.2%를 나타낼 것으로 예상된다. 관광수요의 꾸준한 증가와 함께 관광산업이 건설과 제조 등 여타 산업부문의 촉매 역할을 하여 민간 및 공공 분야에서 꾸준한 투자가 이루어지는 것으로 나타났다. 세계관광위원회(WTTC)는 2008년 기준 약 1조 3천억 달러가 관광분야에 투자되었고 이는 2018년까지 약 3배가 증가한 3조 1천억 달러에 이를 것으로 전망된다.

2. 국제관광의 트렌드 변화

국제관광시장의 트렌드 변화는 다음과 같이 크게 네 가지로 요약된다.

① 국제관광의 보편화 및 시장세분화 확대

② 정보기술(Information Technology)과 관광의 융합

③ 관광객의 친환경 인식 확대

1) WTTC(World Travel & Tourism Council(2008), The 2008 Travel & Tourism Economic Research.

④ 관광객의 서비스 기대수준 상승 및 고급화 확대

1) 국제관광의 보편화 및 시장세분화 확대

앞서 세계관광시장의 변화에서 보듯이 세계관광기구(UNWTO)는 연평균 4.1% 성장을 한다면 2020년에는 국제관광객 수가 16억명이 될 것으로 예상하고 있다. 1995년 이후 전체 절반 이상을 차지하는 유럽지역의 시장점유율이 점차 감소되어 2020년에는 유럽이 45%, 아시아·태평양지역이 25%, 아메리카지역이 18%를 차지하고 중동 및 아프리카 등의 신흥 관광시장들이 매년 5% 이상 성장을 할 것으로 예상하고 있는데 이는 그 만큼 국제관광이 보편화된다는 의미이다.

보편화 현상과 더불어 국제관광시장은 앞으로 더욱 세분화 될 것으로 예상된다. 연령, 소득, 성별에 따른 인구통계적 특성뿐만 아니라 가치관과 라이프 스타일에 따른 사회심리적 특성과 방문횟수, 지출액 등의 인지행동적 특성이 복합적으로 반영되어 동질성과 이질성이 혼합된 관광객 특성이 부각될 것이다.

2) 정보기술(IT)과 관광의 융합

인터넷 시장의 최소 40% 정도가 직간접적으로 관광과 관련된 것들이며 IT 기술의 발달은 관광상품의 서비스를 제고하는데 큰 역할을 하고 있다. 소비자들의 여행에 대한 예약, 조언 등은 인터넷을 통해 이루어지고 있고 향후 어디로 여행을 갈지, 어떤 체험을 결정할지에 관한 의사결정도 인터넷을 통해 얻은 정보를 바탕으로 이루어진다. 특히 2010년 이후 더욱 보편화될 스마트폰을 활용한 증강현실(augmeted reality)과 같은 기능은 변화하는 지역(관광목적지)에 대한 정보를 얻는 주요한 수단으로 부각될 수 있다. 하지만 IT에 대한 과신과 과잉 기대는 비현실적 결과를 낳는다는 것도 항상 염두에 두어야 한다.

3) 관광객의 친환경인식 확대

소비장들의 환경인식은 앞으로 점점 높아질 것이며 이에 관광기업의 친환경 경영의 중요성도 더욱 높아질 것이다. 기후변화와 관련하여 관광산업에도 많은 변화가 일어날 것으로 예상된다. 21세기에 부족해질 자원은 식량(food), 에너지(energy), 물(water)이다(최재천, 2009)[2]. 환경적 가치(환경보전)와 경제적 가치(관광개발)를 최적으로 추구할 수 있는 개념인 지속가능성(sustainability)은 앞으로도 인류에게 주어진 가장 큰 도전이자 과제가 될 것이며, 과학과 기술의 발달은 녹색성장을 가능케 하는 핵심적 역할을 할 것으로 예상된다.

4) 관광객의 서비스기대수준 상승 및 고급화 확대

산업구조가 고도화됨에 따라 소비자들의 서비스에 대한 기대 수준도 높아졌다. 어느 가격대라 할지라도 관광객들은 그 수준에서 보다 높은 서비스를 찾는 시대가 되었다. 원가효율성도 중요하지만 서비스품질과 개별화 전략이 더욱 중요한 요소가 된 만큼 관광객이 보다 즐겁고 편리하게 여행을 할 수 있도록 환경을 만드는 것이 경쟁력을 키우는 중요한 요소가 되었다. 아울러 고소득 계층의 국제관광객은 여전히 호화로움과 새로움을 추구하고 있다. 이들은 새롭고 차별화되고 대중들에게 많이 알려지지 않은 관광지를 추구하며 고급 관광상품에 대한 지속적인 수요를 나타낼 것이다. 또한 부유한 노년층의 증가는 휴양관광지의 큰 시장이 될 전망이다.

3. 관광유형별 트렌드

향후 2020년까지 장거리(역외)여행(연간 5.4%)이 근거리(역내)여행(연간 3.8%)에 비해 빠른 속도로 증가할 것으로 예상되며 교통수단의 발달로 고립되거나 장거리인 목적지들의 접근성이 개선될 것으로 전망된다. 사회 및 환경에 대한 의식의 변화, 라이프스타일의 변화 및 IT의 발달로 인해 미래 관광의 행태는 개별여행이 꾸준히 증가하고 아울러 고객맞춤형 패키지 여행(all inclusive travel)도 지속적으로 증가할 것으로 전망된다. 다음은 도시관광, 문화관광, 테마파크, 국제회의, 스포츠관광, 모험관광, 해양관광, 크루즈, 생태관광, 농촌관광 등 각 유형별로 미래의 관광행태에 대해 요약한 표이다〈표 12-2〉.

2) 최재천(2009), 더불어사는 공생인으로 거듭나기, 한국의 명강의, 마음의 숲.

| 표 12-2 | 유형별 미래의 관광행태

구분	주요 내용
도시관광	• 도시관광은 고밀도, 단기간의 여행행태로 항공료의 인하와 대륙 간 네트워크의 확장으로 도시는 더욱 인기 있는 관광매력물로 성장할 것이며 유사한 역사 혹은 다양한 매력물 등으로 둘 이상의 도시를 결합한 형태의 도시 관광이 선호될 전망
문화관광	• 문화적 활동과 체험을 통하여 관광객들 끌어들이고 관광경험의 질을 향상시키는 것으로 발달될 전망이며 문화관광의 소재는 건축물, 예술, 사적지, 박물관, 축제 등으로 다양하며 특히 UNESCO가 지정하는 세계문화유산이 대표적
테마파크	• 현재는 디즈니랜드의 테마가 주를 이루고 있으나 향후 방문객의 시선을 끌어당기고 주의를 집중시키기 위한 다양한 테마가 놀이공원에 도입될 것으로 예상
국제회의	• 국제회의는 유치를 통한 경제적 효과로 인하여 많은 관광지에서 국제회의 산업을 발전시키고자 결과적으로 향후 10년간 매년 최소 약 10%의 성장이 예상
스포츠 관광	• 스포츠 관광은 올림픽, 월드컵과 같은 국제적 스포츠 이벤트의 인기와 더불어 건강에 관한 관심 증가로 많은 사람들이 다양한 종류의 스포츠 활동에 적극적으로 참여하면서 발달될 전망 • 특히 스키를 비롯한 동계스포츠, 스쿠버다이빙, 골프 등이 가장 대중적이며 빠르게 성장할 것으로 예상
모험관광	• 모험관광은 관광객들이 활동에 적극적으로 참여한다는 점이 특징적이며 암벽등반, 행글라이딩, 다이빙 등을 비롯하여 조류관찰, 싸이클링까지 다양하게 전개될 전망 • 모험관광은 향후 모험과 새로운 것을 경험하고자 하는 관광객들에게 더욱 일반화될 것으로 예상
해양관광	• 관광객의 편의를 위한 서비스의 개선으로 객실이용료부터 항공료까지 모두 포함된 복합 리조트의 형태를 선호, 성장률은 다소 둔화될지라도 지속적으로 성장할 것으로 전망
크루즈	• 일반적으로 크루즈는 대양크루즈(Sea Cruising)가 주를 이루나 소형 크루즈선의 등장으로 유형이 점차 확대
생태관광	• 생태관광은 1983년 등장한 개념으로 간단히 자연환경을 보전하고 지역주민의 삶을 지속하는 책임 있는 관광으로 정의, 생태관광은 환경에 대한 관심이 증가하면서 가장 빠르게 성장하는 분야로 세계시장에서 연간 최대 20%의 성장 기대
농촌관광	• 지역의 문화가 가장 중요한 요소가 되며 전원생활을 맛보고 지역의 전통이나 라이프스타일, 활동 등에 참여하는 형태 • 농촌관광은 향후 10년간 눈에 띄게 증가할 것으로 예상되며 오래된 농장을 개조한 형태에서부터 미개발 해안지역의 해안빌라까지 다양한 형태가 등장할 전망

(출처: UNWTO(2001), Tourism2020 Vision[3])

3) UNWTO(2001), Tourism 2020 Vision.

제 2 절 국제관광분야 경력개발

「국제관광경영의 이해」부분에서 기술되었듯이 관광지의 발전 단계는 지역관광지→국내관광지→국제관광지로 나아간다. 시장규모적 측면에서 궁극적으로 기업이나 지역은 국제관광객을 유치해야 하기 때문에 국제관광분야의 경력개발은 중요하다. 관광분야는 개발적 측면에서는 자본집약적이며 동시에 경영적 측면에서는 노동집약적인 특성을 갖는다. 아울러 콘텐츠 중심의 창의성이 강조되는 지식산업적 성격도 갖는다. 결국 인적자원의 경쟁력이 가장 중요하다고 할 수 있다. 이러한 경쟁력의 요소는「창의성」,「서비스 리더십」 그리고「외국어 능력」을 포함한다.

■ 창의성

'창의성'이란 새로운 아이디어로서 어떤 사물이나 현상을 틀에 박힌 시각으로 보는 것이 아니라 새로운 시각으로 보는 능력을 말한다. 소위 고정관념이나 매너리즘으로부터 벗어나 역발상과 혁신을 통해 새로워지는 것을 의미한다. 이는 선천적 능력보다는 독서 및 학습 등 후천적 노력에 의해 계발될 수 있다.

■ 서비스 리더십

'서비스 리더십'이란 조직 내 구성원에게 서비스를 통해 감동적인 고객 만족을 이끌어 내는 리더십을 말한다.「서비스 마인드」와「리더십」의 합성어이다. 서비스 마인드는 모든 서비스업종의 종사자들이 감성근로자(emotion worker)[4] 특성을 갖고 있기 때문에 갖추어야 할 기본적인 소양이다. 이러한 서비스 리더십은 체계적인 교육과 훈련 그리고 부단한 자기노력에 의해 형성된다.

4) 대인관계가 많은 서비스업의 특성상 항상 웃는 얼굴 등 자기 감정을 조절해야 하는 직무를 수행하는 사람들을 말한다. 서비스업은 일정부분 육체근로자의 특성과 상당부분 지식근로자의 특성도 갖고 있다.

■ 외국어 능력

'외국어 능력'은 기본적인 커뮤니케이션 수단으로서 필수적이라는 것은 주지의 사실이다. 어떤 외국어이든 듣기와 말하기, 읽기와 쓰기에 있어 어느 일정 수준이 되기 위해서는 부단한 노력이 필요하다. 국내에서는 취업 시 어떤 수준의 공인어학시험 성적을 최소한 요구하는 것이 추세이기 때문에 이에 대한 준비를 하는 것은 당연하다. 그러나 이러한 성적을 떠나 어학은 본인이 자기에게 맞는 학습법에 따라 부단히 노력하여 어떤 상황이든지 의사소통을 하는 능력을 갖추는 것이 중요하다.

취업 시 관광통역안내사 자격증을 활용하자

전문대학 이상의 학교에서 관광분야를 전공하고 졸업한 사람(졸업예정자 및 관광분야 과목을 이수하여 이와 동등한 학력을 취득한 자 포함)들은 타 전공 일반인보다 관광통역안내사 자격증을 취득하는데 일단 유리하다. 필기시험에서 두 과목이 면제되기 때문이다. 한국산업인력공단에서 시행하는 관광통역안내사는 국가자격시험으로서 매년 정기적으로 1회 있으며 크게 외국어, 필기 및 면접시험으로 이루어진다. 외국어는 공인어학시험으로 대체(예: TOEIC 760점 이상 등)되고 필기시험(정기시험은 매년 9월)은 국사, 관광자원해설, 관광법규(관광 전공자 면제) 및 관광학개론(관광 전공자 면제)을 본다. 각 과목당 25문항 4지 선택형이며 매과목 4할 이상, 전 과목의 점수가 배점비율로 환산하여 6할 이상이면 합격이다(배점비율: 국사 40%, 나머지 과목 각 20%). 끝으로 면접은 관광실무상식에 대한 내용으로 해당 외국어 구술시험으로 시행된다. 필기시험은 서울, 부산, 제주에서 면접시험은 서울과 제주에서만 치러진다. 반드시 관광통역안내사를 하지 않더라도 이 자격증 준비는 일반 기업 및 공무원 취직을 위한 학습(어학, 국사)과 동일하기 때문에 효용도가 높다고 할 수 있다. 그리고 단순히 TOEIC 성적만 제출하는 것보다 관광통역안내사 자격증은 본인을 타인과 차별화시키는 데 큰 도움을 줄 수 있다.

다음은 국제관광 측면에서 부문별로 어떤 경력개발 경로가 있는지 개략적으로 살펴보기로 한다.

1. 여행산업

여행산업에서 주요 직무는 발권 담당, 항공사 관리 담당, 현지 수배 담당, 영업 담당, 현지 가이드, 인솔자, 항공권 관리 담당, 인바운드 담당 등이 있다. 여행산업은 특성상 프리랜서 비중이 높고 대형 여행사의 경우 약 10%의 구성원이 비정규직이며 이들은 대부분 발권 담당과 영업지원업무를 맡고 있다.

영업, 항공사 담당, 항공권 티켓 관리 담당의 경우에는 대졸이상의 학력과 특히 영어능력이 중요하게 요구되며 외부고객이나 협력사 등과의 의사소통이 많은 직무 특성을 갖고 있다. 일반적으로 특정직무의 전문가보다는 사내에서 많은 직무를 거친 후 직위 승진을 하여 관리자로 승진하는 것이 보편적인 경력개발 경로이며 독립하여 여행사 설립을 목표로 할 수도 있다. 여행산업의 주요 직무 및 경력 개발 경로는 다음과 같다(유규창 외, 2005)[5)][그림 12－1].

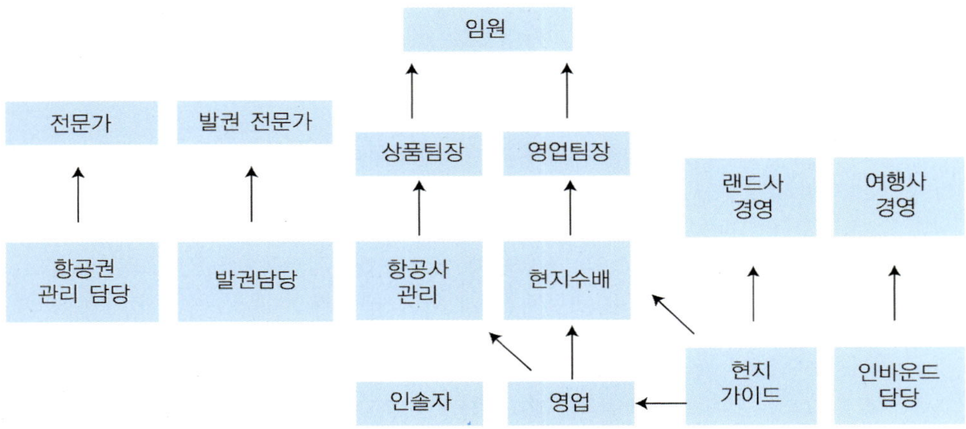

[그림 12－1] **여행산업 경력개발 경로**

2. 호텔산업

호텔에서의 직무는 고객 대면이 거의 없는 단순 노무직(예: 룸메이드, 세탁 등)을 제외하고는 거의 모든 직무가 외국어를 필요로 하며 경력개발 경로로는 일반적으로 정규직 남성의 경우에는 벨멘, 프로트 데스크, 프론트 데스크 매니저 직무수행이 요구되는 한편 여성의 경우에는 오퍼레이터, 비즈니스 센터, 주요고객관리담당(GRO: Guest Relation Officer) 등의 직무를 거치게 된다.

규모가 일정 수준 이상인 다국적 호텔이나 국내호텔들은 고객과의 접촉 여부를 기준으로 전방부분(front office)과 후방부분(back office)으로 나눌 수 있는데 위와 같이 전방부

5) 유규찬・서용구・신도철・안주엽・문주희(2005), 호스피털리티산업의 직업구조 특성과 인적자원개발전략, 한국직업능력개발원.

문이 아니더라도 후방부분으로부터 경력을 쌓을 수도 있다. 다음은 일반적인 경력개발 경로의 한 예를 나타내고 있다[그림 12-2]. 다국적 호텔을 포함하여 국내외 대형호텔의 경우 사실 학력보다는 외국어 능력과 서비스 태도 등이 채용 시에는 더 중요한 요소로 인식 되고 있으며 학부 및 대학원 교육은 평생학습 차원에서 직장생활과 학업을 병행하는 사례가 꾸준히 증가하고 있다.

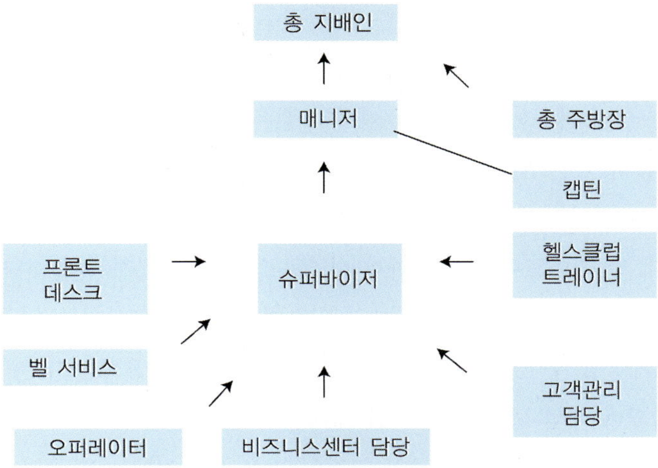

[그림 12-2] **호텔산업 경력개발 경로**

3. 리조트산업

리조트(resort)의 어원은 고대 프랑스어의 resortir에서 유래한 것으로서 '반복적으로 방문하다'의 뜻이다(손대현 외, 2003)[6]. 리조트는 관광진흥법상 휴양업에 속하며 그 정의로는 레저스포츠, 휴식, 문화, 상업, 숙박 등을 위한 시설들이 복합적으로 갖추어져 골프장, 스키장, 수영장, 온천, 테마파크, 카지노 등 고객 유치를 위한 시설들이 집적된 사계절형 휴양지라고 할 수 있다.

2000년대 이후 전 세계적으로 관광 및 레저 수요의 증가와 함께 골프, 스파, 스키 등

6) 손대현・장희정, 삼성에버랜드(2003), 관광산업론, 김영사.

종합 리조트의 건설이 꾸준하게 증가하고 있다. 리조트에서의 직무는 매우 다양한데 예를 들면 기획 · 관리 부문, 스포츠 강사, 영업, 이벤트 · 행사 진행, 헬스케어 등등을 포함한다.

전 세계 36개국에 80여 개의 리조트를 두고 있는 '클럽메드'(Club Med)는 종사원을 GO(gentle organizer)라 하며 고객을 GM(gentle member)라 하며 종사원과 고객의 관계를 호스트(host)와 게스트(guest)의 개념으로 설정하고 있다. 즉 GO(종사원)에게 있어서 리조트는 자신의 집과 같으며 GM(고객)은 집을 방문한 친구이자 손님이다. 따라서 고객과 종사원은 상하관계가 아닌 대등한 관계이며 손님을 보호하고 지도하는 차원에서 서비스가 이루어진다. 클럽 메드의 GO는 전 세계의 젊은이들로부터 지원을 받아 각 빌리지로 배치되는데 이들이 맡는 업무는 매우 다양하다. 리셉션 데스크에서의 다양한 고객관련 사무업무, 스포츠 강사, 조리사, 보육사, 쇼와 서커스, 이벤트의 진행 및 참가, 쇼핑센터 점원, 투어 안내 및 가이드에 이르기까지 리조트 전반에 흩어져 일을 하게 된다. 이들은 주로 30세 미만의 젊은이들이 주를 이루고 있으며 영어 이외의 다른 외국어가 가능하면 보다 유리하게 채용될 수 있다. 대체로 6개월~1년 단위 계약으로 보수는 그리 높지 않으나 숙식이 해결되며 해외 생활 체험과 전 세계인과 친구가 될 수 있다는 장점이 있다. 태국 푸켓, 말레이시아 채러팅 등 한국인 고객이 많은 빌리지에는 한국인 GO가 배치되어 있으며 서울에 있는 클럽 메드 한국지사에서도 GO의 지원이 가능하다(손대현 외, 2003).

국내 리조트의 경우 조직구조는 고객접점 여부를 기준으로 관리본부와 영업본부로 크게 구분되어 있으나 실제적으로 직무나 업무관리는 스키장, 골프장, 콘도(수영장 포함), 유스호스텔 등 시설물을 기준으로 이루어지고 있다. 인사관리는 원칙적으로 직위직급과 호봉에 근거하여 이루어지며 직무에 따라 급여 수준, 승진과 전환배치에서의 차이는 없다. 직무 간 유사성이 크지 않고 선후의 관계에 있는 직무가 많지 않아 직무이동을 통한 경력개발은 큰 의미가 없고, 직위 직급승진을 통한 관리자로서의 승진을 경력개발 목표로 삼고 있다(유규창 외, 2005).

4. 테마파크

테마파크(theme park)란 어떤 특정한 주제로 통일된 환경을 디자인한 레저 공간으로서 각종 이벤트와 볼거리를 연출한 공원을 말한다. 테마파크에 조성되는 주제는 일상에서 벗어날 수 있는 신기성(novelty)이 있어야 하며, 이러한 테마가 명확하여 방문객들이 쉽게 몰입할 수 있어야 한다. 미국 플로리다 주에 있는 디즈니월드(Disneyworld)의 경우 전 세계적으로 많은 관광객들이 방문하기 때문에 미국 내 대학교와 해외 대학교와의 산학 인턴십 프로그램을 운영하고 있다. 학창시절 이런 인턴십 프로그램 참여는 어학과 현장경험 차원에서 매우 좋은 사례가 될 수 있다. 테마파크의 직무적 특성은 다양한 분야의 인적자원으로 구성되어 있는데 이는 관리, 기획, 기술, 이벤트, 쇼, 행사, 안내, 청소 및 안전 등을 포함한다. 방문객과 종사자의 관계는 손님(guest)과 연출자(cast)의 관계라고 할 수 있는데 이는 종사자들이 자신을 방문객의 즐거움과 재미를 위한 연출자이자 엔터테이너로서 인식하는 것을 말한다.

2000년대 이후 전 세계적으로 소 · 중 · 대규모별로 테마파크 설립이 꾸준히 증가해 왔으며 앞으로도 이러한 추세는 지속될 것으로 전망된다. 테마파크는 사업적 특성상 1, 2, 3차 산업 모두를 포함하는 성격을 갖고 있기 때문에 운영은 입지, 시설, 규모, 서비스 등 다양한 요소에 의해 유지된다. 테마파크의 경쟁력은 앞으로 점점 「콘텐츠」와 「서비스」의 중요성이 부각됨에 따라 인적요소(humanware)에 의해 결정된다고 해도 과언이 아니다. 따라서 앞서 기술했듯이 창의성, 서비스 리더십 그리고 외국어능력에 있어 경쟁력을 갖출 수 있도록 지속적인 경력개발이 필요하다.

5. 외식산업

외식산업이란 가정 이외의 장소에서 제공되는 식음료 형태를 말하며 이러한 영업행위를 중심으로 식음료, 인적 서비스, 분위기 등의 세 가지 요소로 구성된 산업이다. 오늘날 외식업은 레저 · 여가 현상의 중요한 일부가 되면서 그 수요는 폭발적인 팽창을 보였고 앞으로도 꾸준히 성장할 것으로 전망되나 경쟁이 치열하여 수익률은 변동이 큰 편이다.

외식업의 경영형태는 조직의 규모에 따라 크게 독립업체와 체인업체로 나뉜다. 한 사람 이상의 동업자가 한 개 이상의 레스토랑을 소유하여 독립적인 시스템으로 운영되는 외식업체를 독립업체라 한다. 체인업체는 기업체인과 임의체인으로 나뉘는데 기업체인은 동일한 자본에 의한 소유와 경영관리 하에서 유사한 영업행위를 영위하는 소매업점들을 결합하고 동질적이고 공통적인 형태의 경영활동을 한다. 임의체인은 개개의 소매점이 서로 독립성은 유지하면서 장소 또는 판매상의 목적을 위하여 다수가 결합되어 구성된 점포의 형태이다(유규창 외, 2005).

외식산업에서 주된 직무는 매장 관리자(manager), 호스트, 서버, 바텐더, 메뉴개발, 조리사, 주방보조 등이 있다. 일정 규모의 레스토랑에는 매장 점장을 포함하여 약 3~4명의 매니저가 있으며 이들이 홀, 주방 등을 섹터별로 관리를 책임진다. 홀 서비스를 위해 호스트, 서버, 바텐더 등이 있으며 이러한 직무에 대해서는 높은 비율의 비정규직 인력이 활용되고 있다. 따라서 전반적으로 이직률이 높고 인력변동이 많다.

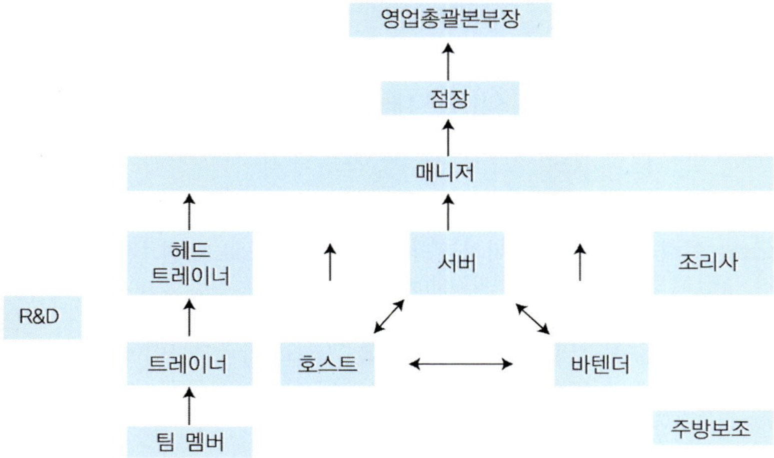

* ↔ 직무순화 가능을 의미함
R&D와 주방보조는 주된 경력개발 경로가 따로 없으며 R&D의 경우 숙련도가 매우 중요함.

[그림 12-3] **외식산업 경력개발 경로**

매니저를 제외하고는 매장 내 직무 간 난이도의 차이는 없으며 자격증이 필요한 특정 직무(조리)를 제외하고는 일정기간의 현장교육을 거친 후 신입직원의 배치가 가능하다. 매니저로 성장하기 위해서는 가능한 많은 매장 직무 경험이 필요하며 따라서 정규직의 경우 주방보조, 바텐더, 호스트, 서버 등 거의 모든 직무를 수행해 보도록 관리하고 있다.

특정 직급 이상이 되었을 때 매니저가 되며 점장이 매장의 최고 책임자이다. 경력개발목표는 크게 두 가지로 제시되는데 점장 직무 수행 후 본사로 이동하여 메뉴개발(R&D: Research & Development) 및 마케팅 등의 직무를 거쳐 조직 관리자로 승진하는 경우와 점장 경험을 쌓은 후 독립하여 개인 음식점을 시작하는 경우이다.

6. 항공산업

제2차 세계대전 이후 항공산업의 발전은 국제관광의 성장에 크게 기여하였다. 물리적으로 멀리 떨어져 있는 원거리의 목적지가 관광상품으로 기획 및 개발될 수 있는 원동력은 바로 항공산업의 발달에 있다. 세계 항공수요는 2020년까지 연간 여객 4.9%, 화물 6.4%로 각각 성장할 것으로 전망되며 특히 아시아·태평양 지역은 여객부문은 연 6.1%, 화물은 연 6.9%로 세계 평균을 상회할 것으로 전망하고 있다(인천국제공항공사, 2007). 항공사의 직무에 따라 유형을 구분하면 항공기 조종사, 객실 승무원, 지상 근무자, 항공교통 관제사 그리고 항공 정비사 등으로 나눌 수 있다. 항공기 조종사는 기장과 부기장을 포함하며 모든 승무원을 관리하고 운항과 관련된 모든 사항을 통제한다. 조종사는 체력, 외국어능력, 기계조작능력, 판단력 등 다방면에서 체계적인 교육과 훈련 및 경험을 쌓아야 하는 고도의 전문직으로서 특정 대학 및 학과 출신뿐만 아니라 일반 대학 출신자도 지원 가능하다.

객실 승무원은 기내 서비스를 담당하는 것뿐만 아니라 승객 안전 및 항공사의 전반적인 이미지를 결정하는 매우 중요한 역할을 수행한다. 객실 승무원의 직위는 항공사마다 다른데 기본적으로 플라이트 어텐던트(flight attendant) → 캐빈 슈퍼바이저(cabin supervisor) → 선임 캐빈 슈퍼바이저(senior cabin supervisor) 체계를 갖추고 있다.

지상근무자는 승객이 항공기를 예약하고 구매하여 공항에서 수속을 마친 후 탑승구에 이르기까지 서비스를 수행하는 항공사 종사원을 말한다. 항공교통관제사는 항공 교통의 흐름을 조적하고 항공기 이착륙 및 운항을 돕는 업무를 수행하는 전문직으로서 관제사 자격증이 요구된다. 항공정비사도 각 분야별로 세분화 및 특화되어 있으며 항공사에 취직할 경우 기술원 → 기술사, 선임기술사 → 과장 → 차장으로 진급하고 학력보다는 능력과 경력에 의해 취업과 승진의 기회가 주어진다(박시사, 2008)[7].

7. 컨벤션산업

컨벤션이란 국제회의를 비롯해 각종 회의 등에 사람들이 모이는 것 또는 상품, 지식, 정보 등을 교류하기 위한 모임, 회합의 장을 갖춘 각종 이벤트 및 전시회를 말한다. 이를 총칭하여 MICE(Meeting, Incentive, Convention, Exhibition) 산업이라 불린다. 컨벤션산업의 주요 직무는 프로젝트 매니저(PM: Project Manager), 마케팅/유치 담당, 학술 담당, 등록 담당, 수송/의전 담당, 숙박/관광 담당, 행사 및 식음료 담당, 홍보 담당, 전시 담당, 인력관리 담당, 재정 담당을 포함한다.

프로젝트 매니저와 마케팅/유치 담당을 제외하고 나머지 직무 간에는 난이도의 차이가 크지 않으며 궁극적으로 PM으로 성장하기 위해서는 모든 직무에 대한 수행 경험이 필요하다. 대졸 신입사원이 입사하면 고객을 직접 상대하는 일이 적은 인력관리 직무를 우선적으로 담당하게 하여 이를 통해 사업의 전반적인 특성과 팀워크를 익히도록 한다. 다음으로 고객보다는 협력업체와의 협업이 더 큰 비중을 차지하는 수송/의전, 숙박/관광/식음료 직무를 수행하는 것이 일반적이다. 마케팅/유치 업무는 국제회의 기획 전문가(PCO: Professional Convention Organizer)로서 경험과 전문성을 바탕으로 고객 니즈에 대한 깊은 이해를 바탕으로 수행되는 것으로서 컨벤션 직무 중 가장 어려운 업무에 해당한다.

고된 현장업무와 고객 대응으로 인한 스트레스로 인해 이직률이 높은 편이며 3년 정도 근무하는 경우 소규모 프로젝트는 독자적으로 수행할 수 있다. 고객의 입장에서 니즈를 파악하고 가장 효과적인 방법으로 이를 만족시킬 수 있는 전문성과 서비스 마인드가 무엇보다 중요하며 외국어 능력은 필수적이라 할 수 있다. 컨벤션 관련 학과를 전공한 경우 초기 이해도가 높을 수 있으나 전공이 결정적이지는 않다(유규창 외, 2005).

8. 카지노산업

카지노의 어원은 이탈리아어의 카사(casa: 집)로서 도박, 쇼, 댄스 등 여러 가지 오락시설을 갖춘 연회장을 의미하였으나 현재는 실내 도박장을 의미하며 17~18세기 유럽에서 해변가나 온천지를 중심으로 생겨났다. 카지노가 일반화된 것은 미국에서 인디언 보호구

7) 박시사(2008), 항공사경영론, 백산출판사.

역의 개발과 세수확대를 목적으로 도입되면서부터인데 1930년대 대공황이후 네바다주 Las Vegas에서 은광이 발견되면서 많은 사람이 몰리면서 오락문화의 하나로 등장하게 되었다(손대현 외, 2003).

카지노 사업수행을 위해 반드시 필요한 현장직무는 12개로 파악되는데 이는 딜러(dealer), 플로어 퍼슨(floor person), 핏보스, 카지노 영업 팀장, 머신 어텐던트(machine attendant), 메카닉(mechanic), 업장판촉, 안내데스크, 모니터요원, 보안요원, 환전, 환전캐셔(cashier) 등이 포함된다. 인사관리는 원칙적으로 직위직급과 호봉에 근거하여 이루어지며 직무에 따라 급여수준이나 승진, 전환배치에서의 차이는 없다. 구성원이 원하는 경우 현재의 수행직무에 큰 상관없이 희망직무로 이동시키며 특정 직무에 대해서는 별도의 교육 프로그램도 운영하는 경우가 있으며, 직무 간 연관성과 난이도에 따라 몇몇 직무가 '경력 개발 사다리'를 구성하고 있지만 실제적으로 조직 내 구성원의 경력 비전은 팀장, 본부장, 이사 등으로 조직 내 관리자로 승진하는 것으로 평생 직무 전문가보다는 관리자로 역할이 전환되기를 희망하는 편이다(유규창 외, 2005).

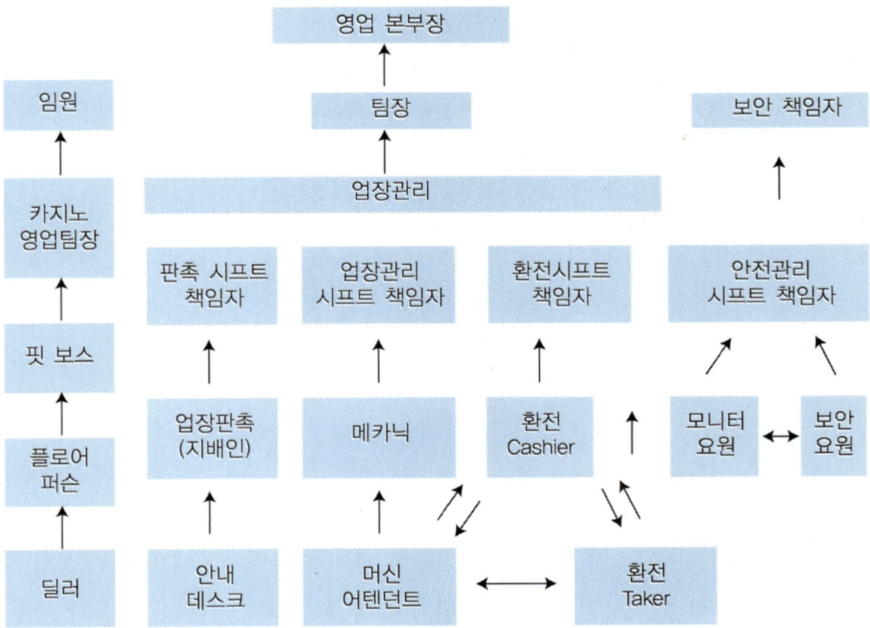

[그림 12-4] 카지노산업 경력개발 경로

9. 공공부문

앞서 지금까지 기술된 민간부문 외에도 관광분야에서 공공부문의 역할은 매우 중요하다. 정부의 관광조직에서 관광의 주무부처는 문화체육관광부이나 사실 관광 관련 업무는 거의 전 부서에 걸쳐져 있다. 숙박업소의 인·허가, 위생접객업소의 위생관리, 노인휴양소 등은 보건복지부 업무이며 국립공원 지정 및 관리, 자연공원 및 생태계 보전지구 지정 및 관리 등은 환경부 업무 등이 그 예이다.

지방자치단체의 경우 문화관광국, 문화체육국 등 명칭은 다양한데 관광진흥과 또는 관광과의 이름으로 전담부서가 설치되어 관광 행정을 관할하고 있다. 공기업의 경우 한국관광공사, 제주국제자유도시개발센터 등이 있으며 지방공기업으로는 제주관광공사, 경기관광공사, 인천관광공사, 서울관광마케팅주식회사 등이 있다. 이외에도 한국관광협회중앙회는 업종별 협회(한국일반여행업협회, 한국관광호텔업협회, 한국외국인관광시설협회, 한국종합유원시설협회, 한국카지노업관광협회, 한국휴양콘도미니엄경영협회, 한국MICE협회 및 한국관광펜션협회)와 지역별 협회로서 전국 16개 지방자치단체 관광협회의 네트워크적 기능과 역할을 수행하고 있다.

국제관광기구로는 세계관광정책과 회원국의 관광발전을 도모하기 위해 설립된 세계관광기구(UNWTO: United Nations World Tourism Organization), 아시아·태평양지역관광협회인 PATA(Pacific Asia Travel Association), 미주여행업협회인 ASTA(American Society of Travel Agents) 등이 있다. 이러한 공공부문은 민간분야와 비교해 고용 창출적 측면에서 규모가 크지는 않지만 인턴십 프로그램과 공채 및 특채 등을 통해 지속적으로 인력을 채용하고 있다. 채용 후에는 조직 구조 특성에 따라 순환배치가 되는 것이 일반적이며 직급승진이나 직무전문성에 따라 승진하는 경우도 있다.

10. 연구원 및 학계

앞으로 관광산업은 다른 산업과 융합화 되면서 고도의 서비스 산업으로 성장할 것으로 예상되는데 이는 결국 인적자원 경쟁력에 의해 결정될 것이다. 따라서 교육과 연구 역할을 수행하는 학계와 연구 기능을 하는 연구원의 중요성은 매우 크다고 할 수 있다. 관광분야의 대표적인 국책 연구원으로는 문화관광연구원이 있으며 그 외 다수의 지역별 발전

연구원 또는 민간 연구원에서도 관광분야 연구를 수행하고 있다. 일반적으로 연구과제를 수행하면서 박사급 연구원이 총괄책임을 맡고 연구보조는 석사학위 소지자나 과정 중에 있는 대학원생인 경우가 많다. 연구보조원의 채용은 연구원에 따라 수시로 이루어지고 있다.

관광산업의 예비인력을 양성하는 대표적인 교육기관은 2년제 및 4년제 대학인데 현재 관광분야 전공을 개설하고 있는 2년제 대학은 120여 개이며 4년제 대학은 46개교이다. 이들 대학에서 배출되는 예비 산업 인력 수는 2년제 대학이 약 32,000명, 4년제 대학은 약 8,000명으로 양적인 증가가 이루어지고 있다. 대학의 학과 개설과 증설도 결국 사회적 수요에 따라 결정되기 때문에 앞으로 관광부문에 대한 수요증가에 따라 교원 증가도 필요하다. 아울러 고령화 추세에 따라 평생학습 개념이 보편화될 것으로 전망되며 이에 대학원 교육에 대한 수요도 증가할 것으로 예상된다.

■ 주요 토론주제

1. 세계 관광시장의 변화를 국제관광객 수, 지출액, 관광산업 경제 기여도 차원에서 최근 자료를 찾아보고 전망해 보자.
2. 본문에서 기술된 네 가지 국제관광의 트렌드 변화에 대해 최근의 구체적인 사례를 찾아보고 이에 대해 토론해 보자.
3. 관광산업 부문별 트렌드에 대한 사례를 찾아보고 이에 대해 토론해 보자.

■ Internet Sites

www.wttc.org(World Travel and Tourism Council)

www.priceline.com(Reverse auction site for tourism)

www.voluntourism.org(Information on Volunteer Tourism)

www.responsibletravel.com(Responsible travel)

www.adventuretravel.biz(Adventure travel)

■ 참고문헌

박시사(2008), 항공사경영론, 백산출판사.

손대현 · 장희정, 삼성에버랜드(2003), 관광산업론, 김영사.

유규창 · 서용구 · 신도철 · 안주엽 · 문주희(2005), 호스피털리티산업의 직업구조 특성과 인적자원개발전략, 한국직업능력개발원.

최재천(2009), 더불어사는 공생인으로 거듭나기, 한국의 명강의, 마음의 숲.

UNWTO(2001), Tourism 2020 Vision.

WTTC(World Travel & Tourism Council, 2008), The 2008 Travel & Tourism Economic Research.

저자소개

서용건 교수(제주대학교 관광경영학과)는 국제관광 및 민간과 공공부문의 관광경영전략 분야를 연구하고 있으며 문화관광부 산하 한국관광연구원 책임연구원, APEC Tourism Working Group 컨설턴트 및 Brain Korea 제주국제자유도시 연구인력 양성사업단 단장, 미국 San Jose State University 객원교수를 역임하였다.

교육사항으로는 한양대학교 경영학사, 미국 캘리포니아주립대학교 관광경영학 석사, 미네소타대학교에서 여가 및 관광분야로 박사학위를 취득하였고, Preferences and trip expenditures－a conjoint analysis of visitors to Seoul, Korea, 국가경쟁력 증진을 위한 국민여가생활: 고령화사회와 여가의 중요성 등 다수의 논문 및 저서가 있다.

시오노 나나미의 로마인 이야기에서 로마인이 주변 민족보다 지성, 체력, 기술력 및 경제력 측면에서 뒤졌지만 1000년 제국건설의 이유를 로마인의 개방성과 합리성에 있다고 했듯이 진정한 국제관광의 의의는 여행을 통해 배우는 개방성, 포용성 그리고 겸허함에 있다고 생각하고 있으며 글을 쓰는 것보다 현장을 체험하고 아는 것을 실천하는 것이 더욱 중요하다는 것을 생활철학으로 삼고 있다.

email: yong@jejunu.ac.kr

국제관광 경영과 문화

2011년 3월 15일 초 판 1쇄 발행
2018년 3월 10일 제2판 1쇄 발행

지은이 서용건
펴낸이 진욱상
펴낸곳 백산출판사
교 정 편집부
본문디자인 박채린
표지디자인 오정은

등 록 1974년 1월 9일 제406-1974-000001호
주 소 경기도 파주시 회동길 370(백산빌딩 3층)
전 화 02-914-1621(代)
팩 스 031-955-9911
이메일 edit@ibaeksan.kr
홈페이지 www.ibaeksan.kr

ISBN 979-11-5763-415-6
값 25,000원